# 행복한 노년을
# 준비하자

### -노인이 폼나게 사는 길-

행복한 노년을 준비하자

**발  행** | 2023년 09월 01일
**저  자** | 김용수
**펴낸이** | 한건희
**펴낸곳** | 주식회사 부크크
**출판사등록** | 2014.07.15.(제2014-16호)
**주  소** | 서울특별시 금천구 가산디지털1로 119 SK트윈타워 A동 305호
**전  화** | (02) 1670-8316
**이메일** | info@bookk.co.kr

**ISBN** | 979-11-410-4286-8

www.bookk.co.kr

# 행복한 노년을 준비하자

海東 김용수 지음

# 노인을 춤추게 하라

이 땅의 노인들에게 전원 정부 표창을 줘도 이상할 것이 없다. 일제 치하에서 태어나 6·25의 참상을 몸소 겪었고 국민소득이 몇 백 달러도 되지 않던 1960·70년대의 보릿고개를 견디며 피땀 흘려 일했던 우리의 아버지, 어머니들이다. 자식을 대여섯씩 나아서 전후 인구 감소 문제를 해결해 주었고, 헐벗고 살면서도 뜨거운 교육열로 그들을 경제중흥의 일꾼으로 길러냈다.

그런 노인들의 현실은 참담하다. 남은 건 표창장이 아니라 가난과 외로움, 냉대뿐이다. 자식들을 위해 모든 것을 쏟아붓고 자신을 위해서는 모은 돈 한 푼 없어 당장 내일 먹을 것을 걱정해야 하는 비참한 여생을 살고 있는 노인들이 대다수다. 어렵게 살면서도 부모를 봉양했건만 정작 자신들은 자식들과 떨어져서 고독한 황혼을 보내고 있다.

이런 노인들을 존경하기는커녕 배척하기 일쑤다. 동방예의지국이란 말조차 생소한 젊은이들은 노인들에게 예의를 갖추지 않는다. 자칫 훈계하려 들다가 봉변당하기 십상이다.

우리의 노인 빈곤율은 세계 1위, 그것도 압도적 1위다. 연금과 노인빈곤율 등을 반영한 노인 소득 분야 지수 순위는 90위로 꼴찌나 다름없다. 경제 대국 대한민국의 부끄러운 통계다. 노후를 생각할 겨를도 없이 몸 바쳐 일해 온 결과가 이것이다. 자신의 미래를 조금이라도 염두에 뒀더라면 이런 안타까운 상황은 오지 않았을지 모른다.

수명이 늘어난 것이 가난한 노인에게는 결코 축복일 수 없다. 병마와 싸우며 죽지 못해 연명하는 삶은 고통일 뿐이다. 평생을 해로하다 둘만 남은 부부의 한쪽이 중병에라도 걸리면 삶의 질은 극도로 악화된다. 가족의 힘으로 버티는 것도 한계가 있어 종국에는 '간병 살인'이라는 비극적인 선택을 하고 마는 경우도 적잖다.

자식들에게도 외면 받는 노인들이 할 수 있는 호구지책이란 종이 줍는 일 외엔 없다. 일생 나라와 자식을 위해 일한 대가가 넝마주이 신세인 것이다. 서울의 한 구에 종이 줍는 노인이 1,000명 넘는다고 한다. 자식들 또한 만만찮은 생을 살고 있기에 노인들은 자신들이 부모에게 했던 봉양이란 말을 잊고 산다. 부담을 주기 싫은 것도 어쩌면 자식들에게 마지막 남기는 사랑일 것이다.

빠른 속도로 늘어가는 노인들을 받들기엔 국가도, 젊은 세대도 힘에 부친다. 기초노령연금 몇 만원을 더 줄 형편이 못돼 결국 공약을 파기할 수밖에 없는 현실이다. 공짜로 타고 다니던 대중교통도 적자의 원인이라며 줄이겠단다.

선택의 여지가 없다. 자식 세대가 고통을 분담하는 길밖에 무슨 다른 방도가 있겠는가. 10만~20만원 세금을 더 내면 된다. 교통 요금도 십시일반 보태면 되지 않겠는가. 생활이 조금 궁색해지더라도 견뎌야 한다. 부모 세대도 견뎠다. 그러다 가난의 구렁텅이에 빠진 그들을 위해 감수하는 게 마땅한 도리다.

예산을 늘려서 노인 복지체계를 세심하게 손봐야 한다. 주위엔 굶주리고 추위에 떠는 노인들이 적지 않다. 중병에 걸려도 병원 한 번 가지 못하는 노인을 위한 사회 안전망도 시급하다.

노인이라고 일할 힘이 없지 않다. 노인의 일자리를 대폭 늘려야 한다. 취로사업을 헛돈 쓴다고 생각하지 말라. 줄줄 새는 낭비성 예산은 따로 있다. 민간도 적극적으로 나서라. 시간제라도 노인들에게 일자리를 제공해야 한다.

가난보다 힘든 건 고독이다. 돈보다도 벗이 더 절실하다. 노인들이 쉽게 참여할 수 있는 여가 문화 프로그램을 많이 만들어야 한다. 빈곤율과 더불어 노인 자살률 또한 한국은 세계 1위다. 우리만 지난 10년 동안 두 배 넘게 뛰었다. 질병과 가난도 원인이지만 고독이 첫째 이유다. 서울보다 농어촌의 노인 자살률이 높은 것도 그런 연유다.

다양한 노년 문제에 똑바로 맞서는 자세가 필요하다. 노년과 함께 찾아올 복잡한 문제들을 '누군가 나서서 해결해주겠지, 아들이나 딸이 알아서 하겠지' 하며 다른 사람에게 책임을 미루거나 회피하지 않고, 직접 맞서서 하나씩 풀어나가는 것이 성숙함이며 원숙함이다. 그리고 다가올 문제를 미리 헤아리고 마음의 준비를 하며 살아가는 것이 바로 노년 준비다.[1]

노년의 건강에서는 치료보다 사전 관리가 중요하다. 노인인구가 점점 늘어나다 보니 의료비 문제가 세대 갈등으로까지 번지는 상황이 되었으며, 이에 못지 않게 환자 간호와 수발의 어려움까지 개인과 가족과 사회에 두루 고민이 될 수밖에 없다.

노년은 노년대로 스스로의 건강에 책임을 지는 자세를 가져야 한다. 바로 옆에 있는 배우자도 챙겨줄 수 없는 게 건강인데 하물며 자식이야 더 말해 무엇하겠는가. 요즘은 건강관리 잘못하는 부모님께 자식들이 "누굴 고생시킬 일 있으세요?" 하는 말도 서슴지 않는 세상이다. 내 건강 내가 챙긴다! 노년에도, 노년을 앞 둔 중년에도 명심해야 할 수칙이다.

세 가지를 버리고, 세 가지는 지녀라.

이전에 한 가지. 먼저, 몸에 좋은 음식 목록에서 빠지지 않는 것이 '우유' 와 '된장국' 이다. 몸에 좋은 음식을 먹었다면 그 다음엔 마음의 건강을 위해 실천 해야 할 일. 이 역시 어느 목록에서나 빠지지 않는 것이 있다. 바로 '웃음' 이다. 마지막으로 몸의 건강을 위해 빠짐없이 등장하는 것은 역시 '걷기' 다 언제 어디 서나 할 수 있고, 옷차림이 어떻든 거의 구애를 받지 않으며, 아무래도 몸에 무리 가 덜 가는 운동이기 때문이다.

살면서 버려야 할 세 가지는 '물질에 대한 욕심, 자녀에 대한 집착, 지나간 젊 음에 대한 향수' 라고 한다. 반대로 살면서 지녀야 할 세 가지는 '감사하는 마음, 웃는 얼굴, 무엇이든 즐거운 마음으로 하기' 라고 한다. 오늘도 걷고 또 걸으며 버려야 할 것들에 매달리는 것이 아니라 지녀야 할 것만 추려서 잘 간직하고 건 강하게 노년을 맞아야겠다는 결심을 늘 되새겨야 한다. 건강한 노년을 위한 첫걸 음을 내딛는다는 생각을 하면서 말이다.[2]

늙지 않고 죽지 않는 사람은 없다. 누구라도 노인이라 불리는 날이 온다. 미래 의 우리를 보는 마음으로 노인을 봐야 한다. 그래서 노인이 춤추는 세상을 만들 어야 한다.[3]

http://blog.naver.com/sendex/220100348470(2014. 08. 22)

2023년 9월
海東 김용수 씀

# 차례

# 고칠 수 있는 인생

나태주 시인

책이 나온 뒤 오류 발견 때 가장 난감
다음 번에 찍을 땐 고칠 수 있어 다행

인생은 최선을 다해도 후회는 남아
반성하고 고쳐가면서 사는 것이 중요

한 해를 마무리하면서 미련 많아도
내년엔 보다 좋은 인생을 생각하자

'그럼요/ 날마다 새날이고/ 봄마다 새봄이구요/ 사람마다 새사람// 그중에서도 당신은/ 새봄에 새로 그리운/ 사람 중에서도 첫 번째/ 새사람입니다.' (나태주, '새사람' 전문)

# Ⅰ. 들어가는 글

울타리 없이 일하다 보니 바람이 불거나 비가 내리면 춥기도 했고, 외로움에 눈물 흘린 적도 있다. 그러나 조직이나 기관에 속에서 일하다 보면 놓치기 쉬운 일들이 눈 밝게 볼 수 있었고, 스스로 모든 책임을 지면서 튼튼하고 씩씩해졌다. 시니어 일자리 창출 프로그램에 참여하다 보니 무엇보다 다양한 어르신들을 만나 대화를 나눌 수 있다.

노년 이야기가 그 어느 때보다 풍성한 요즘이다. 그러나 잘 늙어가는 길을 찾기란 점점 더 어렵게만 느껴진다. 사람들은 노년을 여러 가지 사회현상 가운데 하나로 보거나 아니면 통계상의 숫자로만 취급하려 한다. 또한 단순한 생물학적 변화로만 보기도 하고, 경제적인 측면만 따지면서 우리들의 어깨를 짓누르는 짐으로 여겨 일어나려고만 한다. 사실 노년이 우리 인생의 끝이라면, 그래서 그 이상은 아무것도 없다면 잘 늙으려 애쓰는 일이 아무 의미가 없는 것이다. 그저 되는 대로 살다가 생을 마치고 이곳을 뜨면 되니까. 그러나 우리들 생의 마지막 시기인 노년에는 분명 삶의 숨겨진 의미가 담겨 있다.

죽음은 두말할 나위 없이 인간에게 커다란 위협이다. 삶이 선이라면, 죽음은 악이다. '개똥밭에 굴러도 이승이 좋다'는 속담도 있지 않은가. 현재의 삶이 아무리 고통스럽더라도 죽는 것보다는 사는 것이 낫다는 것이다. 늙지 않고 오래 살기를 바라는 '불로장생(不老長生)'의 인류의 꿈은 첨단과학의 기술을 통해 실현될 날도 머지않은 것처럼 보인다.

우리의 주위에는 여전히 여러 가지 병에 시달리면서 고통스러운 삶을 살고 있는 사람들이 많이 있다. 그렇지만 다른 한편에는 유전공학, 생명과학, 나노공학 등을 통해 인간의 자연스러운 생물학적 노화 과정을 간섭하여 이 과정을 상당 부분 늦추거나, 노화로 인한 쇠퇴현상을 중단시키거나 개선할 수 있다고 믿는 사람들이 있다. 인류 역사상 유례없는 "환상적인 여행"[4]이 시작된 것이다.

물론 이 유토피아 여행은 노화과정과 생물학적 질서에 대한 인간의 개입으로 시작한다. 우리가 꿈꾸고 있는 '수명연장'을 한편으로는 제까지 자연스럽게 기대한 수명을 훨씬 더 상회한다는 점에서, 그리고 다른 한편으로는 지구상의 모든 생명체가 예속되어 있는 진화과정에 개입한다는 점에서 급진적이고 철저하다. 120살을 훨씬 넘어 200살까지 살 수 있다면, 그것은 '영생(永生)'이라고 불러도 무방할 정도의 '장생(長生)'임에 틀림없다. 과학과 기술의 힘으로 인간의 자연적인 능력을 넘어서고자 하는 포포스트휴머니즘을 표방하는 몇몇 과학자들은 이미 '불멸성(Immortality)'이 실현될 수 있다고 예견한다.[5]

한편, 여기 슬픈 정치 시나리오가 하나 있다. 한국 사회의 미래 아포칼립스 중에 하나는 인구고령화이다. 2015년 생산가능인구(15~64세)의 비중이 73%, 노인인구 13%였다. 2035년에는 각각 60%, 29%, 2055년에는 각각 52%, 39%이다.

국민연금도 소진되어 간다. 저성장시대를 살아가야 하는 생상가능인구가 노후대비가 부족한 노인인구를 부양해야 하는 것이다. 갈등의 지점은 명확해 보인다.

국가가 우리에게 해준 게 뭐 있냐는 생산가능 인구와 그래도 믿을 건 국가뿐이 없다는 노인인구의 갈등이다. 아마 미래의 일곱자 선거공약의 끝판왕은 보건복지부 폐지가 될지 모른다. 갈라치기 세대 포위에 정치적 효능감을 느낀 정치권이 이 카드를 만지작거리지 않는다고 누가 장담할 수 있을까? 국민의 리더는 칼날 위에 걷는 긴장감을 가지고 국민의 감정보다 반보 앞서 나가야 한다. 갈등의 한복판에 같이 칼을 휘두를 사람은 키보드 워리어((keyboard warrior)[6] 중에서 찾으면 그만이다.

사람이 늙지 않은 채 영원한 젊음으로 머문다면 어떻게 될까. 노년 속에 우리들 생의 신비와 삶의 이치가 숨겨져 있음을, 그동안 부모님을 비롯하여 수없이 많은 어르신들이 몸으로 마음으로 영적인 성숙함으로 가르쳐주셨다. 그들의 존재 자체가 선물이라는 것을, 노년 그 자체가 무수히 많은 가르침을 주고 있음을 알 수 있다. 노인은 선물이며, 몸소 가르치는 스승이다. 그래서 노인에 대한 거부와 외면을 넘어 노년을 있는 그로 받아들이고 더불어 사이좋게 살아갈 수 있을지를 늘 고민해 왔다. 지금까지 살아오면서 보아 온 무수히 많은 노인들. 모든 것을 세월 속에 **빼앗아버린** 듯 아무런 바람도 없이 멍한 눈의 노인을 만날 때마다 '무슨 재미로 살까?' '무슨 의미로 삶을 지속할까?' 라는 질문을 던졌었다.

그동안 우리들이 접한 것은 노년에 대한 가르침만 있었지 노년을 삶을 풍요롭게 할 담론(談論)은 빈약했다. 노년에 대한 담론이 풍성해진다면 우리의 중년과 청년의 삶도 훨씬 풍요로워지는 것 아닌가? 어차피 노년은 아직 우리 모두가 종착역까지 가보지 않은 길, 그러기에 우리가 지금부터 걸어가는 길이 모두 길이 될 수 있기 때문이다.

지금 노년을 살고 계신 분들과 또 앞으로 노년을 살아가게 될 사람들이 다 같이 운동화 끈을 단단히 조여 매고 내가 만든 졸고(拙稿)『행복한 노년을 준비하자』를 읽으면서 아름다운 노년에 이르는 길을 찾아 함께 떠났으면 좋겠다.

# II. 노년 준비, 당장 시작하자

"늙음을 알면 지금의 젊은 삶이 달라진다."

사람들은 노년 이야기를 좋아하지 않는다. 너도나도 노년 준비에 대해 걱정을 하지만 노년을 직접 바라보려 하지 않는다. 노년 준비는 나의 일이지만 늙는 것은 여전히 남의 일인 것이다. 이런 거리감과 거부감과 낯섦음은 어디에서 시작된 것일까. 아마 그것은 속도와 생산과 변화와 효율이 지상 최고의 가치인 젊은 세상에서 노년은 그 반대편에 자리하고 있기 때문일 것이다. 둔하고 느리고 변할 줄 모르는 노년, 사람들은 그 겉모습만을 알기에 두렵고 싫어 외면한다. 노년의 삶에 들어 있는 생의 신비와 깊이를 전혀 알지 못하기에 저만치 도망가 숨어버리는 것이다.

그러나 그 누가 인간의 운명이며 숙명인 나이 듦과 늙음과 죽음을 피해갈 수 있을가. 어느 한 시기는 결코 다른 시기와 동떨어져 존재할 수 없는 것. 노년 역시 아기에서 아이로, 또 청년으로, 중년과 장년으로 이어지는 삶의 일직선상에 놓인 한 과정일 뿐이다. 애써 덮는다고 해서 감춰지지 않으며 결코 사라지지 않는다. 늙음을 인정하고 내 것으로 받아들이면 지금 여기에서의 젊은 삶이 달라진다. 지금 내가 사는 모습 속에 이미 늙음이 잉태되어 있는데 어찌 함부로 살 것이며 생을 가벼이 여길 수 있겠는가. 우리는 살아가는 모습 그대로 노년을 맞는다. 잘 늙고 싶은가. 그렇다면 길은 한가지 뿐. 지금 여기서 잘 사는 것이다.[7]

성숙한 모습으로 잘 늙으신 분들은 절대 자신의 것만을 고집하지 않는다. 자신의 것이 귀하고 소중한 만큼 다른 사람의 것도 소중하기 때문에, 강한 자기 주장을 하더라도 부드럽고 차분하게 이끌어가며 결코 남의 것을 무시하거나 남을 우습게 여기지 않는다. 또한 늘 긍정적이며 삶에 대한 낙관과 꿈을 버리지 않기에 아름다운 세상에 대한 소망을 간직하고 있다.

그런데 성숙한 분들의 넉넉함은 결코 경제적인 이유에서 나오는 것이 아니다. 돈이 있든 없든, 남이 높은 평가를 하든 그렇지 않든, 자기 자신의 자리를 지키면서 하고 싶은 일, 해야 하는 일, 할 수 있는 일을 해 나가기 때문에 누구보다도 행복하고 보람 있는 노년을 보내며 당당하고 여유 있게 생활하는 것이다.

덧붙여, 우리가 잊지 말아야 할 것은 지금 힘들고 어렵게 사시는 분들이 결코 젊은 시절의 무능함 때문에 그렇게 사는 것이 아니라는 점이다. 열심히 땀 흘리며 살아도 대를 물려 이어지는 구조적인 빈곤 속에서 노후 대책을 생각하기는커녕 먹고살기에 급급해 앞만 보고 달려오신 분들의 굽은 어깨와 휘어진 허리, 주름진 얼굴에 담긴 아픔은 누구나 할 것 없이 우리 모두가 나눠져야 할 짐이다. 이 짐을 함께 나누어질 때 모두가 아름답고 성숙한 노년을 맞을 수 있을 것이다.

늙음을 저만치 치워 놓는 것이 아니라 늙음과 더불어 함께 살아갈 때 우리는 온전한 인생을 알 수 있고 살 수 있다. 채워도 채워도 모자라기만 하고 가져도 가져도 목마르기만 한 삶이 아니라 비우고 덜어내는 노년, 얻으려 애쓴 삶의 끝에 이르러 내려놓는 삶이고 싶다.

노년을 알고 인생길을 간다는 것, 잘 늙는다는 것이 무엇인지 물으며 걸음을 옮겨 놓는다는 것은 인생길을 밝혀주는 노년이라는 등불 하나 손에 들고 길을 나서는 사람들과 함께하는 것이다.

우리들의 긴 인생길에도 지도가 꼭 필요하다는 것을, 그 지도가 자세하고 최신 정보를 담고 있을수록 길 찾기가 쉽겠다는 생각에 이른다. 미리 살아볼 수 없는 인생길의 지도는 다름 아닌 바로 내 앞을 걸어가고 있는 인생 선배인 노년의 모습일 터. 살아 있는 지도가 내 앞에서 걸어가고 있는데 어찌 길을 잃고 헤맬 수 있으며, 더 나은 길을 찾아내지 않을 수 있겠는가. 닮고 싶은 노년의 모습은 물론 더 나은 길이며, 절대 닮고 싶지 않은 노년의 모습은 갈팡질팡 헤맬 수밖에 없는 것이다.

노년이라는 지도를 보며 남은 인생길을 어디로 해서 어떻게 갈 것이지, 어디에 도착해 짐을 풀 것인지 그려보자. 그 안에 이제까지는 알 수 없었던 생의 신비가 있음을 발견하게 될 것이다. 노년은 생의 마지막에 이를 수 있는 아름다운 마지막 역(驛)이다. 그 역을 향한 긴 여행길의 출발 시각은 바로 지금이다.[8]

http://cafe.daum.net/uriygchurch/9qyP/3336550x366(2010. 06. 07)

나이가 들면 활동이 줄어들 수밖에 없다. 육체적으로나 정신적으로 활동영역이 좁아진다. 외출이 번거롭게 느껴지고, 집안에서만 머물게 된다. 텔레비전을 보고가 소파에 앉는 시간이 많아진다. 이런 생활이 노년의 참모습일 수는 없다. 사교모임, 문화 활동, 봉사활동, 어느 쪽이거나 적극적으로 참여하라. 그것이 노년의 삶에 활력을 갖게 한다. 먼 곳의 여행이 아닐지라도 외출은 노년의 정신과 육체에 좋은 효과를 가져온다. 우선 생활의 변화를 느끼게 한다. 다른 사람과 교유와 타인의 삶을 보고 들음으로써 정신적인 자극을 받게 된다.

또한 삶에 대한 긴장과 의욕을 북돋운다. 집안에 틀어박혀서 고독하게 지내며 오래된 마음의 상처를 키우거나 육체적 고통에 골몰하며 하루를 보낼 게 아니라 세상일에 적극적으로 참여해야 한다. 그럴싸한 행사나 모임에 초대받거나, 집회에 주도적 역할을 하는 일만이 참여하는 게 아니다. 친구를 만나 차 한 잔을 나누며 이야기를 나누고, 결혼식이나 축하연, 명절이나 제사 참여도 노인에게는 사람과의 교류라는 의미를 갖는다. 문화예술 행사에 적극 참여하는 건 더욱 멋진 일이다. 예술이다, 문화다, 알아듣기는 했지만, 사실 직접 누리며 살아온 사람은 그리 많지 않다. 돈벌이 하며 살아가야 하는 현대사회가 그리 여유자작 할 수 없기 때문이다. 그것도 은퇴한 노년이 되면 즐기기 혜택이다. 은퇴하고 노후를 보내는 이들에게 가장 중요한 건 돈을 비롯한 삶의 여건이 아니라, 삶을 살아가는 적극적인 생활 자세이다. 모아 놓은 몇 푼의 돈보다도 이러한 적극적인 생활태도가 건강을 유지시켜 주며, 삶의 질을 높이는데 더 중요한 요소이다.

한 연구 보고에 의하면 빙고 게임이나 카드놀이처럼 비활동적인 사교활동일지라도 환자의 병을 호전시키고, 수명을 연장하는 효과를 보인다 밝혔다. 활기찬 노년을 원한다면 집안에만 틀어박혀 지내지 말고, 밖으로 나가 적극적으로 참여해야 한다.[9]

http://cafe.daum.net/isbobyb/Ei9H/696(2014. 06. 03)

# 1. 노인의 기준은 몇 살부터인가? 나의 길은....

　나이란 사람이나 동식물이 나서 자란 햇수를 말하는데, 이 나이에도 여러 종류가 있다.

　먼저 '신체적 나이'. 달력에 의한 나이라고도 하는 신체적 나이는 모든 사람에게 똑같이 적용돼, 지구가 태양을 한 바퀴 돌 때마다 1년씩 늘어난다. 둘째는 '생물학적 나이'로, 개인이 어느 정도의 신체적 성숙과 건강 수준을 갖고 있는가를 나타내는 나이다. 셋째로, 심리적 성숙과 적응을 제대로 하고 있는가를 보는 나이인 '심리적 나이'도 있다. 넷째 '사회적 나이'는 교육받을 시기, 결혼 적령기, 취업과 은퇴 시기 등 사회 규범으로 정해져 있는 나이를 말한다.

　노인, 노인이라고 불러야 하는 나이는 몇 살부터일까?

　55세, 국회 입법조사처가 발간한 이슈와 논점 1894호 '노인 연령 기준의 현황과 쟁점'에서는 노인 연령 기준 설정은 대개 고용의 관점과 사회 보장의 관점으로 나누는데 '고용상 연령 차별 금지 및 고령자 고용촉진에 관한 법률' 제 19조 고령자 동법 시행령 22조에는 55세를 고령자로 정의하고 있으며, 노인 취업 지원센터 등에서는 55세부터 지원 혜택을 받을 수 있다.

　60세, 연령차별 금지법에서는 정년을 60세 이상으로 명시하고 있으나 대부분의 직장인들은 60세가 되기 전에 직장에서 밀려 나오는 게 현실이다. 은퇴 이후 임금 외 소득보장의 기본형태인 국민연금의 수급 개시 연령이 62세이나 2033년까지 5년마다 1년씩 상향해 65세로 높아진다.

옛날 노인의 모습(안영선 기자)

게이트볼을 즐기는 노인들(안영선 기자)
무료급식소에 줄을 서서 기다리는 노인들(안영선 기자)

65세, 기초노령 연금이 시작 되는 나이다. 소득하위 70% 노인에게 지급되는 기초연금의 수급 연령도 65세이고, 철도 운임 할인, 노인 장기 요양보험제도 등 각종 사회보장 혜택 등은 65세 부터 시작되는 것이 많다.

영하의 날씨에 양지쪽에서 졸고 있는 노인(안영선 기자)
밭을 파서 일구다가 쉬는 노인(안영선 기자)

통계청자료에 의하면 1919년 출생한 아이의 기대수명은 83.3세다. 약 50년 전인 1970년에는 62.3세 였는데, 50년 만에 20년 넘게 늘었다. 기대 수명이 늘어나면서 노인을 바라보는 시선이 바뀌어 보건복지부의 노인 실태조사(2020)에 따르면 65세 이상이 생각하는 노년의 시작연령은 70.5세로 상향해야 한다고 하고 있다. 결국 노인 연령 기준은 상향해야 한다고 여기지기서 말은 나오지만 노인 연령을 당장 70세로 올리기는 쉬운 일이 아니다.[10]

덴마크는 왜 가장 행복한 나라가 되었을까? 덴마크 노인들은 왜 행복할까? 그 이유는 잘 알려진 선진 복지제도는 물론 덴마크 사람들이 먹고, 입고, 살고, 사랑하는 법에 해답이 있다. 그들의 라이프 스타일인 휘게라이프가 세계적인 관심을 끌고 있다. 가까운 좋은 사람들과 에너지를 주고받고, 간소한 물건과 느리고 단순한 삶을 살며, '지금 이 순간'을 감사히 여기는 덴마크인들의 행복 방식을 들여다보자.

유럽연합 통계연구를 보면, 회원국의 74세 이상 시니어를 대상으로 행복도를 조사한 결과 덴마크 시니어들이 10점 만점에 8.4점으로 유럽에서 가장 행복한 것으로 나타났다. 유럽연합 평균은 6.8점이다. 보통 나이가 들고 기력이 쇠하면서 죽음이 가까워지면 행복한 감정도 자연히 사그라지는 게 당연하다. 유독 덴마크 시니어들이 행복한 노후를 보내는 건 어떤 이유 덕분일까. 우선 사회복지모델이다. 안정적인 복지모델이 존재하면서 삶의 불안과 스트레스를 덜어주기 때문이다.

또 하나의 비결은 바로 덴마크인들의 휘게(hygge) 라이프다. 퇴근 후 아늑한 공간에서의 차 한 잔, 예약만 했는데도 가슴 뿌듯하던 나홀로 여행, 만드는 과정은 엉망이어도 함께여서 즐거웠던 저녁시간, 이 모든 순간이 '휘게'다. 북유럽 문화권에서 보편적인 삶의 태도다. 덴마크 행복연구소장이자 '휘게 라이프'의 저자인 마이크 비킹은 "덴마크 사람들이 행복을 느끼는 데는 진짜 이유가 있다"며 휘게를 꼽았다.

**따뜻, 편안, 함께의 휘게라이프**

휘게는 편안하고 아늑한 상태를 추구하는 덴마크식 라이프스타일을 말한다. BBC방송 등 해외언론이 소개하면서 휘게 열풍이 세계로 확산되고 있다.

휘게라이프는 가족과 친구들을 자주 만나고 그러한 관계에서 많은 안정과 평온함을 느끼는 등 평범한 일상에서 행복을 추구하는 삶의 방식이다. 그들은 가까운 좋은 사람들과 에너지를 주고받고, 간소한 물건과 느리고 단순한 삶을 살며, '지금 이 순간'을 감사히 여긴다.

일상 속에서 휘게를 즐길 수 있는 인테리어도 중요하다고 말한다. 집안에 식물들을 한데 모아 그 자리를 초록으로 물들여보자. 집을 꾸밀 때 몸과 마음을 충전할 수 있는 휴게소 같은 공간을 만드는 것도 방법이다. 그 집안만의 추억과 이야기가 담긴 가보를 소중히 배치한다. 심신의 안정과 행복에 필수적인 '조명'을 적극적으로 활용한다.

이 밖에도 양초, 책, 재활용 소품, 평화롭고 부드러운 음악, 여행지에서의 기념품, 오래된 것과 새로운 것의 조화로 집안 분위기를 꾸미며 진정한 휘게라이프를 즐긴다. 벤자민 프랭클린도 말하지 않았던가. "행복은 어쩌다 한 번 일어나는 커다란 행운이 아니라 매일 발생하는 작은 친절이나 기쁨 속에 있다"고.[11][12]

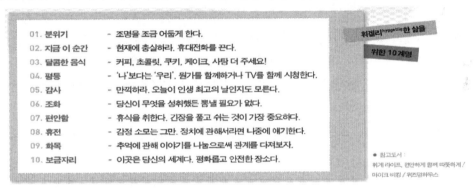

## 가. 성장하는 5060은 늙지 않는다

인간은 누구나 스토리텔러가 될 수 있다!
'과거에 없었던 신인류 신중년, 중년은 더 이상 무덤이 아니다!'

'성장하는 신중년에겐 늙음이란 존재하지 않는다.' 라는 캐치프레이즈를 내걸고 올해 초 출발한 JDC 신중년 키움 전문 인재 과정은, 100세 시대 새로운 출발점에 서 있는 신중년들이 그동안 쌓아온 경력과 노하우를 토대로 자신만의 길을 개척하는데, 교육 도우미 역할을 자처한 프로젝트이다.

전 세계 유례없는 신종 바이러스 코로나19의 출현은 그동안의 사회조직과 질서를 흔들어 놓았다. 팬데믹 이후 우리는 어떻게 살아가야 할 것인가? 가 화두로 떠오른 요즘, 신중년의 삶과 일 또한 그 위기에서 예외일 수 없다.

팬데믹 이후 신중년의 희망 찾기 설계 또한, 다시 조직에 흡수되는 회사원이 되는 것이 아니라, 조직에서 벗어나 독립적으로 일하는 '인디펜던트 워커(Independent worker)'로의 전환이 그 어느 때보다도 필요하다 하겠다.

자신이 가진 능력을 조직이나 시스템에 기대지 않고, 자신의 그간 쌓아놓은 경력과 노하우를 무기로, 1인 브랜드 즉 '인디펜던트 워커(Independent worker)'가 되어 자생(自生)할 수 있어야 한다.

그런 까닭에 신중년 키움 교육 프로젝트에서 진행된 〈스토리텔링 전문 인재 과정〉은 축적된 인생 경험을 기반으로 1인 브랜드화 하는데, 그 어떤 것보다 의미 있는 교육과정이라 할 수 있다.

### ☞ 마음을 움직이는 힘, 스토리텔링(Storytelling)

사람의 마음을 움직이는 것은 화려한 언변도 또 논리적인 설득도 아니다. 그것은 '이야기' 라는 옷을 입은 진실이다. 때론 어눌하지라도 당신만이 줄 수 있는 이야기는 대화의 거리와 말의 벽을 넘어, 그 사람의 가슴으로 스며든다. 그야말로 마음을 움직이는 힘이 바로 스토리텔링이라 할 수 있는 것이다.

스토리텔링은 STORY(이야기) + TELLING(말하다)의 합성어로 '이야기 하다' 라 생각하면 이해하기 쉬울 것이다. 과거 영문학이나 교육학, 문학, 영화에서 중요한 설득의 기술로 쓰였지만, 요즘은 전 분야에 걸쳐 스토리텔링이 광범위하게 사용되고 있다.

스토리텔링의 힘은 너와 내가 소통 즉 커뮤니케이션 하는 것에 그치는 게 아니라, 서로의 생각과 감정을 공감하고, 더 나아가 감동을 불러일으켜 세상을 변화시키는 마법의 힘을 갖고 있다.

### ☞ 마음의 눈으로 스토리텔링 하기

이번에 진행된 스토리텔링 전문 인재 과정은 스토리텔링이 무엇인지 이해를 돕는 기초과정 (5강)과 심화과정 (5강) 그리고 특강(2강) 등 총 12강으로 진행되었다.

다섯 강의로 이러진 기초과정은 〈스토리텔링을 말하다〉 〈지금은 스토리텔링 시대〉, 〈세상를 변화시키는 스토리텔링의 비밀〉, 〈마음을 움직이는 스토리텔링의 비법 1,2〉 등의 내용으로 이론 교육이 진행되었다.

그 뒤를 이어 심화 과정이 진행되었다. 각자 수강생들이 직접 소설, 애니메이션, 그림 동화, 드라마 시나리오, 에세이 등 스토리텔링 장르를 정하고, 그것에 따른 스토리텔링 주제 정하기와 스토리텔링 구성하기, 그리고 스토리텔링 시나리오 작성 등의 실기 과정이 진행되었다.

그 외에도 〈인간은 누구나 스토리텔러〉 라는 주제로 해녀의 인생을 다룬 영화 '물숨' 의 고희영 영화감독의 특강은 깊은 울림을 안겨주었다. '학습되지 않은 마음의 눈으로 보다!’, ‘소재는 주제가 아니다’, ‘소재는 지역적이되, 메시지는 인류 보편적이어야 한다!’ 등 30여 년 방송작가로서 또 영화감독으로서 쌓아온 스토리텔링 철학과 노하우를 전해줘, 수강생들이 앞으로 스토리텔링 전문가로서 어떻게 봐야 하는지 방향성을 제시해주었다.

짧다면 짧고, 길다면 긴 3개월간의 여정을 마친 스토리텔링 전문 인재 과정의 결과물은 간단한 책자로 제작돼 선을 보이게 된다. 하지만 여기에 그치지 않고, 향후 1인 인디펜던트 워커로서 자생할 수 있도록 컨설팅 과정을 계속 이어나갈 계획이다.

절실함은 모든 것을 가능하게 한다. 다양한 장르로 무궁무진한 변신이 가능한 스토리텔링, 이번 전문 인재 과정을 통해 스토리텔링 기초를 닦을 수 있었던 수강생들은 여기서 멈추지 않고 절실함으로 스토리텔링 근육을 키워 나간다면, 1인 스토리텔러로서 인생 2막이 펼쳐지게 될 것이다.

“나이는 숫자에 불과하다는 말이 근데 짓이 아님을 새삼 느끼는 소중한 시간들이었습니다.”, “스토리텔링의 기본을 다지기 해 본 좋은 교육이었습니다. 함께한 모든 분들의 1인 worker로의 꿈을 응원합니다.”, “기회가 되면 더 배우고 싶어요. 이제야 조금 감이 오는데 아쉬워요.” 라는 수강생들의 후일담을 남기며 이 글을 맺고자 한다.[13]

## 나. 뉴노멀 시대의 장수 신화-일과 배움의 제주사회

건강과 장수는 타고난 것일까? 하버드 의대가 25년에 걸쳐서 진행한 ‘오키나와 100세 이상 노인 연구’에 의하면, 유전적인 요소가 장수의 주요 원인은 아니다. 동 연구에 기초해서 출간된 ‘오키나와 프로그램’에 의하면, 오히려 생활양식이 더 의미 있는 영향을 미치는 것으로 보고된다. 특히 ‘삶에 대한 관심과 열린 마음을 가지고 항상 배움의 자세를 유지하는 태도’가 장수의 주된 원인으로 분석된다.

오키나와는 자연뿐만 아니라 인문환경, 특히 생활양식이 제주도와 흡사하다. 2021년 9월 말 기준 제주도 인구는 67만6079명, 100세 이상은 214명, 인구 10만 명당 31명의 장수지역이다.

오키나와의 장수 브랜드는 오기미 마을 해변에 있는 기념비를 통해서 세계적으로 확산되었다. ‘70세에 당신은 어린아이에 불과하다. 80세에 당신은 청년이다. 90세에 조상들이 천국에 초대한다면, 100세까지 기다리라고 말해라. 100세가 된다면 한 번 고려해볼 만하다.' 이 오래된 속담은 오늘날까지 오키나와인들에게 삶의 모토가 되고 있다. 100세 노인들이 자기 집에서 독립적으로 살아가는 게 결코 특별한 일이 아니다. 이는 노년에도 자식들에게 의지하지 않고, '죽을 때 꼬진 오몽해 사주게(일을 해야지)' 하는 제주인들의 격언과 상통하는 측면이다.

한편, 102세에도 여전히 대중강연과 신문칼럼, 저서 집필 등으로 청년의 시간을 살아가는 김형석 교수는 '장수의 비결이 무엇인가'를 묻는 우리에게, 최고령 수영장 회원증과 하루에도 수차례 2층 서재를 오르내리는 일상을 보여준다. 동시에 인간은 늙어가는 것이 아니라 성숙되어 가는 것, 마치 꽃이 피었다가 열매를 맺고 그 열매가 익어가는 것과 같음을 역설한다. 또한 노년기에 가장 중요한 것은 지혜- 책을 읽거나 공부를 해서 지식을 넓혀가는 일, '늙으면 이렇게 사는 것이 좋겠다'는 모범을 보여주는 책임성임을 강조한다. 교수님은 작년과 올해, 제주포럼의 제주평생교육장학진흥원(Jiles) 세션에서, 오늘의 나는 '계속 배우고 공부한 덕분'임을 토로하셨다. 그리고 '인생의 황금기는 60에서 75세, 아니 80세'라는 어록을 남기셨다. 제주의 노년세대에 금쪽 같은 공부시간을 5년 더 연장시켜 주신 셈이다.

Jiles가 수행하는 평생교육 중에 '5060 인생학교'가 있다. 우리네 인생에서 50부터 80까지를 단절되지 않은 한 기간으로 설정해 기획된 프로그램이다. 중장년 학생들은 인생 2모작이 시작되는 50부터는 80이 되었을 때 어떠한 삶의 조각품이 완성될 것인지를 그려보게 된다. 그리고 준비와 계획, 신념과 용기를 갖고서 제2의 마라톤을 시작하는 것이다. 노력만 한다면 80세까지는 꾸준한 성장이 가능하므로, 100년을 살아가는 이 시대의 노년들은 반드시 인생 3모작을 일궈가도록 훈련되어진다.

성장하는 동안은 늙지 않으므로 끊임없이 배우며 성장하며 익어가야 함을 깨닫게 된다. '나이 듦'이란 시간여행에서 저마다 삶의 기술을 개발해 행복한 인생을 가꾸어 나가자는 약속도 나눈다.

또한 문해교육의 일환으로 기획된 '꿈바당 해녀학교'에서는 7080 해녀학생들이 글자를 익혀서 물질하는 하루를 시와 그림으로 표현한다. '죽어져도 바당에 강 물질허당 죽어사주' 하는 8090 해녀들의 삶이야말로 오키나와의 장수 기념비를 무색케 하는 살아 있는 신화다. 제주해녀들이 평생교육을 통해 배움의 기쁨을 맛보고 인생의 행복을 느끼는 한, 오키나와를 초월하는 인류의 무형유산으로 장수하지 않을까. 아, 그러고 보니, 건강과 장수는 바로 일과 배움을 통해 만들어지는 삶의 결과다.[14]

## 다. 귀농·귀촌 정책 인식 전환이 필요하다

　　현재 농촌의 가장 큰 문제는 도시화와 저출산, 고령화에 따른 인구감소이다. 인구감소는 지자체의 세수입과 정부 지원 예산의 축소로 이어져 결국 재정과 행정 조직의 감축, 지역경제의 침체로 이어질 수밖에 없기 때문이다. 즉 인구의 감소는 지방의 소멸을 의미한다. 지난해 12월 기준, 전국 228개 시·군·구 지자체 중 소멸위험에 진입한 농·어촌 지자체는 105개(46.1%)에 이를 정도로 심각한 상황이어서 대책 마련이 시급하다.

　　다만 고무적인 것은 이러한 상황 속에서 농가 수입의 안정화를 기반으로 하는 귀농·귀촌에 대한 사회적 관심이 집중되고 있다는 사실이다.

　　한국농촌경제연구원이 발간한 '2020년 귀농귀촌 동향과 시사점'에 따르면 2020년 기준, 귀농 가구원은 1만 7447명으로, 전년보다 7.8%, 1266명이 증가했다. 귀농 가구원은 귀농인과 동반 가구원으로 구성되는데, 귀농인은 1만 2570명으로 전년 대비 9.3% 증가했고, 동반 가구원은 4877명으로 4.3% 증가했다. 그리고 대도시권 도농복합도시의 귀촌인 증가율은 2019년 대비 평균 32.2%, 군은 13.5%로 집계되고 있다.

　　이외에도 도시인구 10명 중 약 4명은 귀농·귀촌을 희망하고 있다는 통계를 고려해볼 때, 자연환경에 대한 중요성과 더불어 농업·농촌이 새롭게 재평가되고 있음을 알 수 있다. 하지만 이런 중요한 순간에 진주시는 타 지자체로 인구를 뺏기고 있다. 인근지역인 산청군의 귀농·귀촌 현황 보고서에 따르면 2018년부터 2021년 상반기까지 3년 6개월간 총 1361가구, 2132명이 귀농·귀촌으로 유입됐는데, 이는 진주시와 부산시에서 가장 많이 유출된 것으로 확인됐다. 이제부터라도 진주시도 귀농·귀촌에 대한 인식을 전환해, 인구유입을 위한 보다 적극적인 정책 개발에 박차를 가할 때이다. 물론 진주시도 관련 정책을 추진하고 있지만, 성공적이라 보기는 어려우며, 정책의 규범적 근거인 조례조차 제정되지 않은 상태이다.

　　'귀농어·귀촌 활성화 및 지원에 관한 법률'이 2015년 제정되고, 최근 2021년 개정됨에 따라 귀농·귀촌 활성화 및 지원을 위한 조례가 전국 65개 지자체에서 제정돼 시행 중이다. 특히 경남 도내에서는 김해를 비롯한 4개 시와 산청·고성군에서 조례를 제정해 귀농·귀촌의 활성화 및 지원에 박차를 가하고 있는 모습과 대조적인 측면이다.

　　시에서 정책으로 추진하고 예산에 반영하면 되었지, 왜 군이 조례를 만들어야 하는지에 대한 의문이 있을 수도 있다. 하지만 이는 조례의 규범적인 역할에 대한 오해가 깊은 것에서 기인한다. 정책과 예산은 시장이 바뀌면, 언제든 변경될 수 있고 그만둘 수도 있다. 하지만 조례로 한번 제정돼 진주시의 규범으로 확정되면, 진주시민의 대표인 시의회의 공식적인 의결 없이는 함부로 그만둘 수 없으므로, 중요한 것이다.

또한 조례 제정 이후에도 지속적인 정책적 보완이 뒤따라야 한다. 정책의 개발과 법규범의 제정, 정책의 보완이 하나의 순환구조로 이루어질 때, 우리 사회의 제도는 발전할 수 있기 때문이다. 그 전제로서, 효과적인 정책집행을 위한 정확한 실태 파악과 적극적인 홍보가 체계적으로 이루어져야 하고 또 차별화된 정책과 사업추진을 담당하는 귀농·귀촌 전담부서를 설치하는 등 조직 개편도 뒤따라야 한다.

정책적으로는 크게 두 가지로, 진주시의 실정에 맞는 귀농·귀촌인 유입을 위한 유치 방안과 유입된 귀농·귀촌인의 안착을 위한 내실화 정책이 필요하다. 먼저 귀농·귀촌인의 적극적인 유치를 위해 유치 홍보, 예비 귀농·귀촌인 상담·정착 교육, 귀농 투어와 가족 숙박 체험형 교감프로그램 운영, 장기체류형 체험·교육 강화 등을 생각해볼 수 있을 것이고, 유입된 인구가 초기에 안착할 수 있도록 지원하는 방안으로는 주거 환경개선 지원을 비롯한 일자리 지원까지도 고려해볼 수 있을 것이다. 이러한 정책과 규범의 조화로운 발전으로, 진주시가 도농복합도시의 장점을 잘 살려, 진정 살고 싶은 진주가 되기를 기대해본다.[15]

## 라. 노인을 위한 미래, 결국 나의 미래다

2022년 9월 기준 통계청 자료에 의하면 만 65세 이상에 해당하는 고령인구는 경남도의 경우 약 19.2%로 전국 약 17.8%보다 높은 편이다. 게다가 경남의 전년도 1년 동안의 고령인구증가율은 전국 평균 1.1% 포인트보다 더 높은 1.3% 포인트이다.

어느 정부건 증가하는 노인인구의 보건 및 복지향상을 위해 지속적인 관심을 보이지만 참여연대에 따르면 노인복지예산 증가율은 2020년 19%에서 2021년 13.4%, 그리고 2022년에는 2.7% 증가하는 데 그쳤고 이를 두고 노인복지예산이 둔화되고 있다는 평가를 내렸다.

어느 정도의 예산이 노인복지향상에 도움이 될지는 알 수 없다. 예산의 증가율이 줄었다고 하더라도 그 기준점을 어디에 두느냐에 따라 판단이 달라질 수 있기 때문이다. 단순히 예산의 증가율이 줄었다고 하더라도 애당초 기초연금, 노인시설 운영비, 노인맞춤돌봄서비스, 노인일자리 지원, 노인장기요양보험사업 등 수 많은 과제들에 과연 적정수준의 예산이 배정되었는지는 살펴볼 문제이다. 과유불급인 만큼, 국가의 재정을 다방면에 써야 한다면 현 세대가 합의할 만큼의 기준점은 지속적으로 찾아야 한다. 다만 먹으면 먹을수록 많아지는 것이 나이이고 그 누구도 노화를 피해갈 수 없다는 불변의 진리를 앞에 두고 어떻게 인구고령화에 대응할 것인가는 모든 세대가 고민해야 하는 사회적 숙제이다.

요즘은 고령사회로 인한 여러 가지 부작용들이 사회에 만연해지면서 부각되고 있는 현실이 참으로 안타깝다. 언제부터인가 젊음은 칭송받고 늙음은 폄하되어 "나이보다 젊어 보이시네요" 가 덕담이 된 지가 오래다. 늙음이 현명함과 지혜를 뜻했던 과거와 비교하면 상황은 무척이나 달라졌다. 왜 이런 현상이 만연한지 짚어보니 나이 듦, 즉 연륜의 가치를 잘 몰라서인 것 같다. 노인이야말로 우리에게 소중한 생명을 준 존재이며 우리 미래의 모습이고 삶이란 것을 깨닫지 못했기 때문이다.

예로부터 한국을 '동방예의지국(東方禮儀之國)' 이라고 했다. 과거에는 자연스럽게 웃어른에 대한 공경과 효를 답습하고, 밥상머리에서 예절을 배웠다. 어른의 자세를 보면서 자연스럽게 존경하고 내 삶의 뿌리이자 우리가 나아가야 할 나의 미래라는 생각을 가졌다.

하지만 현재는 웃어른을 보고 배울 기회도 없고, 어릴 때부터 제대로 가르친 적이 없으니 이로 인해 노인의 가치를 평가 절하하고, 귀찮은 존재로 인식이 우리 사회에 만연해진 것 같다. 고령화된 부모세대의 생계와 안녕에 대해 가족들에게 1차 부양의무를 지우지만 '열 명 자식을 한 명의 부모가 건사하되 열 명의 자식이 한 명의 부모도 건사하기 어려운 경우' 가 태반이다.

결국 가족들은 부모님을 요양기관으로 모실 수밖에 없고, 반면 부모님들은 완강히 반대 하는게 현실이다. 과거 대부분의 요양기관이 도심이 아닌 곳에 위치했고, 가깝지 않은 거리 때문에 자식들이 쉽게 방문할 수가 없었던 연유에 기인한다. 물 좋고 공기 좋은 과거의 요양기관 장점은 이제 '더 가까이에서 더 자주 뵐 수 있어야 한다' 는 필요성에 뒤지고 있다. 점진적으로 도심형 요양원, 요양병원이 차츰 늘고 있고 이는 지척에 부모님을 모셔두고 자주 뵐 수 있는 기회를 증가시키고 있다.

진주시도 사정이 다르지 않아서 최근에야 도심형 요양기관이 증가하고 있으나 수요에 턱없이 미치지 못한다. 코로나로 인한 면회 전면 금지가 일시적으로 시행

돼 도심형 요양기관의 혜택이 사라졌다지만 결국에는 언제든지 찾아뵐 수 있는 요양기관에 대한 수요는 지속될 것이다. 수술 후 요양이 필요한 환자, 만성적인 질환자 등이 원래의 요양병원의 대상군이지만, 세상의 흐름과 이치가 변하는 만큼, 요양병원이 노인 삶의 최종 종착지가 되어버린 것을 거스를 수는 없다. 미래의 나를 위해서도 나의 삶의 마지막을 책임지게 될 요양기관에 대한 기준들은 완화될 필요가 있다.[16]

## 마. 농촌에 드리워진 고령화 사회의 어두운 그림자

11월 들어서 이런저런 연유로 여러 농촌 마을을 찾아가게 되었다. 자작나무 숲을 구경하러 경북 영양군을 방문했는가 하면 종중 시제(時祭)를 모시기 위해 경남 거창군의 고향 마을을 다녀왔다. 지난 주말에는 농촌 마을 살리기를 위한 학생들의 탐사 프로그램에 동행하여 경북 청도군의 한 마을을 찾아갔다. 이들 농촌 마을에서는 공통적으로 젊은 청년들을 찾아보기 힘들었다. 대부분의 마을 주민들이 60대 이상의 노년층이었다.

우리나라는 이미 65세 이상의 노인인구가 전체 인구의 7%를 넘는 고령화사회를 지나 노인인구가 전체 인구의 14%를 넘는 고령사회에 들어섰다. 머지않아 2026년경에는 노인인구가 전체 인구의 20%를 넘는 초고령사회에 진입할 것으로 예측되고 있다. 평균 수명의 연장과 함께 초저출산 현상으로 인구 고령화가 빠르게 진행되고 있다. 피할 수 없는 대세가 되어버린 인구고령화는 사회 곳곳에 어두운 그림자를 드리우고 있다. 그 가운데서도 농촌과 농업은 가장 심각한 타격을 받을 것은 분명하다. 우리 사회 현안문제인 지역소멸 현상도 농촌에서 제일 먼저 일어날 것이다.

지난 주말 방문한 청도 마을은 밀양 박씨가 집성촌을 이루는 곳으로 나름대로 전통 있는 반촌(班村)이었다. 대도시인 대구와도 가까워서 강가에 카페와 갤러리가 있을 정도로 관광지로서의 면모도 일정하게 갖추고 있었다. 산촌에 가까운 나의 고향마을에 비해서는 생활조건이나 생활 수준이 많이 나아 보였다. 그런데 새마을문고 대표로 활동하고 있는 마을지도자와 이야기를 나눠보니 이 마을에서도 농업 계승 문제가 심각하다는 것을 확인할 수 있었다. 52세인 그 지도자는 고등학생인 자기 아들에게 농업을 승계시키기 위해 미리부터 준비하고 있었다. 그럼에도 그 아들이 과연 그 마을에서 아버지에 이어 농업을 계속해 나갈지는 장담할 수 없는 형편이었다. 도시에서 귀농하여 새로운 농업경영을 구상했던 54세의 다른 주민도 만나보았다. 마을에서 가장 젊은 주민에 해당되는 그에게 큰 고민거리는 혁신적인 농업 경영을 같이할 젊은 우군이 없다는 것이었다. 이 마을에도 주민의 절대다수가 고령층이기 때문이다.

최근 농촌과 농업의 새로운 돌파구로 스마트농업(smart farm)이 많이 이야기되고 있다. 스마트농업을 통해서 농민들도 도시 중산층 못지않은 소득을 올릴 수 있을 것이다. 스마트농업을 경영하기 위해서는 상당한 수준의 전문적인 농업지식이 필요하다. 기존에 농사를 지어온 고령층 농민들도 스마트농업을 시도할 수 있으나 그 성격으로 미루어봤을 때 청년층이 주도할 수밖에 없다. 스마트농업을 위해서는 먼저 청년 농업인 양성이 이루어져야 한다.

청년들이 농촌에 정착하여 농업을 이어가도록 하기 위해서는 다양한 지원책이 필요하다. 무엇보다 농촌 정착에 필요한 주거시설과 경작지, 농기계 확보를 위한 방안이 마련되어야 한다. 그리고 스마트팜과 같은 새로운 농업을 시도하는 데 필요한 전문지식 습득과 시설 구축을 뒷받침하는 정책이 뒤따라야 한다. 농업 선진국에서는 이미 청년 농업인을 육성하기 위한 지원 정책을 마련하여 청년들의 농촌 정착과 농업 계승을 뒷받침하고 있다.

미국의 경우 〈미국의 미래 농부들(Future Farmers of America)〉이라는 조직을 통해 청소년(12~21세)을 대상으로 농업 경영과 기술을 교육함으로써 청년 농업인의 인재풀을 키우고 있다. 그 밖에도 네덜란드와 스위스 등 유럽 각국의 청년 농업인 양성을 위한 정책도 참고할 만한 하다. 이제 농촌 정책은 기존의 고령층 농민들에 대한 생활 지원 차원을 넘어서서 지속가능한 농촌과 농업에 초점을 맞추어야 한다. 그러기 위해서는 청년층의 농촌 정착과 농업 계승에 보다 많은 관심을 기울여야 할 것이다.[17]

## 바. 곱게 늙으세요

사람이 살아가면서 세월은 누구에게나 하루 24시간 공평하게 주어진다. 다 함께 똑같이 한 해 두 해 십 년 이십 년 햇수를 더해가며 자동차 생산연도를 출발로 년식을 쌓아간다. 년식이 묵을수록 노후화되고 가는 세월 잡지 못하고 오는 세월 막지 못하여 폐차 사망하는 종말 인정은 하지만 실감하면 사는 재미없어 별첨 생략이다.

젊을 때는 뒤돌아볼 여유도 없이 앞만 보고 먹고 사는 생계를 꾸려가기도 시간이 모자랐다. 집 장만에 자녀교육과 뒤치다꺼리에 동분서주하며 정신없이 살았다.

잠시 숨 돌리고 뒤돌아볼 여유가 있을 때는 어느덧 각박한 인생살이 수고했다는 주름살 계급장이 하나둘 생겨 서글프다.

'손에 손잡고' 심금을 울리며 전 세계에 대한민국을 업그레이드 한 88올림픽 열리던 해 가을 워크숍 갔을 때 강사가 일생을 긴 여행으로 본다면 출생이 출발역이고 사망이 종착역으로 비교한다. 삶의 속도를 세대별로 재미있게 묘사한 부분이 생각난다. 갓난아이와 어린이 10대는 10km, 20km로 자전거 타는 속도다.

20대는 40km 시골 완행버스, 30·40대는 60km~80km로 직행버스, 50·60대는 100km~120km로 고속버스, 70·80·90대는 140~160~180km로 KTX로 속력을 낸다. 100살 이상은 200km 비행기 속도로 화살처럼 빨라 밤새 안녕이라고 빠르면 이틀 늦어도 사흘만 안 보이면 천국역에 도착해 부고장 날아올까 봐 조마조마하고 있다고 한다.

쉰을 넘기면 나이는 숫자에 불과하다며 최면을 걸며 주위에서도 그렇게 봐줄 때가 가장 행복하다고 한다. '젊어 보인다 늙어 보인다' 경계가 불분명한 예순이 가까워지면 어르신네 호칭 듣기가 짜증 난다. 돈 드는 것도 아닌데 선생님이나 아니면 사장이나 회장님이라고 부르면 더욱 좋고 이왕이면 다홍치마라는 언질을 주고 싶다. 옛날 골방신세 불혹 나이 40줄은 요즘 백세시대는 아기다.

불과 2, 30십 년 전 만하더라도 40줄이면 햇노인이다. 그 당시 불혹을 갓 넘을 때다 빈자의 어머니 성녀 인도 테레사 수녀님이 대구 성모당 방문할 시기 고향 상주 서문동 성당에서 바실리아 수녀님에게 천주교 교리공부 시작했다. 술 잘하고 시건방 떤 시골 시청계장을 온순한 양으로 만들려고 성심성의를 다한다. 덕분에 세례받고 착실한 그리스도인 되어 퇴직하여 대구에서 제2의 차분한 인생 잘살고 있다.

그때 수녀님이 '곱게 늙으라' 는 말 없잖게 건성으로 들어 잊었다. 산전수전 다 겪고 서산에 저물어가는 노을빛 칠순이 가까워지니 늙는다는 말 맞다. 기저질환 있는 노인부터 하늘나라로 막 잡아가는 코로나 겪고는 몸뿐만 아니라 마음 영혼도 긴장하고 시달려 확실하게 같이 늙었다. 풍전등화 같은 속세 살아있음에 감사하며 남은 삶의 고삐를 졸라 더 곱게 늙으려고 다짐을 한다.

서산에 해지는 인생 토라진 형제·친척 미운감정 사랑마음으로 돌리고 집안을 다독거리고 보살피는 엔진이 되자. 어려운 주변 이웃 자선봉사하며 베푸는 세례명 빈첸시오로 열심히 살기를 다짐도 해 본다. 교리 받을 때는 같은 상주에 지금도 늙어가며 같은 대구 하늘 아래에 계실 바실리아수녀님 건강 하십시오. 육신은 물론 마음 영혼도 곱게 늙어 훗날 천국에서 뵙시다.[18]

## 사. 건강한 인간관계를 위해

우리는 사람들 속에서 마음을 치유하고 정보를 얻기도 하며 날로 발전한다.

그러나 이런 인간관계가 매번 순조롭고 이로운 방향으로만 흘러가는 것은 아니다. 사람과 사람 간의 관계는 마치 양날의 검과도 같아서 때로는 긍정적이었던 교류의 시작이 상처가 되어 돌아오기도 한다.

나는 오랫동안 인간관계에서 사람이 아닌 '관계'에 지나치게 집착했다. 가령 '오랫동안 알고 지낸 친구이기에' '나이 차이가 많이 나기 때문에' '직책이 높은 분이기에' 등 타인과 나의 관계를 일선에 정의해 선을 긋고는 했다. 그리고 그 선을 넘으면 관계를 망칠 것이라는 걱정에 사로잡혀 무조건적인 을을 자처하거나 내 생각과 감정을 2순위에 두었다.

돌아보면 이런 회의적인 태도가 나에게 그리 좋은 영향을 주지는 못한 것 같다. 상대와의 사이를 정의하는 틀에 나를 온전히 맞추기 위해서는 본성을 외면해야 했고, 이는 감정과 의견을 숨겨야 하는 이유가 됐기 때문이다.

그러나 솔직하지 못한 관계는 결국 탈이 난다. 어느 한쪽은 을을 자처하며 열등감과 자아의 불안정함에 휩싸이게 되고 다른 한쪽은 독단이 습관처럼 굳어지게 된다. 이런 기울어진 관계에서 쌓이기 시작하는 불편함은 뒷말과 스트레스가 되고 언젠가 어떤 방식으로든 터지고 만다. 나 또한 앙금을 쌓아 두는 습관으로 인해 그렇게 지키고 싶었던 소중한 관계가 더욱 쉽게 무너져 버리는 경험을 해봤다.

문득 불쾌하게 끝났다고 느꼈던 모든 사람과의 관계를 다시 돌아봤다. '그때 나의 의견을 정확히 전달했다면' '내 생각을 정중히 말했다면' 적어도 서로 찝찝함을 남기거나 단절하고 말았던 극단적인 결말을 피했을지 모른다. 그리고 그 속에는 관계 유지라는 명목으로 누군가와 부딪혀서 대화하려는 노력조차 없이 타인을 판단하고 거리를 두었던, 그게 옳다고 생각했던 나의 편협한 사고가 뿌리를 내리고 있었다.

이런 경험과 성찰을 통해 세상에 나와 퍼즐처럼 꼭 들어맞는 사람은 없다는 것을 깨달았다. 또한 우리는 조율을 통해 서로를 맞춰가는 융통성이 있다는 점에서 엄연히 퍼즐과 달랐다. 그래서 인간관계란 한편의 일방적인 '맞추기'가 아니라 함께 '맞춰 가기'가 돼야 하며 이를 위해서 서로는 생각과 의견을 효과적으로 전달하는 다양한 방법을 고민해야 한다.

우리가 이야기하는 상대는 자라온 배경부터 시작해 대화에서 선택하는 단어,

사소한 어투 하나하나마저도 차이가 난다. 따라서 진심을 전달하고 싶다면 내가 말하는 방식만 고집하는 것이 아닌, 그들에게 더 직관적으로 다가서는 대화법을 고민해 보는 것도 좋다. 누군가에게는 직설적인 표현이, 또 다른 누군가에게는 부드러운 대화가 그의 마음을 움직이게 하는 것처럼 말이다. 자아와 자존감을 지킬 수 있는 당당하고 솔직한 관계를 유지하면서 소통의 방법을 고심해 보자. 말의 본질에 있어서는 정직하고 애써 숨기지 않되 이것을 어떻게 전달하는 것이 좋을지를 고민하자는 것이다. 소통은 인간관계에서 우리에게 주어진 일종의 열쇠다.

상대를 고려해 다양한 소통의 자세를 고민하고 적용해 나갈수록 여러 상황에서 신뢰의 문을 열어 관계에 유동적으로 대처하기 쉽다.

나아가 진정한 대화라고 할 수 있는 이런 과정들이 익숙해지면 마음의 먼지를 털어 내는 게 더 이상 부담스럽고 피하고 싶은 일이 아니게 된다.

먼지를 털고 나면 더 밝고 깨끗한 마음이 남아 긍정적인 대인관계를 만들어 나갈 수 있음을 깨닫기 때문이다. 결국 인간관계는 하나의 지속적인 관리 대상이기에 의식적으로 점검해 가며 유연하고 건강한 사이클을 유지하기 위해 노력해 보자.[19]

## 아. '마음의 평안'이 충실한 삶보다 우선이다

더 많은 부를 누리기 위해, 더 높은 곳에 오르기 위해, 더 멀리 날기 위해 우리는 오늘도 세밀한 계획을 세우고 바쁘게 살아간다. 그렇게 사는 것이 충실한 삶이고 잘 사는 것으로 생각한다. 하지만 풍족, 명예, 사랑, 건강 등으로 우리의 삶을 가득 채웠는데도 행복하기는커녕 공허함만 느끼기도 한다.

한 청년이 새해를 맞아 인생을 충실히 보내고 싶다는 생각으로 삶의 계획을 세우고 실행에 옮겼다.

첫째 '풍족한 삶'을 위해 누구보다도 열심히 일하고, 둘째 '명예로운 삶'을 위해 정의롭게 살고, 셋째 사랑받는 삶을 위해 주변 사람들을 배려하며, 넷째 '건강한 삶'을 위해 꾸준히 운동했다. 주변 사람들이 보기에 청년은 누구보다 충실한 삶을 살고 있었다. 하지만 청년은 무언가 부족한 듯한 느낌에 항상 걱정과 불안이 마음 한구석에 자리했다.

청년은 자신의 스승을 찾아가 물었다. "저는 누구보다 충실한 삶을 위해 계획을 세우고 잘 실행하고 있는데 여전히 뭔가 부족합니다. 저에게 빠진 것이 무엇인가요?" 스승은 제자가 수립한 계획을 보고 말했다. "훌륭하고 일리가 있는 계획이네. 그런데 자네는 가장 중요한 것을 빠뜨린 듯하네. 그것이 없을 때 이런 것들은 오히려 큰 고통이 될 걸세.” 그리고 스승은 붓으로 한 줄을 남겼는데 그것은 ‘마음의 평안’이었다.

마음의 평안은 ‘마음에 어떤 형태의 불안도 없는 상태’다. 인간의 불안은 대부분 무지와 미신에서 오는 마음의 병이다. 근거 없는 상상과 분석 없는 상념이 마음의 병을 키운다. 마음의 병은 가능한 빨리 제거해야 불안을 잠재울 수 있다.

그런데 문제는 마음 안에 ‘나 아닌 나’가 있어 나도 모르는 불안이 마음을 이끌고 있기 때문에 빨리 제거하려 해도 쉽지 않은 일이다. 이때 불안을 의도적으로 피하거나 억누르지 말고 객관화시켜 부대껴 보기도 하고, 대화하면서 그 실체를 확인해야 한다. 확인되지 않은 불안에서만 벗어나면 평안을 누릴 수 있다. 그래서 누구나 자기 자신과의 소통이 꼭 필요하다.

마음의 평안을 얻기 위한 구체적 방법으로 먼저, 분함을 참고 욕심을 내려놓아야 한다. 분한 감정이 일어나거든 초기에 발화지점에서 불을 끄듯이 가라앉히고, 욕심이 고개를 들거든 물 나오는 구멍을 막듯이 욕심 구멍을 막아야 한다.

다음은 양심을 지키며 사는 것이다. 사람의 마음이 맑지 못한 것은 양심에 먼지가 끼었기 때문이다. 매일 거울의 먼지를 닦듯이 양심의 먼지를 닦으며 거리낌 없이 살아야 한다. 양심이 맑으면 저절로 평정심이 유지돼 마음이 평안해진다.

존 카밧진 미국 매사추세츠 의대 교수는 현대인들의 마음이 평안하지 못한 이유는 ‘생각의 과식’, ‘생각의 과부하’ 때문이라고 했다. 너무 많고 복잡한 생각은 지나간 일을 계속 되풀이해 기억하고 음미하거나 절대 일어나지도 않을 미래의 일에 대해 쓸데없는 상상을 하기 때문에 일어나며, 이것으로 마음이 불안해진다는 것이다.

중요한 건 우선 나 자신을 사랑하고, 내 마음부터 평안해야 한다. 내가 건강하고 행복하고 성장하면서 ‘마음의 평안’을 유지하면 주위의 좋아하는 사람에게, 이웃 사람에게, 친하지 않은 사람에게, 멀리 알지 못하는 사람에게까지도 만나는 사람을 다 이해할 수 있고 자비의 마음을 점진적으로 넓혀갈 수 있다. 자신이 고귀한 존재임을 앎으로써 다른 사람의 존엄성도 함께 인정할 수 있기 때문이다.

사람들 각자의 마음속에 평안함이 무한히 커지면 커질수록 이 세상은 그만큼 더 살맛나는 곳으로 빠르게 변화될 것이다. 나 자신의 평화가 가정의 평화, 사회의 평화, 국가의 평화, 세계의 평화로 끊임없이 확대되는 셈이다.

‘마음의 평안’을 통해 우리의 삶은 더욱 풍성해진다. 우리에게 평안을 주는 건 다른 사람이 아니다. 바로 자기 자신이다.[20]

## 자. 어르신 인문학, 우리들의 행복한 시간

"첫 강의 때 뭐라도 들고 가야 할 것 같았어요. 박카스 두 박스 사서 한 병씩 나눠드리고 강의를 시작했습니다. 둘째 날엔 박카스 대신 요구르트를 가져갔어요. 우리 몸의 심장이 한 번에 뿜어내서 혈관으로 돌게 하는 혈액의 양이 꼭 요구르트 양만큼이라는 걸 설명하기 위해서였죠. 건강은 숨을 잘 쉬는 것, 좋은 숨을 쉬는 것에서부터 출발한다는 취지의 강의였어요."

인문독서공동체 책고집에서 진행한 어르신 인문학 강좌에서 김홍표 아주대 교수가 강좌가 마무리된 뒤 강사들 모임에 나와서 밝힌 소회의 한 대목이다. "뭐라도 들고 가야 할 것 같았다"는 말이 인상적이다.

"저는 마을 이야기를 하기 위해 유튜브로 '고향의 봄'을 들려드리면서 시작했죠. 함께 따라 부르기도 했고요. 한 어르신이 눈물을 흘리시더군요. 갑자기 고향 생각이 나셨던 모양이에요. 덩달아 저도 눈물이 나서 혼났어요. 도시는 땅과 사람, 그곳에서 벌어지는 다양한 이야기로 이루어진다는 걸 들려드리는 시간이었습니다." 도시재생 전문가 허현태 박사가 들려준 강의 경험담이다.

"저는 법률 이야기를 해야 했는데 쉽지 않더라고요. 개별적인 질문에 응하다 보니 다른 분들이 소외되는 것 같았고, 질문을 받지 않고 강의하려니 구체성은 떨어지고 추상적인 데다 어려운 말을 하게 되더라고요. 어르신 인문학은 참 좋은 기획이고 개인적으로 소중한 경험이지만, 결코 쉬운 일이 아니라는 걸 확인한 시간이었어요." 김화섭 변호사가 밝힌 소회 중 일부분이다.

중국 이야기를 하기로 한 신승대 회원에겐 강의 전 몇 가지 유의 사항을 알려주었다. 마오쩌둥이 아니라 '모택동', 덩샤오핑이 아니라 '등소평'이라 말하라고. 정작 강의 때는 중국요리 이야기를 했는데, 모두가 관심 있게 들어줘서 고마웠다는 소회였다.

판소리 전수자 정유숙씨는 단지 판소리만 들려드리기보다 판소리에 담긴 삶의 애환이 담긴 이야기를 알려드리려고 노력했더니 크게 호응하더라는 거였다. 소통 전문가 원호남 교수는 '멋진 어르신 대화법', 강태운 작가의 '그림과 나', 삼성출신 소통강사 안선형씨의 즉석 색소폰 연주와 방송PD 출신 조정선 작가의 멋들어진 기타연주와 '대중가요의 역사'를 들려주는 강의는 큰 호응을 얻었다. 건설노동자 출신의 김용우 작가는 '중동 건설노동자의 애환'을 들려줘 깊은 감동을 주기도 했다.

강좌의 백미는 어르신들의 참여를 유도하기 위한 시도였다. 화가와 함께 그림을 그리고, 작가와 함께 에코백을 만드는 과정을 넣었으며, 무엇보다 어르신들의 삶의 이야기가 담긴 글을 쓸 수 있도록 유도했다. 손혜진 작가와 박성희 작가, 권선근 출판기획자가 참여했고, 이경란 작가가 주임 강사 역할을 했다.

"읽기와 쓰기가 안 되는 어르신이 계셨어요. 읽기 부분은 대신해드렸는데 쓰기는 직접 하셔야 했어요. 민망해하실 줄 알았는데 끝까지 함께해주셨어요. 글을 쓴다기보다 글자 모양을 그리는 방식으로 참여하신 거죠. 뭉클했어요." 이경란 작가의 후일담에 집담회에 참석한 강사 모두가 숙연한 표정을 지었다.

어르신들 앞에서 과학 이야기를 하려니 여간 고민되는 게 아니라며 엄살, 아니 진짜 깊은 고뇌에 빠지기도 했던 김범준 성균관대 교수는 어르신 강의에 이어 대전의 노숙인을 위한 강의까지 소화한 뒤 일약 스타강사가 되기도 했다.

강의를 들으신 어르신과 노숙인들은 한결같이 김범준 교수의 과학강의가 재밌고, 유익했다고 말씀하신다. 역시 명불허전이다.

지난 6월 경향신문에 기고한 칼럼 '동네 식당과 어르신 인문학'이 도화선이었다. 칼럼을 읽은 한국문화예술위원회 직원이 직접 책고집으로 찾아와서 어르신 인문학 강좌를 지원하고 싶다는 의사를 밝혔다. 위원회에서 코로나19로 지친 사람들을 위해 마련한 우리가치인문동행 사업의 취지와 맞아떨어진다는 것이었다.

그렇게 어르신 인문학이 시작됐다. 3곳의 복지관을 찾아가서 수강생을 모집했고, 강사진은 책고집 회원들로 구성했다. 참여한 어르신들 대부분 즐거워하셨고, 강사들은 즐거움에 더해 보람까지 덤으로 챙긴 시간이었다. 어르신 인문학, 우리들의 행복한 시간은 이제 시작이다. 내년에는 더 많은 곳에서 더 많은 어르신을 만날 것이다.[21]

## 차. 김장하는 할머니

첫눈이 내린다는 소설이 되자 할머니들은 마치 기다렸다는 듯이 배추를 뽑기 시작한다. 물서리에는 배추가 상하지 않지만 된서리가 내리면 배추도 얼기 시작하는데 날씨가 추워질 소설이 되면서 된서리에 대비하는 것이다. 밭에도 배추가 가득하지만 골목길을 걷다 보면 집집마다 배추를 절이느라 노란 배추가 마당 가득히 있는데 도대체 누가 저 많은 김치를 다 먹을 것인가. 할머니들은 겨우내 서너 포기만 해도 충분히 드실 것인데 마을에는 가끔씩 보이는 그 집의 자식들이 모두 먹을 것이다. 소금에 절인 배추가 산처럼 쌓여 있는 집 앞을 지날 때나 텃밭 그득히 배추가 있는 곳을 지나면 그 집 할머니는 아직 김장을 하실만큼 건강한 것 같아서 마음이 놓이기도 하지만 조금 착잡해지기도 한다.

젊은 사람들이 비교적 많은 동네이지만 젊은 사람들은 할머니들처럼 김장을 많이 하지 않는다. 그저 자기들 먹을 만큼만, 하나둘 있는 자식들이 달라면 좀 줄 정도만 한다. 자식이 할머니들처럼 많지도 않지만 김장 자체를 많이 하려고 하지도 않는다. 사철 내내 배추가 있으니 조금씩 담아 먹는 것도 한 방법일 것이다.

오늘은 여기저기서 배추를 뽑느라 들판에 사람이 그득했다. 젊은 사람들이 와서 함께 뽑는 집도 있고 할머니 혼자 하는 집도 있다. 집집의 사정을 모르니 그러려니 하는데 산책을 하다가 혼자 일하는 할머니한테 갔더니 사람 본 참에 좀 쉬겠다며 흙밭에 그대로 앉으신다. 장골이 있는데도 도와주지 않는다는 할머니의 푸념에 그 장골이 집에 계시는 할아버지일까 아니면 아들일까 속으로 헤아려 본다. 필경 할아버지일 것이다. 아들이라면 할머니 혼자 배추를 뽑게 내버려 두지는 않을 것이니.

뽑던 배추를 들어 나한테 주려는 걸 간신히 사양했다. 배추 한 포기 한 포기 모두 나름의 계산이 있을 것인데 몇 포기 나눠 줘버리면 할머니의 계산은 어긋나기 때문이다. 아들, 딸과 손자까지 먹어야 할 배추가 이 들판에 우렁우렁 여물어 가고 있는 것을 그들은 알까.

아직 날씨를 가늠하기 어려운 나는 할머니의 텃밭을 보면서 우리 밭도 갈무리한다. 할머니들이 무를 뽑으면 나도 뽑고 배추를 뽑으면 나도 뽑는다. 언제 된서리가 내릴 것인지 나는 도무지 알 수가 없지만 할머니는 이미 훤하게 앞일을 내다보신다. 시골에 살면서 생긴 요령이라면 요령일까, 언제 씨앗을 뿌리고 거둬들여야 하는지 알기 어려울 때는 할머니의 텃밭을 보면 된다. 절기가 때맞춰 돌아오듯이 할머니의 농사 절기도 틀리지 않는다. 첫눈이 온다는 소설에는 눈이 아닌 비가 내렸지만 머지않아 날씨는 추워질 것이다.

어쩌다 김장도 하지 않고 마당을 말갛게 비워놓는 집이 있는데 그런 집은 틀림없이 자식들이 도리어 김장을 해서 갖다주는 집이다. 그런데 그런 집 앞을 지날 때면 마음이 허전해지는 것이, 무언가 해야 할 일 하나를 하지 않고 가만히 있는 집 같다. 두 다리로 튼튼하게 걷는 할머니는 한 분도 안 계시고, 허리가 굽지 않은 할머니도 안 계시지만 지금까지 수십 년 동안 해 오던 일들을 여전히 하고 계시는 할머니를 보면 마음이 놓인다. 거기에다 자식까지 와서 북적거리는 집을 보면 아직 할머니가 짱짱하게 버티고 계시는 것 같아서 마음이 흐뭇해진다.

배추까지 모두 거둬들이고 나면 동네 들판은 정적에 휩싸인다. 당분간 들판도 쉬고 사람도 쉰다. 농사일에 휘었던 허리를 잠시 펼 수 있는 계절이다. 올해는 이

적막한 들판에 눈이라도 푹푹 왔으면 좋겠다.[22]

### 카. "나 때는 말이야~"

"나 땐 말이야~" 젊은이들이 제일 듣기 싫어하는 말이지만, 들려주고 싶은 옛날 애기가 내 머리 속에 가득차 있는 걸 어쩌란 말인가, 며칠 전 TV사극을 보다가 좀 놀랐다. 극중 배경은 조선시대, 밤이 되자 양반집에서 촛불을 켜는 게 아닌가, 이럴 수가, 내 어릴 때 다운동 외가댁에 가면 당시만 해도 전기가 들어오지 않아 집집마다 호롱불을 밝혔다. 간혹 집에 손님이 오거나 할머니가 바느질하려고 바늘에 실을 꿸 때, 장롱에서 초를 꺼내어 불을 밝혔다.

호롱불 밑에 살다가 촛불을 켰을 때의 그 환함이란, 촛불은 호롱불보다 서너 배는 더 밝았다. 할머니는 손님이 가시거나 바느질이 끝나면 바로 촛불을 *끄고* 호롱불로 바꾸었다. 당시에 초는 그만큼 귀한 물건이었다. 그런데 조선시대 때 밤마다 촛불을 켜고 살았다니.

어릴 때 부산 울산을 오가는 기차를 타면 증기기관차로 부전역에서 울산역까지 2시간 정도 걸렸는데 요즘 복선전철도 1시간 30분 정도 걸리니 뭐 속도면에선 큰 차이는 없는 거 같다. 증기기차는 출발 직전, 항상 **뺙~** 하며 기적소리를 울렸다. 힘찬 기적소리가 지금도 아련하다. 당시 기차엔 에어컨이 없어 여름엔 객실의 창문을 열고 달렸는데 문제는 기차가 터널 속으로 들어갈 때였다. 화차(火車)가 내뿜는 시커멓고 짙은 연기가 객실내부로 쏟아져 들어왔기에 사람들이 일제히 창문을 내리기 바빴다. 창문을 조금이라도 늦게 닫으면 기차가 터널 밖으로 나왔을 때 사람들 얼굴에 시커먼 그을음이 잔뜩 묻어있기도 했다.

내 어릴 때는 부산에 전차가 있었다. 댕그랑 종소리를 내면서 도로 가운데를 달리는 전차가 지금 있었다면 어땠을까? 그 당시엔 전기가 부족했기에 매일 밤마다 30분에서 한 두 시간 정도 꼭 정전이 되곤 했다. 그리고 TV나 라디오가 귀한 시절이라 나라에서 무슨 소식을 전할 때면 비행기가 하늘을 날면서 **삐라**를 뿌렸다. 그러면 마치 눈처럼 **삐라**들이 하늘에서 팔랑거리며 땅에 떨어졌다. 몇 월 며칠날 쥐약 놓는다는 내용의 **삐라**가 제일 많았던 것 같다.

살아오면서 가장 큰 충격은 컬러화면 tv를 처음 봤을 때였다. 그 때가 내 고등학교 때였는데 tv화면이 컬러로 나오는 것을 보고 너무도 신기해했던 기억이 난다. 지금은 골목에서 노는 아이들을 눈을 씻고 봐도 없지만 내 어릴 땐 골목마다 아이들로 넘쳐났다. 그땐 놀이도 많았다. 영화에 나왔던 오징어게임, 구슬치기는 물론 비석치기, 팔방놀이 등 놀이의 방식은 다 잊어버렸지만 그 땐 그 놀이가 얼마나 재미있었든지 놀다보면 하루가 훌쩍 가버렸다.

옛날 울산 태화강은 지금보다 훨씬 예뻤다. 십리대숲은 키 큰 대나무들이 아주 빽빽하게 강변에 줄지어 서 있었다. 와와마을에서 은월봉 아래로는 가르마 같은 절벽길이 있었고 거기 비녀바위가 우뚝 서 있었다.

더운 여름밤이면 동네 아이들이 시내에서 멱 감고 둑에 나란히 앉아 도란도란 얘기를 나누기도 했다. 머리 위로는 일렬로 뻗어있는 별의 무리들, 은하수가 밤하늘을 환하게 밝혀 주었다. 그러다가 발밑 풀숲을 작대기로 휘젓기라도 하면 놀란 반딧불이들이 밤하늘 위로 일제히 날아올랐다.

지금 태화강엔 배스, 블루길, 강준치 같은 덩치 큰 외래종 물고기들이 가득하지만 과거 태화강에는 무지갯빛의 피라미들과 예쁜 각시붕어들이 많았다. 다운동 배리끝 아래 모래톱에는 맑은 지하수가 퐁퐁 솟아올라 물놀이 하던 아이들이 입을 대고 그 물을 직접 마시기도 했다. 그 태화강에서 보이던 문수산과 멀리 가지산은 티 없이 맑고 아름다웠다.

돌아보면 모든 것이 너무 빨리 변해 버렸다. "나 때는 말이야~"라고 버릇처럼 말하는 건 흘러간 것에 대한 아쉬움 때문이기도 하지만 지금 우리가 보는 것들이 전부가 아님을 말하고 싶은 속뜻도 있다. 지나간 것들이라 해서 반드시 구리고 케케묵었다 말할 수 있을까? 지금보다 더 맑고 아름다웠고 더 풍요로웠던 것들도 많았음을 오늘 젊은이들이 알아주기를 바라는 맘이다.[23]

## 타. 나이 들수록 '빠삐따'를 지키자!

요즘 모임에 가면 거의 건배사를 시킨다. 그래서 준비한 많은 건배사 중에 '빠삐따'가 마음에 든다. '빠지지 말고, 삐지지 말고, 따지지 말자!'는 뜻이다. '빠지지 말자!'를 보자. 노년을 잘 보내려면 건강, 돈, 취미 생활, 화목한 가정 못지 않게 중요한 것이 친구다. 인간은 사회적 동물이고, 친구 없는 노년은 삭막하기 그지없다. 인생의 의미 자체가 없을 정도다. 노년에 있어 친구는 인생의 윤활유로 반려자만큼이나 중요하다. 괴테와 셰익스피어를 비롯하여 많은 선현(先賢)들이 노년에 있어서 친구의 중요성을 강조했다. 나이가 들면 친구가 하나둘 사라진다. 왜 친구가 사라질까. 당연히 사별이든지 지리적 격리든지 어쩔 수 없는 이유도 있지만, 모임에 빠지는 것도 큰 요인이다.

늘그막에 새로 친구를 사귀는 것은 무척 힘들다. 친구와 좋은 관계를 유지하려면 자주 만나야 한다. 그런데 다른 약속이 있다든지 몸이 아프든지 부득이한 사정이 있으면 모르지만, 귀찮아서 모임에 안 나가면 문제가 커진다. 그런 사람은 그때부터 늙기 시작한다. 동문회, 등산이나 바둑, 운동, 식사 모임 등에 적극적으로 참석해서 세상 돌아가는 얘기도 나누고 우정의 끈을 놓치지 말아야 한다. 과하지 않은 술자리도 종종 필요하다. 만약 이 세상을 하직할 때 한두 명의 친구도 문상을 오지 않는다면 그야말로 인생을 헛산 셈이다.

다음은 '삐지지 말자!' 다. 옛말에 '노인이 되면 어린애가 된다' 는 말이 있다. 천진무구해진다는 좋은 뜻도 있으나, 노인이 되면 어린아이와 같이 잘 삐진다는 것을 의미한다. 스스로는 성격이 대범하다고 생각했는데, 최근 들어 갑자기 잘 삐지는 것을 느낀다. 신체적 노화는 아직 느끼지 못하고 있고, 더구나 정신세계는 젊음을 유지하고 있다고 자부하는데도. 그런데 성격이 조금씩 변하는 것이 감지된다. 친구의 사소한 말 한마디에 상처를 입고, 집에 와서도 쉽게 잊히지 않는다. 아내와도 사소한 일로 토닥거린다. 그리고 섭섭한 마음이 오래 간다. 나 자신이 점점 옹졸해지는 것 같고, 이런 나를 보고 '밴댕이 속' 이라고 한다.

마지막으로 '따지지 말자!' 다. 노년이 되면 잘 삐지고, 이어 따지기 시작하다 보면 급기야 언성이 높아진다. 이것이 화근이다. 언성을 높이면 결국 친구 하나를 잃고 만다. "다시 안 만나면 되지. 내가 너한테 무슨 신세 질 일 있나?" 하며 속 상해한다. 친구와 대화할 때는 되도록 그의 의견에 토를 달지 않는다. 그리고 내 말에 친구가 이견(異見)을 피력할 때도 가급적 입을 다문다. 크게 논쟁을 하지 않는다. 그저 "허허" 하며 웃어넘긴다. 되도록 설왕설래(說往說來)를 피하면 된다. 그렇다고 해서 친구들이 나를 얕잡아보지는 않는다.

모임에는 되도록 빠지지 말고, 남과 따지지 않으려고 노력하면 된다. 하지만 자꾸 삐지는 병은 어떻게 치유할까? 이젠 나만의 묘책이 필요하다. 나이가 들면서 정신적 건강을 유지하려면 독서가 최고다. 나이가 들면 문장력이나 기억력은 어쩔 수 없이 떨어진다. 하지만 독서를 통해 생각의 수준은 끌어올릴 수 있다. 독서가 가장 필요한 나이는 직장과 사회를 떠나 가정으로 돌아가는 60대 이후다. 마음의 여유도, 시간 여유도 많기 때문이다. 이때 독서를 통해 사회에 관한 관심을 놓치지 않으면 8~90대까지 시대에 뒤처지지 않고 보람있게 살 수 있다. 또한, 육체적 건강을 위해선 자기 몸에 맞는 한두 가지의 운동을 꾸준히 해야 한다. 무엇보다 거의 매일 한 시간 이상씩 규칙적으로 걷는 걸 잊지 말아야 한다.

대부분 60대가 되면 인생의 마무리 단계라고 생각한다. 그땐 평균수명이 70~80년이었을 때 얘기다. 하지만 90~100세 시대인 요즘은 60대가 돼야 철이 드는 듯하다. 50대까지의 삶은 자기 의지와 상관없이 다른 사람에 의해 이리저리 휘둘리기에 십상이다. 그러므로 자신의 가치관에 따라 참된 인생을 맛보며 살 수 있는 시점은 60대부터다. 사랑이 있는 곳엔 행복이 머문다. 사람은 더불어 살아야 행복하다. 서로 사랑하고 배려하는 것이 행복으로 가는 길이다.[24]

## 파. 가치 지향적인 삶을 추구하면서 느리게 사는 즐거움도 맛보자

소중한 가정과 내가 지금 할 수 있는 것은 무엇인가를 생각하며 가장 먼저 중요한 것부터 실천해 나가는 우리들의 변화가 큰 물결을 일으킬 수 있다고 생각한다.

나의 자유시간은 내 가족들의 일 외에 '자투리 시간'을 활용해 하고 싶은 일들을 해왔으므로 항상 시간에 굶주려 왔기 때문이다. 그러므로 내 삶은 항상 또래에 비해 느리게 사는 삶을 방식을 배워왔고, 지금까지 누구보다 느리게 살아가고 있다.

느리게 산다는 것은 삶 속에 여유를 가지고 살아가는 것을 의미하지만, 시간이 부족해 어쩔 수 없는 상황에도 느리게 살아갈 수도 있기 때문이다. 어떤 사람은 늘 분주하고 바쁜 것 같지만, 실상 얻어지는 결과는 신통치 않다. 반면에 여유있게 살아가면서도 충분히 자기 할 일을 하는 사람이 있다.

앞으로 시니어로 살아가면서 너무 빨리도 말고 그렇다고 너무 느리지도 않게 적당한 선을 지키면서 남은 인생 여유롭게 살아갔으면 하는 바람이다.

시작은 같이 달려도 처지는 사람이 있고, 그런 와중에 앞을 견주어 달려도 결과는 별 차이가 없다. 빨리 달리는 사람보다 느리게 달려도 1등보다 더 나은 꼴등이 잘할 수 있는 '마음의 여유'가 풍부하기 때문이다.

만약 산을 빨리 오르는 것보다 산 자체가 좋기 때문에 과정을 즐길 줄 안다. 즉 가치 지향적인 사람에게는 내리막길은 방해물이 아니다. 정상에 오르기 위한 하나의 과정이다.

오히려 '내리 막 길이네 좀 쉬어가면서 힘을 다시 보충해 볼까?'라는 자신에게 반문해본다. 목표는 도달하면 끝이지만, 우리가 지향하는 가치는 방향이라서 끝이 없다.

가치를 추구하며 중심적으로 사는 사람에게는 실패도 없고, 끝도 없다. 자신이 살아가면서 어디에다 가치를 추구하느냐 추구하지 않느냐로 나누는 것이지, 성공과 실패로 나누지 않기 때문이다.

그러므로 가치를 중요하게 여기는 사람들은 자신의 삶을 살아가면서 겪는 어려움을 기꺼이 받아들일 줄 알기 때문에 '자율적' 이다. 이들은 '중요함' 과 '의미' 를 가지고 있으므로 "자기 규율의 능력" 이 있다.

그래서 지금 당장 하고 싶은 욕구에 끌려다니지 않고 느리게 사는 즐거움도 맛볼 수 있기 때문이다. 이러한 과정에서 자신에게 덜 중요한 것을 포기하거나 미룰 줄 안다.

'나에게는~이 중요하므로 ~을 할 거야' 라는 보다 나은 "능동적인 선택" 을 한다.

올 한 해 우리 모두 코로나로 인해 멈춰버린 일상을 다시 활기을 찾기위해 어느 단체에 들어가 젊은 사람들과 함께 지내도 '위축' 되지 말고 당당하게 자신을 극복하면서, 새로운 한 해를 맞이할 수 있는 마음의 준비 했으면 한다.

그러므로 앞으로 남은 삶을 더욱 더 가치 지형적인 삶을 추구하면서 풍요롭고 '느리게 사는 삶' 도 맛보면서 살아갈 수 있도록 스스로 노력해보자.25)

## 하. 나에게 주는 선물 같은 하루, 건강검진

우리나라는 누구나 국민건강보험공단에서 실시하는 국가건강검진을 지역과 관계없이 받을 수 있다.

암 질환이나 만성질환은 대부분 초기에는 특별한 증상이 드러나지 않지만, 시간이 지나 악화되면서 증상이 본격적으로 나타난다. 이미 증상이 심해진 후에는 치료의 효과가 크지 않기 때문에 조기에 발견해 치료하는 것이 무엇보다 중요하다. 국가건강검진은 암, 심·뇌혈관 질환 등을 조기에 발견해 국민 건강을 증진시키고, 치료에 들어가게 될 비용을 줄이기 위해 시행하는 제도로 크게 일반 건강검진과 암검진, 구강검진으로 나뉜다. 일반 건강검진을 통해 기본적인 건강 상태와 고혈압, 당뇨 등 질환 여부를 확인할 수 있다. 더불어 성별 및 연령별로 우울증, 인지장애 등을 확인하는 문진 검사와 골밀도 검사가 추가된다.

암검진 항목들은 위암·유방암의 경우 만 40세, 자궁경부암은 만 20세, 대장암은 만 50세부터 분변잠혈검사 대상에 해당되며, 간암의 경우 만 40세부터 만성간염보균자 등 고위험군에서 간 초음파 검사를 시행할 수 있다. 또한 위암과 대장암은 국내 암 발생률이 높은 질환인 만큼 위, 대장 내시경 검사를 받는다면 미리 확인하고 예방할 수 있다. 일반적으로 위내시경은 1~2년에 한 번, 대장 내시경은 4~5년에 한 번 검사하는 것을 권장한다. 암 질환은 발병 초기에 스스로 자각할 수 없을 만큼 증상이 거의 나타나지 않아 건강검진에서 발견해 치료하는 경우가 많다. 따라서 가족력이나 증상이 있다면 정해진 기준보다 시기를 앞당겨 검진을 받을 필요가 있다.

만성질환과 추후 발생 가능한 질병을 예방하기 위해 국가건강검진이 필요하며, 그 이외에도 개인마다 가족력, 식습관, 건강 상태가 다르기 때문에 추가적인 검진도 고려해봐야 한다.

20~30대 국가건강검진 이외에도 최근 들어 젊은층 유병률이 높은 갑상선 및 유방암 검진을 추가로 시행하는 것이 바람직하다. 40대는 불규칙한 생활습관과 음주 및 흡연, 업무 스트레스로 돌연사 주범인 심·뇌혈관 질환 여부를 살피기 위해 심장질환, 뇌혈관, 경동맥 검사를 추가적으로 실시하는 것이 좋다. 또한 혈당, 콜레스테롤, 혈압 및 비만도 측정 등을 통해 대사증후군 여부도 살펴보는 것이 중요하다.

50대는 노화 현상과 함께 갱년기에 따른 호르몬 분비 불균형이 나타나는 시기이므로 건강관리에 각별히 유의해야 한다. 그리고 무엇보다 조기암이 가장 많이 발견되는 연령대이기 때문에 남성은 위·대장·폐·간·전립선과 같은 암 검사와 심장초음파, 여성은 갑상선·유방·위·간·대장·자궁경부암·난소암 및 골밀도 검사 등을 실시하는 것이 좋다.

새해 소망으로 빠지지 않는 것 중 하나는 가족 건강이다. 코로나19 장기화로 인해 건강에 대한 관심은 그 어느 때보다 높아지고 있는 요즘, 건강검진의 중요성은 많이 알고 있지만, 적극적으로 실천하지 못하는 경우가 많다. 만성질환이나 암 질환 등을 예방하기 위해 검진을 미루지 않고, 정해진 기간 내에 받는 것이 중요하다. 앞으로 검진받는 날을 생일이나 특별한 기념일로 정해 매년 같은 시기에 정기적으로 검진을 받아 나에게 주는 선물 같은 하루로 정해보자.[26]

## 생애주기별 국가건강검진

| 구분 | | 영유아(0세~5세) (영유아 건강검진) | | 학동기(6세~18세) (학생검진) | | 성인기(19세~64세) (일반검진 및 암검진) | | 노년기(65세 이상) (일반검진 및 암검진) | |
|---|---|---|---|---|---|---|---|---|---|
| | | 건강보험 가입자 | 의료급여 수급권자 | 취학 학동기 | 비취학 학동기 | 건강보험 가입자 | 의료급여 수급권자 | 건강보험 가입자 | 의료급여 수급권자 |
| 대상 | 일반 검진 | 만 0~5세 전체 영유아 | | 만 6~18세 전 취학아동 | 만 9~18세 학교밖 청소년 | 직장가입자/세대주인 지역가입자 만 20세 이상 피부양자 및 세대원 | 만 19~64세 의료급여 수급권자 | 성인기 건강보험 가입자와 동일 | 만 66세이상 (의료급여 생애전환기1) *만 65세 이상 일반검진 |
| | 암검진 | | | | | 암종별 대상연령 | | 암종별 대상연령 | |
| 검진주기 | | 4, 9, 18, 30, 42, 54, 66개월(총 7회) | | 초등 1~4학년 중등 1학년 고등 1학년 (총 4회) | 3년 1회 | 2년 1회 (비사무직 1년 1회) | 2년 1회 | 2년 1회 (비사무직 1년 1회) | 2년 1회 |

대한민국정부

## 2. 행복한 노년을 위한 인생지도

올해 65세 이상 고령층 인구가 처음으로 900만명을 넘어섰다. 자신의 소비나 소득 수준에 만족한다고 답한 고령인구는 전체 10% 수준에 불과했다.

통계청은 이 같은 내용의 2022년 고령자 통계를 29일 발표했다. 통계청에 따르면 올해 65세 이상 고령인구 수는 901만 8000명으로, 집계 이후 처음으로 900만명을 넘겼다. 전체 인구 대비로는 17.5%인데 통계청은 3년 뒤인 2025년 이 연령대 인구 비중이 20.6%까지 높아져 한국이 초고령사회에 접어들 것으로 전망했다.

한국이 고령사회(고령인구 14% 이상)에 진입한 지 7년 만에 초고령사회에 도달할 것으로 예측된 것인데, 영국(50년)이나 프랑스(39년), 미국(15년) 등 서구 국가뿐 아니라 고령화 추세가 가파른 일본(10년)보다도 빠른 속도다. 이미 지역별로는 전남(24.5%), 경북(22.8%), 전북(22.4%) 강원(22.1%) 등 도 단위 지방자치단체를 포함해 대도시인 부산(21.0%)까지 초고령사회에 진입한 상태다.

가구주가 65세 이상인 고령자 가구는 519만5000가구로 전체 가구의 24.1%로 집계됐다. 이 중 36%(187만 5000가구)가량은 1인 가구로 조사됐다. 통계청은 오는 2050년에는 전체 가구의 절반(49.8%)이 고령자 가구가 될 것으로 예측했다.

지난해 65세 이상 고령자 가구의 순 자산액은 4억1048만원으로 집계됐다. 전년 대비 6094만원 증가했다. 다만 이들 연령대의 소득 분배지표는 상대적으로 열악한 것으로 조사됐다. 66세 이상 은퇴 연령층의 상대적 빈곤율(중위소득 50% 이하에 해당하는 가구 비율)이 40.4%로 파악됐다. 미국(23.0%)이나 영국(15.5%), 프랑스(4.4%) 등에 비해 많게는 10배가량 높은 수치다.

고령층은 자신의 소득이나 소비 수준에 만족하지 못하고 있었던 것으로 나타났다. 최근 10년간 노인의식변화 조사 결과에 따르면 지난해 자신의 소비와 소득에 만족한다고 응답한 고령자는 각 15.6%, 11.2%에 불과했다.

통계청에 따르면 65~79세 고령층의 절반 이상(54.7%)은 취업하고 싶어하는 것으로 파악됐다. 취업할 의사가 있는 고령층 가운데 절반 이상(53.3%)은 취업을 원하는 이유로 '생활비 보탬'을 꼽았다.[27]

초고령층의 규칙적이고 영양가 있는 식습관은 가족과 함께 거주하기 때문에 가능한 것으로 분석됐다. 그러나 해마다 전 연령층의 사망률이 감소하고 있지만, 유독 혈액에 균이 들어가 각종 염증을 일으키는 감염성 패혈증에 의한 신생아와 초

고령층 노인들의 사망률은 급증세다.

노화(aging)와 노쇠(frailty)는 증상이 모호하며 퇴행성 질환과도 잘 구분되지 않는다. 따라서 각 질환을 구별하여 진단하기 어려우며 용어도 비슷하여 흔히 혼동된다.

노화(aging)는 나이가 들어가면서 발생하는 정상적인 변화를 의미한다. 대개 모든 신체 영역에서 서서히 진행된다. 정상적인 노화 과정에서는 나이가 들어감에 따라 각 신체 기관의 항상성 유지 능력이 감소한다. 그러나 각 기관과 장기의 기능은 계속 유지된다.

바꾸어 말하면, 노화 상태에서는 당뇨병, 심장병, 혈전증, 암, 치매 등과 같은 장기별 질병의 발생률은 높아지지만, 이 질병들에 의해 신체기능이 저하되었는지는 명백하지 않다. 노화는 나이와 연관되어 있으며 비정상적인 과정이 아니므로 역행하기 어렵다.

반면, 노쇠(frailty)는 나이와 무관하게 신체의 생리적 항상성이 급격히 저하되어 신체 내외의 작은 스트레스에도 약해져서 쉽게 질병이 생기고 일상생활에 지장을 줄 정도의 심각한 기능 저하를 초래하는 허약한 상태를 의미한다.

대개 노쇠를 가속화하는 하나 이상의 원인이 동반되어 있다. 또한 사망과 장애의 위험성이 매우 높아진다. 다만 노쇠는 원인을 조속히 찾아 적극적으로 교정하면 극복할 수 있는 경우가 많다는 점에서 노화와 차이가 있다.

즉, 노인에게 피곤감, 무기력증, 식욕 저하, 체중 감소 등의 증상이 나타났을 때, 이를 노화의 정상적인 과정인지, 혹은 노쇠라는 질병의 과정인지 구별하고 그 원인을 찾는 것이 무엇보다도 중요하다.

http://cafe.daum.net/jang1072/56S7/2778(2022. 02. 28)

## 가. 노년이 되면 달라지는 10가지

우리 모두가 노년과 더불어 살아가는 방법을 배우려면 다른 것에 앞서 노년의 변화를 알고 이해하는 것이 우선되어야 한다. 그래서 노년이 되면 달라지는 것들을 살펴보는 일은 노년 이해에 한 발짝 다가서는 일이기도 하다.

하나, 몸이 변한다

각자 다 다른 속도로 늙어가긴 하지만 공통적인 변화들이 있다. 눈에 보이는 흰머리와 주름살 같은 것말고도 보이지 않는 수많은 변화가 일어난다. 뼈가 가벼워지고 밀도가 낮아져 쉽게 부러지며, 등이 굽어 키가 작아지고 근육의 힘도 줄어들고 심장박동은 약해지며 폐활량은 적어진다. 체온을 유지하는 능력이 떨어지기 때문에 젊은 사람들이 쾌적하다고 느끼는 방의 온도가 노인네들에게 춥게 느껴지기도 한다.

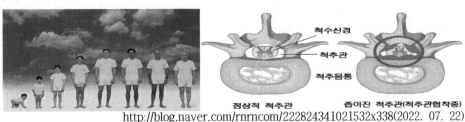

http://blog.naver.com/rnrncom/222824341021532x338(2022. 07. 22)

소화기가 약해지므로 음식물을 섭취하고 배설하는 데에 젊은 사람과는 달리 크게 신경을 쓴다. 수면 패턴이 변하기도 하는데, 새벽에 지나치게 일찍 일어나시면 낮에 움직이도록 유도한다거나 해서 적극적으로 조정해야 서로가 괴롭지 않다. 또 밤에 소변보는 횟수가 많아지므로 화장실 가까운 방을 쓰시거나 방에 소변기를 준비해드리는 것도 한 방법이다. 아무튼 몸이 변한다는 것 하나만 기억해도 노인들의 행동과 사고방식의 많은 부분을 이해할 수 있다.

둘, 시각·청각·미각·후각이 전체적으로 둔해진다

먼저 시력이 문제다. 노안(老眼)으로 인해 돋보기는 필수품이며, 백내장은 너무 흔해서 심각하게 여기지 않을 정도다. 어둠에 적응하는 능력이 많이 떨어지므로 밤 외출에 특별히 주의해야 한다. 청력에도 변화가 온다. 청력이 약화돼 잘 알아듣지 못하면 아무리 인지 능력이 정상이라 해도 이해하고 판단하는 데 지장이 생길 수 있다. 잘 안 들리므로 다른 사람들이 이야기할 때 자신만 빼놓거나 흉을 보는 것으로 여겨 소외감을 많이 느끼게 된다.

미각과 후각의 변화에 대해서는 능력이 감퇴된다는 쪽과 그대로 유지된다는 쪽이 팽팽하지만, 대체로 조금 둔해진다는 의견이 많다. 음식을 직접 요리할 경우 미각의 둔화로 몹시 자게 만들어 드실 수 있으니까 잘 관찰해야 하고, 또 가스

냄새를 잘 맡지 못할 수도 있으므로 가스 중간밸브를 잘 잠그도록 일러드리는 것이 필요하다.

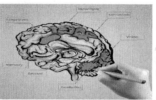

http://g-1004.tistory.com/172658x698(2018. 02. 20) http://easyhearing.tistory.com/120(2019. 06. 03)
http://cafe.daum.net/heu3339/8aBS/609(2015. 02. 24)

셋, 기억력이 많이 떨어진다

나이 들수록 전일을 기억하는 장기기억보다, 어떤 일을 5초나 10초 후에 회상해내는 단기기억의 능력이 크게 약화된다. 텔레비전 프로그램 중에 여러 명의 출연자가 나와 재치와 순발력을 기르는 '브레인 서바이버' 라는 프로그램이 있다. 출연자들이 세 줄로 나눠 앉는데, 그 중에 나이가 많은 사람들이 앉은 가운데 줄을 이러 '낙엽줄' 이라 부른다. 새싹이나 푸른 잎이 아닌 낙엽답게(?) 다른 출연자들보다 정답을 맞추는 확률이 낮다. 기를 쓰고 순위 다툼을 하는 것이 아니기에 대부분 웃고 즐기며 막을 내리지만, 볼 때마다 순간 기억력에 의지해 해결해야 하는 문제들이니 연장자일수록 불리할 수밖에 없다는 생각을 하게 된다.

나이 들면 누구나 마찬가지다. 고향 마을 고샅길은 눈을 감고라도 그려낼 듯 선명하지만, 신문 보느라 썼던 돋보기를 잠시 벗어놓고는 헤매는 일도 다반사다. 가벼운 건망증은, 벽에 칠판을 걸어두고 메모를 한다든가, 열쇠·지갑·휴대폰·돋보기처럼 자주 쓰는 물건을 늘 한 자리에 두는 노력만으로도 어느 정도 해결이 가능하다.

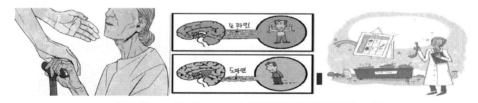

http://v.media.daum.net/v/20180907040020296(쿠키뉴스, 2018. 09. 07)

넷, 노년에도 사랑과 성(性)이 존재한다

나이들어 달라지기도 하지만 유지되는 것 중의 하나가 사랑과 성(性)인데, 이런 어르신들의 기본 욕구를 무시하는 것으로도 모자라 주책이라고 치부하는 젊은 사람들의 오만이다. "밥만 먹고 어떻게 살아?" "어디라고 가서 회포를 풀고 싶지만 병이 무서워서 말이야." "우리 영감하고 각방 쓴지 10년도 넘어!" "나는 아직 거뜬한데 집사람이 옆에 얼씬도 못하게 해서 괴롭지 뭐." "새벽에 눈이 떠지면 얼마나 옆구리가 시린지 몰라." 때론 농담인 듯, 때론 지나가는 이야기인 듯 던지는 어르신들의 말씀에 노년의 쓸쓸함과 함께 성적인 욕구를 충족시키지 못하는 고민이 담겨져 있음을 피부로 느낀다. '사랑의 질(Quality of Love)'을 빼놓고 '삶의 질(Quality of Life)'을 말할 수는 없다. 주위의 눈 때문에, 자식들 체면 때문에 고통받고 있는 노년이 우리 곁에 있음을 명심할 일이다.

http://blog.naver.com/vfcbvg2/140165397013402x336(2012. 08. 12)
http://blog.naver.com/jysdrg/222302320105(2021. 04. 07)

다섯, 우울증 경향이 늘어난다

사회적·정신적·정서적 의존을 피할 수 없는 노년의 상황은 쉽게 우울증으로 연결된다. 가까운 사람을 잃었을 대는 물론이고 소중하게 여겼던 물건을 잃어버렸을 때도 의기소침해지며 우울함을 느끼게 된다.

노년기의 우울은 직접적인 증세로 나타나는 경우도 있지만, 흔히 불면증이라든가 체중감소, 두통, 복통, 관절통 같은 신체 증상에 가려져 있어서 '가면성 우울증(masked depression)'이라 부르기도 한다. 그러니 어르신이 몸이 아프다고 하실 때는 단순하게 신체에 나타나는 증상만 볼 것이 아니라 심리적 우울에서 오는 것은 아닌지 살펴야 한다. 심한 우울증은 자살의 가장 일반적인 원인이기도 한다.

http://blog.naver.com/averst30/221319679854376x451(2018. 07. 10)
http://blog.naver.com/seran0786/221293712231(2018. 06. 09)

여섯, 융통성이 없어지고 경직성이 증가한다

　노인하면 떠오르는 단어 중에 빠지지 않는 것이 있다. 바로 옹고집에 고집불통. 어떤 일을 처리하거나 문제를 해결할 때 그동안 살아오면서 익숙해진 자신의 방법과 습관을 고집한다. 그 방법이 옳지 않거나 실제로 이득이 없는데도 불구하고 누구의 의견도, 어떤 말도 들으려 하지 않는다. 한마디로 꿈쩍도 하지 않는 것이다. 손자녀 양육이라든가 집안 살림을 두고 며느리와 갈등을 겪기도 하고, 재산관리에 있어서도 자녀들과의 의경 차이로 불화가 생기기도 한다.
　새로운 것을 받아들이는 데도 마찬가지다. 새 것을 익히려면 옛날에 배운 것을 버리거나 바꾸어야 하는데 그것이 잘되지 않는다. 말랑말랑하지 않고 딱딱하니 물이 스며들 틈이 없는 것이다. 유난히 심한 분도 계시지만, 대부분은 딱히 유별나서가 아니라 노년의 특성 가운데 하나를 드러내 보이는 것이므로 젊은 사람들이 한 번 더 이해하고 넘어가는 지혜도 필요하다.

http://www.viva100.com/main/view.php?lcode=&series=&key(2019. 06. 24)
http://cafe.daum.net/ckpk0616/S7AV/1795219x224(2020. 05. 20)
http://blog.naver.com/kim2uk/222686314077489x814(2022. 03. 03)

일곱, 자꾸만 과거를 돌아본다

　어르신과 이야기하다 보면 왕년에 한가락 하지 않았던 할아버지가 없고, 젊어서 예쁘지 않았던 할머니 없다. "내 인생 소설로 쓰면 열 권도 넘을 것!"이라는 말씀은 한 두 분 만의 허풍이나 엄살이 아니다. 해방, 전쟁, 혁명, 독제, 민주화 열풍, 거기다 IMF까지, 이 모든 시간을 살아낸 어르신들이니 그 고생과 무용담이야 당연한 일. 거기다가 남은 시간이 얼마 없다는 생각이 어르신들을 자꾸만 옛날로 거슬러 올라가게 만든다. 좋았던 시절로 돌아가 행복해 하면서 어깨에 힘을 주기도 하고, 반대로 못다 한 것들을 아쉬워하며 후회하고 원망이 담긴 한숨을 쉬기도 한다. 무조건 옛날이야기가 지겹다고 외면만 할 것이 아니라, 당신이 살아온 생에 나름의 의미를 부여하는 과정으로 받아들이는 것이 중요하다.[28]

http://blog.naver.com/kim2uk/222686314077535x805(2022. 03. 30)
http://cafe.daum.net/yyh316/H7tp(2010. 07. 29)

여덟, 친숙한 물건에 대한 애착이 심해진다

아이도 손때묻고 정이 듬뿍 든 낡은 담요나 베개, 인형을 내다 버리면 슬퍼하고 가슴앓이를 하는 법, 하물며 평생 끌어안고 살아와 갈피마다 남다른 사연이 숨겨져 있는 물건에 대한 어르신들의 정은 어떻겠는가. 오래된 물건을 버리지 않고 간직하려는 어르신들과 새 것을 찾는 젊은 사람들 사이의 갈등은 어제오늘의 일이 아니다. 과거를 돌아보며 추억을 간직하고 싶은 마음과 익숙한 것들 속에서 안정감을 누리고자 하는 그 심정을 먼저 헤아려야 한다.

눈이 펑펑 돌 정도로 세상은 변했고 변해가고 있지만, 나와 내 가족과 내 주변은 변하지 않는다고 믿고 싶어 하는 마음이 그 안에 담겨 있다. 당신 자신도, 가족들도 치매가 시작된 줄 미처 몰랐던 어르신이 애지중지하던 물건이 갑자기 없어져버리자 혼란이 심해지면서 치매가 급속히 진행된 경우가 있다. 낡고 지저분하고 쓸데 없는 고물이라고 생각해 젊은 사람 마음대로 어르신 물건 함부로 버릴 일이 결코 아니다.

http://blog.naver.com/mesory00/222282544955687x443( 2021. 03. 23)
http://blog.naver.com/mozzick/222838354812773x435(2022. 08. 03)

아홉, 자기중심이 되기도 한다

타인을 이해하고 너그럽게 품는 것이 아니라 자기 생각만 하는 어르신들이 의외로 많다. 때로는 자기 식구, 자기 자식들만 눈에 보이기도 한다. 지하철에서의 자리 양보 문제도 좀더 넉넉하고 부드럽게 해결하실 수 있으련만, 젊은 사람 처지는 아랑곳없이 당신만 생각해 소리부터 지르신다. 어린아이가 양보해드린 자리에 젊디젊은 당신 자식을 앉히고 당신은 노약자석으로 가신다. 도대체가 어른다운 구석이라고는 없어 보인다. 그 안에는 '내가 살면 얼마나 산다고, 무조건 나부터!' 하는 마음이 자리잡고 있고, 가만 있으면 손해볼까 무서워 목소리부터 높이면서 일단 자기 몫을 챙기는 것이다.

사실 세대간의 갈등은 이렇게 사소해 보이는 일에서부터 시작하지만 당신들은 미처 깨닫지 못할 뿐만 아니라, 설사 깨닫는다 해도 나서서 고칠 의욕은 별로 없다. 어르신들 쪽도 바뀌어야 하지만 한편으로 생각하면, 어느 한 군데 아프지 않은 곳이 없고, 기운 없고 신명나는 일이 없는 어르신들의 하소연 정도로 여기면서 젊은 사람들이 먼저 한 발 물러나드리면 어떨까 싶기도 하다.

http://v.media.daum.net/v/2007081708030995550 0x454(뉴시스, 2007. 08)
https://cp.news.search.daum.net/p/120276077450x296(에듀동아 , 2022. 06. 16)

## 열, 그러나 노인이라고 다 같지는 않다

우리 사회에는 여성, 남성, 아줌마라는 세 가지 성이 있다느니, 아줌마들은 모두가 다 염치없고 뻔뻔하다느니 하는 이야기를 들을 때마다 마흔다섯 안팎 아줌마들은 몹시 불쾌해 한다. "아줌마들은 다 그렇지 뭐 …… " 라고 하는 말에 즉각 대답할 것이다. "아줌마들이라고 해서 다 그렇지 않다! 아줌마들도 너희들처럼 다 다르다!"

노인도 마찬가지다. 젊은 사람들이 노인에 대해 가장 많이 하는 말 가운데 하나가 "노인들 다 그렇지 뭐…… " 이다. 이 말부터 우리 사전에 없애자. 노인이라고 해서 다 그렇지 않다! 노인들도 너희들처럼 다 다르다! 그런데도 우리는 늘 '노인' 이라는 한 범주 안에 모든 노인을 가두려 한다. 아줌마들이 다 같지 않은 것처럼, 또 요즘 아이들과 청소년, 청년들이 다 같지 않은 것처럼 어르신들도 다 같지 않다. 노인을 자신과 똑같은 한 사람으로 보는 것이야 말로 진정한 노인 이해의 첫걸음이다. 그러니 이 다음에 내가 대접받고 싶은대로 지금 어르신들을

대접하는 것이 가장 좋은 방법이다.[29)]

http://blog.naver.com/balee2240/222036064285580x387(2020. 07. 02)
http://cafe.daum.net/ekh/3Qwr/6238216x200(2021. 05. 21)

## 잠깐! 쉬었다 갑시다

### ☞ 아버지 노릇 하기의 어려움

어려서 외할머니 아래서 외삼촌들과 함께 자랐다. 오랫동안 부모의 얼굴을 떠올리지 못했다. 기억에 없었기 때문이다. 젊은 부부는 고향을 떠나 낯선 고장에서 새로운 삶을 개척하고 있었다. 아버지는 경기도 북부의 운천이라는 소도시에 있다고 했다. 나는 그 운천이 어딘지 알지 못했다. 아버지는 목수였는데 미군부대에서 용원으로 일하고 있었다. 자식을 떼어 놓고 낯선 고장에서 삶을 개척하는 젊은 가장의 수고와 고단함을 다 안다고 말할 수는 없다.

나는 열 살이 될 때까지 부모의 얼굴을 보지 못한 채 자랐다. 영유아기 때 아버지와의 접촉 기억은 없다. 너무 어린 시절이어서 기억이 나지 않는 것이다. 아버지를 떠올리면 엷은 슬픔과 고통을 느낀다. 어쨌든 아버지의 자애를 경험하지 못한 채 성장한 것은 내 불운이다. 아마도 아버지의 사랑과 따뜻한 훈육을 충분히 받고 자랐다면 나는 더 나은 사람이 되었을 것이다.

오랫동안 '아버지 노릇 하기란 무엇인가'라는 화두에 사로잡혔던 데는 그런 곡절이 있었다. 아버지에게 자식은 자신에게서 쪼개져 나온 또 다른 자기다. 아버지는 자식에게 자신의 유전 형질을 물려주며 거기에 아들은 후천적으로 아버지를 닮고자 노력한다. 육아에서 배제된 아버지가 자식의 성장에 끼치는 영향은 제한적이라고 알려져 왔지만 최근에는 아버지는 자식의 지능, 사회성, 언어능력에 많은 영향을 끼친다는 게 정설로 받아들여지는 추세다.

모든 남성이 어른이 되어서 다 아버지가 되는 것은 아니다. 임신 가능한 이성 배우자와 결혼을 하고, 상대가 수태를 하고 출산을 하면서 아버지가 된다. 물론 사회적 입양을 통해 아버지가 되는 경우도 없지 않다. 아버지가 된다는 것은 자식 돌봄의 의무를 기꺼이 지는 일이고, 자식의 사회성과 도덕성에 방향과 지침을 주는 존재로 살겠다는 약속이다. 아버지는 자식이 따라야 할 깃대, 이상적인 모델, 자기만의 영웅이다.

전통사회에서 아버지 노릇의 가장 큰 부분은 가족을 위한 '식량 조달'이다. 아버지는 무엇보다도 가족의 기초 생계를 해결할 능력을 갖춰야 한다. 자식들을 굶기지 않고, 헐벗지 않게 하며, 지붕 아래에서 잠을 재우는 일이야말로 아버지 노릇의 고갱이다. 더 나아가 좋은 아버지라면 자식과 감정적 소통, 깊은 유대 관계를 쌓아야 하며, 궁극적으로 자식의 생존과 번식 활동에 기여를 하여야 한다. 아울러 자식에게 미소 짓는 법을 가르쳐야 한다.

아버지는 40대라는 이른 나이에 일손을 놓고 물러나 허송세월했다. 대부분의 날을 직업 없이 빈둥거리며 지내는 동안 아버지는 스스로를 놓아버린 듯 무기력했다. 아버지와 나의 관계는 그다지 매끄럽지는 않았다. 아버지는 부정적 표상이었다. '난 아버지처럼 살지 않을 거야!' 사춘기 너머 나는 늘 반항하는 아들이고, 아버지는 내심 그런 아들을 거두는 일을 버거워했을 것 같다. 나와 아버지는 데면데면했고, 나는 또 나대로 방황을 하고 혹독한 성장통을 겪었다.

세월이 지난 뒤에야 문득 깨닫는 게 있다. 아버지를 이해하는 일도 그 중의 하나다. 아버지가 돌아가신 뒤 스무 해가 지났다. 아, 아버지! 엷은 슬픔 속에서 탄식하듯이 아버지를 불러보고 싶다. 세상의 모든 아버지들에게 아버지 노릇 하기란 얼마나 고단한 일일까! 일제강점기에 태어나 해방과 전쟁을 겪으며 혈혈단신으로 제 생의 길을 뚫어야 했을 젊은 아버지에 대한 연민은 너무 늦은 것이었다.[30]

## 나. 잘 놀기 위해 배워야 할 10가지

노년의 삶을 행복하게 해주는 생활습관은?
"아침 7시전 일어나 15시간씩 활동적 시간 보내라"

아침 7시 이전 일찍 일어나서 매일 15시간씩 육체적·정신적으로 활동적 시간을 보내는 65세 이상의 미국 성인이 동년배에 비해 기억력과 사고력이 좋고, 우울증 증상도 덜하다는 연구결과가 나왔다.

최근 《미국의학협회학술지 정신건강(JAMA Psychiatry)》에 발표된 미국 피츠버그대 연구진의 논문을 토대로 건강의학 웹진 '헬스 데이(Health Day)'가 16일(현지시간) 보도한 내용이다.

연구책임자인 스티븐 스마굴라 피츠버그대 교수(정신의학)는 활동적인 생활 방식이 정신적인 쇠퇴나 우울증을 예방한다고 단정할 수는 없지만 그 둘의 관계가 나란히 진행될 가능성은 높다고 밝혔다. 즉, 우울하거나 기억력과 사고력에 장애가 있는 노인은 불규칙한 수면 습관을 가질 가능성이 더 높고, 외출하는 시간이 적었다. 반면 규칙적인 수면 스케줄을 설정하고 깨어 있는 동안 몸과 마음을 활발하게 유지하는 노인은 신체와 정신 모두 건강했다.

연구진은 미국 성인 1800명(평균 73세)이 일주일 동안 손목 모니터를 계속 착용해 얼마나 움직였는지 측정했다. 우울증 증상과 인지력(기억력과 사고력)을 평가하는 설문지도 작성했다. 그 결과 4가지 일반적인 활동 패턴이 발견됐다. 가장 큰 그룹(37.6%)은 가장 일찍 일어나고 건강한 그룹으로 아침 7시 전에 일어나서 매일 15시간 동안 활동적 시간을 보냈다.

두 번째 그룹(32.6%)은 조금 늦게 일어나거나 밤에 일찍 잠들었기에 활동 시간이 하루 약 13시간으로 더 짧았다. 이 그룹의 노인들은 첫 번째 그룹보다 기억력과 사고력일 살짝 떨어졌고 가벼운 인지장애를 보일 위험이 높았다. 가벼운 인지장애를 보이는 경우가 첫 번째 그룹에선 7%였던 반면 두 번째 그룹에선 12%로 나타났다.

나머지 30%를 차지하는 2개 그룹은 인지력이 현저히 떨어졌는데 활동시간의 차이로 3그룹(9.8%)와 4그룹(20.0%)으로 나뉘었다. 스마굴라 교수가 '활동 리듬 상실'이라고 묘사한 이들 2개 그룹의 일상은 덜 규칙적이었고 잠자리에 드는 시간이 늦었다.

두 그룹의 노인은 가벼운 인자장애의 비율이 각각 18%와 21%로 높게 나타났다. 우울증 점수도 '임상적으로 유의한' 경우가 7.5%~9%를 차지했다. 첫 번째 그룹의 3.5%에 비하면 2배 이상 높은 비율이다.

연구진은 참가자들의 나이, 인종, 교육 수준과 같은 다른 요인을 감안하더라도 일상적 활동패턴이 인지 및 정신건강과 관련을 보였다고 밝혔다. 스마굴라 교수는 "활동이 건강의 기둥"이라면서 여기서 '활동'은 신체적, 정신적, 사회적 자극을 포함하는 광범위한 개념이라고 설명했다. 심부름을 하고, 산책을 하고, 손주들과 게임을 하고, 친구들과 시간을 보내는 것을 포괄한다.

논문을 검토한 미국 캘리포니아대 샌디에이고캠퍼스(UCSD)의 이언 닐 교수(노인학)는 일찍 일어나 활동적 시간을 보내는 것과 정신관계에 대해서 "여전히 상관관계일 뿐 인과관계를 입증한 것은 아니다"라면서도 활동적 삶을 사는 것이 노인 건강엔 중요하다고 강조했다. 그 역시 활동이 운동을 의미하는 것만은 아니라는 것에 동의하며 "당신이 좋아하는 활동을 찾는 것, 그리고 당신과 함께 하고 싶은 친구를 찾는 것이 핵심" 이라고 밝혔다. 여기에는 대화를 포함한 다양한 정신적 활동도 포함된다.

두 사람은 앉아 있기보다는 밖으로 나가서 10분 동안이라도 걷는 것이 중요하다고 강조했다. 이를 목표로 30분 동안 서서히 몸을 준비시키는 현실적 접근방법을 택하라는 것. 스마굴라 교수는 우울감과 슬픔 때문에 집 안에만 머물기보다는 집 밖으로 한 걸음이라도 떼려는 노력이 중요하다고 말했다.[31]

하나, 내게 맞는 취미와 여가활동을 찾자

직업활동이라든가 직업을 준비하는 활동은 분명 어떤 목표를 달성하기 위한 것이다. 그 목표를 이루고 만족을 얻기까지는 대체로 시간이 걸리게 마련이다. 취미·여가활동은 이렇게 어떤 목표를 달성하기 위한 수단이 되기보다는 목표 자체로 만족감을 얻을 수 있는 활동을 택하는 일이 좋다. 그러기 위해서는 우선 내가 지니고 있는 긴장을 풀어주고 기분을 바꾸게 하는 활동인지 살펴보아야 한다.

취미·여가활동임에도 불구하고 새로운 긴장을 만들어내서 몸과 마음에 부담이 생긴다면 좋지 않다. 또한 자신의 관심사와 경제적인 사정, 건강상태, 생활목표에 맞아야 한다. 평소 환경운동에 관심을 갖고 있는 사람이 골프를 시작하게 되면 골프장의 반환경적인 문제와 맞닥뜨리게 될 것이고, 그것은 곧 자신 안에서 갈등 상황을 만들어내 진정한 휴식이나 여가와는 거리가 멀어질 가능성이 높다. 따라서 활동의 어느 한 면만을 보고 고를 것이 아니라, 전체적인 특성을 놓고 자신과 맞춰보아야 한다.

http://blog.naver.com/sc2139986/221974720770966x746(2020. 05. 22)
http://cafe.daum.net/ekh/3Qwr/6238216x200(2021. 05. 21)

둘, 어떤 활동이든 꾸준히 하는 것이 제일 중요하다

꽃꽂이, 에어로빅, 수지침, 악기 다루기, 바둑, 달리기를 골고루 즐기며 다 할 수 있는 사람은 매우 드물다. 개인이나 사회에 해악을 끼치지 않는 한 나쁜 활동이란 없다. 다만 꾸준한 활동을 통해 얻는 것이 훨씬 많고, 그 과정에서 예기치 못한 소득을 얻을 확률이 높다. 예를 들어 걷기와 달리기, 에어로빅이 다 살빼기와 건강 증진에 도움이 되는 것은 사실이지만, 그보다도 자신에게 맞느냐가 가장 중요하고 그 다음에는 얼마나 지속하느냐가 문제다. 활동이 나빠서가 아니라 하는 사람의 인내심 부족으로 인해 소기의 목적을 달성하지 못하는 경우가 많다.

내게 적합한 취미·여가활동을 고른 다음에는 꾸준히 하는 것이 가장 중요하다. 이렇게 한 우물을 파다 보면 '전문가' 라는 뜻밖의 보너스를 얻기도 한다. 자신의 건강관리를 위해 나름대로 맨손체조법을 개발해 오래 혼자서 해오던 어르신은, 그 체조를 그림으로 그려 놓은 책자를 만들어 물리치료사들의 검증을 받아 동년배 어르신들에게 보급하는 자원봉사 강사가 되었다. 건강을 위해 취미로 꾸준히 하다 보니 준전문가가 되었고, 덕분에 즐겁고 보람 있는 노년을 즐기게 되신 예다.

https://cafe.daum.net/daejeon14/LDQo/5773( 2018. 08. 31)
http://blog.naver.com/khsrlagudtn/220065823832480x311( 2014. 07. 20)
https://cp.news.search.daum.net/p/106405557700x525(타임뉴스, 2021. 05. 18)

셋, 여가활동도 일찍부터 배우고 훈련된 사람이 잘한다

무취미가 취미라고 말하는 것을 부끄러워해야 한다. 아직도 그런 말을 떳떳하게(?) 하는 중년을 만나면 무척 걱정스럽다. 아무런 취미도 없이 앞으로 긴긴 노년기를 어떻게 보내려나 싶어서다. 테니스 과부니 낚기 과부니 불평하는 친구를 만나면, 자신이 좋아하는 일이 분명하게 있는 남편과 노년 보내기가 훨씬 수월하다고 이야기하며 설득하게 된다. 내 남편이야말로 무취미가 취미인 사람이어서 걱정이 태산인데 말이다. '대장간 집에 식칼이 없다' 고, 우스운 일이다.

여가활동에 대한 지식과 기술은 적어도 중년기까지는 습득이 되어야 노년에 이르러서도 잘 이용할 수 있다. 나이 들면 확 달려들어 배우기도 어려울 뿐만 아니라 기능 향상이 더뎌서 중간에 좌절하고 포기하기 쉽다. 나이 들어 뭐 하면서 살 것인가 하는 문제는 무얼 먹고 살 것인가 하는 문제만큼 무겁고 심각한 질문이다. 그때 가서 생각하면 이미 늦다. 그러니 먹고살기 바쁘다고 미루기만 할 것이 아니라 여가활동에 대해 적극적으로 생각하고 배울 기회를 갖어야 한다. 자전거 타기를 한 번 배우면 오랜 시간 뒤에도 몸이 기억을 되살려 금세 적응하는 것처럼, 몸과 마음 모두 부드럽고 유연성이 있을 때 많이 경험하고 익혀두자. 노년을 행복하게 만들어 주는 데 돈보다 더 유용할 수 있다.

http://cafe.daum.net/daum1000/2ngE/27569(2019. 05. 31)
http://blog.naver.com/platech0311/221592217239(2019. 07. 26)

넷, 혼자 하면서도 여럿이 함께할 수 있는 활동이 좋다

예를 들면, 그림은 혼자 그리는 것이지만 '그림 동아리'에서 활동하면 함께하는 활동이 된다. 서로 그림을 보며 품평을 하고 야외 스케치도 함께 다니면서 어울리는 즐거움을 누릴 수 있다.

뜨개질 모임을 보니 뜨개질을 하는 것은 물론 개개인이지만, 잘 하는 분이 처음 시작하는 분을 가르쳐드리고, 새로운 패턴에 대한 정보도 나누고, 동아리를 만들어 함께 발표회도 하면서 혼자만의 영역에 사회적 관계가 더해져 경험의 폭이 몇 배로 확대되는 것을 확인할 수 있었다. 스포츠댄스라든가 탁구, 배드민턴처럼 짝과 함께하거나 팀을 이뤄 하는 일이 즐겁기는 하지만, 짝이 없으면 못하는 경우가 생기므로 혼자 하는 활동이 반드시 포함되어야 한다. 아울러 자신만의 고유한 취미를 즐기며 홀로 충분히 풍요로운 시간을 보내고 있다고 해도, 문을 열고 밖으로 나올 것을 권한다. 함께 어울려 살아가는 세상만큼 노년에 따뜻한 곳도 없기 때문이다.

http://bjbonair.tistory.com/2558(2021. 11. 21)
http://blog.naver.com/sujijung6464/222690903720773x440(2022. 04. 04)
http://www.viva100.com/main/view.php?key=20180423010008006580x387(2018. 04. 23)

다섯, 배우자와도 따로 또 같이가 좋다

노인복지회관에 오시는 부부들을 보면 크게 두 가지 유형이 있다. 하루 종일

모든 활동에 똑같이 참여하는 부부가 있는가 하면, 오가는 길만 같이 다닐 뿐 각자 따로 활동하는 부부도 있다. 나는 '따로 또 같이'를 추천하고 싶다. 취향이 완전히 동일하고 다른 친구가 전혀 필요 없다면 물론 일심동체가 되어 활동하시는 것을 막을 이유는 없다. 하지만 그렇지 않다면, 각자의 취향에 따라 자유롭게 활동을 하시면서 마음 맞는 프로그램에만 같이 참여하는 쪽이 좋겠다.

http://cafe.daum.net/ky9717/QOJa/2937(2018. 08. 16)
https://cafe.daum.net/pms7080/5X9O/20(2015. 07. 19)
http://blog.naver.com/tango0585/222364202478966x966(2021. 05. 24)

여섯, 혼자 놀기를 즐겨라

예전에 인기 있던 코메디 프로그램에서 한 개그맨이 나와 "혼자 놀기의 진수"라며 '시체놀이' 따위를 보여 준 적이 있다. 취미·여가활동에서 혼다 놀기는 매우 중요하다. 혼자 놀 줄 아는 사람만이 다른 사람과 놀 줄도 아는 법이기 때문이다. 혼자 놀 줄 모르는 사람은 사실 같이 어울려서 노는 법을 모르면서 그저 다른 사람을 쫓아가는 것이라고 할 수 있다.

같이 사는 배우자도, 둘도 없는 친구도 언젠가는 결국 헤어져야 하는 것이 노인의 현실이다. 혼자 노는 것을 배우지 못하면 늘 누군가에게 시간과 관심을 구걸할 수밖에 없다. 미장원에도 혼자 가고, 영화관도 혼자 가고, 옷도 혼자 사보고, 음식점에도 혼자 들어가 보는 이 모든 것이 좋은 훈련이 될 수 있다. 하루의 일정 시간, 아니면 일주일의 어느 요일을 정해 나 혼자만의 시간으로 떼어놓자. 처음에는 어색하지만 혼자 노는 것도 자꾸 연습하면 또 다른 즐거움을 느낄 수 있다. '혼자 놀기'는 아주 좋은 노년준비 항목이기도 하다.

https://cafe.daum.net/tozisarang/JMM0/4058(2021. 02. 01)
http://blog.naver.com/sjkim100000/22180005805(2020. 02. 07)
http://blog.naver.com/woori5072/222869229455773x579(2022. 09. 07)

일곱, 다른 세대와 함께 어울리자

"노인들 자신은 노인전용 식당을 좋아할까? 싫어할까?" 의견이 반반으로 갈린다. 젊은 사람들 눈치 안 보고 천천히 주문하고 느긋하게 식사를 할 수 있어서 마음이 편할 것 같다는 쪽은 찬성! 늙은 사람과 젊은 사람, 어린아이가 골고루 섞여 있어야 살맛이 나듯이, 자신도 노인이지만 눈에 보이는 사람들이 모두 노인이라면 밥도 맛이 없을 것 같다는 쪽은 반대! 선택은 물론 개개인의 몫이다. 하지만 취미·여가활동을 군이 동년배들과만 하겠다는 생각을 버리면 생활의 폭이 넓어지는 장점이 있는 것은 확실하다. 노인복지관 포크댄스반과 할머니들과 중학교 남학생들의 특별활동으로 포그댄스를 같이 했더니 처음에는 서로 적응이 안 돼서 불협화음이 있었지만, 3개월이 넘어서자 같은 활동을 한다는 동질감과 동료애가 생겨 더 할 수 없이 정다운 커플이 된 사례도 있다. 연령을 뛰어넘어 취미·여가활동을 같이 하는 친구들을 만들자.

세대간의 이해의 폭이 넓어지고 동년배와는 나눌 수 없는 새롭고 신나는 경험을 할 수 있다. 가까운 친구 이름을 열 명 꼽았을 때, 두 명 이상이 10년 연상이거나 연하라면 세대차이를 걱정할 필요가 없는 사람이다.

http://cafe.daum.net/s977/QA9U/1050(2019. 05. 31)
http://blog.naver.com/newsinsidekorea/220(2016. 02. 29)
http://www.ablenews.co.kr/News/NewsContent.aspx?CategoryCode(2015. 07. 17)

여덟, 내 식대로 즐긴다

빨리 뜨거워지면 쉽게 식어버리는 성격 탓에 우리는 취미·여가활동도 유행에 따르는 경우가 많다. 자신의 기준 없이 남을 따르다 보면 쉽게 흥미를 잃게 되고 지속성을 갖기 어렵다. 친구 따라 강남에 간다는 말대로 무조건 친구를 따라해 보지만 자신에게 맞지 않아 고전하게 되고, 노년에 최고로 좋다는 말 한 마디에 벌떼처럼 몰려들지만 결국 다들 금방 포기하고 물러난다. 그러므로 우선 나를 중심에 놓고 잘 맞는지 살펴보아야 한다. 다른 사람에게 아무리 좋아도 내가 행복하지 않으면 소용없다. 문화적 가치에 어긋나지만 않는다면 다른 사람의 시선이나 평가에 구애받을 필요가 없다. 다들 뛰어갈 때 나만 걷는 일이 분명 어려운 일이기는 하지만, 내 속도로 걷는 일은 그 무엇보다 소중하다. 그 안에 내 삶의 가치와 방향과 정신이 녹아 있기 때문이다.

아홉, 사회적 여가에 눈을 돌리자

취미·여가활동을 통해 나 자신이 즐겁고 행복하고 삶의 의미를 느낀다면 그 자체로도 충분히 의미 있는 일이다. 하지만 개인의 발전과 만족에 그치는 것이 아니라 다른 삶을 위해 시간과 능력과 관심과 정성과 에너지를 쓰는 것은 노년의 삶을 아름답게 만든다. 자원봉사는 다른 사람에게 실질적인 도움을 주는 즐거움 못지않게, 사회적 유용감을 확인하고 자신감을 유지하는 데 많은 도움이 된다.

따라서 자원봉사활동은 가장 아름다운 노연의 모습이며, 동시에 최고의 노년준비이기도 하다. 자신과 가족에게만 집중돼 있던 눈을 돌려 다른 사람을 바라보는 일, 그리고 그들에게 작은 힘이나마 보태주는 일 역시 최고의 여가일 것이다. 자녀세대나 손자녀에게도 이보다 좋은 산교육은 없다. 좀더 많은 노인들이 개인의 여가활동에서 한 발짝 더 나아가 사회적 여가활동에 참여한다면 사회 전체의 노인 이미지 개선에도 한몫을 할 것이다.

열, 취미나 여가활동을 배우는 데 너무 늦은 때란 없다

취미나 여가활동에 대한 기술과 지식은 적어도 중년기까지는 습득되어야 한다고 했지만 무엇을 배우는 데 너무 늦은 때란 없다. 다만 30대에 한 달 배우면 될 것을 40대, 50대에는 3개원이나 6개월 이상 배워야 하므로 조금이라도 일찍 시작하는 것이 좋다는 이야기다.

그러나 젊은 사람보다 좀더 오래 천천히 배우면 어떤가. 내가 좋아하는 일은 과정 자체가 즐거움이며 기쁨인 것을, 평균수명 80시대다. 예순에서 시작하면 앞으로는 20년은 알뜰하게 잘 쓸 것이며, 일흔에 시작한다 해도 적어도 10년은 즐겁게 활용할 수 있다. 지금 바로 시작하면 남은 날들 중 제일 빨리 시작하는 것이다. 오늘은 남은 인생에서 가장 젊은 날이기 때문이다.[32]

http://cafe.daum.net/kkkk7010/ZX0p/87397x200(2019. 10. 12)
http://blog.naver.com/komo5659/222874460441550x413(2022. 09. 14)

## 잠깐! 쉬었다 갑시다

☞ 정정하다는 것

톰 크루즈가 〈탑건〉의 속편을 내놓는다는 뉴스를 접했을 때, 과연 그 배우답다는 생각을 하면서도 큰 기대는 하지 않았다. 아무리 기량이 출중하다 해도 환갑의 나이는 어쩔 수 없을 것이기 때문이다. 하지만 영화를 보니 '세월 앞에는 장사 없다'는 말이 무색할 만큼 외모가 건장했다. 그의 기세등등한 몸짓은 한 세대 아래의 젊은 배우들을 압도했고, 발랄하면서도 육중한 스태미나가 스크린을 꽉 채우면서 분위기를 장악했다. 동갑내기 남자로서 위화감을 느끼게 하는 카리스마였다.

영화 관람 후 오래도록 마음에 남는 부분은 따로 있었다. 전편에서 톰 크루즈

의 라이벌 역할을 맡았던 발 킬머가 깜짝 출연한 장면이다. 그런데 영화 속에서 그는 발성이 어려워 타이핑을 쳐서 의사를 전달했고, 잠깐 목소리를 내는 대목도 예전의 음성들을 모아다가 AI로 재현한 것이라고 한다.

5년 전에 후두암 진단과 기관절개술을 받았기 때문이다. 여전히 패기 왕성한 동료 배우 앞에서 병약해진 육신이 극명하게 대비되는데도, 그는 기꺼이 모습을 드러냈다. 그 담담한 표정은 톰 크루즈의 위세보다 더욱 깊은 울림으로 다가왔다.

나이가 들어도 굳세고 건강한 사람들을 가리켜 '정정하다'고 한다. 한자를 찾아보면 '亭亭'으로서, 정자(亭子)를 가리키는 말이다. '장정(壯丁)'이라는 단어에 들어간 정, 즉 '젊은 남자' '왕성하고 씩씩함' 등을 뜻하는 정(丁)자일 것이라고 짐작했는데, 의외의 표현이다. '정정하다'는 말에는 '나무나 바위가 높이 솟아 우뚝하다'는 뜻도 있어서 정정함의 심오한 본질을 가늠하게 해준다. 그러니까 정정함이란 단지 몸이 튼튼하고 기운이 팔팔한 것이 아니다. 정자처럼 사방으로 시야가 열려 있고, 안이 넉넉하게 비어 있어야 한다. 그리고 은은한 정기로 기품을 세우고 있어야 한다.

절벽, 계곡, 연못, 마당 등 다양한 곳에 서 있는 정자의 매력은 무엇인가. 박언곤 박사는 〈한국의 정자〉에서 이렇게 말한다. '그런 정자 안에 앉아 있으면 (…) 대자연 속에 동화되고 만다. 때로는 물과 함께 억겁의 세월 속에서 함께 흐르기도 하고 때로는 광활한 허공에서 거침없이 시공을 초월하기도 한다. 그래서 인공의 구조물인 이런 정자가 결코 자연 속에서 눈에 거슬리지 않는다. 거기 있는 바위, 거기 있는 소나무처럼 그저 자연스럽기만 하다.'

젊음과 건강을 떠받드는 세상에서 나이 듦은 서글픈 일로 체감된다. 그래서 '안티 에이징'이라는 구호가 남발되는데, 자본주의 체제가 자아내는 집착일 뿐이다. 톰 크루즈도 머지않아 발 킬머와 비슷한 처지가 될 수밖에 없다. 노익장에 대한 환상, 그 덧없는 욕망에 사로잡히지 않고 삶의 무상함을 의연하게 받아들이는 노년이 되고 싶다. 문명 속에 살면서도 자연의 순리에 편안하게 복종하는 지혜를 터득하고 싶다.

자주 거니는 숲길에 단아하게 서 있는 정자가 새삼스럽게 눈에 들어온다. '세월과 함께 흐르면서도 거침없이 시공을 초월'하는 기세가 어렴풋이 느껴진다. 정정하게 산다는 것은 그러한 내공을 닦으면서 인생을 조망하는 여유가 아닐까. 우주의 질서에 자신을 맡기면서 삶을 노래하는 풍류가 거기에 있다.

이 여름, 나무 그늘의 정자에 잠시 걸터앉아 선경(仙境) 한 자락을 음미해야겠다.[33]

## 다. 일하는 노년을 위해 기억해야 할 10가지

지난 3월 말 만65세가 되어 법적으로 대한민국 노인이 됐다. 벌써 노인이라니. 기분이 묘하고 착잡했다. 마음은 청춘인데 세월이 야속하고 허허롭다. 정년퇴직 후 5년 넘었으니 노인이 맞다. 이제 노인이 시작됐고 출발점에 서 있다는 현실을 인정한다. 몸은 느려지고 기억은 쇠퇴해지며 자꾸만 말이 많아진다. 미래를 말하는 것보다 과거를 회상하고 그리워한다. 시력이 떨어지고 숨이 차서 산에 오르기도 힘들어진다. 머리칼이 빠지고 흰머리가 늘어난다. 검버섯이 피어나고 주름살이 깊어간다. 노인이 됐다는 징후다. 늙음의 증거다. "어르신" "아버님" 칭호가 귀에 익숙하여 가니 씁쓸하다.

묻지도 않았는데 말해주는 오만함과 하나를 물었는데 몇 개를 말하는 떠버리 '노인네'가 돼가고 있다. 미래를 이야기하지 않고 과거 자랑과 영웅담을 지껄이는 꼰대 '노친네'가 돼가고 있다. 내 생각만 맞다 하는 아집과 불통의 '시골영감'이 되고 있다. 손주 재롱에 웃고 영상통화를 기다리는 손주 바보의 '할아버지'가 돼버렸다. "노인이 돼 몸이 느려지는 것은 천천히 생각하고 움직임을 무겁게 하라는 의미"라는 말을 되새겨 봤다. 앞만 보고 달려온 지난 시간과 일을 되돌아봤다.

뭐가 그리 급하다고 빨리 빨리를 외치고 달렸던가. 추구했던 일들은 무엇인가. 무엇 때문에 이리도 바빴던 것인가. 욕심과 욕망이 머릿속에 가득해 무겁고 혼란스럽게 살았다. 모든 것을 수치화하려는 세상에 적응하려고 힘들게 살아왔다. 몸과 마음이 상반돼 흔들리고 혼란스럽고 괴로웠다. 내 영혼은 왜 그리도 가벼워 작은 일에도 크게 흔들렸던가. 말로써 상처받고 말로 상처도 줬다. 말에 감정을 섞어 보내니 서로가 괴로움이요. 고통이며 크나큰 아픔이었다.

노인이 돼 제일 먼저 다가온 것은 코로나였다. 예방접종 3차까지 맞았는데 코로나에 감염되다니 당황스럽고 부끄러웠다. 다행히 기침이 났을 뿐 며칠 만에 완쾌됐다. 병원에 다니면서 체감한 것은 노인이 되니 진료비가 낮아졌다. 노인 혜택을 살펴보니 폐렴, 대상포진 무료접종, 고궁, 박물관 등 무료입장이란다. 주중 열차 승차비가 30% 할인이다. 많은 혜택이 있다지만 관심은 '지공거사(地空居士)'였다. 지하철 공짜로 타고 다니는 사람을 말하는 지공거사가 되고 싶었다. 마침 지난달 친구 딸 결혼식이 있어 서울을 갔다. 친구들에게 말했다. "오늘 지공거사가 되고 싶으니 알려 달라" 서울 친구들은 "어르신 교통카드가 있다. 그러나 노인 취급 받기 싫어서 일반 카드로 다닌다." 하며 웃는다. 그렇구나. 아직 마음은 청춘이구나. 그래도 노인 혜택을 받아보자며 근희 친구와 함께 지공거사가 되기로 했다. 지하철역으로 가는 길거리 젊은이들로 가득했다. 구례는 65세 이상 노인이 30%가 넘는 초고령화 사회다. 구례읍 병원거리는 진료 받으려는 노인들이 많은데 여기는 정반대 풍경이다. 서울은 젊은이의 열기로 가득하나 구례는 정적만 흐른다. 지방소멸 위험에 직면했다는 현실이 슬프다. 드디어 지공거사가 돼 경로석에 앉았다. '내가 이렇게 노인이 됐구나'. 나 자신을 봤다. 나는 신참 노인이요 젊은 노인이다. 경로석에 있는 노인들은 연배가 나보다 많아 묘한 기분이 든다. 아직 노인이라고 다니기는 부끄럽고 송구스러운 마음이 밀려왔다.

1950년에 유엔에서는 노인 기준을 65세로 잡았다. 그러나 2015년에는 전 세계 인류의 체질과 평균수명 측정 결과를 분석해 파격적인 제안을 했다. 18~65세는 '청년(Youth)', 66~79세는 '중년(Middle)', 80~99세 '노인(Old)'이라고 했다. 100세가 넘어야 비로소 '장수 노인(Longlived elderly)'이라고 했다. 공자는 60세는 모든 것을 순리대로 이해하게 된다는 '이순(耳順)', 70세를 욕심에 기울지 않고 어떤 언행도 궤도를 벗어나지 않는다는 '종심(從心)'이라 했다. 덕망이 높은 노인을 '기로(耆老)'라 한다. 육십을 기(耆), 칠십을 노(老)라고 육십 세 이상을 말한다. 요즘은 '시니어(senior)'로 부른다. 김형석 교수는 인생의 황금기를 60~75세라고 했다. 법적으로 65세가 넘으면 노인이지만 사회적으로 60대는 노인으로 취급하지 않는다. 요즘 평균수명이 늘어남에 따라 80대는 돼야 노인으로 대접받는다.

그래 맞다. 나는 아직 청년이다. 노인이 아니다. 내년에는 중년이다. 미래의 노인 상을 만들어 봤다. 시대에 부합되는 가치관으로 더불어 살아가는 품격 있는 멋진 삶을 살아야겠다. 배려와 나눔과 존중의 마음가짐을 가져야겠다. 건강한 몸을 유지해 병들어 누워 살지 말고, 여행 다니며 하고 싶은 것들을 하며 사는 원숙한 시니어가 돼야겠다. 아름다운 꽃들과 대화하며 가꿔서 나눠주며 사철 다양한 꽃길을 만들어야겠다. 홑꽃보다 겹꽃이 아름답듯이 얼굴의 주름도 겹꽃이로다. 검버섯은 품격을 높인 것으로 생각을 바꿨다. 그저, 그러려니 하며 허허 웃어넘겨 보자. 노인네에서 벗어나 팔팔하고 당당한 노익장(老益壯)을 과시하자. 이렇게 마음을 다잡으니 기분이 한결 좋아졌다. 인생 황금기가 10년 이상 남았으니 우아하고 아름다운 젊은 노인 시대 주역으로 살아보련다.[34]

사람이 아무리 돈이 많고 먹고살 것이 있다 해도 그것만으로는 얻을 수 없는 것이 있으며 채울 수 없는 것이 있다. 긴긴 노년의 시간을 어떻게 보낼 것인가. 자녀를 기르고 생활비를 버는 의무적인 일에서 완전히 벗어난 노년기는 '스물네 시간이 전부 여가' 라고 할 정도로 시간이 넘쳐난다. 직장에서 은퇴한 사람들이 제일 받아들이기 힘든 것이, 아침에 눈을 떴을 때 갈 데도 없고 주어진 일도 없다는 사실을 확인하는 것이라고 하지 않던가. 내게 주어진 아무 일이 없을 때, 사람은 금방 무기력해지며 의기소침해지고 자아존중감이 떨어지는 법이다. 아무런 쓸모도 없는 사람이라는 생각이야 말로 가장 비참하고 위축된 노년을 만드는 주범이다.

그러니 일을 찾아 나서야 한다. 노년은 노년대로 내가 좋아하는 일, 하고 싶은 일, 잘 하는 일을 찾아야 하며, 노년을 앞둔 사람들은 또 나름대로 손에서 놓지 않고 오래도록 할 일을 미리 고민하고 찾아두어야 한다. 그 일이 돈을 버는 직업 활동이어도 좋지만, 생계를 해결할 수 있는 방도가 있는 경우라면 돈은 못 벌어도 다른 사람에게 도움이 되는 일에서 큰 보람을 느낄 수 있다. 노년기의 일이 자신을 즐겁게 만들기도 하지만 다른 사람에게 보탬이 되기도 한다면 그보다 더 좋은 일은 없을 것이다.[35]

https://cafe.daum.net/sajoong11/FYsH/5277(2018. 02. 12)

하나, 노년기의 일은 생존의 문제와 직결되어 있다

당장 먹을 것이 없고 일상을 유지하기 어려운 어르신들에게, 일을 통한 자아실현이나 자아정체성의 확립은 다른 나라의 배부른 이야기일 수밖에 없다. 아기들이 타고 다니던 버린 유모차에 재활용 종이상자와 폐지를 한가득 싣고 밀면서 가는 허리 굽은 어르신을 본 적이 있을 것이다. 어느 시대나 국가는 재정의 한계로 인해 배고픈 사람을 완전히 책임지지는 못해 왔다. 민간단체나 종교단체의 지원 또한 충분하지 않으니 노인도 먹고살려면 일할 수밖에 없다. 일이 곧 생존인 어르신들에게 "젊은 사람들도 일자리가 없으니까 가만 좀 계시라." 고 하는 것은 잔인한 일이다.

http://v.media.daum.net/v/20150723061208668(연합뉴스, 2015. 07. 23)

둘, 일을 통해 쓸모 있는 존재임을 확인할 수 있다

　사람은 언제 어디서나 필요한 사람이 되고 싶어 한다. 꼭 있어야 할 사람, 있어
도 그만 없어도 그만인 사람, 차라리 없는 게 도와주는 사람, 세상에는 이렇게 세
종류의 사람이 있다고들 이야기 한다. 그런데 누구도 '차라리 없는 게 도와주는
사람'의 처지에 놓이기를 원하는 사람은 없다. 노년은 존재만으로 귀하다는 것
을 잘 알고 인정한다 할지라도, 당사자들은 그저 존재만 하는 것이 아니라 누구
에겐가 도움이 되고 싶은 마음 간절하다. 연세 많으신 할머니들이 콩나물을 다듬
고 빨래라도 개키려고 하면 며느리들은 "어머니 안 하셔도 돼요. 가만히 앉아 계
세요." 라고 하지만 그게 정말 어르신을 위한 걸까? 소소한 집안 일에서라도 도움
이 되는 역할을 맡고 싶어 하는데, 하물며 직업활동에 있어서는 그 바람이 더욱
커질 수밖에 없다. 쓸모 있는 존재라는 확인은 곧장 자신감과 연결된다.

　셋, 일은 노년의 신체적·정신적 건강에 큰 도움이 된다

　규칙적인 활동은 몸의 건강에 많은 도움이 될 뿐 아니라 정신건강을 유지시키
는 기능을 한다. 은퇴한 후 기력이 없던 어르신들이 취업을 하게 되면 활기를 되
찾는 것을 자주 볼 수 있다. 비록 노인 일자리가 단순 노무직이나 비정규직에 그
치긴 하시만 일을 찾은 어르신 개인의 생활은 눈에 띄게 변한다. 사회적으로 폐
기처분된 듯한 절망과 좌절에서 벗어나서 무언가 주어진 역할이 있다는 사실을
확인할 수 있기 때문이다. 또한 가정에서 뒷자리로 밀려난 것 같은 소외감이 일
을 통해 해소되기도 한다.

https://cafe.daum.net/isbobyb/EwFt/8275550x354(2020. 10. 20)

넷, 노년에 일하는 것이 중요한 이유는 현재를 살게 하기 때문이다

많은 사람들이 노년에 접어들면 과거를 추억하면서 후회하거나 혹은 자랑하는 것으로 시간을 보낸다. 반대로 아직 오지 않은 앞날을 걱정하는 것으로 시간을 때우는 사람들도 있다. 건강이 나빠지면 어떻게 하나, 죽을 때 고생하면 안 되는데 등등 불필요한 걱정이 마음속을 가득 채우고 있다. 딱히 직업도 없고 마땅한 소일거리도 없고, 시간은 넘치도록 많으니 끊임없이 이야깃거리를 찾아내는 것이다.

그러나 우리에게 주어진 유일한 것은 '바로 지금' 이다. 그래서 누군가 말하기를 "인생은 '바로 지금' 의 연속이다." 라고 했다. 일을 한다는 것은 과거와 미래가 아닌 '바로 지금' 을 산다는 의미다. 현실감을 유지하며 늙어가는 일은 우리 생을 보다 충실하게 만들어 준다. 노년의 일을 통해 그것을 얻을 수 있다.

다섯, 일을 통해 우리는 사람을 만난다.

그 누구도 혼자서는 살 수 없다. 우리 존재를 이 세상을 여행하며 지나가는 나그네라고 할 때, 누군가와 함께하는 것이 바로 이 여행의 핵심이다. 그래서 사람들은 짝을 찾아 결혼하고 자녀를 낳고 친구와 어울려 살아가며 일을 통해 도 다른 인간관계를 맺는 것인지도 모른다. 노인이 되면 시야가 좁아지고 관심을 자기에게만 쏟게 되어 함께하는 삶과는 점점 멀어진다. 이때 일이 '함께하는 삶' 을 회복시켜줄 수 있다. 혼자 골방에 박혀서 일하는 것이 아니라면 일을 하기 위해서는 사람을 만날 수밖에 없기 때문이다. 사람을 만나 자기 감정을 표현하고 상대방을 이해하고 서로 필요한 것을 나눌 수 있는 삶의 정겨움을 일을 통해 경험할 수 있다.

http://www.sisamagazine.co.kr/news/articleView.html?idxn(2019. 05. 16)

여섯, 노년에도 일을 하려면 철저한 자기평가가 필요하다

사람과 만나거나 함께 어울려 일하는 것을 좋아하는지, 사람과 섞이기보다는 혼자 조용히 일하는 것을 좋아하는지, 일단 자신에 대해 파악이 되어야 한다. 예를 들어, 직장에 있는 엄마 대신 집에서 아이들 간식도 챙겨주고 시간에 맞춰 학원에도 보내고 하는 '홈시터(Home-Sitter)' 일을 하려는 사람은 아이를 좋아해야 즐겁게 일할 수 있다.

또한 도움이 필요한 노인의 말벗이 되거나, 식사를 챙기고 병원에 동행하고 신문을 읽어드리는 활동을 하는 '실버시티(Silver-Sitter)'가 되고 싶은 사람 역시 사람 만나는 것을 좋아해야 한다. 누군가 곁에 있는 것을 싫어하는 성격의 사람이 이런 일을 하기는 무척 어려워서 다른 일을 하는 것이 좋다. 자신의 능력, 성격, 취향, 경제상황 등에 대한 꼼꼼한 평가를 바탕으로 일을 찾아나서야 한다.

일곱, 일에서 은퇴할 경우를 대비해야 한다

직장인은 물론 설사 자영업을 한다 해도 언젠가는 직업활동에서 은퇴하게 된다. 준비 없이 맞는 은퇴는 때로 목숨을 위태롭게 만들기도 한다. 밤낮을 가리지 않고 일만 하던 일벌레, 일 중독자가 은퇴하고 얼마되지 않아 세상을 떠났다는 소식은 이제 더 이상 낯설지 않다. 직업활동을 접으면서 자기 정체성의 혼란을 경험하게 되고, 위축감과 함께 그동안 유지해오던 생활 리듬의 변화가 건강에 좋지 않은 영향을 미쳤을 것이다.

기업체나 사회단체, 복지관 등에서 좀더 적극적으로 은퇴준비교육에 대해 관심을 갖고, 개인도 은퇴 이후의 삶을 구체적으로 설계하며 준비해야 한다. 직업에서의 은퇴가 인생에서의 영원한 은퇴는 아니므로 철저한 준비를 통해 얼마든지 새로운 인생을 맛볼 수 있다.

 여덟, 남은 날 동안 무엇을 하며 살 것이지 고민해야 한다

 당장 끼니를 해결하기 어려운 사람의 고통과 달리, 또 다른 쪽에는 먹고살 것은 있지만 할 일이 없어 괴로운 사람들이 있다. 시간도 건강도 허락하는 데 다만 할 일이 없을 뿐이다. 되는 대로 살기에는 인생이 너무 짧으며, "세월아 네월아" 하면서 시간을 죽이기에는 남은 시간이 아깝다. 한 치 앞의 일도 모르는 것이 인생이지만 나머지 날들을 무엇 하며 보낼지 미리미리 생각해야 한다. 직업활동과 연결될 수 있지만, 일에서 벗어나 평생 소망으로 간직해온 일을 하면서 마지막 날들을 보낼 수도 있다. 이 고민이야 말로 정말 빠르면 빠를수록 좋다.

https://cafe.daum.net/s977/QA9U/1050(2019. 05. 31)
https://cafe.daum.net/ekh/3Qwr/6238267x200(2021. 05. 21)

 아홉, 평생 하고 싶은 일을 찾으면 인생이 행복하다

 직업을 흔히 세 가지로 나누어서 말한다. '목구멍이 포도청'이라고 나와 내 가족이 먹고살기 위한 '생업(生業)', 돈벌이이긴 하지만 사회에 참여하고 도움이 되며 자신의 성장을 경험할 수 있는 '직업(職業)', 돈을 못 벌고 남이 알아주지 않아도 그 일을 하는 게 그저 행복한 '천직(天職)'이 바로 그것이다. 우스갯소리로 도둑이나 사기꾼이 직업란에 자기 직업을 밝히지 못하는 것은 물론 잡혀갈까 무서워서 그러기도 하겠지만, 그 일이 사회에 도움이 되기는커녕 해를 끼칠 뿐만 아니라 자신의 성장에도 전혀 보탬이 지 않는다는 사실을 스스로 잘 알고 있어서가 아니겠는가. 생업이나 직업, 천직의 분류에 딱 들어맞지는 않더라도, 평생 동안 하고 싶은 일을 찾은 사람은 행복한 사람이다.
 평생직장이 아닌 평생직업의 시대에, 비록 돈은 많이 벌지 못한다 해도 평생 하고 싶은 일이 있다는 것만으로도 복 받은 사람이 분명하다. 지금부터라도 그

일을 찾도록 하자. 아직 늦지 않았다.


　　열, 자원봉사는 멋지고 아름다운 노년 생활을 책임진다


　　나이가 들어 손에서 일을 놓게 되면 더 이상 가치 없는 존재이며 무능력한 사람이 되었다는 생각에 위축되기 마련이다. 자원봉사는 사회적인 역할을 회복시켜 주면서 동시에 다른 사람에게 도움이 되는 쓸모 있는 존재라는 증명을 해 준다. 또한 스스로가 소중한 사람이라는 자존심을 유지하게 도와주며, 생계유지를 위한 것이 아니라 자발적이며 자유로운 선택이기에 자기 성장에 더 유리하다. 사회 전체적으로 볼 때도 실질적인 도움이 되는 것은 물론 노인에 대한 부정적인 이미지를 바꾸는 데도 기여한다.

　　오늘도 노인복지관과 노인대학 어르신들 가운데 관절염교실 어머니들은 건강체조봉사단을 구성해 무료양로원을 찾아가 그곳 어르신들과 같이 짝 체조를 하고, 소설교실 어머니들은 치매 어르신들에게 책 읽어드리는 봉사를 하신다. 한쪽에서는 아버님들이 나서서 몸 아프고 홀로 사는 동년배 노인들을 위해 도시락과 밑반찬을 배달하고, 한글 모르는 노인들을 모아 한글을 가르치느라 땀을 흘리신다. 멋지고 아름다운 노년의 모습이 바로 자원봉사 속에 들어 있다.

http://v.media.daum.net/v/20201204143014185(아시아경제, 2020. 12. 04)
http://v.media.daum.net/v/20060726082513490480x353(세계일보, 2006. 07. 26)


## 잠깐! 쉬었다 갑시다

☞ 경력 단절 연결 커리어 전략


　　우리가 은퇴를 이야기할 때 정년이나 그 무렵의 퇴직을 염두에 두는 것 같지만 실제로는 그보다 일찍 은퇴하는 경우가 많다. 그리고 더 나은 직장으로의 이직을 위해, 또는 창업이나 육아 등의 이유로 직장을 중간에 그만두게 되는 경우도 많아지고 있다. 이런 경우 재취업을 시도하게 될 때 가장 큰 걸림돌이 되는 것이 바로 경력 단절이다.

경력 단절로 인한 공백을 만회하기가 쉽지 않다고 생각하지만 연봉이나 처우는 예전 수준만큼 되어야 한다고 생각하는 사람들을 보게 된다. 눈높이를 조금만 낮춰 보면 어떨까. 무조건 눈을 낮춰 일할 곳을 찾는 것은 주의해야 하지만 경력 공백이 있는 만큼 눈을 낮춰 재취업을 시도한다면 다시 일할 수 있는 기회가 그만큼 넓어질 것이다. 그리고 경력 공백이 생기면 자신도 모르게 위축되는 경향이 생긴다. 이런 위험을 극복하기 위해서는 경력 공백 기간 동안 자신의 생활에 대해 자부심을 갖고, 그 시간을 얼마나 값지게 보냈는가를 스스로 인정할 수 있어야 한다. 그래야 자기소개나 면접에서도 당당하게 자신의 이야기를 할 수 있기 때문이다. 경력이 단절된 상태에서 재취업에 도전 중이라면 일단 공식적인 '실업자'가 되는 게 좋다. 경력 단절이 된 사람은 구직 포기자로 분류되어 공식적인 실업률 통계에 잡히지 않는다. 그런데 지역 고용센터에 구직 등록을 하면 그때부터는 국가에서 관심을 갖는 공식 실업자가 된다. 그리고 취업을 위한 각종 지원도 받을 수 있다.

은퇴설계 차원의 경력 연장을 원한다면 먼저 '중장년워크넷'에 들어가 생애경력설계서비스와 전직지원서비스 그리고 신중년경력형 일자리 사업에서 도움을 받아 보자. 만약 경력이 단절된 여성이라면 '여성워크넷'에 접속해 새로운 능력 개발의 도전을 시작하기 바란다.

그리고 나에게 맞는 직업 교육을 선정하여 온라인 교육과 오프라인 교육을 병행하는 것으로 커리어 전략을 이어가자. 기관에서 하는 구직 등록도 인터넷으로 알아보고 가능하다면 직접 방문해서 상담을 받아보는 것도 추천한다. 그리고 미래 직업의 트렌드를 파악하고 지금까지의 장점을 살릴 수 있는 분야를 선택해 전문가가 되는 것이 좋다. 여기에 조금은 폭넓은 관점으로 유연한 선택을 하길 권한다. 특정 직무만 고집한다거나 풀타임만 고려할 것이 아니라 취업 시장 형편에 맞게 직무 전환이나 시간 선택제 같은 것에도 관심을 두면 좋겠다.

경력이 단절된 후 재취업의 전선에 올라 면접장에 들어섰다고 가정해 보자. 맞은편에 앉은 면접 담당자는 이런 생각을 하고 있을 것이다. 첫째, 기업은 당신이 어울리지 못할까 두렵다. 둘째, 기업은 당신의 경륜과 경험을 원한다. 셋째, 기업은 공백기가 있어도 나의 업무 능력에는 아무런 변화가 없다는 것을 증명하길 원한다. 넷째, 기업은 당신을 동정하지 않는다. 이런 기업의 관심사를 염두에 두고 경력 이음의 전략을 짜면 더 효과적일 것이다.

생각을 뒤집는 전략으로 경력 연결을 위한 대안을 세우자. 경력 공백 기간 동안 자신이 얻은 것은 무엇인지 정리해 보고, 재취업에 성공하기 위해 자신의 목표를 어떻게 설정하고 있으며, 동일한 포지션에 지원한 현직 재직자와 비교했을 때 크게 어떤 장점이 있는지를 생각해 보자. 결국 나의 경력 단절기에 경력 설계가 차별화된 경쟁력이 되어야 한다. 그래야 쟁쟁한 경쟁자들 사이에서 입사의 기쁨을 누릴 수 있을 것이다.[36]

## 라. 풍요로운 인간관계를 위한 10가지

10월 2일은 세계노인의 날이다. 세계인의 평균수명이 증가하고 고령화 문제가 대두되면서 국제연합(UN) 총회가 제정해, 1991년부터 기념하기 시작했다. 노인들의 사회참여 확대와 복지 향상의 필요성이 세계적인 과제가 되었다.

우리나라는 1997년 노인복지법을 개정해 10월 2일을 '노인의 날'로 제정했다. 10월 1일이 국군의 날이어서 하루가 늦어진 셈이다. 아쉬운 감이 있었는지, 정부는 10월을 통째로 들어서 '경로의 달'로 지정했다. 노인에 대한 사회적 관심과 전통적인 공경의식을 고취하고, 노인들의 노고를 치하하는 동시에 노인문제에 적극 대응하겠다는 취지가 UN을 능가한다.

이렇게 노인의 날이 제정된 지 어언 25년이 흘렀다. 그동안 노인들의 기대수명은 1997년 74.7세에서 2020년 83.5세로, 9.1년 가량 증가했다. 한국 경제가 기지개를 켜기 시작한 1970년을 기준하면, 50년 동안 21년이 늘었다. 시도별 기대수명은 서울(84.8), 세종(84.4) 순으로 높고, 경북·충북(82.6) 순으로 낮아, 시도 간 차이는 최대 2.2년이다. 제주도는 84.0으로 전국 3위를 기록하며 장수지역의 명맥을 이어가고 있다.

이처럼 기대수명이 늘어나서 장수사회를 구가하는 오늘날, 노인들은 과연 행복할까? 2018년 싱가포르 의대의 관련 연구에 의하면 행복점수가 1점 올라갈 때 사망률이 9% 줄어든다. 요컨대 행복이 조금만 늘어도 노인의 장수에 긍정적인 영향을 미친다는 얘기다. 전반적으로 행복한 노인들의 사망가능성은 그렇지 않은 경우보다 19%나 낮다.

일반적으로 사람들은 오래 살기를 바란다. 하지만, 정작 장수하다 보면 빈곤과 독거·질병·사회적 소외 등으로 재앙에 빠지기 쉬워진다. 그런데 노인성 질병으로 인한 노인장기요양보험 수혜자는 전체 노인의 8%에 불과하다. 더욱이 방문요양 서비스는 하루에 3시간밖에 허용되지 않는다. 가족이 온종일 집에서 돌볼 경우에는 1시간만 인정된다. 노인들의 욕구를 충족하기에는 역부족이다.

노인빈곤을 극복하고 장수가 축복으로 자리하려면 경제력과 건강은 물론이고 정부의 돌봄경제가 뒷받침되어야 한다. 노인장기요양보험법에 의하면 노인장기요양보험급여 대상자는 65세 이상인 자(65세 미만인 경우 노인성 질병을 가진 자)로, 거동이 불편하거나 치매 등으로 인지가 저하되어 6개월 이상 혼자서 일상생활을 수행하기 어려운 사람이다. 이처럼 노인성 질환 치료 및 돌봄 분야에 집중된 노인장기요양보험제도를 확대해 건강·주거·교통·노동·여가·교육 등 사회 전반에 걸쳐서 노인세대를 위한 투자가 강화되어야 한다. 이 시대의 노인들이 걸어 온 삶의 여정과 당면한 현실을 감안하면 시급한 일이다.

올해로 103세를 사시는 김형석 교수님은 '백 년을 살아보니' 라는 글에서, 얼마나 오래 사는 것이 바람직스러운가?' 라는 질문을 하신다. 그리고 '나 자신이 행복하게, 다른 사람들에게 도움이 될 때까지' 라고 답하신다. 더불어 행복은 감사하는 마음과 공존하는 것임을 역설한다. 보통사람들에게 있어서 100세 시대의 행복은 '장수와 복지가 부부처럼 짝을 이루어, 삶이 감사할 때 잉태되는 것' 임을 시사한다. 마음대로 되지는 않아도, 사람들은 행복하게 오래 살기를 바란다. 특별히 일제, 4·3, 6·25를 겪으면서 섬 고유의 자연재해까지 감내해 온 제주 노인들은, 각별한 복을 누려야 한다. 장수와 복지의 두 날개로 여생이 행복하셨으면, 제주도민인 게 다행이었으면 좋겠다. 이를 위해 민관이 협력하여 노인을 위한 연구와 봉사, 교육의 새 바람을 일으켜야 할 때다.[37]

하나, 성공적인 인간관계에 공짜는 없다

어디 인간관계 뿐이겠는가. 세상일에는 결코 공짜는 없다는 것을 알면서도 슬쩍 넘어가주면 좋으련만 그리 간단치가 않아서, 아차 하는 순간에 꼬이고 비틀리고 망가져버리곤 한다. 정성을 기울여야 하지만 귀찮아서, 게을러서, 또 상대의 마음을 미처 헤아리지 못해서 무심하게 말하고 행동하고 나면 그 결과는 언제나 반드시 내게로 돌아온다.

좋은 인간관계를 맺기 위한 기본은 무엇보다 입과 손과 발을 열심히 활용하는 것이다. 부드러운 말로 상대의 마음을 열고, 손으로 행하며, 어려움이 있을 때 직접 찾아가는 정성이야말로 인간관계를 위해 끊임없이 투자해야 하는 기초비용이다. 단 진심이 담기지 않은 말이나 과잉행동은 오래가지 못한다는 것을 명심해야 한다.

둘, 상대에 대한 관심에서부터 인간관계는 시작된다

관심이 없는 곳에서 관계의 싹이 트길 기대할 수는 없다. 상대가 부담스러워하지 않는 범위 내에서 관심을 표시하고 지속적으로 마음을 전하는 일이 중요하다. 나이가 많다는 이유만으로 누군가 자신을 먼저 챙겨주길 바라는 태도에서 벗어나, 늘 바쁜 젊은 사람들 대신 노년세대가 먼저 다가가서 챙기는 것도 큰 도움이 된다. 나이가 들면 내향성의 증가로 인해 사물에 대한 판단과 활동 방향을 외부보다는 내부로 돌리게 된다.

따라서 자기 자신에게로 눈길이 고정되기 쉽다. 상대방의 말에 귀를 기울이며, 그 사람이 좋아하고 도움이 될 만한 이야기로 관심의 문을 열도록 한다.

http://jongkuk600.tistory.com/13789239(2021. 07. 19)
http://v.media.daum.net/v/20220728050511325(한겨레, 2022. 07. 28)

셋, 서로에게 감사하는 부부관계에 행복이 들어 있다

나이 들면 부부가 같이 보내는 시간이 늘어나게 되는데, 좋지 않았던 사이가 나이 들었다고 어느 날 갑자기 좋아지는 법은 없다. 서로 안전히 분리된 노년을 보낼 계획이 아니라면 부부관계 점검에 들어가야 한다. 먹고사느라고, 아이들 기르느라고 소진된 사랑의 에너지를 보충해야 한다. 이 역시 공자로는 안 되며 다시 한 번 관심이라는 시앗을 부리는 수밖에 없다. 인생길을 같이 걸어온 동지애를 유지하면서 서로의 존재에 감사하는 마음이 우선되어야 한다. 감사는 인간관계를 풍성하게 만들어 주는 단비이다.

넷, 노부모와 성인 자녀의 관계도 '따로 또 같이'가 가장 좋다

부모와 자녀 관계는 한 사람의 일생을 통해 지속되는 가장 긴 관계 중의 하나이다. 부부도 때에 따라 일심동체(一心同體)가 되었다가 이심이체(二心異體)가 되었다가 하는데, 부모 자식간에는 더 말해 무엇하랴. 서로 독립적인 존재인 부모 자식이 지나치게 밀착되어 있어 만사를 모두 같이 하는 것도 바람직하지 않다.

또한 부모가 자식에게 절대적으로 의존한다든가, 반대로 자식이 부모에게서 떨어져 나오지 못하고 매사 기대어 사는 것 또한 성숙한 인간관계로 볼 수 없다. 자식에게 기댈 수밖에 없는 노부모와, 부모님과 자신의 사이에서 경제적·심리적으로 낀 세대일 수밖에 없는 중년의 자식. 둘 사이에선 필요에 따라 서로 의존하기도 하고 독립적이기도 한 '따로 또 같이' 관계가 갈등 해결의 지혜이다.

https://cafe.daum.net/ky9717/QOJa/2937(2018. 08. 16)

다섯, 고부관계, 나부터 풀자

서로 좋아서 선택한 것도 아니고 혈연도 아니지만, 배우자의 부모이며 자식의 배우자라는 점에서 중요하고도 어려운 것이 고부관계이다. 좋으려면 한없이 좋을 수 있는 관계지만, 갈등이 생기기 시작하면 원인과 결과가 맞물려 한 치도 물러서지 않고 모든 일이 좋지 않은 쪽으로 꼬리를 물고 돌아가기 시작한다. 요즘은 옛날과 달라서 시어머니가 며느리 시집살이한다는 말들도 하고 반대로 아직도 멀었다는 이야기도 있지만, 불편함과 갈등의 직접적인 피해자는 결국 두 당사자다. 시어머니는 며느리를 내가 걸어온 길을 뒤에서 따라오는 인생의 후배로, 며느리는 시어머니를 앞서가는 선배로 생각하면 세상 그 누구보다 강한 유대감이 생길

수 있는 사이임을 명심하자. 그리고 일단 나부터 관계의 고리를 풀어 나가보자.

여섯, 손자녀에게 먼저 다가가자

나이가 들어 저절로 노년에 접어들기도 하지만, 손자 손녀 덕분에 할머니 할아버지 소리를 듣기도 한다. 누군가는 인생의 최고의 유산이 손자녀라고 했다. 손자녀에게는 무거운 책임이나 의무감 없이 사랑을 베풀 수 있기에 노년에 맛볼 수 있는 최고의 즐거움이 될 수 있다.

하지만 그 재미를 위해서는 먼저 눈을 맞추고, 귀를 기울여주고, 웃음과 칭찬으로 보듬어줘야 한다. 어른으로서의 교육과 훈계가 따르겠지만, 한 번 더 생각하고 실행하는 것이 좋다. 자칫하면 잔소리, 고리타분한 옛날이야기가 되기 쉽기 때문이다.

젊은 사람들이나 어린아이들의 변화를 따라잡지 못할 바에야, 훈육은 적당한 강도와 길이로 하는 현명함이 필요하다. 그래야 손자녀들이 도망가지 않고 옆에 머물 것이므로, 또한 아이들은 특히 엄마의 감정에 민감하므로, 며느리나 딸과 좋은 관계를 유지하는 게 손자녀와의 관계에도 긍정적인 영향을 미친다.

https://cafe.daum.net/jinsa18/fx7/5716(2022. 07. 08)
http://v.media.daum.net/v/20220808220036803(한국일보, 2022. 08. 08)

일곱, 같이 늙어가는 형제 자매의 소중함을 기억하라

아무리 형제나 자매처럼 지내는 친구가 많다 해도, 형제자매끼리만 주고받을 수 있는 추억이나 이야기가 따로 있기 마련이다. 형제자매 관계는 인간관계 중에서 가장 오래 지속되는 관계이며, 서로 공유하는 과거의 기억이 풍성하고 비슷한 연령대로 같이 늙어가는 경우가 많아서 더욱 중요하다. 더욱이 요즘은 자녀의 숫자가 줄면서 형제 자매간의 친밀도가 높아지고, 오가는 정보나 자원의 양이 점점 늘어난다고 한다.

젊어서는 각각 가정을 이루고 사느라 소원해지기도 하지만, 나이 들어 그 틈을

메우고 관계를 복원한다면 누구보다 깊은 친밀감을 나눌 수 있다. 오랜 관계 속에서 맛보는 친밀감은 외로움을 달래주는 명약이다.

　여덟, 함께 나이 들어가는 친구는 행복의 원천이다

　자식한테 못하는 이야기도 친구한테만은 숨김없이 다 털어놓는다는 어르신들이 많다. 같은 시대에 태어나 같은 경험을 했고 서로의 감정을 나눌 수 있어서, 나이 들어 친구처럼 좋은 상대는 없다.
　노화의 정도도 비슷하므로 노년 생활의 적응에 도움을 주고받을 수 있고, 공통의 관심사가 있어 무엇보다 이야기가 잘 통한다. 새로 사귄 친구와 나누는 새로운 우정도 좋지만, 오래 묵은 정 깊은 친구 사이는 그 무엇으로도 대신할 수 없다. 비록 우스갯소리이기는 하지만 어르신들 사이에 유행했던 '어리석은 노인 시리즈' 중에 '사소한 일로 친구와 싸우고 의 상하는 노인' 이 들어 있는 것만 봐도 노년의 친구가 얼마나 중요한지 짐작할 수 있다.

https://cafe.daum.net/gpnoclub/1F2P/6643(2019. 09. 25)

　아홉, 이웃은 서로에게 귀한 인적 자원이다

　현대의 도시생활이 이웃을 앗아갔다고 이야기하지만, 그래도 보통 노년기에는 이웃에 살면서 친구관계로 발전하는 경우가 많아서 이웃과 친구를 거의 구분하지 않는 경향이 있다. 노인이라는 동질감으로 인해 동네에서 쉽게 인사를 나누고 사귀는 분들이 많은 까닭이다. 어려운 일이 생겼을 때 달려오기 쉬운 사람도 이웃인 것을 보면, 사실 왕래가 없는 친척보다는 오히려 심리적으로나 실제적으로 도움을 준다고 하겠다.
　그러나 어느 한쪽이 일방적으로 도움을 주고, 또 다른 한쪽은 일방적으로 받기만 하는 관계가 되어서는 안 된다. 서로가 서로에게 주는 것이 있어야 한다. 그것이 꼭 눈에 보이는 것일 필요는 없다. 이웃과의 원만하고 부드러운 관계는 자녀 세대나 또 다른 이웃에게 모범이 된다.

열, 내가 먼저 믿고 의지하는 사람이 되자

가족이든 친구든 이웃이든 내게 어려운 일이 닥치고 힘든 상황이 벌어졌을 때 믿고 의지할 수 있는 사람이 몇 명이나 되는가? 망설임 없이, 미안하다는 생각도 하기 전에 전화기를 들고 도움을 요청할 수 있는 사람은 누구인가? 지금 그 이름을 한 번 써보자. 자, 그런데 그들도 똑같은 상황에서 나를 믿고 의지할 수 있는 사람으로 떠올릴까? 남에게 의지하지 않고 홀로 서는 사람만이 다른 사람이 믿고 의지할 만한 언덕이 되어줄 수 있다. 나이 들어 몸으로는 조와주지 못한다 해도 말 한 마디가 큰 힘이 되고 문제 해결의 실마리를 제공할 수 있다. 홀로서기와 나눔의 적절한 조화야말로 성숙한 인간관계를 나타내는 지표이다.[38]

http://kygi2130.tistory.com/193(2022. 10. 02)
https://cafe.daum.net/hsi1927/O5yj/3964305x200(2022. 09. 21)

**잠깐! 쉬었다 갑시다**

**64년째 해로하신 부모님...**

"엄마, 아버지 제일 좋은 점이 뭐예요?"
얼마 전 아버지 '구순기념 가족문집'을 만들면서 엄마와 짧은 인터뷰를 한 적이 있다. 88세에 처음으로 인터뷰를 하게 된 엄마는 내 첫 질문에 잠시의 망설임도 없이 대답했다.
"네 아버지는 평생 변함이 없어."
몇 가지 질문을 하며 나는 두 분의 결혼 이야기를 듣게 됐다. 60년도 훨씬 지난 이야기를 엄마는 어제 일인 듯 생생하게 기억하고 있었다.

### ☞ 엄마 아빠의 결혼 이야기

엄마, 아버지는 1959년 2월 2일 혼인하셨다. 2월 2일은 아버지가 정하셨는데 그날이 가톨릭의 '봉헌축일'이기 때문이다. 나는 기억하기 좋은 날짜라고만 생각했는데 신앙심이 깊은 아버지는 혼인이 갖는 의미를 숙고하셔서 배우자에게 자신을 내어준다는 봉헌의 결심으로 날짜를 잡으셨던 것이다.

아버지가 직장도 잡기 전에 군을 제대하자마자 이루어진 결혼은 아버지 표현대로 "온전히 할아버지 오춘식의 은덕"이었다. 엄마의 아버지(외할아버지)와 아버지의 할아버지(증조할아버지)는 오랜 친구 관계였다.

엄마를 만나면 집에 데려가 밥해 주고 귀한 토마토를 몇 개씩 따 주던 증조할아버지는 일찌감치 엄마를 손주며느리로 점찍었다. 수시로 친구 집에 들러 술상을 마주하고 사돈 맺자고 친구를 졸랐다. 가족의 특별한 사랑을 받던 막내딸인 엄마에게 시누이감을 보내 차근차근 선을 보였다.

"그날 니네 엄마가 얼마나 이쁘던지 자세히 보니 발뒤꿈치까지도 이쁘더라."

언젠가 고모가 엄마 선 본 이야기를 했는데 우물가에서 빼꼼이 본 엄마가 얼마나 맘에 들었는지, 고모는 당장 엄마가 신었던 보라색 양말을 사 신었다는 말도 들었다.

본격적인 결혼 이야기는 아내와 사별하고 서울 아들네로 이사 가게 된 할아버지를 모시러 온 신랑감을 외할아버지가 보고 나서였다. 외할아버지 입에서 자꾸 시집 가란 소리가 나왔고 얼마 후 군복 입고 군인 모자 쓴 그 손주가 엄마를 선보러 왔다.

"방에 모두 우르르 들어오더니 나랑 네 아버지랑만 남겨 두고 나가데. 서로 할 말이 있어야지. 그냥 둘이 우두커니 앉아 있었지. 키도 작고 군복 입고 그저 그랬어."

'5남매 맏이라 고생해서 안 된다'는 말에도, '잘 생기기를 했나, 키가 큰가, 재산이 있기를 하나, 맘에 드는 게 하나도 없다'라는 식구들의 말에도 외할아버지는 '아들 넷을 장가 들이고 딸이 하나 있는데, 딸을 누구를 주나 해서 잠이 안 온다'라는 말로 고집을 꺾지 않으셨다.

1년 후 제대를 하자마자 신랑 쪽에서 결혼 날짜를 잡아왔다. 신붓감이 다른 데로 시집갈까 봐 서둘러 날짜를 잡았다고 했다.

"신랑은 직장도 없다는데 결혼부터 하자고 했어. 그런데 막상 날짜를 잡아 보내오니까 결혼이 막 서둘러지더라. 그렇게 해서 제대 3개월 만에 결혼이 이루어진 거지. 결혼하고 드라이브 가는 차 안에서 니 아부지가 이 말부터 하더라. '내가 애기 못한 게 있는데... 낳은 지 한 달 된 동생이 있어요' 라고. 니 아버지하고 선 볼 때는 5남매 장손이었는데 결혼하고 보니 6남매 장손이 되어 있는 거야. 손주 며느리로 데려오지 못할까 봐 어른들이 이야기를 못하게 했다는데 니네 아버지는 그게 마음에 걸렸던 거야."

엄마는 남편이 된 아버지 마음이 바로 이해가 된 거 같았다. 나는 엄마에게 한 가지 질문을 더 했다.

"엄마, 아버지랑 살면서 언제가 제일 좋았어요?"

"... 글쎄...."

이 질문에 엄마는 선뜻 대답을 하지 못했다. "제일 좋았던 게 언제였는지 생각하는 거 숙제예요. 다시 물어 볼게요" 라며 나는 이날 인터뷰를 마쳤다. 다음 날 도착한 구순기념 가족문집에 들어갈 아버지의 글에는 부분 부분 엄마와의 결혼 이야기가 적혀 있었다.

"나는 요샛말로 무일푼 총각, 직장이라는 것은 아예 생각도 못 했는데, 그런 나를 보고 짝을 이루어준 사랑하는 최영순은 얼마나 고마운고. 지금은 63세까지도 정년을 두는데, 나는 새파란 젊은 나이 55세에 정년을 맞았으니 이후의 인생은 오로지 아내의 몫이었지. 얼마나 힘들었겠는가? 그래도 여기까지 우리 가족들을 함께 이끌고 보살펴 왔으니, 아내 데레사의 내조가 큰 힘이 되었네."

엄마에게 '언제가 제일 좋았냐?' 는 질문은 확인할 필요가 없었다. 아버지의 글 안에서 엄마의 대답을 보았기 때문이다. 엄마가 결혼한 '키 작고, 가진 것도 없고, 잘 생기지도 않았던 아버지' 가 평생 엄마에게 고마워했던 그 마음의 시간이 엄마에게는 제일 좋았던 시간이었을 것이다.

### ☞ 사랑은 결심이다

엄마 아버지의 결혼 이야기를 들으며 기억이 난 문구가 있다. '사랑은 결심이다' 라는 문장이다. 오래전 남편과 나는 부부대화를 중심으로 한 부부관계 개선 교육에 참여한 적이 있다. 당시 30대 중반이었던 우리 부부는 '부부의 계절'로 보자면 서로의 존재만으로도 웃음 짓던 봄의 계절을 지나 작렬하는 태양만큼이나 치열하게 다투는 여름을 보내고 있었다.

세월이 많이 흘러 당시 교육 내용은 거의 기억나지 않지만 한 가지 또렷한 것은 교육장에 걸렸던 현수막의 내용이었다.

'사랑은 결심이다.'

이 문구가 기억난 것은 엄마 아버지의 혼인에서처럼 부부관계의 시작은 다름 아닌 '결심' 에서 시작한다는 생각이 들어서였다. 결혼식장에서 정신없이 했던 혼인서약이 바로 '사랑은 결심' 이라는 현수막의 내용이었다.

60년 넘게 엄마가 지어준 밥을 드셨던 아버지는 이젠 밥상을 차리는 남편이 되었다. 55세 정년까지 성실한 직장인으로 가족의 생계를 책임지셨던 아버지를 이어 엄마가 묵묵히 생계를 맡기도 하셨다.

누군가는 "부부는 결혼 전에는 눈을 크게 뜨고 상대를 살펴보고, 결혼 후에는 눈을 반쯤만 뜨고 보라" 고 했는데 엄마 아버지는 결혼 전에도 후에도 늘 같은 시선으로 서로를 바라보고 살아오신 듯하다. '사랑은 결심' 이라는 마음의 온도를 유지하셨기에 가능한 시선이었을 것이다.

결혼생활 64년째인 두 분에게도, 34년째인 우리 부부에게도 언젠가는 모든 것을 버리고 귀천하여 서로를 떠나야 할 부부의 겨울이 올 것이다. 생각하는 것만으로도 마음에 스산한 바람이 분다. 엄마 아버지에게도 엄연히 존재할 그 시간을 준비하며 삶의 가장 좋은 반려자로 풍성하게 가을을 만들고 계신 두 분 부모님의 결혼 생활에 존경의 마음을 전한다.[39)40)]

## 마. 마음을 여는 대화법 10가지

사람 사이의 대화에서 '눈맞춤', 즉 눈을 맞추는 일은 더할 나위 없이 중요한 곳이고, 소리를 내어 말로 표현하지 않으면 상대의 뜻을 모르니까 '입맞춤' 역시 지나쳐서는 안 될 일이다. 또한 서로의 따뜻한 정을 나누는 데 '손맞춤', 손을 잡는 것처럼 간단하면서도 효과적인 것은 없다. 여기에 더해 '마음맞춤', 깊이 있는 청년까지야 어렵다 해도 세 가지 정도의 칭찬이 곁들여졌으니 상대의 마음을 여는 기본적인 열쇠는 갖춘 것이라고 볼 수 있다. 그것도 서로 기분 좋게 말이다. 어르신들이 눈맞춤-입맞춤-손맞춤-마음맞춤을 잘 해내셨으니 이제 본격적으로 마음을 여는 대화법을 배울 순서이다. 이 대화법은 어느 연령대에서나 활용 가능하지만 나는 어르신들을 만나면 자녀들과 대화하는 방법에 초점을 맞추고, 자녀세대인 중년과 만나는 자리에서는 부모님께 다가가는 방법을 중심으로 이야기를 풀어나가곤 한다.

하나, 잘 듣는 것이 가장 중요하다

눈도 두 개, 귀도 두 개, 콧구멍도 두 개, 손도 발도 두 개씩인데 이왕이면 입도 두 개였더라면 좋았을 것같다고 하면 어르신들은 어이없는 얼굴로 웃기부터 하신다. 한 사람도 **빼놓지** 않고 모두 입이 두 개씩이라면 보기에도 이상하지 않을 것이며, 밥 먹으면서 수다 떨기도 좋고, 정하게 이야기 하면서 **뽀뽀**도 할 수 있어서 편할 것 같다고 하면 말도 안 된다며 손을 내저으신다. 조물주께서 인간을 만드실 때 군이 귀 두 개에 입 한 개를 만드신 까닭이 분명 있을 텐데 어르신들 생각은 어떠신지 여쭤본다. 예상했던 대답과 함께 예상치 못했던 대답도 들려오곤 한다.

'많이 듣고 적게 말하자, 두 번 듣고 한 번 말하자, 작게 말해도 잘 듣자, 쓸데없는 말은 한 귀로 듣고 한 귀로 흘리자, 어느 한쪽 이야기만 듣지 말고 양쪽 이야기를 골고루 듣자.'

앞으로 말하기에 앞서 우선 귀 기울여 잘 들어야 대화가 시작된다. 듣지 않고 말만 하는 데서 모든 문제가 생겨나고 싸움이 이어진다.

둘, 눈을 맞추며 대화를 한다

우리 몸에서 듣는 기능을 하는 곳은 분명 귀지만, 가만 살펴보면 사람은 단순히 귀로만 듣는 것이 아니고 온몸으로 듣는다는 것을 알 수 있다. 내가 무슨 말을 할 때 상대방이 아무리 귀를 열고 듣고 있다 해도 등을 돌리고 있거나 눈을 감고 있거나 아무런 표정이 없다면 내 이야기를 제대로 듣는지 아닌지 확신이 서지 않는다.

어르신들은 더하다. 이야기를 나눌 때 눈을 제대로 맞추지 않으면 아무리 잘 듣고 있어도 딴청을 하는 것으로 아시고는 건성 들었을까봐 불안해 하신다. 어르신들은 했던 말을 또 하는 데는 며느리가 등을 돌린 채 수돗물을 틀어 놓고 설거지라도 하고 있을라치면, 어르신은 당신 이야기를 '혹시 못 들었을까 봐' 기어코 다가와 다시 또 같은 말씀을 하시는 것이다. 눈을 맞추며 이야기를 듣고 가끔 고개를 끄덕여서 잘 듣고 있다는 표시를 서로 해야 한다. 어르신들은 가뜩이나 귀가 어둡기 때문에 이야기할 때 눈을 맞추면서 세심하게 소통을 해야 한다. 내가 노인대학에 가서 수업을 시작할 때 마다 '눈맞춤' 연습을 하는 이유도 그 때문이다.

셋, 늘 긍정으로 이야기 한다

어르신들을 모시고 소풍이라도 한 번 가려면 한바탕 전쟁을 치를 각오를 해야 한다. 장소 선정에서부터 잔소리가 끊이지 않는다. 가깝고 편리한 곳으로 정하면 시시하다고 하시고, 좀 멀지만 쉽게 가지 못하는 곳으로 정하면 차 막히고 번거 롭다고 불평을 하신다. 이럴 때 가까우면 가까워서 좋고 멀면 멀어서 좋다는 분 들이 나서서 막아주기라도 하면 얼마나 고마운지 모른다. 개인의 사정이 다 다르 고 취향과 선호가 차이나는 것이야 어쩔 수 없다 해도, 말씀을 하실 때 "거기도 좋지만 이런 점이 좀 불만이다." 사시면 좋을 텐데 무조건 "거기 뭐 하러 가? 잘 못 정했어." 하시면 젊은 직원들의 수고가 허망할 뿐이다.

어르신들뿐만 아니라 누구나 명심해야 할 것이 "예. 그렇지요, 맞아요." 하고 긍정으로 이야기를 시작하는 일이다. 아무리 맞지 않은 이야기고 의견이 다르다 해도, "아니요, 그렇지 않아요. 그건 틀려요." 로 시작하면 설사 어린아이라 하할 지라도 거부당했다는 생각에 감정이 상하기 때문에 부드럽게 대화를 이어갈 수 없다. 일단 긍정을 하고 난 다음에 자신의 뜻을 쉽고 친절하게 설명한다면 상대 의 마음도 좀더 편안하게 열릴 것이다.

넷, 자존심을 건드리지 않는다

사람들은 자기 자존심은 매우 중요하게 생각하면서도 다른 사람의 자존심은 쉽 게 망각하곤 한다. 특히 약자에 속하는 상대에 대해서는 그 정도가 아주 심하다. 노인, 장애인, 어린이, 거기에 사회경제적 약자까지 더하면 자존심에 상처를 입는 사람의 숫자는 상상을 넘어설 것이다. 할 말 다 하고 사는 나 같은 사람한테도 그럴진대, 힘없고 돈 없고 말발 없는 어르신께는 더 말해 무엇하랴. 누구나 생명 이 다하는 마지막 순간까지 자존심을 유지하고 싶어 한다. 사소한 말과 행동이라 도 대화 중에 자존심을 건드리면 마음을 닫아버리기 마련이다. 특히 어르신께는 "또 잊어버리셨어요?" "좀 빨리빨리 하세요." "왜 했던 얘기를 또 하시는 거예 요." 같은 표현이 마음을 상하게 한다. 내가 듣기 싫은 말은 어르신들도 듣기 싫 어하신다는 것을 잊지 말아야 한다. 상대방의 자존심을 살피는 일은 바로 내 자 존심을 유지하는 길이기도 하다.

다섯, 독선적이고 단정적인 화법을 피한다

　세상일은 참으로 이상해서 "내가 이 집에 다시는 오나 봐라." 하고 돌아가 나선 가게에 다음 날 다시 갈 일이 생기고, 죽어도 못할 것 같은 일도 어쩔 수 없이 하게 되는 일이 부지기수다. 어르신들께 여쭤봐도 젊어서 혈기왕성할 때는 "그렇게는 절대 안 산다. 그런 일은 죽어도 못한다." 고 입술을 깨물고 골심했었지만, 자식들 목이고 입히고 공부시키려니 별 수 없이 죽기보다 싫은 그런 일 다 하면서 살았다고 말씀들을 하신다. 결국 살다보면 절대로 안 되는 일 없고 죽어도 못하는 일 없다는 뜻이다. 말하는 것도 똑같다. 어르신들께 말씀드릴 때도 "구건 절대로 못해드려요. 죽어도 그렇게는 못해요." 하기보다는 "지금은 좀 어렵고 곤란하니까 다른 방법을 찾아보겠습니다." 하고 완곡한 표현으로 바꿔서 말씀드리면 어르신들도 감정을 상하지 않고 받아들일 수 있다. 아이들에게도 마찬가지다. "절대 안 돼. 죽어도 그렇게는 못해준다." 보다는 한 호흡을 참았다가 사정을 설명하면 아무리 철없는 아이라 해도 마음이 조금은 누그러지는 법이다.

https://cafe.daum.net/kkkk7010/ZX0p/87(2019. 10. 12)
https://cafe.daum.net/jang1072/56SW/1665(2022. 05. 28)

여섯, 어르신의 속도에 맞춘다

　나이가 들수록 고막의 탄력성이 줄어들면서 높은 음을 듣는 것이 점점 어려워진다. 그래서 나는 어르신들 앞에 설 때마다 높은 소리보다는 조금 낮은 소리로 강의를 진행하려고 하는 편이다. 높낮이는 그래도 좀 조절이 되는데 문제는 빠르기다. 짧은 시간에 어르신들과 조금이라도 더 재미있고 알차게 시간을 보내려니 마음이 급해 말이 빨라지곤 한다. 가뜩이나 귀가 어두운데 속사포처럼 말을 쏟아져 들어가면 얼마나 정신이 없을까 싶어 최대로 조심하며 노력을 한다. 한 마디 한 마디를 다 소화하실 수 있도록 천천히 또박또박 이야기하는 것이 기본이다.
　여기서 덧붙여 잊지 말아야 할 것은 말을 천천히 하는 데서 그칠 것이 아니라 어르신들이 대답할 시간을 충분히 드리고 기다려야 한다는 점이다. 어르신들은 무엇을 듣고 생각하고 정리해서 대답하기까지 시간이 좀 걸리므로, 대답을 재촉한다거나 결정을 서두르게 되면 나중에 번복하는 불상사가 생길 가능성이 높다. 말하고 듣는 것 모두 어르신의 속도에 맞춰야 한다. 이 일이 비단 어르신과의 대화에만 해당되는 일이겠는가. 상대의 속도에 맞추는 일이야말로 모든 대화의 기본이다.

일곱, 중요한 것은 꼭 다시 묻고 확인한다

그 자리에서 단단히 약속을 하고 고개를 끄덕이셨으니 틀림없겠지 하고 믿어서는 안 된다. 중년의 건망증도 대책이 없는데 노년이냐 더 말해 무엇하겠는가. 중요한 일이라든가 약속 같은 것은 서로 잘 통했는지 반드시 되짚어본다. 같은 말을 정반대 내용으로 이해하고 있는 경우도 있고, 이해는 제대로 했지만 세부적인 것이 빠져서 서로 엇갈릴 수도 있기 때문이다. 약속장소를 "어느 지하철역 몇 번 출구"라고 했다가 자녀는 출구에서 나와 지상에 서 있고, 부모님은 출구 계단 아래 서서 이제나저제나 하고 기다릴 수도 있다. 중요한 약속이라면 어르신 앞에서 달력에 표시를 하고, 자신의 건망증에 대해 불안해 하시면 마음을 놓으시도록 나중에 확인 전화를 하겠다고 약속하는 것도 좋은 방법이다. 어르신 계신 집에 가보면 숫자만 크게 적힌 달력이 걸려 있고 자녀들의 생일이라든가 집안행사 등이 표시되어 있는데 좋은 방법이다. 메모를 하는 일은 아무리 강조해도 지나치지 않지만 이때는 이 달력, 저달력, 이 수첩, 저 메모지, 이런 긱으로 메모를 분산시키면 안 된다. 일정과 약속을 표시해두는 달력은 하나만 정해 놓고 사용하는 것이 좋다.

여덟, 나눈 이야기를 요약 정리한다

우리가 일을 하면서 어떤 자료를 체계적으로 잘 분류하여 정리해두면 나중에 찾아 쓸 때 편리하고 실수를 줄이게 된다. 하지만 반대로, 되는 대로 적당히 집어넣어두면 나중에 꼭 필요할 때 쉽게 찾지 못하고 그래서 실수도 많이 하게 된다. 유감스럽게도 사람은 나이가 들면 나중에 찾아 쓸 수 있도록 정보를 제대로 조직화하는 능력이 부족해진다. 그러니 옆에서 조금 도와드려야 한다. 이야기를 나눈 후 "그러니까 그 일을 내일 하시겠다는 말씀이지요?" "거기에 한 번 가보고 싶다고요?" 하고 하신 말씀을 요약 정리해드리면 훨씬 도움이 된다. 또 그렇게 정리하는 과정에서 어르신의 말씀이 원래 그런 뜻이었는지, 아니면 표현이나 전달방법이 잘못됐는지 알 수 있어서, 불필요한 오해를 피하고 원활하게 의사소통을 할 수 있다.

어르신 때문에 귀찮고 힘들어진다고 여길 것이 아니라, 잘못된 의사소통이나 오해로 인한 감정의 낭비를 줄인다고 여기면 어르신과 더불어 우리도 편안해질 수 있다.

아홉, 솔직하고 성의 있게 대답한다

인간관계에서, 또 마음을 여는 대화에서 솔직함만한 미덕이 있을까. 다른 일로 잔뜩 화가 나 있는데 옆에서 부모님이 당신의 소소한 문제를 길게 늘어 놓으시면 아무리 효자 효부라 해도 마음이 편치 않은 법이다. 이럴 때 아닌 척 버틸 것이 아니라, 자신의 상황을 완곡하면서도 분명하게 표현해 감정의 엇갈림을 막는 것이 현명하다.

인지능력에 장애가 있는 분이라면 완전한 이해는 아니라도 자식의 처지를 짐작하고 한 발 물러서신다. 형식적인 대화보다는 진실한 한 마디가 마음을 통하게 만들어 준다.

누구나 묻는 말에 묵묵부답이거나 건성 대답을 하면 무시당한다고 느낀다. 어르신도 예외가 아니다. 성의 있는 대답이 해결책이다. 진실이 부모님의 건강에 치명적인 독이나 해가 되는 경우를 빼고는, 진실을 담아 정성껏 말씀드리면 부모님은 자식들의 걱정과는 달리 잘 받아들이고 마음으로라도 더 든든한 울타리가 되어주신다.

열, 웃음은 마음을 여는 가장 훌륭한 열쇠이다

눈이 유난히 작은 내가 조금이라도 웃으면 눈은 거의 감은 수준이 된다. 이런 나를 향해 아이들은 "엄마, 눈 좀 뜨고 웃어!" 하면서 장난을 친다. 그래도 나는 굳건하게 버티면서 눈이 안 보일 정도로 열심히 웃어댄다. 웃음만한 명약이 어디 있으며, 웃음만큼 귀한 선물이 또 있을까. 그것도 하나님께 공자로 받은 것이며 남에게 줄 때도 역시 돈 한 푼 안드는 것임에야.

"자식한테 서운함을 느낄 때는 언제인가?" 하는 물음에 "눈도 안 마주치고 무시할 때"라고 답하신 어르신들이 가장 많았다. 사랑에 빠진 사람들이야 서로에게서 눈을 떼지 못하는 법이지만, 보통은 그냥 눈을 맞추기도 쉽지 않다. 웃으면서 부모님의 눈을 한 번 들여다보자. 마주치는 어르신들을 향해 웃음 띤 얼굴을 한 번 지어보자.

우리를 품어주는 무한한 사랑의 바다를 바로 거기서 발견할 수 있으니, 어르신보다 우리가 먼저 행복해질 것이다. 사실 마음을 여는 대화법의 첫 지침은 '웃음'이 되어야 한다. 말기 전에, 또 듣기 전에 웃음만으로도 많은 것을 나눌 수 있으니 말이다.

https://cafe.daum.net/gnpogyosadan/WdFZ/8130600x199(2018. 09. 04)

## 잠깐! 쉬었다 갑시다

☞ 손주는 누구인가

얼마 전 딸아이가 임신 소식을 알려왔다. 기다렸던 일이라 기쁘지만 얼떨떨하기도 하다. 이제 할아버지가 되면 노년에 확실하게 입문하게 될 것이기 때문이다. 하지만 그보다는 돌봄의 무게가 가중되는 것이 더 구체적인 삶의 변화로 다가올 듯하다. 손주를 키우는 일은 큰 즐거움이지만, 감당할 수 있는 수준을 넘어서면 고역이 된다. 주변에는 조부모가 '독박'으로 육아를 하면서 사실상 '조손 가정'으로 지내는 집이 적지 않고, 그 경우 양육 방식을 둘러싸고 아이 부모와 갈등이 생기기도 한다.

조카가 자기 친구의 경험이라면서 들려준 이야기인데, 친정어머니에게 맡긴 아이의 언어 발달이 너무 늦었다고 한다. 웬일인가 들여다보니, 어머니는 식사와 기저귀 갈이 등 최소한의 보살핌만 해주었을 뿐 눈을 맞추며 놀아주는 상호작용은 거의 하지 않았다. 본인이 스마트폰에 빠져 아이를 방치했던 것이다. 딸은 문제를 제기하지만 어머니는 아이는 내버려 두어도 저절로 큰다면서 대수롭지 않게 여긴다. 사실 예전에는 그러했다. 집안에 형제자매가 많았고, 동네 아이들과 어울렸기에 자연스럽게 말을 배우고 사회성도 익혔다.

지금은 환경이 달라졌다. 거의 외둥이인 데다가 골목과 이웃이 사라져 아이는 고립된 공간에서 대개 한 명의 양육자와 지낸다. 이런 형편에서 아이를 '제대로' 돌보아주려면 대단한 정성과 체력이 필요하다. 예를 들어 동화책 읽기나 숨바꼭질 놀이가 아무리 즐거워도 몇십 분을 계속하기는 어렵다. 아이가 더 해달라고 계속 조르면, 인내심을 발휘할지 스마트폰을 열어줄지 갈등에 빠지게 된다. 아무래도 혼자서는 버거운 일이다. 물론 조부와 조모가 양육을 분담하면 좀 수월해지지만 이 역시 한계가 있다.

가정의 울타리를 넘어 마을로 시야를 넓히면 어떨까. 만일 아이가 집 바깥에서 뛰어놀거나 또래들과 어울릴 수 있다면 데리고 나가서 편안하게 시간을 보낼 수 있다. 어른들이 둘러앉아 대화를 나누는 평상에 아이가 함께 머물면서 여러 어른과 대면할 수도 있다. 그러한 사회적 공간을 빚어내면서 '공동육아'를 병행한다면 돌봄의 부담이 줄어들 뿐 아니라 아이도 더욱 활달하게 자라날 수 있다.

양육의 힘겨움을 덜어내는 또 다른 길은 마음가짐을 바꾸는 것이다. 손주 돌봄을 노동으로만 여기지 않고 노년에 찾아온 선물로 받아들여 보자. 인간의 성장이 드러내는 경이로움을 느끼면서 그 과정에 참여하는 기쁨을 누리는 것이다. 아이를 마주하면서 자기 안에 숨어 있는 동심을 만나고 존재의 경쾌함으로 노년을 쇄신한다면 육아는 놀이가 될 수도 있다. 그러한 기운생동은 돌봄을 둘러싼 갈등도 완충시켜준다.

몇 달 후 손주가 태어난다고 생각하니, 여기저기에서 마주치는 꼬마들이 새삼 눈에 들어온다. 그들의 미래를 상상하면서, 오늘의 현실을 둘러본다. 100년 뒤의 지구는 어떤 모습일까. 우리가 건너간 세월은 아이들에게 어떻게 다가갈까. 조금이라도 더 나은 세상을 만들어가는 일은 그들을 축복하는 기도가 되리라. 생애의 중대한 전환점을 맞이하면서 일상과 사회의 연결고리를 점검해본다. 세대를 건너 이어지는 생명의 물줄기를 바라보면서 마음의 옷깃을 여민다. 손주의 삶은 나와 시대의 자화상을 비춰보는 거울이 될 것이다.[41]

## 바. 젊음을 부르는 사랑법 10가지

　내가 하면 로맨스, 남이 하면 불륜. 내가 하면 어쩔 수 없는 끼어들기, 남이 하면 새치기. 마찬가지로 젊은이들의 섹스는 사랑과 열정, 노인들의 섹스는 주책없음과 문란함.

　똑같이 먹어도 젊은 사람들은 미식(美食), 노인들은 식탐(食貪). 이렇게 노년에 대한 편견은 우리를 서로 다른 나라에 사는 사람들로 철저히 갈라놓고 있다. 지금 여기 바로 여기 같은 땅에서 같은 시간대를 살아가고 있지만 서로가 속해 있는 곳은 완전히 다른 세상이며, 자신과 상대방을 평가하는 잣대 역시 완전히 다르다.

　성, 동성애, 죽음 등 그동안 입에 올리는 것을 금기시해 온 많은 것들이 하나씩 모습을 드러내며 밝은 논의의 장으로 나왔지만, 여전히 어두운 구석에 쳐 박혀 있는 것이 바로 노년의 사랑과 성이다. 여기저기 신문이나 잡지, 방송에서 특집으로 다루긴 했어도 일회적으로 스쳐 지나가는 흥미와 관심거리일 뿐이다. 그 내용을 몰라서이기도 하고, 노년은 무성(無性)의 존재라고 생각하는 우리의 고정관념과 선입견이 그 원인이기도 하다.

　우리의 인생지도에 엄연히 노년이 들어 있다면 사랑과 성도 같이 따라가는 것일 텐데 도대체 언제까지 없는 척, 모르는 척하겠는가. 무엇조다 자연스레 이야기를 끄집어내는 일부터 시작해야 할 것같다.

　하나, 사랑에 대한 욕구는 죽을 때까지 사라지지 않는다

　'사람은 무엇으로 사는가?'를 물으면 사람마다 각각 다른 대답을 하겠지만, 아마 가장 많이 나오는 것 중의 하나가 '사랑' 아닌가 싶다. 흔히들 젊어서 사랑의 대상, 자기만의 짝을 찾기 위해 헤매고 애를 쓰는 건 당연하게 여긴다. 그러면서도 나이가 든 사람에게는 그저 지고지순한, 어른으로서의 내리사랑만을 요구하는 것이 우리의 심성이다.

　누구나 다른 사람에게 사랑을 받고 또 사랑을 주려는 요구가 있음에도 불구하고, 노년은 그 범주에서 철저하게 제외시켜 놓은 까닭이다. 노년에도 사랑이 있다는 것을 잊지 않는 것만으로도 그들의 삶을 보다 잘 이해할 수 있고, 필요할 때 적절하게 도울 수 있다.

둘, 성을 **빼놓고** 노년의 삶의 질을 이야기 할 수 없다

식욕과 성욕은 인간의 2대 본능이다. 그런데도 노년의 성 욕구를 이야기하면 돌아오는 반응은 "나잇값을 못한다." "주책이다." "노망난 모양이다." 등이 대부분이다. 나이가 들면서 식욕에 변화가 오긴 해도 식욕 자체가 없어지지 않는 것처럼, 성욕도 비록 감퇴하기는 하지만 욕구 자체가 완전히 사라지는 것이 아니다. 젊은 시절의 성만큼이나 노년의 성도 자연스러운 것이며, 성은 노년의 삶의 질과 그 만족 정도를 살펴볼 수 있는 중요한 요소이다.

https://cafe.daum.net/sansamtkdgh/E6U(2020. 05. 07)
http://blog.naver.com/sy10088/220094499763(2014. 08. 17)

셋, 노인은 사랑과 연애, 성과는 상관없다는 신화를 깨야 한다

풍요로운 마음으로 늙어가는 사랑도, 연애도 성도 중요한 역할을 한다. 분명 존재하는 것을 마치 전혀 존재하지 않는 것처럼 여기고 애써 무시하는 것은 성숙한 자세가 아니다. 우리 주위를 둘러보면 노인의 사랑과 연애와 성이 엄연히 존재하는데, 모두들 눈을 맞추지 않기 위해 고개를 돌려버린다. 그러나 모른 척한다고 없어지지 않는다. 노인은 사랑과 연애와 성과 관계없다는 신화를 깨부수어야 한다. 일본의 『후생배서(厚生白書, 1977)』에서는 노인을 둘러싼 잘못된 심화들로 이외에도 다섯 가지를 꼽고 있다. 즉, 노화하고 있는지 여부는 나이로 결정한다. 노인의 대부분은 건강이 좋지 않다. 노인은 비생산적이다. 노인의 두뇌는 젊은이처럼 영민하지 않다. 노인은 누구나 비슷하다.

넷, 노인들의 사랑과 성을 긍정적인 눈으로 보자

사람은 사회적인 존재이기 때문에 어떤 행동양식을 결정할 때 사회문화적인 환경에 영향을 받을 수밖에 없다. 노년의 사랑을 백안시하고 노년의 성을 추한 것으로 보는 부정적인 태도가 노년의 삶을 위축시키고 왜곡시킨다. 노화와 함께 성기능이 감퇴한다고 해도 상당수의 노인이 성적 능력을 발휘하며 행복하게 살고

있고, 또한 성적 욕구와 관심을 유지하고 있다. 젊은 시절과 마찬가지로 노년의 성도 지극히 자연스러운 욕구이며 생리적 현상임을 인정하고 따뜻한 눈으로 지켜보는 것이 필요하다.

다섯, 노년에도 성적 활동을 지속하는 것이 쇠퇴를 막는 길이다

성적 능력이라는 것은 원래 개인차가 많긴 하지만, 아무래도 나이와 함께 대체로 성 기능이 쇠퇴하게 된다. 나이 들어서도 성 기능을 유지하고 성행위를 지속하기 위해서는 무엇보다 지속적인 성적 표현과 활동이 필요하다. 일주일에 한 번 이상의 성행위나 자위행위를 통해 오르가즘을 느끼는 사람이 훨씬 건강하며 오래 산다는 이야기도 있다.

섹스야말로 정서 안정과 기분 전환, 스트레스 발산의 묘약이기 때문이다. 규칙적인 성 표현은 남자와 여자를 가리지 않고 생의 활력에 보탬이 된다. 활기 있는 노인이 오래 사는 것은 당연하다.

여섯, 노년의 성은 육체에만 국한된 것이 아니다

인간의 성을 자손을 만들고 낳는 생산이나 생식의 차원에서만 이야기하는 사람은 아마도 없을 것이다. 그럼에도 불구하고 노년을 '무성(無性)'의 존재로 보는 것은, 생식 이후의 성을 제대로 인정하지 않는다는 증거다. 노년의 성은 단순히 성적 만족감을 위한 것이 아니라 서로가 정신적으로 위로하고 북돋아주는 가운데 생의 보람을 찾게 하는 데 더 큰 의미가 있다. 노년의 성은 정서적인 행동으로서의 성, 의사소통으로서의 성, 서로를 돌보는 성이라고 할 수 있다.

일곱, 당사자가 원한다면 노년의 재혼을 도와야 한다

노년을 행복하게 보내는 데 필요한 요건들을 보면 자녀의 부양보다 배우자의 유무가 더 중요한 것으로 나타난다. 노년의 재혼, 즉 노혼(老婚)은 성적 만족보다는 인간관계의 단절에서 벗어나고픈 욕구가 더 강하다고 보아야 한다. 물론 재산이나 호적관계, 또다시 사별을 경험하고 홀로 남게 되는 문제들을 사전에 충분히 고민해야 하고, 혹시 재산 또는 몸 시중이나 수발 때문에 구혼하는 것이 아닌지 잘 살펴봐야 한다. 하지만 무조건 노혼 자체를 반대하는 것은 한 사람의 행복추

구권을 침해하는 것이다.

여덟, 그러나 노년의 재혼은 신중 또 신중해야 한다

우리 사회는 남자의 재혼에는 비교적 관대하지만 여자의 재혼에는 상당히 부정적이다. 이미 구축된 모성신화가 너무 견고하기 때문에 '다른 사람은 몰라도 내 어머니만은……' 하는 자녀들이 많다. 또한 남자의 경우도 노년에 접어든 남성의 재혼에 대해서는 남성과 여성의 관계 맺기라는 관점이 아닌 부양과 수발을 염두에 두는 경우가 많다. 노년의 재혼은 현실적으로 많은 어려움이 있는 것이 사실이다. 경제적인 부분의 해결과 재혼 후 두 사람이 함께 생활할 수 있는 공간의 확보에서부터 어려움을 겪는 분들을 어렵지 않게 볼 수 있다. 열정이 현실의 어려움을 뛰어넘었던 젊은 시절과 달리, 노년은 극심한 변화와 갈등을 견디기에는 여러모로 허약하다. 재혼에 앞서 상대를 알 수 있는 충분한 기회를 가져야 하며, 주위에서도 편안하게 상대방과의 만남을 지속할 수 있도록 따뜻하게 지켜보며 배려해야 한다.

아홉, 삶의 질(Quality Of Life)과 사랑의 질(Quality Of Love)을 생각해야 한다

삶의 질의 큰 부분을 사랑의 질이 차지하고 있다는 것을 잊지 말자. 노년의 사랑과 성은 더 이상 금기가 아니다. 노년은 머지않아 만나게 될 나의 얼굴인데, 나의 노년에 사랑이 없다는 것을 상상이나 할 수 있겠는가. 내가 좋아하고 원하는 것은 다른 사람도 좋아하고 원하며, 내가 하기 싫은 것은 다른 사람도 하기 싫어한다는 점을 생활의 기본 원칙으로 명심해야 한다. 내가 원하는 것을 노인에게는 쳐다보지도 말라고 하니 이 얼마나 당찮은 오만이며 어리석음인가. '어느 날 노년인 부모님이 사랑에 빠졌다고 고백하신다면 어떻게 할 것인가?' 이것이 상상 아닌 현실 속의 질문이 된 지는 벌써 오래이다.

열, 나와 다르다고 해서 틀린 것은 아니다

아주 나이가 많아져 도저히 불가능해질 때까지 성적인 즐거움을 절대 포기하지 않고 살겠다는 분에게, 이제는 그만 하시고 정신적인 즐거움을 찾으시라고 충고할 수 있겠는가? 이미 오래 전에 육체적인 정욕에서 벗어나 영적인 성숙을 위해

노력하고 있으며 거기서 진정한 기쁨을 찾는다는 분에게, 인간에게 허락된 쾌락 중의 하나를 왜 앞당겨 포기하느냐고 설득할 수 있겠는가?

사람은 다 다르다. 그러나 그 다름에 반드시 옳고 그름이 존재하는 것은 아니다. 노년이 되어서도 성적인 즐거움을 누리는 분이나, 아니면 다른 차원에서의 행복을 맛보시는 분이나 다 그분들 나름의 삶인 것이다. 내 잣대를 가지고 재단하기 때문에 노년의 사랑과 성이 추한 것, 주책없음, 문란함, 노망, 미성숙으로 치부되는 것이다. 지금의 노년을 일단 이해하고 받아들이면서, 우리는 그 노년을 느끼고 배우면 된다. 그래서 자신에게 맞지 않는 삶의 방식을 버리고, 자신이 원하고 또 잘 맞는 길로 걸어가면 되는 것이다. '다름'이 아닌 '틀림'은 아니기 때문이다.

http://blog.naver.com/sweet01088/222811778731(2022. 07. 14)

### 쌍화탕(雙和湯)

감기에 걸리거나 날씨가 추워지면 흔히 찾는 약차 중에 쌍화차가 있는데, 쌍화차는 쌍화탕이란 처방으로 달여낸 차를 말한다. 쌍화(雙和)의 쌍(雙)은 둘씩 짝을 이룬 것을 뜻하고 화(和)는 조화를 의미하는데, 둘이란 남과 여, 음과 양, 기와 혈을 가리키는 것으로 우주 만물에서 가장 근원적인 것이다. 그래서 쌍화탕은 기와 혈을 함께 보충하고 음과 양을 조화시켜주는 처방으로 우리 몸의 균형을 잡아주는 최고의 약이라 할 수 있다.

### 공진단(供辰丹)

중국 원나라 때의 명의 위역림(危亦林)이 만들어 황제에게 올린 보약으로 공진(拱辰)이란 논어(論語)에서 공자가 덕스러운 정치를 설명하면서 "북극성을 뭇별이 에워싸고 도는 것과 같다."고 표현한 것인데 우리 몸의 모든 기운의 중심이 되는 원기(元氣)를 떠 받들어주고 북돋워주는 좋은 약이란 뜻이다. 동의보감(東醫寶鑑)에서는 장년기에 진기(眞氣)가 허약한 경우에 공진단을 쓰면 원기를 보충하여 신수(腎水)가 상승하고 심화(心火)가 하강하여 음양을 조화시켜준다고 했다. 최근 임상 실험결과에서도 각종 성인병 예방 및 노화억제 등의 효능을 나타내어 기력저하, 만성피로증후군, 귀울림, 시력저하, 골다공증, 간기능 저하, 숙취 등의 개선에 많이 활용하고 있다.[42]

## 사. 노년 왕따 예방지침 10가지

나는 이럴 때 젊은 사람이 싫다! 이럴 때 할머니 할아버지가 싫어요! '청소년 폭력 예방지침'에서 배우다.

### 하나, 평소 모욕적인 말투나 잘난 체하는 행동을 삼간다

나이는 벼슬이 아니며 자격증도 아니다. 살면서 늘어나는 것이 나이뿐이라면 오래 사는 것은 기쁨이 될 수 없으며 결코 부드러움의 대상도 아닐 것이다. 나보다 어리다고, 혹은 못 배우고 덜 가졌다고 무시하며 모욕을 주면 비록 눈에 보이지 않을지라도 같은 분량의 무시와 모욕이 돌아올 것이다.

또한 잘난 척 턱을 치켜들면 얻는 것은 외로움뿐이다. 친구는 물론 며느리를 비롯한 자식들에게도 모욕감을 느끼게 하면 그것은 노년의 고독이 되어 돌아온다. 아무리 퍼주어도 사랑받지 못하는 어르신 중에는 이런 경우가 많다.

### 둘, 예의를 지킨다

"이 나이에 무슨……" "내가 다 늙어서 남의 눈치 보고 살랴?" "늙은 사람인데 뭐 어때." 기본적인 생활예절이나 예의와는 아예 담을 쌓고 지내는 어르신들이 많다. 젊은 세대가 노년을 싫어하는 주요 원인이기도 하고, 어린 손자 손녀들이 할머니 할아버지께 다가오지 않는 이유가 되기도 한다. 예의를 어렵게 생각할 필요는 없다. 부모와 자식, 가까운 친구 사이라 해도 상식적인 행동의 틀을 벗어나지 않도록 하면 된다. 내가 싫어하는 일을 남에게 강요하지 말 것이며, 내가 좋다고 해서 그대로 따르라고 억지로 잡아당기지 않으면 된다. 말과 행동에서 인간에 대한 예의를 저버리면 그 누구에게도 사랑받거나 존경받지 못한다.

### 셋, 검소하고 단정한 옷차림을 한다

노년기의 특징 중 하나는 자기관리가 소홀해진다는 것이다. 물론 몸이 힘드어

흐트러진 모습을 보이기도 하지만 그래도 끝까지 단정한 모습을 하록 초대한 노력해야 한다. 치매는 옷깃에서부터 시작된다는 말도 있다. 노년에 대한 부정적인 이미지에는 외모에 대한 무관심과 청결하지 않음, 깨끗하지 못한 옷차림 등이 한 몫을 한다.

반대로 지나친 몸치장 역시 사람들에게 좋은 인상을 주지 못한다. 여럿이 모이는 노인복지관이나 노인대학에 최고급 모티코트를 입고 와서는 누가 훔쳐갈까바 마음 놓고 활동에 참여하지 못하는 어르신의 모습은 보기에도 딱하다. 노인복지관이나 노인대학은 나름의 질서를 지닌 공동체인데 도를 넘는 차림새와 치장은 위화감을 조성하며 거리감을 갖게 한다. 모이는 사람들의 수준에 자신을 적절하게 맞추는 것 역시 노년의 지혜다.

http://kygi2130.tistory.com/193(2022. 10. 02)
http://cafe.daum.net/sm47/F4aa/200(2016. 02. 24)

넷, 5명 이상의 친구를 반드시 사귄다

'청소년 폭력 예방 지침'에서 5명 이상의 반 친구를 반드시 사귀라고 권한 것은, 친구가 없는 아이들이 왕따당하기 쉽고 아울러 폭력에도 더 쉽게 노출될 우려가 있기 때문일 것이다. 나아가, 어려운 일이 생겼을 때 가까이에서 달려가 도와줄 수 있는 친구가 없으면 그 어려움이 지속될 가능성이 높아서 일 것이다.

자, 그럼 당신은 어떤가? 어려운 일이 생겼다고 가정하고 청할 가까운 친구 이름을 한 번 꼽아보자. 5명 안쪽이라면 서둘러 친구관계 점검에 나서야 하며, 좀더 적극적으로 친구를 사귀는 것이 필요하다. 나이 들어 새롭게 친구 사귀기가 어렵게 느껴진다면 그동안 사느라 바빠 소원했던 친구를 찾아 우정을 다시 쌓아 나가는 것도 좋은 방법이다.

다섯, 가진 것을 자랑하지 않는다

이야기를 할 때 자기 자랑으로 시작해 자기 자랑으로 마치는 사람은 다른 사람들에게 따돌림당하게 마련이다. 돈이든 건강이든 자식이든 명예든 지나친 과시는 질투를 불러일으키며 사람들을 멀어지게 만든다. 배부른 투정은 진짜 배고픈 사람 눈에 눈물 나게 하고, 그 마음속에 분노를 싹트게 한다.

지금 가지고 있는 것은 하루아침에 사라질 수도 있는 것이기에 생명을 다하는 마지막 순간까지 결코 자랑할 것이 못 되며, 또한 다른 누군가의 몫이 될 수도 있었던 것을 고맙게도 내가 받게 된 것이니 미안하고 소중하게 생각해야 한다. 함부로 자랑할 일이 아니다.

여섯, 나만 옳다고 고집부리지 않는다

자꾸 자신만 옳다고 하니까 사람들이 멀어져 간다. 노년의 가장 큰 특징 중 하나이기도 하다. 그동안 살아오면서 터득한 자신의 경험만이 전부 옳고 자기 방식만 정답이라고 고집하니 누군들 옆에 있고 싶을까. 복잡하고 소란스러워지는 게 싫어서 젊은 사람들이 져주는 것도 모르고 정말 자신이 옳은 줄 알면 그보다 더 볼쌍사나운 일은 없다.

생명과 안전에 지장이 없는 일이라면 젊은 사람 뜻에 못이기는 척하고 따라주는 것도 노년만이 지닐 수 있는 푸는함이다. 고집불통 벽창호는 어디에서도 환영받지 못한다. 새로운 것을 받아들이지 못하는 것이 바로 나이 듦의 척도이다.

일곱, 엄살 부리지 않는다

노년에 경계해야 할 것 중 하나는 자기연민이다. "나만큼 고생한 사람 없을거다." "나처럼 지지리 복 없는 사람이 또 있을까." "내 인생 책으로 쓰면 열 권도 넘을 거다." 는 말 속에는 그런 자기연민이 담겨 있다. 물론 지금의 노년세대가 이루 말할 수 없이 많은 고난을 겪어온 것은 사실이다. 그러나 모두 같이 겪었다.

자기연민은 다른 사람에게 동정을 불러일으킬 뿐 아무런 도움도 되지 않는다. 몸이 아프고 힘든 것도 마찬가지다. 병이 나면 치료하고 힘이 없으면 보충해야 하지 매일 매일을 엄살부리며 살 일은 아니다. 엄살이 괜한 응석이 되기도 하며, 노년의 응석은 보기 싫은 모습 중에서도 첫손 꼽히는 일이다.

여덟, 무기력한 사람 옆에 있으면 저절로 늙는다

'얼마 남지 않은 인생, 무슨 계획이 있으며 무슨 즐거움이 있으랴' 고 하지만 맥 놓고 있으면 더 빨리 늙는다. 옆에 있는 사람까지 따라서 늙는다. 그러니 사람들이 싫어할 수밖에 없다. 노년기에 바깥으로 뻗어나가던 심리적 에너지가 안으로 향하는 시기인 데다가, 적극적으로 끼어들 일도 별로 없어 새롭게 도전하려 하지 않는다. 문제가 생겨도 어떻게 되겠지, 자식 중의 누군가가 나서서 해결해주겠지 하며 손 놓고 기다린다.

죽을 때까지 나의 삶을 내 것으로 붙잡고 있지 않는다면 오래 사는 것이 도대체 무슨 의미가 있겠는가. 내 삶의 주인은 나라는 생각으로 힘을 북돋으며 최선을 다해 생을 꾸려갈 일이다.

아홉, 움켜쥐고 있는 노년은 추하다

인색한 노년은 외롭다. 반드시 돈만을 의미하는 것이 아니다. 시간도, 명예도 지위도, 사랑도, 인정도, 움켜쥐고 있을 필요가 없다. 어차피 다 사라지는 것이며 영원히 내 것일 수는 없다. 적절할 때 나누어주거나 아예 놓아버리는 결단이 있어야 한다. 사람은 잃어버리면서 얻고, 놓아버리면서 성장한다. 죽을 때 다 가져갈 것처럼 움켜쥐고 있어봤자 아무 소용 없고, 오히려 귀한 사람만 잃어버린다. 집착과 욕망에서 벗어난 노년은, 잎 떨군 겨울나무가 새 봄을 기억하듯 다음 대에게 인생의 참모습을 단단하게 심어줄 수 있다.

열, 왕따시키지 않으면 세상에 왕따는 없다

나이, 성격, 외모, 재산, 능력, 성별 그 어떤 이유로도 왕따당해 마땅한 사람은 사실 하나도 없다. 다만 서로 어울리는 데 불편하고 잘 통하지 않아 답답할 뿐이다. 눈살 찌푸리게 하니까 너도나도 솔직히 피하고 싶어지는 것이다. 내가 다른 사람에게 따돌림당하고 미움받을 말이나 행동을 하고 있지는 않은지 반성해복, 혹시라도 옆의 친구가 그런 행동을 한다면 그것을 변화시키도록 노력하는 것이 노년다운 현명함일 것이다. 조금 부족하고 조금 불편하더라도 너그럽게 품어 안는 모습을 보여주어야 아이도 더 이상 자기와 다르다는 이유로 친구를 왕따시키는 일이 없지 않을까. 어른 노릇은 이렇게 생활 속 가까운 데 숨어 있다.

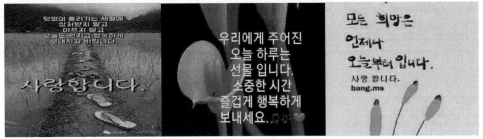

https://cafe.daum.net/dasolmut/3n8u/1913(2019. 04. 24)
https://cafe.daum.net/ckpk0616/S7AV/1742(2020. 05. 02)

## 아. 황혼이혼

황혼이혼이란 말은 1990년대 일본에서 생긴 신조어라고 한다. 남편이 은퇴하고 퇴직금을 수령한 후 부인이 이혼소송을 제기하는 일이 급증했는데, 처음에는 남편의 부당한 처사를 참고 살아온 부인이 수입이 없어진 남편을 상대로 가하는 반격 정도로 치부됐다. 그러나 이젠 자녀를 모두 성장시키고 지긋한 나이에 이혼하는 것을 가리키는 익숙한 용어와 현상이 돼 버렸다.

대법원과 통계청은 결혼기간 20년 이상 부부가 이혼하는 것을 황혼이혼으로 분류하고 있다. 그러나 초고령 사회화와 자녀의 경제적 독립 시기 등을 감안할 때 앞으로는 부부 일방의 연령 65~70세 또는 결혼기간 30년 이상을 기준으로 삼아야 하는 게 아닌가 싶다.

예전에는 결혼 초기에 이혼하는 경우가 가장 많았고, 황혼이혼과 같이 결혼기간이 긴 경우는 그리 많지 않았다. 그러나 이런 양상은 점차 바뀌어 현재는 오히려 황혼이혼 비율이 가장 높다. 전체 이혼 부부 중 2011년의 경우 결혼기간 4년 이하가 26.8%, 20년 이상이 24.7%였으나, 2020년의 경우 결혼기간 4년 이하가 19.8%, 20년 이상이 37.2%로 10년 만에 완전히 역전됐다. 결혼기간 30년 이상 비율도 6.9%에서 15.6%로 비약적으로 상승했다. 정도 차이는 있지만 이런 현상은 전 세계적인 것이라 한다.

여성의 경제적 자립, 가치관이나 인식 변화, 그리고 재산분할 제도 도입 등이 황혼이혼 증가의 이유로 꼽힌다. 아직 지급 시기가 도래하지 않은 장래에 수령할 퇴직금이나 연금도 재산분할의 대상이 될 수 있다고 한 2014년 대법원 판결도 한몫했을 것이다. 미성년 자녀의 양육과 복리가 이혼의 가장 큰 걸림돌이 되지만, 황혼이혼의 경우에는 이런 장애마저도 없다.

주변에서 황혼이혼을 하려면 어떻게 해야 하냐고 묻는 경우가 있다. 그러나 황혼이혼이란 법적 용어가 아니다. 법에서 정한 별도의 특수한 제도나 소송 형태가 아니며, 이혼 사유도 통상의 경우와 다를 바 없다. 다만 결혼기간이 길다 보니 특유재산의 개념이 희석되어 재산분할 비율이 동등하게 수렴하는 경향이 있고, 이혼에 이르게 된 유책사유를 보다 엄격하게 해석하는 정도의 특성이 있을 뿐이다. 황혼이혼이란 용어가 생경했던 시절에는 30년 넘게 같이 살고 손주까지 본 마당에 굳이 이제와서 헤어질 필요가 있겠느냐고 묻는 판사도 있었다고 하지만, 요즘 이런 말을 했다가는 당장 구설에 오르기 십상이다.

우리나라 이혼율은 경제협력개발기구(OECD) 회원국 중 3위라고 한다. 실제 3쌍 중 1쌍은 이혼하고 있다. 결혼연령이 점점 늘어지고 결혼을 안 하는 비혼족도 계속 늘고 있음에도 여전히 높은 이혼율이 유지되고 있는 것 또한 황혼이혼의 증가 추세와 무관해 보이지 않는다. 가정의 파탄과 붕괴는 곧 사회의 그것으로 이어진다는 점에서 매우 심각한 문제가 아닐 수 없다. 황혼이혼의 경우 그 부작용은 더 클 수 있다. 국가와 사회가 보다 많은 관심을 기울여야만 하는 이유다.

우리는 집 밖에서 만나는 사람들에게는 잘하면서도 정작 한집에 사는 배우자나 가족에게는 함부로 대하는 경향이 없지 않다. 그러나 가장 서로를 존중하고 배려해야 할 대상은 바로 배우자와 가족이 아닐까 싶다. 친하고 편한 사이라 해서 내 마음대로 감정을 드러내도 좋다는 의미는 아니다. 서로의 다름과 차이를 인정하는 자세 또한 매우 중요하다. 섣불리 자신만의 잣대로 배우자를 재단하거나 자신과 동화될 것을 강요해선 안 된다.

부부가 큰 고비나 파탄 없이 일생을 함께한다는 게 정말 어려운 세상이 돼 버린 모양이다. 그래도 백년해로나 평생의 반려자라는 말이 흘러간 옛말이 되지 않았으면 좋겠다. 배우자와 함께하는 평화롭고 행복한 인생의 황혼기를 보고 싶다.[43]

## 자. 건강한 고령화 사회를 위한 제언

노인인구 급증에 따라 병원비가 눈덩이처럼 불어나고 있는 것이 현실이다. 지난 2018년 만 65세 이상 노인들의 병원비가 31조8235억원으로 전체 40.8%였고, 2019년에는 35조8247억원으로 41%를 차지했다. 늙음은 누구나 피할 수 없는 생로병사 과정이지만 인간다운 삶을 살지 못하고 고혈압, 당뇨 등 노인성 질환으로 장기입원하는 고통은 물론 입원비 등 자녀들의 부담도 만만찮다.

심리학자 지그문트 프로이트는 "정상적인 삶이란 일하고, 사랑하고, 여가를 즐기는 것"이라고 했다. 필자가 40여년 운영하는 노인대학에 참여하는 70, 80세 노인을 중심으로 노년기 소망에 대해 여러 번 조사한 바 있다.

첫 번째는 중풍 등 '중병으로 오래 앓지 않다가 타계하는 것', 두 번째는 '자식들에게 가능한 한 짐 되지 않고 살다가 가는 것'이라고 했다. 다음으로 '대소변을 혼자 해결하며 살다가' '자는 잠에 타계하는 것'이라고 대답했다. 한동안 9988234의 소망이 노인은 물론 중년층에서도 많이 회자됐다. 건강한 고령화를 위해서는 노인 스스로 지혜로운 삶을 간구하는 것은 물론 정부의 보편적인 노인복지를 위한 여가문화 활동과 평생교육이 필요하다.

의학 발전과 영양보급 등 의식주 발전으로 인간의 평균수명 연장, 인구 노령화 현상은 피할 수 없는 추세다. 우리나라에서는 1970년대 유네스코 평생교육 운동과 더불어 노인도 배워야 한다는 뜻에서 노인교육이 시작됐지만 아직까지 그 체계나 운영에 많은 문제점이 있다.

노인교육에 대한 적극적인 정책 수립 미비와 교육 내용 또한 학습자인 노인의 욕구를 수용하지 못하고 실시기관 입장에서 결정되는 경우가 많은 것이 현실이다.

캐나다의 경우 노인에게 레크리에이션, 취미활동, 역사, 문화강좌를 제공하는 한편 지역사회 활동을 통해 소외나 고독을 해소시킬 목적으로 정부 주도로 운영된다. 프랑스에서는 50세 이상의 성인에게 건강하고 생산적인 삶을 살아갈 수 있도록 '퇴직준비 교육'을 운영하고 있다. 미국에서는 노인들에게 얼마간의 훈련을 통해 정신적·육체적 장애인을 돌보거나 아기를 돌봐주도록 하고 그 대가로 그들에게 다양한 혜택을 제공하는 프로그램을 실시 중이다.

노인교육은 노인을 사회의 주변인으로 만들어버림으로써 인격과 능력을 사장시키는 원리를 거부하고 노인에게 자립과 사회적 공헌 기회를 제공할 수 있어야 한다. 노인들의 개인적인 성장과 자기발견을 위해 다양한 교육 내용을 개발해야 함은 물론 노인인력 활용 방안과 연계된 퇴직교육을 병행해야 한다. 우리나라도 시니어교육과 은퇴자교육을 하고 있지만 미흡한 것이 사실이다. 활기차고 건강한 노후를 위한 정부의 과감한 노인교육과 복지정책은 늦출 수 없는 과제가 됐다.

우리나라 노인교육은 노인복지법 제36조 3항에 노인들의 사회활동 참여욕구를 충족시키기 위해 건전한 취미생활, 건강유지, 소득보장 등 일상생활과 관련한 학습프로그램을 제공함을 목적으로 하는 여가시설로 규정하고 있다.

노인교육을 평생교육 차원이 아닌 여가복지시설로 규정하고 있는 것이 맹점이라 할 수 있다. 노인교육 주관부서도 교육부와 보건복지부로 이원화돼 있는 것이 현실화되지 못하고 있는 이유다. 부산의 경우 노인교실별 지원하는 월 25만원을 강사비로 한정한 것을 운영비로 전용할 수 있는 방안도 간구돼야 할 것이다.

통신비, 냉난방비 등 운영비를 증액해 노인교육기관의 현실화와 함께 제도적 정비도 필요하다.

'건강한 고령화의 대안'은 노인교육을 복지 차원에서 평생 차원으로 전환하는 것이 중요하다. 건강한 고령화를 위해 노인 스스로 활기차고 지혜로운 삶을 간구함은 물론 급변하는 사회 적응과 존경받고 자랑스러운 어른의 삶을 위해 정부의 적극적인 노인평생교육 수립과 여가문화 현실화가 필요함을 제언한다.[44]

## 차. 늙어서도 자꾸 젊다고 우기지 마라

내 인생에서 나이와 관련해 몇 가지 물어보자. 먼저 쉬운 것부터. 하나, 나는 언제부터 할아버지?

지금 스물인 아들이 군대 갔다 와서 대학 졸업하고 일자리 잡은 다음 결혼하고 손자나 손녀를 낳아야 나는 할아버지가 된다. 그러려면 10년은 족히 남았다. 혹시 아들이 그 전에 짝을 만나 속도위반을 하면? 그건 할 수 없지. 그건 아들의 인생이니까. 다만 환갑도 안 되어 할아버지가 되는 게 적이 섭섭하겠다. 다행히 아들의 행실을 보건데 그럴 가능성은 별로 없어 보인다.

나는 언제부터 할아버지? 요즘 남자들의 평균 결혼 연령은 서른둘이다. 멀쩡한 남자가 20대 청춘을 다 보내고 서른 줄에 들어 결혼을 한다는 것은 생물학적으로나 유전학적으로나 상당히 빗나간 것이리라. 남녀의 결혼연령이 자꾸 늦어진다는 건 사회적으로도 문제가 많다는 증거다. 얼마나 결혼하기 겁나는 세상이면 선남선녀가 가정을 이루는 것조차 꺼릴까.

아무튼 아들이 남들처럼 서른둘에 결혼하고 이듬해 자식을 낳는다면 그때는

2027년이고 나는 만으로 예순 여섯이다. 이쯤이면 할아버지 소리를 들어도 크게 섭섭하지 않을 것 같다. 내 이웃 중엔 재작년 쉰 넷의 나이로 할아버지가 된 분도 계시니까. 나보다 세 살 위인 이 분은 동안이어서 손녀를 딸이라 해도 의심하지 않을 것이다. 저 분이 늦둥이를 두었나 하는 생각에 "아휴, 따님도 참 예쁘네요" 라고 했는데 갑자기 그 늦둥이가 "할비 할비" 를 외치면 그것도 참 난처하겠다.

정리하자. 쉰 넷이건, 예순 여섯이건 내가 할아버지가 되는 건 나를 그렇게 부르는 손자 손녀가 생겼을 때부터다. 그 전에 누구에게든 나를 할아버지라 불러달라고 청하는 일은 없을 것이다. 그렇다면 나를 할아버지라 부르는 사람이 없으면 나는 할아버지가 안 되나? 물론 안 되지!

둘. 나는 언제부터 노인?

둘, 나는 언제부터 노인? 글쎄, 애매하다. 버스나 지하철을 탔는데 빈자리가 없다. 누군가 눈을 마주치니 끙 하고 일어난다. 그러면 나는 노인이다. 아무리 눈을 마주치고 째려봐도 꿈쩍 안 하면? 그러면 아직 노인이 아니다. 나는 정정하다. 이런 것도 답이 되겠다. 하지만 너무 주관적이다. 딱 떨어지는 숫자가 없다. 사람들이 좋아하는 숫자로 답을 찾아보자.

늙어서 국민연금을 받는 나이는 65세다. 기초노령연금을 받을 수 있는 나이, 노인복지시설을 이용할 수 있는 나이, 형편이 어려운 노인들의 병간호를 나라에서 도와주는 나이도 65세다. 지하철을 공짜로 탈 수 있는 '지공선사(地空禪師)'가 되는 나이 또한 65세다. 즉, 노인복지제도로 치면 노인은 65세부터다.

노령화 지수를 계산할 때 기준으로 잡는 나이도 65세다. 65세 이상 인구를 0~14세 인구로 나눈 값이 노령화 지수다. 우리나라는 지금 이 지수가 너무 빠르고 가파르게 뛰어서 문제다. 국민들의 생각은 어떨까? 보건복지부가 2012년 우리나라 사람들에게 언제부터 노인이라고 생각하느냐고 물어본 결과는 66.7세다.

정리하자. 노인복지제도나 국민의식으로나 적어도 예순 다섯은 되어야 노인 축에 들게 된다. 하지만 노령화가 심화되고 노후가 길어질수록 65세 기준점은 더 뒤로 물러날 것이다. 그게 20, 30년 뒤에는 70은 되지 않을까. 그러니까 내가 예순 다섯이 되어서 노인입네 하면 '아직 젊으니 5년 뒤에 오라' 는 식으로 퇴짜를 맞을 수도 있다. 헐~노인 되기도 쉽지 않네.

셋. 내 인생은 몇 년?

셋, 내 인생은 몇 년? 요즘은 여든은 되어야 평생 온전히 살았다고 쳐준다. '인생 80년' 인 셈이다. 여든 넘어는 덤이다. 덤을 많이 챙기는 분은 타고난 강골이거나 평소 몸을 아끼며 마음 편히 사신 분이리라. 덤이 늘어나 아혼을 넘기는 분이 많아지면 그때 '인생 90년'이 되겠지. 그 때가 머지않은 것 같다.

그래서 나에게 인생은 90년이다. 나는 예순 여섯에 할아버지가 되고 이후 아혼까지 황혼을 즐겨야겠다. 욕심이 많다고? 하하, 나는 욕심이 많다. 하지만 내가 진짜 아혼이 되면 그때는 70부터 노인이고 이후 여생이 20년은 족히 될 것이다. 나는 욕심이 많은 게 아니라 남들만큼 살려는 것이다. 내가 남들만큼 아혼까지 살아야 '100세 시대'도 빨리 열릴 테니까.

넷. 나는 언제부터 노년?

넷, 나는 언제부터 노년? '나는 언제부터 할아버지'와 '나는 언제부터 노인'이란 질문과 비슷하다. '할아버지 = 노인 = 노년'이 될 때가 있다. 그 때는 확실히 늙었을 때다. 하지만 그 전에는 각각의 답이 다를 수 있다.

앞서 내 인생은 90년이라 했으니 이를 기준으로 나의 노년을 따져보자. 먼저 90년을 3등분한다. 그중 첫 번째 30 아래는 초년이다. 두 번째 30 넘어 60 아래는 중년, 세 번째 60 넘어 90까지는 노년이다. 노년도 다시 3등분해서 60대는 초로, 70대는 중로, 80대는 말로라 하자. 초년은 10대 아래가 유년, 10대가 청소년, 20대가 청년이다. 30대, 40대, 50대는 뭐라 할까? 이 중년의 시기는 조금 애매하다. 굳이 나눈다면 30대는 신참, 40대는 중참, 50대는 고참이다. 30대는 신입, 40대는 간부, 50대는 임원이다.

이렇게 인생은 나누니 현실감이 있다. 단계가 맞는 것 같다. 동의한다면 60부터 노년이라는 것을 잊지 말자. 60이면 본격적으로 늙음이 시작된다. 나는 초로에 들고 중로를 지나 말로로 간다. 그러니까 예순이 되면 늙음을 인정한다. 이제 그만 '젊은 오빠'의 꿈을 접는다. 서리 내린 머리와 얼굴의 주름과 달리는 기력을 감추지 않는다. 노년이 되어서도 자꾸 젊다고 우기면 오버한다. 철 지난 젊음에 매달려 아름다운 노년을 놓친다.

젊음만 내세우고 늙음은 뒷전으로 숨기는 것, 젊음만 예우하고 늙음은 홀대하는 것, 그것도 일종의 '에이지즘'(ageism)이다. 나이 차별, 노인 차별이다. 늙은이조차 늙음의 의미를 모르고 늙음을 숨기기 바쁘면 '노년의 미학'이 사라진다. 에이지즘은 더욱 기승을 부리고, 나는 결국 쓸쓸한 뒷방 늙은이로 밀려난다.[45]

## 카. 행복한 삶은 지혜로부터

불교에서는 삶이 고통스러운 건 본인이 어리석기 때문이라고 한다. 어리석다는 말은 세상 이치를 모른다는 말이다. 이를 무명(無明)이라 하고 치(痴)라고도 한다. 무명이란 '밝지 못하다' '어둡다' 는 말이니 우리말로도 무언가를 모를 때 '어떤 지리에 밝지 못하다' '물정에 어둡다' 고 한다. 어리석음이란 한자로 치(痴)인데 풀어보면 '병(病, 병)' 과 '지(知, 알다)' 곧 '아는 게 병들다' 는 의미이다. '모른다' 보다는 '알고 있는 게 잘못됐다' 는 의미가 크다.

오늘날 우리는 모르기보다는 잘못 알고 있는 게 많다. 모르게 배워서 깨치면 되지만 알고 있는 게 잘못되면 이를 고쳐야 하므로 더 어려운 일이다. 하얀 천에 물들이기는 쉬워도 물든 천을 깨끗이 해 다시 물들이기는 여간 쉽지 않다. 더구나 자신이 지금까지 보고 들어 아는 것으로 편견과 선입견을 갖고 있어 다른 사람의 말을 받아들이지 않으려는 경향이 있다.

더 나아가 자기 생각이 틀린 줄 알면서도 자만과 자존심 때문에 억지 주장을 하는 사람도 있다. 그래서 불교에서는 '비우라' '놓아라' 는 말을 한다. 그릇을 비우지 않으면 음식을 담을 수 없고 손에 쥔 걸 놓지 않으면 다른 걸 쥘 수 없고 헌 옷을 벗어야 새 옷을 갈아입을 수 있다. 부처가 말한 진리는 '모든 건 인연 따라 생겨나고 인연이 다하면 사라진다. 어떤 행위가 있으면 그에 따른 반응이 일어나고 모든 존재는 서로 연결돼 있다. 따라서 나란 존재도 영원하지 못하고 변해간다.

어떤 문제를 발견하면 먼저 그 원인을 찾고 해결하기 위해선 스스로 방안을 실천하라. 세상만사는 신의 뜻도 아니요 팔자소관도 아니요 우연도 아니며 자신이 지은 결과다' 는 것이다.

이러한 세상 이치를 알지 못하는 것을 무명이라 한다. 그리해 지혜로운 자는 인연 없는 걸 바라지 않고 세상의 부귀영화가 허망한 걸 알기에 집착하지 않는다. 분에 넘치는 걸 바라기에 괴로움이 생기고 재물과 명예가 영원하길 바라기에 사라지는 괴로움이 생긴다.

경전에서는 지혜를 세 가지로 나눠 설명한다. 감각기능을 통해 보고 듣고 맡고 맛보고 감촉하여 아는 지혜를 문혜(聞慧)라 하고 이치를 헤아려 아는 지혜를 사혜(思慧)라 하고 선정(禪定)을 닦아서 체험을 통해 깨닫는 지혜를 수혜(修慧)라 한다. 된장국을 끓이려면 어떻게 할까. 먼저 요리책을 펴 보거나 인터넷 검색을 하여 레시피를 다운받는다. 그리고 레시피에 적힌 재료를 준비하고 순서에 따라 요리하면 된다.

그런데 땀 흘려 만든 된장국의 맛이 없다. 왜 그럴까. 이는 재료의 차이와 나의 입맛을 고려하지 않았기 때문이다. 그런데 어머니는 레시피도 없이 있는 재료들을 아무렇게나 넣은 것 같은데 맛있는 된장국이 된다. 이는 집안의 재료들과 가족들의 입맛을 잘 알고 있으며 오랫동안 된장국을 끓여온 경험이 있기 때문이다.

레시피에 나온 그대로 만드는 것은 문혜라 할 수 있으며 재료의 종류와 내 입맛을 고려해 재료를 조절하며 만드는 것은 사혜라 할 수 있고 경험에 의해 맛있게 만드는 것은 수혜라 할 수 있다. 손에 스마트 폰이 있고 어디서나 인터넷을 이용해 각종 정보를 수집할 수 있으니 오늘날 머릿속에 많은 지식을 가지고 있는 건 의미가 없다. 이젠 넘쳐나는 정보가 옳고 그른가를 분석해 통합하고 사고하는 능력이 중요하다.

나아가 몸소 현실에서 경험을 통해 깨닫지 못한다면 이 또한 쓸모없다. 요리법을 몰라서 요리를 못하는 사람은 없다. 요리를 하지 않아서 요리를 못할 뿐이다.[46]

## 타. 지도계층의 꼰대문화 극복해야

우리 사회에서 자신의 구태의연한 사고방식을 타인에게 강요하는 행동을 나타내는 세계적인 용어가 있다. 바로 '꼰대스럽다'는 말이다. 2019년도에 영국의 BBC 방송은 '꼰대(kkondae)'를 자신이 항상 옳다고 믿는 사람이나 타인은 늘 틀렸다고 지적하는 사람으로서 이 말은 한국 사회의 단면을 잘 보여주는 용어라고 방송했다. BBC 방송에서 말한 그 단면이라는 것이 우리 사회의 부정적인 면을 상징하고 있어 그리 자랑스러운 일은 아니다.

수평적이고 개방적인 가치를 추구하는 MZ(Millennial and Gen Z) 세대는 우리 사회 대부분의 기성세대와 지도계층을 꼰대로 보는 인식이 강하다. 사실 꼰대라는 말도 그들의 입에서 창조된 것이다. 그들이 보기에 대부분의 관료와 직장 상사는 꼰대들이다. MZ세대는 한발 더 나아가 우리 사회의 이 같은 현상을 꼰대문화로 본다.

문화라는 것이 사회를 통합하고 전략의 실행에 에너지를 불어넣는 순기능을 하는 것이 정상인데, 꼰대문화는 역기능을 한다는 데 문제가 있다. 더 위험한 것은 MZ세대 자신들은 꼰대문화에 대하여 대립적 문화를 가지고 있다고 믿는다는 점이다.

한 공동체 안에서 서로 다른 문화가 대립한다는 것은 패가 갈려서 갈등하고 대결적이 된다는 것을 말한다. 시대흐름에 역행하는 꼰대문화는 사회의 민주적 발전에 지극히 위험하다.

그 구체적인 이유는 첫째, 민주주의의 바탕이 되는 다양성을 훼손하기 때문이다. 꼰대는 자신의 생각과 같지 않은 상대나 집단을 부정적으로 인식하거나 적으로 몰아감으로써 극한 대결양상을 만들어낸다. 둘째, 사회구조를 수직적으로 만들어서 창의성과 자율성을 억압하기 때문이다. 꼰대는 자신의 마음에 들지 않거나 자신의 의견과 반대되는 상대나 집단이 자신과 동등한 위치에 오르려는 시도를 무력화하려고 노력한다. 상대의 굴복만을 강요한다.

셋째, 꼰대주의의 확산은 일반 시민들의 자발적 사회봉사 정신을 억압함으로써 건강한 사회로의 발전을 방해하기 때문이다. 개인의 사회에 대한 자발적 봉사는 공정성이 확립되어 있을 때 비로소 가능하다. 꼰대문화 속에서는 지도자를 중심으로 한 내부집단이 자원과 정보를 독점한다. 외부집단인 다른 편은 항상 불공정을 경험할 수밖에 없다. 대중이 공정한 느낌을 갖고 일하도록 하기 위해서 지도계층은 어떻게 행동해야 하는가? 우선, 영적 카리스마를 발휘하여 대중에게 희망찬 미래 비전을 제시하고, 문제를 해결할 수 있는 지적인 자극을 줄 수 있어야 한다.

또한 대중이 목표를 향해 달려갈 수 있는 영감적 동기부여를 불어 넣을 수 있어야 하고, 사회적으로 불리한 환경에 처해 있는 약자들을 위해서 개별적으로 배려하는 세심함을 보여야 한다. 사회 지도계층이 이 정도의 리더십은 발휘해야 대중의 신뢰가 형성된다.

현장 연구에 의하면, 지도자들이 꼰대스러울수록 대중이 그들의 의견에 동조하고 노선에 따르도록 하는 것은 더 어렵다. 권력자들이 불공정하고 비인격적으로 행동하며, 자기희생을 하지 않을수록 대중은 그들을 경원시하고 적대시하는 것으로 나타났다. 민주사회의 기본은 다양성이 보장되는 것이다. 사회 지도자들부터 나서서 사람은 누구든지 다르다는 것을 인정하고, 그들의 신념과 행동을 포용할 때 사회의 통합과 발전도 기대할 수 있을 것이다.[47]

## 파. 선배가 없다는 당신에게!

젊은 친구들에게 많이 듣는 얘기 중의 하나가 선배가 없다는 말이다. 세상의 그 많은 선배들은 다 어디로 간 것인지 내가 젊었을 때 했던 푸념을 요즘 세대도 여전히 하고 있다. 세상은 굉장히 많이 변한 것 같지만 어떤 것들은 별로 그렇지도 않은가 보다. 우리는 언제 선배를 찾을까? 고민이 있거나 도전을 앞두고 있을 때, 혹은 문제가 잘 풀리지 않을 때 신뢰할 수 있는 선배가 간절하다. 하지만 그런 선배는 곁에 잘 없고 생각은 천 갈래 만 갈래로 흩어져 길이 보이지 않는다.

어떻게 해야 할까? 글로 써볼 것을 권한다.

회사에서 일할 때였다. 후배 한 사람이 내게 면담을 신청했다. 경력으로 입사한 그 친구는 이전 회사와는 일하는 방식도, 문화도 달라 애를 먹고 있었다. 그는 내 방에 들어오자마자 고민을 늘어놓더니 어찌하면 좋겠느냐고 하소연했다. 나는 답을 주는 대신 고민을 노트에 써본 후 다시 오라고 했다. 일주일쯤 지났을까. 그가 다시 왔고 작은 글씨로 빽빽한 A4지 여러 장을 내밀었다. 그는 웃는 얼굴이었는데 고민이 많이 정리됐다고 했다.

나는 그가 쓴 페이퍼를 한 줄도 읽지 않고 돌려주면서 글을 쓰게 한 이유를 말해 주었다. "문제가 무엇인지 알아야 해법이 찾아지는데 그러자면 스스로를 돌아보고 생각을 정리하는 게 우선이잖아." 과연 그는 회사에 대한 원망과 널뛰는 생각을 글로 써 내려가자 신기하게도 자신이 겪고 있는 문제의 핵심이 무엇이고 앞으로 무얼 해야 하는지가 보였다고 했다. 나는 아무 조언도 하지 않았지만 그 후배는 길을 찾아냈다.

내게도 비슷한 경험이 있다. 퇴직 후 2년쯤 지났을 때다. 내 딴에는 오랜 고민 끝에 퇴직을 결심했고 남은 생은 학생으로 공부하며 살겠다는 결심을 실행에 옮긴 터였다. 한데, 아는 것과 맞닥뜨리는 것은 같지 않았다. 자발적 선택이었음에도 퇴직 후의 자유가 더 이상 좋지 않았고 심지어는 우울했으며 외로웠다. 전혀 예상하지 못한 일이었다. 당시의 나야말로 선배가 절실하게 필요했지만 나는 선배를 찾는 대신 노트를 펼쳤다. 그러곤 쓰기 시작했다. 내 안의 수만 가지 어지러운 생각과 감정을 그저 마음이 불러주는 대로 받아 적었다. 손목이 아프도록 써 내려간 페이지가 10쪽을 훌쩍 넘겼다. 나도 미처 몰랐던 내 마음이 거기 가득 적혀 있었는데 그 수많은 문장들은 하나를 가리키고 있었다. 다시 일하고 싶다는 것, 쓰이고 싶다는 것. 마음을 알기까지가 문제이지, 알고 나면 그 다음은 오히려 쉽다. 헤어졌지만 여전히 서로 좋아한다는 것을 확인한 연인들이 다시 만나기 시작하듯 나도 다시 일로 돌아왔고 지금까지 7년째 책방마님으로 살고 있다.

운이 좋아 믿을 만한 선배가 있는 경우를 생각해 보자. 어느 날 선배를 찾아 당신이 말한다. "선배님, 저 고민이 있어요." "뭔데? 말해 봐." 당신은 자세하게 당신의 고민을 설명한다. 그러곤 돌아오는 길. 신기하게도 마음이 한결 편하다. 사실, 선배는 별 조언을 해준 게 없다. 그저 성심껏 이야기를 들어주었을 뿐이다. 그런데도 고민은 꽤나 정리되었다. 무슨 일이 일어난 걸까? '객관화'가 된 것이다. 선배에게 조언을 듣기 위해 당신은 우선 고민이 무엇인지 요모조모 잘 정리해서 전달한다. 바로 그거다. 머릿속에서 뒤죽박죽이던 고민을 밖으로 끄집어내니 정체가 환히 들여다보인 것이다.

선배에게 이해시키기 위한 작업이었지만 실은 스스로 문제를 정리하고 객관화한 거다. 사실, 해법은 문제가 무엇인지 똑바로 아는 것이 핵심이다. 하지만 우리는 종종 문제가 뭔지 모르거나 다른 것을 문제라 오해한다. 그러면 해법이 요원하다.

사람의 마음은 의식이 10%, 무의식이 90%라고 한다. 자신의 마음이 어떤지 알아차리기 어려운 이유다. 그러니 자신의 안에서 지금 어떤 일이 일어나고 있고 무엇을 욕망하며 무엇을 걱정하고 불안해하는지 알려면 그것들을 의식 위로 꺼내야 한다. 객관화 작업이자 출력 과정인데, 이렇게 하는 가장 좋은 방법이 바로 글로 써보는 거다. 그러므로 글을 쓰는 것은 자신의 깊은 욕망과 만나는 일이며 또한 자기 자신을 믿는 일이다.

고민과 문제를 정면으로 마주해 스스로 길을 찾아낼 수 있다는 자기 자신에 대한 믿음. 우리에겐 그런 힘이 있다. 다만 꺼내 쓰지 않을 뿐이다. 좋은 선배를 가지는 일은 더할 나위 없이 좋은 일이지만 선배 없이도 스스로 문제를 해결할 수 있다면 그것 또한 좋은 일이다. 지금 고민이 있다면 노트를 펴고 쓰기 시작하시라. 당신이 무얼 해야 하는지 길이 보일 것이다.[48]

## 하. "노년 환자들 황반변성 진단받으면 우울증 위험도 커진다"

나이가 들면서 황반(중심망막)에 변화가 생겨 시력이 크게 약해지는 '나이 관련 황반변성'을 앓으면 우울증 위험도 높아진다는 연구 결과가 나왔다.

삼성서울병원은 안과 강세웅·김상진·임동희 교수와 황성순 임상강사, 가정의학과 신동욱 교수 연구팀이 국민건강보험공단 건강검진 데이터를 바탕으로 나이 관련 황반변성 환자군과 대조군을 평균 8년 이상 추적 관찰해 이 같은 결과가 나왔다고 12일 밝혔다. 이 연구는 안과 분야 권위지 '옵살몰로지(Ophthalmology)' 최근호에 게재됐다.

연구 결과를 보면 나이 관련 황반변성을 앓고 있는 사람은 그렇지 않은 사람보다 우울증 발병 위험이 15% 높아지는 것으로 나타났다. 또 나이 관련 황반변성으로 인한 시각장애까지 동반할 경우 우울증 발병 위험은 23% 증가했다. 우울증 발병에 영향을 주는 다른 요인인 수입, 거주지역, 활동량, 비만도, 동반 질환 지수 등을 모두 반영한 상태에서 나온 결과다. 나이 관련 황반변성을 진단받은 것만으로도 우울증 발병 위험을 높이는 독립적인 요인이라는 점이 입증됐다.

연구팀은 나이 관련 황반변성 진단이 우울증 발병에 영향을 주는 이유는 이 질환의 특성 때문일 것으로 추정했다. 강세웅 교수는 "나이 관련 황반변성은 국내 노인 실명의 가장 흔한 원인으로 알려져, 환자들이 진단받는 것만으로도 향후 실명 가능성에 대한 불안감이 클 수 있다"면서 "나이 관련 황반변성이 완치될 수 있는 병이 아닌 것우울감을 증가시키는 원인으로 생각된다"고 말했다.

나이 관련 황반변성을 치료하는 과정에서 환자의 심리적 상태도 같이 고려해 우울증 위험도를 평가·관리하는 보건정책을 함께 마련해야 한다는 지적도 나온다. 김상진 교수는 "나이 관련 황반변성 중 특히 습성이어서 반복적으로 안구 내 주사를 맞아야 하는 환자들이 정신적 고통과 피로감이 클 것으로 생각된다"며 "환자 당사자나 가족뿐 아니라 치료를 맡은 의료진 역시 우울증 발생의 위험을 인지하고 대처해야 한다"고 말했다.[49]

## 잠깐! 쉬었다 갑시다

### ☞ 노년에 필요한 10가지

조선 시대 인물로 당시에는 유명하지 않았지만 지금 유명한 사람도 있고, 그 반대 경우에 해당하는 인물들도 적지 않다. 그런 인물들 중 하나가 김정국(1485~1541)이다. 사실, 김정국보다 그의 형 김안국(1478~1543)이 더 유명하다. 김안국은 조광조와 짝하여 기억된다. 조광조는 약 5년이라는 짧은 기간 동안 정치적으로 불꽃같은 삶을 살다가 기묘사화로 처형된 인물이다. 조광조가 짧은 기간 환하게 타올랐다가 꺼진 불꽃이라면, 김안국은 그 불씨를 살려서 시대를 밝힌 횃불 같았던 사람이다. 김안국이 평생 동안 친구처럼 지냈던 인물이 자신보다 먼저 사망한 동생 김정국이다.

김안국과 김정국 모두 진정한 의미에서의 인재였다. 불행히도 두 사람은 어린 나이에 양친을 잃었다. 김정국이 10세에 모친을, 12세에 부친을 잃었다. 그럼에도 김안국은 24세에 각각 100명의 합격자 중에서 생원 시험을 1등, 진사 시험을 2등으로 한 번에 합격했다. 2년 뒤에는 문과에 급제했다. 김정국도 형에 못지않았다. 23세에 역시 생원과 진사 시험을 모두 합격하고 2년 뒤 문과에서 장원으로 급제했다. 이들의 관직 생활은 화려했다. 두 사람 모두 문과 합격자들 중에서도 뛰어난 인재에게만 허락되었던 사가독서를 했고, 엘리트 코스를 거쳤다.

하지만 이들의 관직 생활은 계속되지 못했다. 김정국이 관직 생활을 시작한 지 10년 만에 기묘사화(1519)가 일어났고, 이 일로 조정에서 축출되었다. 그는 고양 즉, 현재의 경기 일산 지역으로 물러났다. 이곳에서 19년을 살았다. 이 기간을 김정국은 그답게 보냈다. 독서하며 후학을 양성했고, 성리학 이론서와 민간에서 쓸 수 있는 의료책자를 저술했다. 당시에는 민간에서 약을 구하기 쉽지 않았다. 백성들에게 꼭 필요한 책이었다. 조선 시대에는 성리학 이론서와 의학서적을 함께 펴냈던 지식인들이 적지 않았다.

김정국은 1538년에 관직이 회복되었다. 전라도와 경상도 관찰사를 지내고 조정에서도 고위직을 지냈다. 하지만 2년 뒤 병으로 사직했고, 결국 다음해에 병으로 사망했다. 다음은 그가 1538년과 1540년 사이 서울에 있는 동안 고양에서 친하게 지냈던 황씨 성을 가진 인물에게 쓴 편지이다.

"그대가 살림 모으기를 그만두지 않는다는 말을 내가 서울에서 들었소. 과연 사람들의 말과 같다면, 그만 정지하고 고요하게 살면서 천명(天命)에 순응하는 것이 좋을 것이오. 사람이 세상에 나서 70살이면 아주 오래 사는 것이니, 가령 나와 그대가 그때까지 산다고 해도 남은 것은 불과 10년이오. 무엇 때문에 마음을 수고스럽게 해가며 말 많은 자들의 욕을 먹는 것이오? 내가 20년을 빈곤하게 사는 동안 두어 칸 집에 두어 이랑 땅을 갈고, 겨울 솜옷과, 여름 베옷이 각각 두어 벌 있었으나, 눕고서도 남은 땅이 있었고 옷을 입고서도 여벌 옷이 있었고 주발 밑바닥에는 남은 밥이 있었소. 이 세 가지 남은 것을 가지고 한세상을 편하게 지냈소. 비록 넓은 집 천 칸과, 옥 같은 곡식 만 섬과 비단옷 백 벌을 보아도 썩은 쥐같이 여겼고 이 한 몸 살아가는 데에 여유가 있었소.

들건대, 그대가 입고 먹고 잠자는 것이 나보다는 더 좋다 하는데, 어찌하여 그칠 줄 모르고 쓸데없는 물건을 모으는 것이오? 없을 수 없는 것은 오직 서적 한 시렁, 거문고 한 벌, 벗 한 사람, 신 한 켤레, 잠을 청할 베개 하나, 바람 통할 창 하나, 햇볕 쪼일 마루 하나, 차 달일 화로 하나, 늙은 몸을 부축할 지팡이 하나, 봄 경치를 찾아다닐 나귀 한 마리이오. 이 10가지는 번거롭기는 하지만 하나도 빠뜨릴 수 없는 것이오. 늘그막을 보내는 데에 이 외에 더 무엇을 구하겠소? 분주하고 고단한 중에도 매양 자연과 벗하는 열 가지 재미가 생각나면, 나도 모르게 놀아가고 싶은 마음이 일지만, 몸을 빼낼 방법이 없으니, 어찌하겠오. 오직 나의 친구만은 알아주기 바라오." 이렇게만 살면 노년의 실수를 덜 수 있을 듯도 하다.[50]

# 3. 다시 나이 듦을 생각하며

노년의 삶은 하나의 기적(奇蹟)이다. 많은 역경(逆境)을 잘도 견디어내고 오늘까지 살아있음이 기적(奇蹟)이다. 나이를 의식(意識)하지 않고 삶을 즐기며 일 할 수 있다는 것은 역시(亦是) 기적이다.

자연(自然)과 함께할 수 있는 풍요(豐饒)로운 노년의 삶은 더욱 큰 기적이다. 넓은 마음으로 모두 용서(容恕)하고 싶고 사랑의 참 의미(意味)를 조금은 알 수 있는 나이가 되도록 살아있음은 기적이다.

너그러운 마음으로 좋은 점을 보며 긍정적(肯定的)으로 생각하고 밝은 면(面)을 볼 수 있으니 기적이다. 마음에 들지 않은 일이 있어도 모르는 척 넘어가는 여유(餘裕)를 가질 수 있고, 없는 것에 마음 쓰기보다는 있는 것에 감사(感謝)할 수 있으니 얼마나 큰 기적인가?

원망(怨望)하고 미워하기보다는 사랑하고, 도와주고, 배려(配慮)하고, 싶은 마음으로 살 수 있음도 기적이다. 의심(疑心)하기보다는 믿어주고 받은 것보다는 주는 기쁨을 누리는 노년(老年)은 멋지다.

계절(季節)의 찬란(燦爛)한 변화(變化)를 경의(敬意)의 눈으로 즐기며 놀라운 기쁨으로 마음에 담을 수 있음도 기적이다.

노년의 고독(孤獨)을 아름답게 승화(昇華)하며 간결(簡潔)하고 소박(素朴)한 생활(生活)에도 불평(不平) 없이 감사할 수 있음도 하나의 기적이다.

노년의 삶이 자녀(子女)들과 사회(社會)에 부담(負擔)주지 않고 독립적(獨立的)으로 당당(堂堂)히 살 수 있음도 기적이다.

절제(節制)와 사랑과 감사로 노후준비(老後準備)를 철저(徹底)히 미리한 노년의 삶은 매일 매일 기적이 일어나는 행복(幸福)하고 멋진 세상(世上)이다.

삶의 아름다움을 마음 껏 즐기며 하나님이 부르시는 날까지 사랑가득한 마음으로 행복하고 멋진 노년의 삶을 누리는 것은 기적이며 은혜(恩惠)의 특별(特別)한 선물(膳物)이다.[51]

## 가. 유병장수(有病長壽), 무병장수, 무병단수(短壽)

죽음에 대한 얘기를 예전엔 금기로 여겼지만 요즘엔 많이 달라진 것 같다. 그렇더라도 칠십을 조금 넘긴 필자가 죽음에 대한 생각을 얘기한다면 나이 드신 분들은 무엄하다할지도 모르겠다. 어느 보험회사의 TV광고에서 '유병장수'라는 어휘를 보았을 때 병든 노인에게 저주를 보내는 것 같다는 느낌을 받았다.

필자는 돌아가신 어머님의 별세에 대해 가끔 생각하곤 한다. 당신께서는 잠을 주무시다 조용히 세상을 뜨시겠다고 생전에 자주 말씀하셨다. 사람이 죽는 순간엔 목숨을 편안하고 쉽게 거두어야 된다며 예순이 지난 뒤부터는 보약이나 건강식품 같은 것을 일체 드시지 않으셨으며, 간혹 선물로 받으신 건강식품은 자녀들이나 다른 사람에게 나누어주셨다. 그 이유는 나이든 사람이 보약이나 건강식품 같은 것을 먹어봤자, 새롭게 힘이 많이 솟아나지도 않을뿐더러, 그냥 목숨만 더 오래 유지되게 할 뿐이라는 것이었다. 당신께서는 9년 전 만 82세로 세상을 뜨셨는데 평소 말씀대로 밤에 혼자 주무시다 돌아가셨기에 6남매 자녀들 중 아무도 임종을 못하였다.

시골집 텃밭에 심어놓은 고구마를 가을이 되면 수확하여 우리 형제들에게 보내주겠다고 하시던 어머님이랑 전화통화를 했던 동생이 그 다음날 오전 약속시간에 맞춰 어머님을 찾아갔을 땐 이미 숨을 거두신 뒤였다. 일반적으로는 자식으로서 부모의 마지막 임종을 못하면 불효라고 여길지 모르겠으나 필자는 솔직히 말해서, 그러한 죄책감은 전혀 없었다. 당신 생전에 장례절차, 49제를 지낼 절, 화장한 유골 모실 곳(가족 자연장지)까지 직접 방문하시며 필자와 함께 모든 의논을 다 해놓은 터였다.

필자는 15년 전 대학병원에 시신기증을 하였으며 얼마 전엔 사전연명의료의향서 등록도 하였고, 현재는 어떤 건강보험에도 가입하지 않은 상태이며 암이나 중병에 걸려도 항암치료나 연명치료 등은 일체 하지 않기로 하였다. 미소 짓는 나의 모습의 영정사진도 마련해놓았다. 사람의 생명을 인위적으로 끊어서도 안 되지만 의료기술에 의지해 억지로 연장하는 것도 자연이치에 어긋난다고 본다. 신체와 의식이 건강하면서도 타인이나 사회에 조금이라도 이로운 일을 할 수 있거나 적어도 부담은 주지 않는 정도에서 세상을 살다 떠나는 것이 바람직하다고 생각한다. 통상적 기준으로 세상을 살만큼 살았다면 언제 어디서 쓰러져 죽더라도 전혀 아쉬움이나 문제가 없도록 생전에 모든 조치를 다 해두어야 할 것이다. 오래 살면서 나이 많은 것을 무슨 큰 훈장처럼 자랑하며 내세우거나 그렇게 비친다면 보기 좋은 모습이 결코 아닐 것이다.

유병장수가 가족이나 사회에 대해 어떤 형태로든 짐이 될 수밖에 없을 뿐 아니라 무병장수도 자칫하면 누군가에게 부담이 될 수 있다. 젊은 사람들은 질병치료와 건강관리를 적극적으로 하여야 마땅하다.

그러나 죽음이 본인과 가족들의 고통과 부담을 없애주는 좋은 수단으로 여기고 자신의 생각, 활동, 주변 등을 잘 정리하면서 노년을 보내는 것이 아름다운 모습이 아닐까. 필자에게 무병장수와 무병단수 중 선택하라 한다면 단연코 후자를 택할 것이다.[52]

## 나. 노년의 '가장자리' 삶

코로나19 펑계로 명절 연휴, 국경일 연휴를 조용하게 보냈다. 전 같으면 자식들과 찾아오는 친지들이 있어서 떠들썩 분답게 시간을 보냈을 텐데, 자식들도 후딱 가고 찾아주는 친구도 많지 않았다. 체력이 뒷받침되지 않아 책장을 넘기다 말다 하품으로 시간을 보냈다. 노년에 연휴가 따로 의미 있는 건 아니지만 어딘가 김 빠진 느낌, 소외되는 느낌이다. 세상의 중심에서 점점 멀어져 가는 느낌, '가장자리' 인생의 외로움을 타는 셈이다.

파머의 '모든 것의 가장자리에서'를 읽은 적이 있다. 가장자리는 새로운 시야가 열리는 '자유의 자리'라 했다. 노화라는 중력에 맞서 싸우기보다 나이 듦에 협력할 때 삶의 환희를 얻는다고 했다. 나이 듦에 대해 쇠퇴와 무기력이 아닌 발견과 참여로 프레임을 바꿀 필요가 있다고 했다.

'가장자리'를 사전에는 '어떤 사물의 바깥쪽 경계에 가까운 부분'이라 되어 있다. 일반적으로 절벽이나 높은 지대의 끝자락, 또는 뭔가 좋거나 나쁜 일이 벌어지려는 시점으로 보고 있다. 포기하기 직전, 넋을 잃기 직전 등 부정적인 시선보다는 자유롭게 날아오르기 직전, 아름다운 것을 발견하기 직전 같은 긍정적 시선으로 보고 싶다. 긍정적인 시선일 때 모든 것의 가장자리, 끝자락은 새로운 출발점이 될 수 있다. 절벽의 끝자락인 콜로라도 고원의 아찔한 가장자리에서 그랜드캐니언의 절경을 바라보게 되는 것이다.

'가장자리'에 대한 긍정적인 시선은 '나이 듦'의 무거움을 말하지 않는다. 삶의 가장자리엔 절벽이 있다. 모든 일에 가장자리가 있게 마련이다. 노년이 문제가 아니다. 중요한 건 '나이 듦'을 좋아하는 마음이다. 삶의 끝자락에서 삶을 바라보는 시선이 중요하다. 시선에 따라 세상은 다시 열리고, 마음은 젊어진다. 마음이 자유자재로 유연해야 한다. 이 시선이 노년의 열정이다.

노년에 다가갈수록 머릿속에 자주 떠오르는 질문은 "삶에 의미가 있는가"이다. 삶의 의미에 집착하지 말아야 한다. 자신의 삶에 의미가 없다고 느끼면 살 필요가 없어진다. 많은 사람이 자신은 특별하고, 자신의 인생도 특별한 의미를 지녀야 한다고 생각한다. 뚜렷한 존재가 되고자 한다. 삶의 의미에 대한 집착으로 힘들어지게 된다.

새와 나무는 삶의 의미에 관심 없다. 아침에 우는 새는 배가 고파 울고, 저녁에 우는 새는 임 그리워 운다. 있는 그대로의 존재다. 걱정이 없다. 사람은 어떤 결과를 얻을 수 있다고 믿고, 어떤 결과를 얻어야 한다고 자신을 부추긴다. 쫓기는 삶을 산다. 사람도 만물의 한 부분일 뿐이다. 만물의 한 부분일 뿐임을 깨달을 때 '삶의 의미'에서 자유로울 수 있다. 결과에 대한 집착 없이 마음 편할 수 있다.

본 적은 없지만 '산삼' 이야기를 들었다. 100년, 200년 그 이상으로 나이를 먹어야 약효가 있다고 한다. 나이를 먹을수록 귀중해진다. 산삼이 별나게 살려고 노력하지 않았다. 주어진 대로 산의 지기(地氣)를 흡수하고, 햇빛을 받고, 산속의 공기를 숨 쉬며 살았을 뿐이다. 억지 쓰지 않고 순리대로 살았을 뿐이다. 오래 묵어 소외된 것이 아니라, 오히려 가장 진한 삶의 의미를 지니게 되었다.

노년은 삶을 과시하지 말고 자신을 내어준다는 마음으로 살아야 한다. 자신을 기꺼이 내주는 마음이어야 자유로울 수 있다. 자신을 포함해서 세상 모두가 생명과 사랑으로 성숙해 갈 수 있도록 도우면서 살아가는 삶, 만물의 한 부분으로 살아가면 저절로 삶의 의미가 담아지게 된다. 집착하지 말고 마음의 한 자리를 내어주자. 시간을 내어주고, 나누어주는 삶을 살자. 예수님도 내어주는 삶을 살지 않았는가. 내어주는 삶으로 '산삼'이 되자.[53]

## 다. 점점 높아지는 노인들의 울컥 병

아기 울음소리가 멎은 빈자리를 노인들의 분노가 채운다는 말이 있다. 아기 울음소리가 멎은 빈자리는 노인들의 책임이 아닌데. 저출산·고령화 시대에 갈수록 노인 인구의 비중이 높아지고 있다. 노인이 사회적 약자로만 다루어지다가 이제는 범행을 저지르는 대상자가 되고 있단다. 존경받고 존경받아야 할 어른으로서의 노인이 사회문제로 다루어지는 빈도가 높아진 것이다. 문제를 일으키는 존재로 인식되어 노인 체면이 말이 아니다.

사소한 일에 울컥하는 노인들이 있다. 나이 들면서 눈도 귀도 반쯤 열고, 빠지지 말고, 삐지지 말고, 따지지도 말아야 할 텐데, 점잖게 익어가야 할 텐데 걱정스럽다. 분노 중독인가 목소리를 높인다. 원하는 것을 얻지 못할 때가 많은가 보다. 감정 관리에 서툰 사람들이다. 목소리를 높이면 겁을 낼 것이라고 착각하고 있다.

화병은 분노와 같은 감정이 해소되지 못하여 화(火)의 양상으로 폭발하는 증상이다. 한국문화에서 자주 발생하는 독특한 현상이다. 한국인이 자신의 분노감정을 많이 억누르고 산다. 이제까지 열심히 살아왔는데 거추장스러운 존재로 남겨지는 것이 서럽고 억울한 모양이다.

화병은 신체적으로 노화가 시작되는 시기에 많이 나타난다. 아름답게 노년기를 맞으려면 화를 다스릴 줄 알아야 한다. '앵그리 올드(Angry Old)'라는 단어가 있을 정도로, 노년기에 접어들면 젊은 세대의 싸늘한 시선에 우선 소외감을 느낀다. 때로는 '꼰대'로 무시당하는 억울함까지 더해져 쉽게 분노가 생긴다. 노년기 분노의 큰 원인의 하나는 상실감이다. 예전 같지 않은 건강에다가 은퇴 이후의 경제적 능력 상실이 노인을 불안하고 우울하게 만들고 있다.

노인들이여, 분발하자. 노년기는 인생의 후반전일 뿐이다. 인생의 후반전을 어떻게 보내느냐에 따라 인생 전체의 평가가 달라질 수 있다. 미켈란젤로는 90세까지 성베드로 성당의 벽화를 그렸다.

베르디는 85세 때 오페라 '오텔로'의 '아베마리아'를 작곡했고, 괴테는 83세에 '파우스트'를 창작했다. 소외된 것이 아니라 적극적 활동으로 불후의 명작들을 창작한 것이다. 아무나 할 수 있는 일이 아니지만, 자신이 잘할 수 있는 일, 해보고 싶었던 일에 정신을 쏟다 보면 스트레스 대신 삶의 가치를 창조해 내는 것이다.

화를 뜻하는 영어 단어는 'Anger'이고, 위험은 'Danger'이다. 화(Anger)를 내는 것은 바로 위험(Danger)의 신호다. 위험 없이 노년을 아름답고 안전하게 보내기 위해 마음을 다스리는 지혜를 찾아야 한다. 무작정 참는 것은 해결책이 아니다. 적당하게 해소할 방법을 찾자.

화가 날 상황일 때 평소 느끼는 감정을 외면하지 말고 솔직하게 "속상하다, 우울하다, 슬프다" 등으로 표현하자. 분노가 치밀어 오를 때 에너지를 다른 곳으로 분출시키자. 운동하기, 글쓰기 등 자신만의 취미로 감정을 새롭게 바꾸어 가자. 가족과 지인들에게 감사의 말을 하는 습관을 기르자. 감사는 상대와 자신을 모두 기분 좋게 만드는 특별한 힘이 있다. 긍정적인 말과 감사의 말을 아끼지 말자. 노인은 어른이기 때문에 대접받아야 한다는 마음을 버리자.

노인이 화를 내면 주위 사람이 피곤해지겠지만, 정작 상처를 입는 사람은 화를 내는 당사자이다. 스스로 감정을 조절하자. 노인들 자신이 감정을 통제하고 건강한 정서 상태를 유지할 수 있도록 긍정적으로 노력하자. 전문가의 도움도 받자.

인생 후반의 즐거움이 천당이나 극락으로 가는 지름길이다. 그러면 저절로 노인들의 위상이 높아진다.[54]

## 라. '귀가 순하다' 는 것

올해 만 예순 살이 된다. 한 세대 전까지만 해도 환갑잔치를 열었지만, 수명이 길어지고 사람들이 점점 젊어지면서 이제는 거의 사라진 풍습이 되었다. 그렇긴 해도 앞자리가 6으로 바뀌는 소감은 각별하다. 아무리 장수한다 해도 살아갈 날이 살아온 날보다는 짧다는 사실, 그리고 5년 후에 법적으로 노인이 되는 현실이 새삼스럽게 느껴진다. 생애의 중요한 전환점을 통과하면서 스스로에게 물어본다. 나는 지금 어디에 서 있고 어디로 향해 가는가. 노년을 맞이할 준비가 되어 있는가.

『논어』에서 공자는 나이에 따른 인생의 과업을 설파하면서 60세를 '이순(耳順)'의 시기라고 했다. 왜 귀에 주목했을까. 귀는 대다수 동물에게 육체적 생존은 물론 사회생활에서도 핵심적인 감각기관이다. 사람도 마찬가지여서 면적당 신경 다발의 수가 귀에 가장 많은데, 언어가 고도로 진화하면서 청각의 기능은 더욱 긴요해졌다. 인간의 말은 매우 복잡한 신호 체계다. 억양, 어조(톤), 강세, 빠르기, 한숨 등의 미묘한 뉘앙스를 감지하면서 상대방의 목소리에 깃들어 있는 감정을 알아차려야 한다. 그래서 어린 시절에 청각이 손상되면 공감 능력을 키우기가 어렵다고 한다.

청각에 아무 문제가 없는데 제대로 듣지 못하는 경우도 많다. 나이가 들수록, 또는 지위가 높아질수록 더 그런 듯하다. 말소리는 잘 들리는데 말귀를 못 알아듣는다. 문장은 정확하게 이해하지만 그 안에 담겨 있는 마음을 놓친다. 그리고 에고를 띄워주는 감언(甘言)에는 귀가 얇아지고, 이견이나 쓴소리에는 귀가 점점 어두워진다. 상대방을 헤아리는 촉수가 무디어지고 자신의 경험과 생각을 절대화하면서 인간관계는 점점 메말라간다. 특히 후배 세대와의 접점이 줄어들면서 노후의 고립과 외로움이 깊어진다.

이런 맥락에서 이순(耳順)의 뜻을 되새기게 된다. '귀가 순하다' 는 것은 무슨 말일까. 다른 사람의 말이 귀에 거슬리지 않고 깊이 이해되는 경지라고 일반적으로 풀이된다. 도올 선생에 따르면 '아무리 자신을 욕하는 소리를 들어도 화가 나지 않고, 세파의 거슬리는 일들이 귓전을 때려도 감정의 동요가 없는' 상태라고 한다. 배병삼 교수는 '상대적 진리, 부분적 가치들을 두루 긍정하는 그윽한

지경' 이라고 설명한다.

나의 귀는 부드러운가. 마음이 경직되어 '가청 주파수' 의 범위가 좁아지지 않는지 검진해 보아야겠다. 과잉 정보와 허언들로 인한 '난청', 내적인 횡설수설의 '이명' 에 시달리지 않으면 좋겠다. 그래서 완고함으로 퇴행하지 않고 견고함으로 진일보하고 싶다. 그러려면 유유상종에 안주하지 않고 화이부동(和而不同)의 역설을 누릴 줄 알아야 한다. 휩쓸리고 치우치지 않으려면 차이가 빚어내는 긴장과 불편함을 견디어야 한다. 귀에 신체의 평형을 담당하는 전정기관이 있다는 것이 각별한 의미로 다가온다.

'총명(聰明)하다' 에서 '聰' 은 '귀가 밝다' 는 뜻으로, 글자 안에 '耳' 자가 들어가 있다. 명민해지기 위해서는 귀가 열려야 한다. 의학적으로도 귀가 건강하면 혈류가 원활해 생각이 맑아지고 심신이 젊어진다고 한다. 드넓은 세계로 귀가 트이면 우리는 한결 유복하게 나이들어갈 수 있으리라. '지혜는 듣는 데서 오고, 후회는 말하는 데서 온다.' (영국 격언)[55]

## 마. 부모 심정

휴대폰을 만지다 보니 낯익은 전화번호가 보였다. 혹시나 해서 전화를 했다. 그러나 받지 않았다. 사실 기대조차 하지 않았다. 혹시나 받으면 "전화를 잘못 걸었습니다. 죄송합니다" 라는 말을 할 요량이었다. 돌아온 대답은 '없는 번호이니 확인하고 다시 걸어달라' 는 말이었다. 다행이었다. 2년 전에 돌아가신 모친의 휴대폰 번호였다.

늘 목에 걸고 다니셨다. 집 전화만 있으면 된다고 고집을 부리셨다. 치매없이 편하게 가셨다. 생전에 더 잘 모실 걸하는 생각이 들지만 이미 저 세상 분인 걸. 부모가 되고 보니 자식이 요구하면 몇십만원을 용처도 묻지 않고 줬다. 부모님께 용돈 한 번 드리기가 어찌 그리 어렵던지. '내리사랑은 있고, 치사랑은 없다' 했던가.

모정과 관련해 잊지 못하는 사진이 있다. 한국전쟁 당시인 1950년 가을. 대구역에서 전방으로 향하는 입영 열차를 앞에 두고 모자 간 생이별 장면이다. 헐벗은 흰색 치마 저고리를 입은 40줄의 어머니가 아들에게 줄 것이 없자 물 한 바가지를 건네면서 "총알이 날아오거든 요리조리 피해래이" 라고 당부했다. 아들은 "걱정 마이소. 내가 어무이 아들 아입니꺼" 라고 어머니를 달랬다. 사진 속 청년이 귀향했다는 소식은 듣지 못했다.

명절 끝이다. 오미크론 영향인지 아파트마다 전 굽는 냄새가 사라졌다. 이 역병이 언제 물러갈지. 이 와중에도 부모와 자식 간 반가운 상봉도 있었다. 이번 설에는 노부모 앞에서 자식들끼리 언쟁은 없었는지. 장성한 자식을 둬보니 가장 가슴 아프게 하는 게 있다. 바로 자식들끼리 쌈박질하는 모습을 보는 것이다.

가끔 노래방에 가면 부모를 생각하면서 한 곡조씩 뽑는다. 나훈아 '홍시' 나 김소월의 시를 유주용이 불렀던 '부모' 등이 선곡된다. 개인적으론 '모정의 세월'을 좋아한다. 한세일이 부른 고고풍의 경쾌한 노래다. 신나지만 가사만큼은 뼛속에 사무친다. 다들 정치판을 포함한 현 상황을 난세(亂世)라고 걱정한다. 해결책은 없을까. 부모의 마음으로 접근하면 된다. 제 아무리 난제라도 물 흐르듯이 해결된다.[56]

## 바. '우리 할머니들'을 만나기 위해

"이 떡국을 먹으면 올해 몇 살 된 거지?" 새해 떡국을 먹을 때마다 스스로 묻는다. 아직은 크게 불편한 신체적 증상 없고, 하루는 바쁘게 흘러가고, 머릿속은 해야 할 책임과 수행해야 하는 일거리들로 가득하지만 이제 60에 더 가까운 나이가 되었다. 나이를 잊고 살 때가 많지만 갱년기임을 알려주는 이런저런 몸의 신호를 느낄 때나, 하고 있는 활동의 역할과 권한들이 들고 나야 하는 시기를 생각할 때면 내 나이의 사회적 의미들을 의식하게 된다.

노인이 되어가는 당면한 사실에 대해 그동안 교만했었던 것 같다. 30대에 접한 페미니즘에 기대어 살아온 페미니스트로서, 최소한 나는 독립적이고 주도적인 존재로 삶의 지혜를 장착하고 멋있게 낡아 갈 것이라 자신했었다. 그러나 IT 기술 없이는 기초적인 세상살이조차도 만만치가 않을뿐더러 삶의 지혜를 논하기 전에 우선 독립적으로 기능하는 것조차 어렵지 않을까 하는 불안과 걱정들이 늘어가면서 초라해지는 마음은 부쩍 늘어만 간다. 나이 듦에서 오는 고립과 뒤처짐, 죽음, 가난과 질병에 대한 두려움에서 누구도 자유로울 수 없음을 갈수록 조금씩 더 많이 체감하고 있다.

늙어감에 대한 나의 감정은 두려움과 설렘이다. 사회적 약자성을 갖게 되는 노인으로서 살아가야 하는 삶에 두려움을 느끼는 동시에 책임과 의무로부터 벗어나 온전한 나의 시간을 누릴 기대감에 부풀기도 하는 혼재된 상태 말이다. 중·노년의 독자들이라면 공감할거라 생각하면서 경험해보지 못한 노년의 모습이 문득 궁금해졌을 때 만난 의미 있는 작업을 소개하고자 한다.

1990년대부터 '엘리베이터 걸' 시리즈를 작업하여 가부장제 사회에서 여성이 어떻게 구성되고 소비되는지를 표현한 일본의 사진작가 야나기 미와는 1999년부터 '우리 할머니들' 이라는 특별한 프로젝트를 시작했다. 25명의 40세 이하 여성들에게 50년 후의 자신의 모습을 상상하고 상상한 내용에 따라 분장을 하고 무대를 연출하여 25명의 할머니 이미지를 촬영하는 작업이었다. 이 프로젝트를 기사에서 접하고 무척 흥미로웠다. 노년과는 아직 거리가 먼 20~30대 여성들이 불러오는 '할머니가 된 나' 는 어떤 이미지일지 궁금해서 인터넷을 뒤져 찾아낸 사진들은 기존의 할머니 이미지(손자손녀와 함께 있는)로 상상할 수 없는 담대하고 의미심장한 상징을 담고 있는 신기하고 놀라운 사진들로 가득했다.

이 프로젝트를 분석한 이에 의하면 젊은 여성들이 보여주는 '우리 할머니들' 은 세 가지 유형으로 나눌 수 있다고 한다. 대재앙이 휩쓸고 지나간 이후의 세계에서 살아남은 아이들과 함께 새로운 삶을 일구는 할머니, 이성애를 벗어나 거침없는 친밀성과 욕망을 드러내는 할머니, 외로움이 아닌 고독한 몰입으로 홀로 존재함을 표현하는 할머니들의 유형들이다. 야나기 미와 작가의 요청에 젊은 여성들은 자기만의 세상을 상상하여 펼치고, 자기만의 시간에서 자유를 누리며 주인공으로 등장하는 할머니의 서사들을 만들었다. 흥미로운 것은 이미지들이 한결같이 혈연이나 가족과는 무관하게 자기만의 세상에서 온전히 자유를 누리는 모습들이었다는 것이다. 또한, 젊은 여성들이 자신의 미래 모습으로 할머니를 불러들이는 프로젝트의 제목을 '우리 할머니들' 이라 칭한 것이었다. 이는 나이 들어간 이후의 삶이 세상과 다른 이들의 삶에 훨씬 적극적으로 연결되어 있다는 것, 그리고 '우리 할머니들' 이라는 표현이( '나의 할머니' 나 '할머니가 된 나' 가 아닌) 공동체로서의 미래비전을 보여주고 있는 것으로 느껴졌다. 사진들을 가만히 들여다보고 있자니 더 자유롭고 확장된 할머니들의 세상을 꿈꿔도 좋을 것 같았다.

맛있게 나이 한 살을 더 먹은 2022년 새해 아침에 우리가 맞이하게 될 할머니를 상상한다. 나는 '우리 할머니들' 과 함께 위험한 세상 속에서 살아가는 사람들과 튼튼하게 연결될 것이며, 살아온 삶의 지혜와 의미들을 사유하고 나눌 것이며, 죽음과 편안하게 친구삼다가 삶을 다하는 순간을 기쁘게 맞이하기를 원한다. 나이 들어가는 많은 사람은 노년이 되어서도 여전히 성장하고 더 생생하게 '나다운 삶의 시간' 을 누리며 존엄하게 죽을 수 있기를 소망하고 있다. 여럿이 함께 희망하는 미래는 현실이 될 수 있으니 '우리 할머니들' 을 꿈꾸는 우리가 꿈을 이룰 사람들이다. 파이팅![57]

### 사. 50대에도 치매에 걸릴 수 있나요? 초로기 치매란?

노인정신건강클리닉에서 진료하고 있지만, 종종 50대 초중반의 환자들이 기억력이 떨어진다며 배우자 또는 자녀와 함께 오는 경우가 있다. 이 연령대에서 기억력이 떨어진다고 하면, 양성 건망증 정도지만 치매에 대한 두려움이 커서 내원하거나 우울증이 심한 이들이 대부분이지만, 실제로 기분저하나 다른 신체적인 질환 없이 인지기능이 두드러지게 떨어져 치매로 진단되는 경우들이 있다.

치매는 노인성 질환으로 70대 이상에서 발병한다고 여기기 쉬우나, 65세 미만에서 나타나는 초로기 치매(조기발병 치매)도 적지 않다. 중앙치매센터가 발표한 '2021 대한민국 치매현황' 보고서에 따르면, 우리나라 전체 치매 환자 91만 2000여 명 중 초로기 치매 환자는 8만 2000여 명으로 약 9.0%를 차지하고 있는 것으로 조사됐다. 즉 전체 치매 환자 10명 가운데 1명은 초로기 치매라는 것이다.

초로기 치매의 원인질환은 다양하나, 대부분 노년기 치매보다 뇌세포의 손상 속도가 더 빠르고, 인지기능 저하의 속도가 빠르다는 특징을 가지고 있다. 또한 초로기 치매환자는 40-50대로 사회활동이 가장 왕성하고, 아직은 독립하지 않은 자녀를 둔 경우가 많아 그 환자의 가족들도 심리적·경제적으로 매우 어려움에 처할 가능성이 높다.

초로기 치매의 원인질환 중 가장 흔한 3가지인 알츠하이머 치매, 혈관성 치매, 전두측두엽 치매에 대해 간략하게 소개하려고 한다.

첫 번째 알츠하이머 치매다. 노년기 치매와 마찬가지로 초로기 치매에서도 알츠하이머 치매가 가장 흔한데 가족력이 있을 가능성이 높다. 가족성 알츠하이머 치매는 초로기 알츠하이머 치매의 약 20%를 차지하고 있다. 부모 중 어느 한쪽이 상염색체 우성으로 유전되는 알츠하이머병 관련 유전자변이를 갖고 있는 경우가 흔하다. 다른 인지기능 (지남력, 시공간능력, 언어능력 등)보다 기억력 저하가 두드러지게 나타나는 특징이 있다.

두 번째로, 뇌혈관이 막히거나 터져서 생기는 혈관성 치매는 중년기부터 당뇨, 고혈압, 고지혈증, 심부정맥, 음주 등 뇌혈관위험인자가 있고, 이것이 잘 조절되지 않는 경우에 발생한다.

세 번째로 전두측두엽 치매는 전체 치매의 약 2-5%를 차지하나 초로기 치매의 12-15%를 차지하는 만큼 비교적 젊은 나이에 발생한다. 감정조절과 판단력을 담당하는 전두엽과, 언어를 담당하는 측두엽이 손상되어 나타나는데, 전두엽이 침범되는 행동변이형 전두측두엽치매는 주로 40-50대에 발생하게 된다. 이 치매는 이른 나이에 발병하기도 하나 기억력 저하보다는 감정 및 충동 조절의 어려움이 초기 증상이기 때문에 치매보다는 갱년기 증상이나 회사에서의 스트레스로 인한 반응 정도로 생각하고 병원에 늦게 찾아오는 경우가 많다. 최근에는 50대 후반인데, 이미 당뇨를 진단받았고 조절이 비교적 잘 되던 편이나, 2년 전부터 식욕 및 식단조절이 어려워 당화혈색소가 13 이상(6.5 이상이면 당뇨로 진단)으로 측정되고 쉽게 화를 낸다며 우울증인 것 같다고 내원한 환자가 있었고, 검진 결과 전두측두엽치매였다. 또한 다정다감하던 배우자가 감정이 결여되고 말수가 줄어들고 평소 같으면 하지 않을 법한 행동을 보인다며 오는 경우도 많다. 아직 공인된 치료약은 없지만, 진단을 제대로 받는다면 증상 조절을 위해 사용할 수 있는 약들도 있고, 적절한 치료 개입을 통해 환자 및 보호자의 삶의 질을 높일 수 있다.

65세 미만이라 하더라도 기억력 저하로 인해 일상생활을 하는 데에 불편함이 지속되고, 주변에서 힌트를 줘도 잘 기억이 나지 않는 상황이 반복된다면 치매전문의의 진료를 받아보는 것이 좋다. 또한 기억력 저하는 두드러지지 않더라도 젊었을 때 보이지 않았던 감정 및 충동 조절의 어려움을 보인다면 노인정신건강전문의를 찾아 우울증 비롯 인지기능저하에 대한 진료를 받아보는 것이 중요하다.[58]

## 아. 새로운 시대에 살아가기

50을 넘기면서 60까지 갈 수 없을 것이라 생각했다. 하지만 60을 넘기고도 신체기능과 정신, 마음은 여전히 활기에 차있다. 80세 시대 패러다임에서 벗어나 100세 시대에 본격 진입한 것이다.

은퇴 후 30년을 능동적으로 살아갈 방법을 찾아야할 때가 된 것이다. 지속가능한 삶에 대한 질을 본격적으로 논의하면서, 활기차고 준비된 100세 시대를 살아갈 수 있는 연금, 노후소득, 건강, 노동, 문화 등에 대해 점검해야할 때가 된 것이다.

이와 함께 준비된 100세 시대를 맞이하기 위해 이상적인 관계 형성과 어른으로 살아가는 것이 무엇인가를 생각해 볼 필요가 있다. 광속도로 급변하고 있는 시간 속에 살면서 창조적인 시간을 보낸다는 것은 어려운 일이지만 후반전을 열어가는 지혜를 노자에게서 찾아봤다.

노자는 집착하는 마음을 비우면, 사랑으로 가득 찬다고 했다. 마음도 비울 필요가 있지만 욕망도 버려야한다. 그래야 볼 수 없었던 것들을 비로소 볼 수 있다. 필자도 작년 한 해 동안 버리는 일에 집중했다.

사랑으로 가득 찬 모습은 자신을 드러내지 않을 때, 자신이 귀하다는 생각을 버릴 때 나타난다고 노자는 말하고 있다. 아마 겸손 하라는 가르침일 것이다. 겸손은 마음 비움과 함께 욕망을 과감하게 버리는 연습에서 만들어진다.

세상에는 욕망하는 욕망을 가지고 지식을 많이 가진 사람이 있는가 하면, 변하는 만물을 인정하며, 옳고 그름을 구분하여 올바름이 무엇인지 아는 자세로 살아가는 지혜로운 사람도 있다. 지혜 있는 사람은 욕망을 앞세운 재물이나 근심에 끌려 다니지 않는다.

마음을 비운 이상적인 인간은 믿음과 사랑이 깊은 사람이다. 사랑으로 세상을 바라보면서, 겸손한 마음을 가지고 있는 사람만이 가질 수 있는 마음이다. 스스로 높고 귀하게 여기면서 저것을 버리고 이것을 취하는 여유 있는 모습이 무엇인지 생각해 봤다.

노자는 이상적인 인간이 되는 방법을 수행에서 찾았다. 수행하기 위해서는 먼저 자아로부터 분리된 나는 누구인가에 대한 앎이 선행되어야 한다. 지금 여기에 던져진 내가 누구인지, 사람답게 살기 위한 생활방식(way of life)이 무엇인지 진지하게 고민해봐야 한다.

첨예한 자본주의 속에서 살아가는 살림은 더해지지 않고, 본래 그대로 자연스러운 것이 아닌 사람이 일부러 그리 만든 人工(인공)에 의한 살림이다.

언제 보아도 산정 위에는 바람 자고/ 오랜 세월 지고한 발길 머무는/ 구름의 묘비명,/ 거기 새겨 있는 가사 없는 노래를/ 내 어찌 전할 수 있으리./ (중략)/ 서재에 불상을 모신 쇼펜하워, 들길을 거닐며 공자를 가르치던 에머슨, 선방에 들어앉은 레비 스트로스, 니체, 랭보./ 저 모든 유럽 탈출자들,/ 그들 또한 지상을 탈출하지 못하고 결국 지상에 묻히지 않았는가./ 오, 그대들, 허공의 탈출자./ (중략)/ 그들이 부른 노래는 무의 노래, 가사 없는 노래./ 그것은 차라리 도취의 노래가 아니었는가.
— 조정권, 「산정묘지 7」

삶은 뜬구름 같다했다. 人工(인공)에 의한 살림은 "구름의 묘비명," 처럼 실체 없는 삶임을 알아가고 있다. 때문에 "오, 그대들," 은 "허공의 탈출자." 일 뿐이다. 기만적인 자본에서 초월하여 "차라리 도취의 노래" 라도 부른다면 더 없이 좋을 것이지만 그렇지 못하고 살아가고 있지 않은지 돌아본다.

차갑고 견고한 회색빛을 벗어던지고 더해지지 않고, 본래 그대로 자연스러운 것이 스며있는, 신체와 정신을 포함한 아직 살아있는 자신이 지니고 있는 내면세계를 성숙하게 키워 "그들이 부른 노래는 무의 노래와 가사 없는 노래" 처럼 알아가야겠다.

　능동적인 내적 정신인 자기의식으로 만든 독특한 국가를 내 안에 세워 "거기 새겨 있는 가사 없는 노래를" "전할 수 있" 으면 좋겠다.[59]

## 자. 하루에 얼마나 걷고 계신가요

　요즘 코로나 때문에 체육시설을 찾아 운동을 하기가 부담스러운 시기이다. 그렇다고 늘어나는 몸무게와 뱃살을 언제까지 친구처럼 같이 지낼 수도 없는 노릇이다. 그래서 선택한 운동이 바로 걷기이다.

　걷기는 특별한 장비나 강습비가 필요하지도, 엄청나게 비싼 운동복이 필요하지도 않다. 단지 걸어서 건강을 챙기겠다는 의지만 있다면 준비는 끝난 것이다.

　그런데 그 마음가짐을 갖기가 쉽지가 않아서 문제이다. 나도 아프기 전까진 건강에 대해 심각하게 생각해 본 적이 없다. 건강을 잃어보니 몸의 소중함을 알았고 살기 위해서라도 운동을 해야겠다는 마음이 들었기 때문이다.

　매일 저녁 동네 주변, 공원, 무심천변을 걷다보면 예전에 비해 많은 사람들이 삼삼오오 짝을 지어 담소를 나누며 걷고 있는 풍경을 많이 보게 된다.

　그만큼 걷기의 운동 효과가 많이 알려져서 그런 듯하다. 걷기는 경제적인 투자 없이도 할 수 있는 가장 안전한 유산소 운동이다.

　노약자, 임산부, 건강이 좋지 않은 사람을 포함한 거의 모든 이들이 하기 쉬운 운동이며 성인병의 예방과 치료 및 체지방률을 감소시키는 데에도 효과가 뛰어나다고 한다.

　이렇게 좋은 걷기도 잘못하면 오히려 독이 될 수도 있기에 운동 효과를 극대화하고 건강도 챙길수 있는 올바른 걷기 운동 자세를 살펴보자.

　우선 턱을 아래로 당기고 시선은 전방 15도 위 또는 20~30㎝ 앞을 본다.

　그리고 어깨와 등은 곧게 펴고 손목에 힘을 뺀 후 주먹을 살짝 쥐고 앞뒤로 자연스럽게 흔들어준다. 이 때 허리를 곧게 펴고 배에 힘을 줘 자세가 흐트러지지 않게 걷는다.

　걸을 때 발뒤꿈치~발바닥~발가락 순으로 바닥에 닿도록 걷고 발이 바깥쪽이나 안쪽으로 향하지 않게 11자를 유지하면서 걷는 게 좋다.

　보폭을 너무 넓게 할 경우 허리에 무리가 갈 수 있으니 어깨 넓이 또는 그보다 작은 보폭을 유지하는 게 좋다고 한다.

　혹시라도 의지만 앞서서 무리하게 운동을 할 경우 근육이나 무릎, 허리 등에 통증이 생길 수 있으니 자신의 몸 상태에 맞춰 계획을 짜서 운동을 하는 것이 좋다.

요즘은 걷기를 통해서 소소한 소확행을 누릴수 있는 앱도 많이 있다.

몇 가지를 소개해 보면 첫 번째는 워크온 걷기 챌린지이다. 청주시 4개 보건소에서 진행하고 있으며 스마트폰에서 워크온 앱을 내려받아 회원 가입하면 주소지 구별 커뮤니티에 참여할 수 있다.

걷기 목표 설정, 커뮤니티 내 걸음 순위, 건강 정보 안내 등 다양한 정보를 볼 수 있으며 챌린지에 참여하면 모바일상품권 등 인센티브도 받을 수 있다.

다음은 캐시워크 앱이다. 매일 1만보를 걸을 경우 최대 100원의 캐시를 적립해 주고 앱 속의 퀴즈를 통해서도 캐시를 적립할 수 있다.

이렇게 적립된 캐시를 커피, 피자, 치킨 등으로 교환해 사용할 수도 있어 내 주위 많은 사람들이 이용하고 있는 것으로 알고 있다.

마지막으로 토스앱이다. 토스는 송금, 결제, 투자, 보험까지 종합금융 앱이지만 그 속에 만보기라는 코너가 있어서 걷기를 좋아하는 지인들의 걸음 수 합에 따라 현금을 지급해 주기도 한다.

이런 앱을 이용해 걸으면 건강도 챙기고 재미는 덤으로 생기는 일석이조의 운동이 바로 걷기이다.

또한 평소 좋아하는 음악이나, 강의, 외국어 등을 들으면서 나만의 시간도 갖고 하루를 뒤돌아보는 기회도 되니까 춥다고 집에만 있지 말고 힘차게 현관문을 박차고 나가보자.

아직은 찬 공기가 옷깃을 여미게 하지만 머지않아 올 봄의 향기를 미리 상상하며 난 오늘도 마로니에 공원을 걷고 있을 것이다.[60]

### ☞ '시대의 우울' 을 건너는 법

우울한 사람들이 늘고 있다. '코로나 블루' 의 영향이 크겠지만, 세상일도 그렇고 사람들과의 관계 또한 내 마음대로 되지 않아서 우울한 마음 상태에 사로잡힌 경우가 적지 않다. 내 주변에도 혼자 사는 것은 외롭지만, 같이 사는 것은 괴롭다고 호소하는 사람들이 있다. 우울증이 문제가 되는 것은 일상에서 '기쁨' 의 감정을 잘 느끼지 못한다는 점이다. 그러한 사람들이 일상의 소소한 행복을 알 리 만무하다. 우울증은 심지어 자기 자신은 물론이요, 공동체까지 파괴한다.

우울한 대한민국의 자화상은 미룰 수 없는 사회문제가 되었다. 우울증 환자들에게 3월은 잔인한 달이다. 건강보험심사평가원의 월별 진료 추이에 따르면, 3월에 우울증 환자가 급증하는 것으로 조사되었다. 2020년 우울증 환자가 84만명에 달했고, 이는 2016년 64만명에 비할 때 30% 증가한 숫자라고 한다. 매달 진료를 받는 환자들도 20만명을 넘어섰다. 10대와 20대들이 다른 연령대에 비해 급증했고, 전체 환자 중 3명 중 1명이 65세 이상 고령자이다.

　　한국인의 정신건강이 위험해진 것은 '마음생태학'이 파괴되었기 때문이다. 코로나 시대에도 불구하고 돈 되는 것, 부자 되기의 열풍이 우리 마음을 온통 사로잡으면서 지금 당장의 고통을 회피하며 현재지상주의(presentism)적 삶을 추구하려 하는 것을 보아도 알 수 있다. 법철학자 마사 누스바움은 〈지혜롭게 나이 든다는 것〉(어크로스)에서 "퇴직자들의 공동체에서 현재지상주의의 기운을 발견할 때가 많다"고 말한다. 현재지상주의는 자아 바깥의 세상에 무관심하며 좀처럼 이타주의적 마음을 보이지 않는 태도라고 마사 누스바움은 덧붙인다. 경제적 생존의 공포에서 벗어나 생활을 회복해야 하고, 궁극적으로는 생태적 삶으로 전환하는 길을 찾아야 한다.

　　지금, 여기의 우울은 따라서 시대의 우울이라고 보아야 옳다. 시대의 우울을 넘어 우리 모두가 기쁨의 감정을 찾을 수 있는 마음생태학을 회복하도록 예방적 사회정책을 펴야 한다. 우울증의 특효약은 '햇볕'이라고 한다. 청소년 시절 3월이면 거의, 언제나, 항상 신학기 증후군을 앓곤 했다. 그때마다 3월 한낮 햇볕을 쬐면서 숲과 거리를 배회하며 '두 발의 고독'을 경험했다. 부서지기 쉽고 상한 영혼을 위해 햇볕정책이 필요하다고 본능적으로 느낀 셈이랄까. 우리나라 사람들의 버킷리스트 항목에 곧잘 등장하는 카미노 순례길 같은 코스를 찾아 탐방하는 사람들도 많아졌다. 그런 순례길 여행이 자신과 화해하며, 슬픔과 기쁨 그리고 용서로 가득한 길이 될 수만 있다면 세상을 살아가는 큰 힘이 될 것이다.

　　지금도 봄날 산책은 계속된다. 이문재의 시 '나는 걷는다'를 왼쪽 가슴에 품은 채 발걸음을 내딛는다. "국가는 걷지 않는다/ 기업은 걷지 않는다/ 경전은 걷지 않는다/ 문명은 걷지 않는다/ 인류는 걷지 않는다// 나는 걷는다/ 내가 걷는다." 나는 특히 주격 조사가 "나는"에서 "내가"로 변환되는 마지막 두 행에서 말할 수 없는 삶의 비밀을 엿본다. 우울하고 비통한 자들을 위한 깊은 통찰의 비밀이 행간에 부려져 있기 때문이다.

　　이 봄날, 온몸에 햇살을 받으며 홀로 걸으시라.[61]

## 차. 만국의 노인이여 단결하라!

"빨리 엄마한테 전화 좀 해봐." 일하다가 언니의 전화를 받았다.

"왜? 무슨 일 있어?" "카톡 봐 봐." 개점휴업 중인 가족단톡방에는 좀처럼 전화 한번 안 하는 딸에 대한 서운함과 원망이 담긴 엄마의 문자가 올라와 있었다. '아, 바빠 죽겠는데' 구시렁거리며 전화를 했다. 나는 위기를 모면하기 위해 말했다. "많이 멀지도 않은데 엄마가 우리 집 자주 와요." 번거롭다거나 힘들다고 대답할 줄 알았던 엄마가 머뭇거리다 답했다. "너랑 개똥이(아들)가 좋아하지 않을 거 같아서…." 마음 한쪽 모퉁이가 파삭하고 부서지는 느낌이 들었다.

분홍색 꽃과 반짝반짝 비즈 가득한 셔츠를 입고, 나름 커리어우먼인 딸내미의 옷차림에 대한 강압적 코치를 주저하지 않던 엄마의 자신감이 온데간데없이 사라졌다. 생각해보니 지난해 초 고관절 골절 수술을 받은 뒤 보조도구 없이는 걸을 수 없게 되었고, 이즈음 청력 장애 판정까지 받으면서 엄마의 자신감이 북극 빙하처럼 빠르게 녹아내리기 시작한 것 같다. 팔순 넘어서 걸음이 불편해질 수도 있지, 보청기 끼는 게 뭔 대수라고, 라고 자식들은 심드렁하게 엄마의 변화를 받아들였지만 엄마의 생활은 그 이후로 완전히 바뀌었다. 코로나 유행으로 전국민의 발이 묶이면서 엄마가 갇히게 된 감옥이 드러나지 않았을 뿐이다.

노년의 부모가 가지게 된 장애를 우리처럼 심상하게 받아들이는 자식들이 적지 않을 것이다. 노화는 건강이나 신체적 능력의 쇠퇴 또는 훼손과 직결되는 문제기 때문이다. 겪어보니 자식에게도 이 문제는 대수롭지 않은 게 아니었다. 어느 순간부터 나는 귀가 어두워진 엄마와 대화하기를 중단했다. 옷 얼룩 빼는 법이나 화분에 물주기 등 엄마한테 구하던 소소한 조언들을 더 이상 구하지 않게 됐다. 나들이나 여행 제안도 슬그머니 사라졌다. 엄마와 무언가 같이 하는 일이 전보다 조금 번거로워졌다는 이유로 쉽게 포기했다. 하지만 엄마가 자괴감으로 괴로워할 줄은 몰랐다. 몸이 불편해 집안일도 잘 못하고 이야기도 나누기 힘들어진 엄마는 쓸모없는 존재일 것이라는, 그래서 자식에게 환영받을 수 없을 것이라는 그 마음이 아득하게 느껴졌다. 사실 이 모든 게 나의 무의식적 (효용가치에 대한) 판단과 배제로부터 시작된 것임에도 말이다.

우리 엄마가 그렇듯 운 좋게 비장애인으로 살았어도 나이가 들면 크고 작은 장애가 우리 삶으로 끼어든다. 닳아버린 관절은 이동의 권리를 박탈하고, 혹사한 눈과 귀는 문화적 향유는 물론 일상의 소통까지 막는다. 사실 십년 전에 이미 노안이 온 나에게도 장애는 이미 시작된 셈이다. 최근에는 다초점 안경과 컴퓨터 작업용 안경도 잘 맞지 않아 하루종일 안경 두개를 갈아 끼웠다, 올렸다, 내렸다, 벗었다를 반복한다. 청력도 부실해졌는지 한국 영화와 드라마에 자막을 깔고 본 지도 꽤 됐다. 나만의 문제는 아닐 텐데, 엄마처럼 나 역시 위축되곤 한다. 주변 사람들을 의식해 보이지 않는 작은 글씨의 프린트물을 열심히 읽는 척을 한다거나, 누군가의 말을 전혀 알아듣지 못했으면서 옆 사람을 따라 큰 소리로 웃은 게 한두번이 아니다. 장애는 그냥 당사자가 알아서 해결해야 하는 것, 또는 감수해야 하는 핸디캡이라는 낡은 편견의 내면화다.

두 노년 여성의 분투를 유쾌하게 그린 미국 드라마 〈그레이스 앤 프랭키〉에는 '횡단보도'라는 제목의 에피소드가 있다. 두 사람의 친구인 조안 마가렛은 대게를 싼값에 배 터지게 먹을 수 있다는, 최근 문 연 뷔페식당에 가는 게 꿈이다. 이게 왜 꿈이냐면 식당 앞에는 걸음이 불편한 그에게 태평양보다 드넓은 왕복 6차선 도로가 있기 때문이다. 큰맘 먹고 식당으로 향한 프랭키와 조안 마가렛은 '마의 20초 벽'을 뚫지 못하고 십여미터 횡단에 실패한다. 시청에 가서 도로 횡단 시간을 늘려달라고 하소연하다가 마침 담당 공무원이 다음날 도보 시간 실측 점검에 나선다는 걸 알게 된다.

이들은 친구들을 부른다. 휠체어 등 갖가지 보행 보조기구를 쓰는 친구 수십명이 함께 20초 벽에 도전한다. 빨간 신호로 바뀌자 옆 차들이 빵빵대고 난리를 쳤지만 함께했기에 이들은 이십초 벽을 '무너뜨렸다'. 그리고 마지막 보행을 장식한 그레이스는 말한다. "나는 80살 여성이고 천천히 걸을 권리가 있어요." 바꿔 말하면 어떤 핸디캡이 있는 사람이든 자유롭게 이동할 권리가 있다는 의미일 터다. 드라마가 보여준 노인들의 연대는 장애인들의 연대이기도 하다. 몸이 불편한 노인들에게 그리고 우리 모두에게 예약된 미래를 준비하기 위해 단 하나의 연대가 필요하다면, 그것은 장애인들과의 연대일 것이다.[62]

## 카. 매미의 오덕(五德)을 배우자

그렇게 무덥던 찜통더위도 계절을 이길 수 없어 이제 아침저녁 서늘함을 느끼게 한다. 입추를 지나면 매미는 더 정열적으로 울어댄다고 한다.

빨리 짝을 만나 이승에서의 사랑을 나누고 떠나야 하기 때문이란다.

매미는 우리가 알고 있는 성충의 모습이 되기까지 7년이라는 긴 세월을 준비하지만, 성충의 모습으로는 7~20일밖에 살지 못한다. 우리가 여름마다 듣는 그 매미 소리를 내기 위해 한평생을 준비하고 반짝 빛나며 삶을 마감하는 것이다. 수컷 매미가 목청껏 울어서 짝짓기에 성공하고 매미의 알은 나무줄기 속에 있다가 다음 해 6~7월이 되면 유충이 된다.

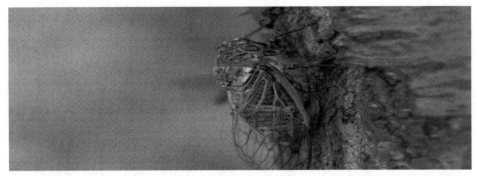

유충이 되면 땅속으로 들어가서 5~7년 동안 굼벵이로 지낸다. 그동안 4차례나 변태를 거듭한다고 한다. 그렇게 긴 세월 굼벵이의 삶을 잘 버티고 나면, 땅에서 나와 나무에 매달려 마침내 매미로 우화(탈피)하게 된다.

하지만 앞서 말했듯 매미의 모습으로는 7~20일을 살다가 짝짓기를 하고 생을 마감한다는 것이다. 짧고 굵은 매미의 삶을 선비들은 군자(君子)의 다섯 가지 덕(五德)을 겸비한 것으로 비유를 했다. 조선시대 임금이 정사를 볼 때 머리에 쓰던 익선관(翼蟬冠)은 매미의 날개를 본 뜬 것으로 매미의 오덕(五德)을 생각하며 백성을 다스렸다고 하니

1. 매미의 곧게 뻗은 입이 갓끈과 같아서 학문에 뜻을 둔 선비와 같고
2. 사람이 힘들게 지은 곡식을 해치지 않으니 염치가 있으며
3. 집을 짓지 않으니 욕심이 없고 검소하며
4. 죽을 때를 알고 스스로 지키니 신의가 있고
5. 깨끗한 이슬과 수액만 먹고 사니 청렴하다는 것이다

이는 모든 공직자들에게 시사하는 바가 크다. 특히 요즈음의 정치인들에게 꼭 들려주고 싶은 교훈이 될 만한 이야기다.

인격을 기본으로 사람을 단죄하던 판사 출신 국회의원의 GSGG(개ⅩⅩ)발언과 '별 값이Ⅹ값이다' 대선 주자들 간의 '역 선택 방지' '윤○○게이트' 등으로 여당이든 야당이든 경선을 둘러싼 파열음으로 국민을 혼란스럽게 하고 있다. 상대방의 약점을 찾고자 혈안이 되는가 하면, 잘못된 정보라도 마구 쏟아내고 아니면 그만이라는 무책임한 발언이 난무한다. 그런데 노년세대를 크게 실망시키는 일도 벌어졌다.

101세의 원로 철학자 김형석 박사의 현 정부 비판에 인격을 바탕으로 해야 하

는 판사 출신의 변호사가 '이래서 오래 사는 것이 위험하다는 옛말이 생각난다' 면서 이제는 저 어르신 누가 좀 말려야 되지 않을까? 자녀, 손자들이 신경 좀 쓰란다. 과거에도 정치꾼들 사이에서 어르신들 투표장에 나오지 않아도 된다, 노인은 상황 판단력이 흐리다 등으로 노인 비하 발언들이 쏟아지고 있는 마당에, '정신력은 늙지 않는다' 와 '80세에 가까우면 이제 집에서 쉬어라' 가 시니어 세대들을 혼란스럽게 하면서 큰 충격으로 다가온다. 물론 시니어세대는 변화와 세대차에 둔감함을 자각해야겠지만, 아직 노년을 겪어보지도 않은 젊은 세대가 노년의 정신력을 어떻게 안다고 서로 간 인신공격으로 가슴 아픈 상처를 만들어야 할까?

어수선한 현실과 코로나가 겹쳐서 어려운 때이지만 어렵고 힘든 시절이 지나면 좋은 때가 올 것이다. 그날이 오면 환난과 고통의 허물을 벗고 희망의 날개를 펼 준비를 하면서 세상을 살아가는 희망의 지혜를 함께 공유하자.[63]

## 타. 가을 숲속에서

천고마비의 계절답게 날씨가 더없이 좋다. 가을 숲이 손짓하여 산에 오른다. 가을은 사색의 계절이고 누구나 시인이 되는 것 같다.

등산객들이 많이 왕래하는 등산로를 벗어나 호젓한 오솔길을 택해 숲속에서 나를 돌아보고 삶을 관조하여 본다. 도토리가 구르는 재주가 있고, 알밤이 호두보다 더 맛난 것도 알았다. 멧돼지가 흙 목욕한 흔적이 보이는 곳은 좀 을씨년스럽기도 하지만 나름대로 용감성을 함양하는 좋은 기회이다. 어느새 나무들이 시나브로 색동옷으로 갈아입고 있는데 성미 급한 낙엽 하나가 휘돌며 떨어진다. 나무뿐만 아니라 누구나 삶의 끝도 낙엽 같다. 떨어지기 전에 좀 더 건강하고 즐겁게 살자는 소망은 모든 동식물의 공통분모일 것이다.

어느 작가는 따뜻한 봄을 상쾌한 아침에 비유했고, 가을은 차분한 저녁으로 표현했다. 독일의 철학자 니체는 "가을은 영혼의 계절" 이라 불렀고, 시인·소설가·화가인 헤르만 헤세는 가을은 "더 높은 삶으로 들어가는 계절" 이라 말했다. 숲속에서 명상에 잠기니 이런 명언이 가슴에 와닿고, 평소에 관심이 많았고 여러 책에서 감명 깊게 읽은 '늙음' 에 대해서도 통찰하게 된다.

낙엽 지기 전의 모습은 어떠했을까. 신록을 자랑하던 푸르른 청춘이었고 아름다운 단풍이었다. 인생 말년의 모습도 나뭇잎처럼 혈기 왕성한 푸르름을 거친 화사하고 아름다운 단풍이라는 생각이 든다.

늙음의 미학 중 첫 번째는 '비움의 미학'이다. '비움'의 실천은 '버림'으로써 여백을 만드는 일이다. 꽃이 비록 아름답지만 그 꽃을 버려야 열매를 맺을 수 있다. 성취의 청춘도 아름답지만 비움(버림)의 노년은 더욱 아름답다. 두 주먹을 꽉 쥐고 태어남은 세상에 대한 욕심이요, 손바닥을 쫙 펴고 죽는 것은 모든 소유로부터의 비움이다. 집지양개(執之兩個)요, 방즉우주(放則宇宙)다. 즉, 두 손으로 잡아보았자 두 개뿐이요, 놓아버리면 우주가 내 것인 것을.

늙음의 미학 두 번째는 '노련함의 미학'이다. 노련(老鍊)이란 단어에는 늙을 로(老)자를 쓴다. '노'자에는 '노련하다'는 의미가 있다. 산전수전 다 겪으며 오랜 세월의 경륜에서 오는 노하우(know-how)가 있어 노인은 노련한 경험의 결정체다. 그래서 "노인 한 사람이 죽으면 도서관 하나가 없어지는 것과 같다."란 아프리카 속담도 있지 않을까. 평범한 노인이라도 하나의 역사가 될 수 있으며, 노인은 평생의 삶을 통해 체득한 다양한 지혜와 지식을 국가와 사회와 가정을 위해 등대가 되고 자양분이 되어야 한다.

며칠 전 10월 2일은 노인의 날이었다. 경로효친 의식을 고양하고, 노인 문제에 대한 국가적 대책을 마련하며 범국민적 관심을 제고하기 위해 제정된 날로 매년 10월 2일이다. 1990년 국제연합 총회에서 10월 1일을 '세계 노인의 날'로 제정하였고, 우리나라에는 1997년 '노인복지법' 및 '각종 기념일 등에 관한 규정' 개정과 함께 국군의 날인 10월 1일과 겹치지 않도록 10월 2일을 '노인의 날'로 제정한 것은 참으로 뜻깊다. 저출산 고령화 시대가 되면서 어린이와 청소년들이 보물 같은 존재이지만, 노인들도 마땅히 존경받고 우대받아야 한다.

'너는 늙어봤니 나는 젊어 봤단다' 라는 인생의 오묘함이 있는 서유석의 노래는 이애란의 '백세인생' 처럼 풍자적이고 뜻깊어 사랑을 받고 있다. "너는 늙어봤냐 나는 젊어 봤단다./ 이제부터 이 순간부터/ 나는 새 출발이다 ……."

남은 내 인생의 가장 젊은 날이 바로 오늘이고, 오늘 중에서도 바로 지금 이 순간이니 '지금 여기에서' 최선을 다하고 행복해야 한다. 아름다운 가을날, 해종일 숲속에서 단풍과 낙엽과 벗하고 교감하며 자연의 섭리를 되새기자니 필자의 첫 번째 수필집인 '지금 여기에서'의 책 제목을 잘 정한 것 같고 자랑스럽다. 오늘은 평범한 날 같아도 어제 죽은 자가 그토록 소망하던 아주 간절하고 소중한 날이지 않은가.[64]

## 파. 나이 들어간다는 것은

그렇게 서글프지만은 않아.

이름 모를 들꽃들을 보며
'이렇게 예쁜 꽃이 있었나?' 하며
즐길 수 있는 여유가 생기거든.

봄, 여름, 가을, 그리고 겨울…….

무심코 지나쳤던 하늘빛과
산과 들의 풍경에도 관심을 가지게 돼.

시끄럽게 떠들고 소란 피우는
아이들의 모습에도
짜증내지 않고 웃으며 넘길 수 있고,

한 번쯤 어려운 이웃을 돌아보고
진심이 담긴 선행을 베풀기도 해.

나이 들어간다는 것은,
나만의 여행을 계획하는 과정 같아.

쓸모없는 것들은 몽땅 **빼** 버리고,
하고 싶은 건 좋은 사람들과 마음껏 나누기도 하며
내가 원하는 대로 만들어 갈 수 있잖아!

그러니,
늘어가는 흰 머리에 한숨 쉬지 말고,
잘 보이던 책의 글귀들이 보이지 않는다고 인상 찌푸리지 마.

더 많이 보고,

더 많이 듣고,
더 많이 경험할 수 있도록
마음의 눈과 귀를 열어두라는 신호일테니까.[65]

http://chojien.tistory.com/617700x466(2018. 03. 16)

## 하. 하인의 삶

자정 무렵 진만은 아버지의 전화를 받았다. 자정이라면 아버지가 아파트 경비 초소에서 야간 취침에 들어야 할 시간이었다. 아버지의 음성은 조금 가라앉아 있었지만 취기는 느껴지지 않았다.

"너한테 할 말은 아니지만… 이걸 어찌해야 할지 몰라서 말이다…."

아버지는 느릿느릿 이야기를 시작했다. 아버지가 오피스텔 야간경비를 그만두고 인근 대단지 아파트로 직장을 옮긴 것은 올해 봄의 일이었다. 오피스텔보다 근무환경이 더 낫다고 해서 (오피스텔은 취침할 만한 곳이 여의치 않아 늘 책상에 엎드려 자야만 했다), 뒤도 돌아보지 않고 바로 출근했는데, 하나 걸리는 게 있었다고 한다. 계약 시 근무 기간이 6개월로 정해져 있었다는 것. 아버지가 그 부분을 염려하자 용역회사 부장이라는 사람이 귀찮다는 듯 툭 말을 건넸다고 한다. 아이 참, 그게 원래 조건이라니깐요. 웬만하면 다 연장될 거예요. 아버지는 그 말을 믿었고, 그래서 바로 서명했다. 코로나 시국인지라 경비원 자리 하나를 두고도 여러 명이 줄을 서는 상황이었다.

600세대가 조금 넘는 아파트인지라 일은 많았다. 재활용이나 음식물쓰레기 처리뿐만 아니라 주변 환경미화와 조경, 택배 처리까지, 아버지는 쉴 틈 없이 일했다. 일은 고됐지만 그래도 경비초소에 에어컨도 설치되어 있어 딱히 불만은 없었다. 이 정도면 어디 가서 빠지지 않는 자리라고, 아버지의 교대 근무자가 말했다.

문제는 지난달, 새로 입주민대표자회의 회장이 선출되면서부터 시작되었다. 새 회장이 내건 공약은 현재 6명인 경비원을 4명으로 줄이겠다는 것. 그로 인해 세대마다 매달 관리비 1만5000원을 절감할 수 있다는 것. 경비원은 줄지만 무인 택배 시스템과 CCTV 확충으로 입주민 불편은 최소화하겠다는 것. 그는 그 내용을 아파트 엘리베이터마다 게시했다(그 게시물 부착 또한 아버지를 포함한 2명의 경비원이 했다). 그는 압도적인 지지로 입주민대표자회의 회장에 선출되었다고 한다.

"경비원들 다 문제였지 뭐…. 우리 중 2명만 자른다는 게 아니고, 전원 계약 해지하고 새로 4명을 뽑겠다고 했으니까."

아버지와 다른 경비원들은 소속되어 있는 용역회사에 도움을 청했으나, 그쪽에서도 어쩔 수 없다는 반응이었다고 한다. 입주민 대표자에게 밉보였다간 바로 회사 자체와의 계약도 해지될 수 있으니까…. 새로 뽑힌 입주민 대표자가 워낙 이쪽 일에 훤한 사람 같아서…. 용역회사 부장은 그렇게 말을 흐렸다고 한다.

아버지와 다른 경비원들은 절망하고 체념했지만 의외의 반전이 일어났다고 한다. 입주민대표자회의에 참석했던 40대 동대표 두 명이 경비원 구조조정에 반기를 든 것이다. 관리비 조금 아끼자고 어떻게 사람을 그렇게 쉽게 해고하나? 경비원에 대한 갑질 문제가 이곳저곳에서 벌어지고 있는 마당에 우리 또한 같은 일을 저지르는 거 아닌가? 이렇게 밀어붙이면 언론이나 SNS를 통해 알리겠다. 그 두 명의 동대표로 인해 경비원 구조조정에 대한 안건은 보류되었고, 아버지와 다른 경비원들은 일자리를 지켜낼 수 있었다.

"그러면 잘된 거 아닌가요?"

진만이 묻자, 이번엔 아버지가 잠시 침묵했다.

"잘됐는데… 나도 그 두 분이 참 고마운데… 어제 말이다, 그분들 중 한 분이 재활용장 옆에 커다란 책장을 버리겠다고 내놨거든…. 그건 따로 돈을 내고 수거해야 할 물품이어서, 그게 만이천 원인데, 내가 참 그분이 고마운 건 알겠는데, 말을 안 하고 그냥 가시길래 따로 말을 했거든. 이게 만이천 원을 내야 한다고. 그랬더니 그분이, 그 40대 남자가, 나를 한번 쓱 훑어보고 아무 말 없이 그냥 가는 거야. 마치 기분 나쁜 말을 들은 사람처럼…."

아버지는 그 말을 하고는 한숨을 길게 내쉬었다.

"그때부터 내가 이렇게 불안한 거야. 내가…. 내가 잘못한 거니? 그냥 내가 만이천 원을 내는 게 맞는 거니?"

아버지의 질문에 진만은 아무런 대답도 못한 채 가만히 핸드폰만 들고 서 있었다. 어떻게 하는 게 더 좋은 건지 쉽게 판단할 순 없었지만, 아아, 그냥 진만은 그 모든 게 까닭 없이 서글프고 수치스러웠다.[66]

## 잠깐! 쉬었다 갑시다

☞ 암이 유전이 되나요

'암이 자녀에게 유전이 되느냐'는 질문을 진료실에서 흔히 받는다. '95%의 암은 유전되지 않는다. 염려하실 필요 없다'는 것이 의사가 내놓는 일반적인 모범답안이다. 그러나 거꾸로 보면, 이는 약 5%의 환자에서는 암이 유전이 된다는 말이기도 하다. 이 유전성 암 환자 중 실제 암을 일으킨 유전자 변이가 진단이 되고 있는 환자는 일부에 불과한 것으로 추정된다. 과거에는 진단 방법이 쉽지 않거나 비용이 문제였다면, 유전자 검사 기술이 발전하고 가격도 저렴해진 지금은 의료진 및 환자의 관심 부족, 사회적 낙인 그리고 진단이 돼도 충분한 검진과 치료의 지원책이 없는 것이 문제다.

대장암, 자궁암 등이 흔히 발생하는 린치증후군, 유방암과 난소암을 일으키는 것으로 알려진 BRCA 변이와 관련된 암 증후군이 대표적인 유전성 암이다. 그 외에도 최근에는 췌장암, 전립선암, 방광암 등도 이러한 유전성 암 증후군으로 인해 발생하는 경우가 있는 것으로 알려져 있다. 비교적 흔한 암인 대장암의 약 2%, 유방암의 3%, 난소암의 10%가 부모로부터 물려받는 유전자 변이로 인해 발생하니, 사실 적은 수는 아니다.

진료실에서 만나는 유전성 암 증후군 환자들의 삶은 고달프다. 이들은 종종 생애주기에 걸쳐 여러 가지 암을 진단받는 것이 특징이다. 20대에는 대장암, 30대에는 방광암, 40대에는 췌장암, 이런 식으로 여러 가지 암이 연달아 생긴다. 치료가 다행히 잘된다고 해도 일부는 연이은 투병생활에 경제활동이 어려워 기초생활수급자가 되기도 한다. 대개 젊은 나이에 암을 진단받기 때문에 학업이나 직장생활의 공백은 이들의 삶에 큰 영향을 미친다. 또한 여러 암 병력 때문에 암보험이나 실손보험을 가입하는 것도 거의 불가능하다. 다행히 이런 암 증후군 중에는 요즘 새로 나온 면역항암제나 표적항암제가 좋은 효과를 보이는 경우가 종종 있다. 또한 환자 가족들에게도 유전자 검사를 해 암 유전자의 변이가 발견된 경우에는 더욱 자세한 검진을 통해 암을 조기에 발견하는 계기가 되기도 한다.

그러나 현실의 장벽은 생각보다 크다. 일부 신약은 보험적용이 안 돼 쓰기 어렵고, 그런 경우 대안이 될 만한 신약 임상시험에 참가하는 것도 어려운 경우가 많다. 한 가지가 아닌 여러 암을 진단받은 환자는 보통 임상시험에 참가할 수 없기 때문이다. 실제 내가 만난 환자들은 린치증후군으로 인한 대장암에 효과가 좋은 것으로 알려진 면역항암제 키트루다를 건강보험 급여가 되지 않아 처방받을 수 없었다. 월 500만원이 넘는 약값을 선뜻 지불할 수 없었고, 이전의 방광암·췌장암 병력 때문에 면역항암제 임상시험에 참가할 수 없었던 것이 이유다.

한편 환자의 가족들은 사회적 낙인을 우려하거나 제대로 된 정보를 제공받지 못해 좀처럼 검사를 받지 않는다. 혹시 사회에서 유전병이라는 낙인이라도 찍히지 않을지, 아직 걸리지도 않은 암 때문에 보험가입이 거절되지는 않을지, 취업·결혼 등에 있어 부정적으로 작용하진 않을지 걱정되는 것은 어찌 보면 당연한 일이다. 만약 유전성 암 증후군이 진단됐을 때 이후의 검진과 치료, 심리적 돌봄에 대한 의료제공체계와 건강보험 혜택이 잘 갖추어진다면, 암 유전자 검사를 좀더 적극적으로 권유할 수 있지 않을까.

건강보험은 본인이 선택한 흡연으로 인해 폐암 위험이 높아진 경우여도 CT 검진 비용을 지원해 준다. 면역항암제도 보험급여 적용이 가능하다. 그러나 암 유전자를 가지고 태어나는 것은 본인의 선택이 아닌데도 치료 선택권을 충분히 보장받지 못하고 있다.

희귀질환이라는 이유로 공보험의 혜택에서 제외되는 것은 정의롭지 못하다. 게다가 암 연구의 역사에서 유전성 암 증후군 환자와 가족들의 혈액과 종양검체는 암 발병의 기전 이해와 신약 개발에 매우 중요한 단서를 제공해 왔다. 사회가 이제는 그들에게 되갚아야 할 때가 아닐까?[67]

〔더 이상 먹지 말아야 할 음식〕

# 4. 나만의 버킷리스트(Bucket list)

'죽기 전에 하고 싶은 일을 적는 것'을 버킷리스트라고 한다. 어원은 '죽다'라는 뜻의 속어인 '킥 더 버킷(kick the bucket)'으로부터 따온 말로, 중세시대 교수형을 집행하거나 자살할 때 '올라가는 양동이를 걷어차는 의미'에서 유래했다고 한다.

10여 년 전, '버킷리스트'라는 제목의 영화가 상영된 적이 있었다. 가난하지만 가정을 위해 헌신한 정비사 '카터'(모건 프리먼 분)와 괴팍한 성격의 백만장자 '잭'(잭 니콜슨 분). 생활 방식이나 가치관 등이 크게 달랐던 두 사람이 만나게 된 곳은 시한부 선고를 받고 입원한 병실이었다. 병원생활을 통해 가깝게 된 그들은 버킷리스트를 다섯 개씩 적고, 평소 하지 못했던 일들을 해보기 위한 여행을 떠난다. 그리고 성공하거나 실패한 항목들을 하나씩 지워가는 내용이다.

그 이후 '꼭 해야 할 일' 또는 '하고 싶은 일'에 대한 목록을 작성하는 것이, 버킷리스트라는 하나의 트렌드로 자리 잡게 된 것이 아닌가 싶다. 해가 바뀌면서 새 달력과 수첩이 도착했다. 새 수첩에 적어 넣을 '나만의 버킷리스트'는 무엇으로 하면 좋을까.

처음에는 코로나19로 오랜 기간 억눌려 있던 갑갑한 마음을 달래고자 당장이라도 달려가고 싶은 여행에 대한 기대를 떠올렸다. 그러나 그것은 누구에게나 공통적인 희망사항일 것 같다. 잠시 후 생활 속에서 정말로 해야 할 일이 있다는데 생각이 이르렀다. 평소 알고 있으면서도 실천하지 못했던 것들이다.

첫 번째 칸에 '하루 한 가지 이상 버리기'라고 적었다. 물질적으로는 불필요한 옷과 사용하지 않는 가전제품이나 주방용품, 가방, 신발, 책 등의 물건을 버림으로써 집의 공간을 넓히는 것이다. 그리고 정서적으로는 넘치는 기대와 욕심과 원망과 미움을 버리고, 마음의 그릇에 평화와 여유를 불어넣는 것이다.

'연장을 잘 버리는 사람이 유능한 목수가 된다'는 말이 있다. 하지만 잘 버리지 못하는 성격에, 적지 않은 용기와 결단이 필요하다. 눈에 띄는 옷가지들을 하나둘 꺼내기 시작한다. 충동구매로 샀다가 보관만 했던 옷들이, 잘못을 나무라는 듯 불쑥불쑥 튀어나온다. 하지만 특별한 의미가 있거나 선물로 받은 옷은 버리기가 어렵다. 책을 버리는 일은 더욱 어렵다.

두 번째 칸에는 '아들과 걷기 여행'이라고 적어야겠다. 나이와 체력에 걸맞은 적당한 활동과 표현을 잘 하지 않는 아들과의 소통의 기회를 만들기 위해서다. 여행을 '길 위의 학교'라고 하는 것은, 길을 걸으면서 다양한 경험과 예상치 못했던 상황을 접할 수 있기에 하는 말일 것이다. 세대 차이가 있는 아들과의 여행이 쉬운 일은 아니라는 것을 알기에, 조심스럽게 접근하려고 한다.

세 번째 칸에는 무엇을 적을까. 가장 아쉬움이 큰 어학공부를 계속해볼 생각이다. 다른 나라 언어를 터득하기 위해 빠르고 쉬운 방법은 없다는 것을 잘 안다. 꾸준한 끈기와 인내가 필요하다는 것도 안다. 하지만 새로운 학문을 배우고 익히는 것은 두뇌운동의 활성화와 치매예방에도 효과가 있다니, 은퇴자에게 꼭 필요하고 적당한 항목이 아닐까 싶다.

네 번째와 다섯 번째 칸은 건강관리와 취미활동에 대한 내용이 될 것이다. 건강하지 못하면 취미활동이 어렵고, 취미가 없는 생활은 건강을 해칠 수 있다. 취미활동을 하지 못하면 고독하고, 우울해지기 쉬우며, 식욕부진과 무기력증 등으로 생활이 침체될 수밖에 없다. 결국 건강과 취미는 떼려야 뗄 수 없는 친구 사이라고 해야겠다.

오래도록 기억에 남아있는 영화의 장면 중에는, 카터가 친구 잭에게 별 것 아닌 농담을 던지며 '눈물이 날 때까지 웃기'에 성공하는 모습이 있다. 그리고 잭은 먼저 세상을 떠난 카터의 권유로 딸과의 소원했던 부녀관계를 정리하면서, 단 한 번도 만나지 못했던 어린손녀를 부둥켜안고 '세계 최고의 미녀와 키스하기'를 달성하는 감동어린 장면이 있다.

매일 아침 '오늘은 무엇을 버릴까'로 하루를 시작한다는 지인이 있다. 주변이 얼마나 깔끔할지 상상이 되고도 남는다. 나도 지인의 습관을 따라해 보기로 마음을 다져본다. 부디 새해에는 불가능한 일에 매달려 스트레스를 받기보다는, 실천할 수 있는 작은 일을 찾아 하나씩 성취감을 느껴볼 수 있으면 좋겠다.[68]

## 가. 자식에게 재산을 다 준 후 쫓겨났다?!… '현대판 고려장' 당하지 않으려면

얼마 전 자신이 딸에게 사준 집에서 딸과 같이 살다가 쫓겨난 할머니의 사연이 TV에서 방영돼 많은 사람의 공분을 샀다. 80대 A 씨는 과거 동대문에서 유명 제화업체를 운영해 큰돈을 벌었고, 큰딸과 아들에게 수십억짜리 건물 한 채, 막내딸에게 월세 600만원을 받을 수 있는 고시텔을 물려줬다.

그런데 아들과 막내딸이 재산 문제로 싸웠고 A 씨가 고시텔 소유권을 아들에게 넘겨주면서 막내딸과 사이에 갈등이 커져 막내딸로부터 버림을 받기에 이른 것이었다.

방송을 본 사람들의 반응은 다양했다. "자식이 어찌 낳아준 부모를 버릴 수가 있냐"는 탄식부터 "나는 절대로 죽을 때까지 재산을 나눠주지 않겠다"는 다짐, "너무 일부 자녀에게 치우치게 재산을 나눠준 노모가 잘못이다"라는 평가까지.

너무나 안타까운 일이지만, 자녀들로부터 버림받는 노인들이 점점 늘어나고 있다. 그중에는 위 방송 사례처럼 상당한 재산을 가졌었음에도 자녀에게 재산을 모두 나눠준 후 자녀와의 관계가 단절되고 부양을 받지 못하는 경우도 적지 않다고 한다.

성년의 자녀가 고령의 부모를 부양하는 것은 당연한 도리지만, 단순히 도덕의 문제만은 아니다. '법은 최소한의 도덕'이라는 말처럼 우리 민법과 형법에서는 성년 자녀의 부모에 대한 부양의무를 법으로 정하고 있다.

민법에 따르면 부모와 성년의 자녀 사이에는 상호 부양의무가 있다. 한쪽이 자력으로 생계를 유지할 수 없는 경우 부양의 의무가 발생한다. 이러한 부양의무는 2차적 부양의무로 볼 수 있는데, 이는 부양의무자가 자신의 사회적 지위나 신분을 고려해 기존의 생활수준을 희생하지 않고 여력이 되는 범위 내에서만 부양의무를 부담하는 것이다. 이는 부부간, 부모의 미성년자녀에 대한 부양처럼 부양능력이 부족해도 부족한 범위 내에서 부양(콩 한 쪽도 나누어 먹어야 하는 관계)을 해야 하는 1차적 부양의무와 다르다.

따라서 성년의 자녀가 자신도 생계에 어려움을 겪고 있는 경우라면 낳아주신 부모라 하더라도 부양의무 이행을 구할 수 없다. 그러나 자녀가 충분한 경제적 자력을 갖춘 경우라면 부모는 자녀를 상대로 부양료를 청구하는 등 부양의무 이행을 구할 수 있다.

형법상으로도 자기 또는 배우자의 직계존속(부모, 조부모)에 대해 보호할 의무를 인정해 직계존속을 유기한 경우에는 존속유기죄(10년 이하의 징역 또는 1,500만 원 이하의 벌금)로 처벌한다. 신분관계를 고려해 일반 유기죄보다 가중해 처벌한다. 다만, 형법상의 보호의무는 모든 상황에서 인정되는 것은 아니고 노유(늙거나 어린 것), 질병 기타 사정으로 인하여 부조를 요하는 경우 즉 누군가의 도움이 없으면 스스로 생명을 유지할 수 없는 경우에 한해서다. 경제적 궁핍으로 금전적 지원이 필요한데 외면했다고 해서 존속유기죄가 성립하는 것은 아니다. 또한 형법상 존속유기죄는 고의가 있어야 인정되므로 수년간 연락이 두절돼 부모가 부조를 요하는 상태였는지도 알지 못했다면 성립할 수 없다.

따라서 위 방송 사례와 같은 경우라면 막내딸이 80대의 노모와 함께 거주하던 아파트의 비밀번호를 바꿔버리고 노모를 들어가지 못하게 해 생존에 필요한 주거 환경을 의도적으로 박탈했다는 점에서 존속유기죄에 해당할 수 있다고 생각된다. 또한 막내딸은 노모가 사준 아파트를 소유하고 있어 부양능력이 있다고 보이므로 민법상 부양의무의 이행을 구할 수도 있다.

'현대판 고려장'을 방지하기 위해서는 생전에 재산을 전혀 물려주지 않는 것도 방법이겠지만, 상속세 절세 등을 위해 생전에 증여를 한다면 "부모와 같은 집에서 동거하며 부모를 충실히 부양한다. 부양료로 월 얼마를 지급한다. 부담사항을 이행하지 않는 경우 증여 계약을 해제한다"는 등의 구체적 조건을 서면으로 명확히 하는 것이 좋다. 재산을 물려받은 자식이 불효하고 나 몰라라 해도 이러한 조건을 붙여 증여한 것이라는 사실을 증명하지 못하면 재산을 돌려받을 수 없기 때문이다. 다소 정 없어 보일지 몰라도 '내 아들, 내 딸은 절대 그러지 않을 것이다'라는 믿음이 있더라도 유비무환인 법이다.[69]

## 나. 노년의 자존심

어느 노부부가 부부 싸움을 했다. 그날부터 며칠간 두 사람은 입을 닫고 대화가 없다. 때가 되면 할머니는 밥상 차려 놓고 TV보다, 식사 마칠 때쯤 말없이 숭늉을 떠다 놓는다. 불편한 생활이 이어지던 어느 날, 할머니가 마른빨래를 정돈해서 옷장에 넣고 있었다. 말없이 지켜보던 할아버지가 옷장 문을 열고 뭔가를 찾기 시작한다. 여기저기 뒤지며 부산을 떨던 할아버지는 옷장 속의 옷들을 하나둘 꺼내놓기 시작한다. 화가 난 할머니 "도대체 뭘 찾느라고 그러는데요?" 그제야 할아버지 웃으며 "이제 서야 임자 목소리를 찾았구먼" 할아버지의 지혜로운 화해 요청에 할머니도 그만 따라 웃고 말았다. 결국 작은 자존심 때문에 서로 간 며칠 동안 불편을 겪어야 했던 것이다. 우리 주변에서 흔히 작은 싸움이 큰 싸움되는 경우가 있는데 그 이유는 자존심 때문일 경우가 참 많다.

은퇴 후의 인생은 우선 나이 들면서 거동이 불편해지고 따라서 언행이 느려지

고 늙음에 의한 외형 때문에 세상으로부터 호감을 받지 못하지만, 그래도 감정은 젊은 시절이나 변함이 없다.

사회 망이 급격히 좁아지면서 또 다른 자기 관리에 의한 사회생활이 시작된다. 우선 주위로부터 무시당하기 싫은 마음에서 자기인정의 욕구가 강하게 일어나고, 자기존재를 과시하려는 마음이 생긴다. 그래서 과거의 경력이 무슨 벼슬인 양 입만 열면 자기 자랑으로 과거의 향수를 버리지 못하고 목에 힘을 주는 착각도 한다. 인간은 누구나 어느 정도의 자기과시욕은 본능이라고 하지만 과거의 모습이 여생을 살아가는데 무슨 소용이란 말인가. 과거는 이미 흘러간 물이다. 우리가 집중해야 할 것은 앞으로의 시간을 어떤 마음가짐으로 어떻게 살 것인가를 생각하는 것이다.

그런데 지금의 노년세대는 유교문화의 그늘에서 태어나 유교정신이 머리에 박혀 있는 세대이다. 물론 그 정신 속에 윤리도덕과 인성교육을 위한 바람직한 면도 있지만, 개인보다 타인과의 사회적 관계를 중시하고 대의명분을 중히 여기며 전통을 소중히 여기는 삶의 방식이 자연스럽게 몸에 익숙해 있다. 자신보다 남의 눈을 먼저 의식하는 타인지향의 위신과 체면. 내면보다 외형의 겉치레 중시와 허례허식의 폐해 등 문제점들이 개인의 자존심과 연결되어, 자신의 불편보다도 남의 눈을 더 의식하는 잘못된 자존심의 삶이 정착된 모습이다.

'신 포도를 먹고사는 사람들' 이란 이솝우화가 있다. 높은 가지 위의 포도를 따먹으려다가 뜻을 이루지 못하던 여우들 중 천신만고 끝에 올라간 한 여우가 다른 동료들이 쳐다보면서 부러워하는 바람에, 자기과시의 자존심에 부풀어서 시고 떫은 포도를 맛있는 척 먹고 위궤양으로 죽는다. 우리는 신포도 이야기와 같은 명예, 권세, 허세 등으로 스스로를 포장하여 나 자신을 잃어버리지는 않는지. 이는 결국 자기관리의 문제인데 남이 생각하는 나와 자신이 생각하는 나는 다를 수밖에 없다. 남들은 내 모습의 보고 싶은 면만 보고, 나는 남에게 보여주고 싶은 면만 보여 주려고 애쓴다. 그래서 누구나 남보다 뛰어난 좋은 사람의 틀 속에 자신을 맞춰 넣으려고 하니. 결국 자기위선에 빠지게 된다.

법정 스님은 수필 '버리고 떠나기' 에서 나는 누구도 닮지 않은 나다운 내가 되고 싶다고 했다. 그래서 진짜 내가 아닌 위장된 나를 버리라고 했다. 참으로 옳은 말이다. 진정 노년의 자존심이란 스스로의 몸가짐을 바르게 하고 오랜 세월 동안 경험으로 쌓은 삶의 철학을 바탕으로 자기감정을 스스로 이기는 방법까지도 터득해야 할 것이며 위신, 체면, 그릇된 자존심 때문에 귀중한 내 삶에 부담이 되어서는 안 된다.[70]

## 다. 죽음과 무상명상

남은 인생이 일주일이라고 생각해서 살아보세요. 삶의 마지막 할 일을 이번 주에 해보세요. 삶을 정리해보세요.

소유물을 나눠주고(줄이고) 친지들과 화해하고 감사하다고 인사해보세요. 참회와 성찰과 기도와 명상을 하세요. 우리 임박한 죽음과 삶의 덧없음을 생각하세요.

이 순간이 다시는 돌아오지 않고 얼마나 소중한지 알아차려 보세요. 남은 시간이 얼마 안되고 삶이 얼마나 허약한지 생각해보세요. 이번 주 내내 순간순간 무상함과 죽음을 생생하게 알아차리는 마음으로 살아보세요.

지금 죽음을 받아들이면 삶이 살아나고 모든 인연이 소중하게 느껴집니다. 생전 경험하지 못한 활기가 돕니다.

티벳불교 죽음 명상 9가지 생각

① 분명히 죽을 것이다. 안 죽는 사람 봤나. 유명한 사람과 가까운 사람의 죽음을 생각한다.

② 이 하루는 다시 안온다. 하루하루 생명이 짧아지기만 하고 길어지지 않는다. 사망할 날이 빨리 다가온다. 그 날까지 열심히 마음공부와 자비심을 실천해야 된다.

③ 수행할 시간이 얼마 남지 않았다. 인간으로서 할 일을 (본성을 찾고 남도 본성을 찾도록 돕고) 하지 않으면 죽을 때 두려움과 후회가 많을 것이다.

④ 언제 죽을지 모른다. 건강한 사람도, 젊은 사람도 죽는다. 걷다가다 죽고 물 마시다가도 죽는다.

⑤ 죽음의 원인은 많지만 생명을 살리는 요소는 거의 없다. 이 삶과 저 삶의 차이는 한숨뿐이다. 생명은 강물의 물거품처럼 허약하다고 한다.

⑥ 우리 몸도 생명을 지원하지 않는 병덩어리다. 지속적으로 아프고, 완벽한 건강과 활력을 이루지 못한다.

⑦ 죽을 당시에 힘들게 모은 돈과 소유가 하나도 도움이 안된다. 두고 가지 못하는 집착의 고통이 견딜 수 없다.

⑧ 친지들도 도움이 안된다. 평생 가까운 사람을 아끼고 보호하기 위해 온갖 악행을 저지렀지만 죽을 때는 아무 도움을 못 받는다.

⑨ 이 몸도 전혀 도움이 안된다. 평생 좋은 것만 먹고, 입히고, 그렇게 신경을 쓴 이 몸도 죽을 때는 무능하다.

지금 아니면 언제? 이 하루는 다시 안 옵니다. 그래서 오늘 하는 일이 그렇게 중요합니다. 입에서 나오는 말은 다시 담을 수 없습니다. 래서 말 한마디 한마디 그렇게 중요합니다. 오늘 누구를 만나든 같이 보내는 시간은 되찾을 수 없습니다. 그래서 따뜻한 마음과 사랑을 나누어야 되지 않을까요.

삶의 남은 날들이 점점 사라집니다. 좋은 일을 할 시간이 얼마 남지 않았습니다. 내면의 진정한 변화를 볼 기회가 없어지고 있습니다. 쏟아진 우유처럼 놓친 기회는 다시 찾을 수 없죠. 지금 아니면 언제요?[71]

## 라. 지성의 상속

코로나19로 인해 외부 활동이 줄어들면서 도서관에서 보내는 시간이 많아졌다. 가장 많이 이용하는 곳은 집 가까이에 있는 연세대학교 도서관인데, 수십만 권의 책이 꽂혀 있는 서가를 누비는 즐거움이 쏠쏠하다. 그 가운데 특별한 코너가 있는데 개인적으로 기증된 도서들의 서고(書庫)다. 김대중 전 대통령, 이규태 전 조선일보 논설위원, 마광수 교수 등의 이름으로 마련된 구역들에는 몇만 권의 책이 주제별로 가지런히 진열되어 있다. 그곳에 있다 보면 마치 그분들이 살아 계실 때 앉아 계시던 서재를 잠시 들른 것 같은 기분이 든다.

책의 제목들을 훑어보는 것만으로도 고인들의 정신세계를 엿보는 느낌이다. 이런 방면으로까지 관심을 갖고 계셨구나, 그 광활한 지적 호기심에 놀라기도 한다. 책을 펼치다 보면 당신께서 밑줄을 그어놓았거나 책을 읽다가 떠오른 생각을 적어놓으신 손글씨, 그리고 어쩌다가 책갈피에 꽂혀 있는 메모지를 만나기도 한다. 그분들의 생애를 떠올리면서 마주하는 육필은 나지막한 목소리처럼 다가온다. 그런가 하면 읽지 못하신 듯한 책들도 꽤 있는데, 나 같은 후학들이 공부하라고 내주신 숙제처럼 느껴진다.

책은 인간의 유산 가운데 가장 오래 남는 물건들 중 하나다. 그것은 단순한 유물이 아니라 후세들이 계속 사용할 수 있는 도구가 된다. 그런데 거기에는 선인들이 영위했던 공부의 발자취가 고스란히 아로새겨져 있다. 그 흔적을 더듬으면서 우리는 자신의 마음을 비춰보기도 하고 앞으로 나아갈 생애의 좌표를 그려보기도 한다. 그러니까 오래된 서재는 여러 세대의 삶을 이어주는 통로인지도 모른다. 도서관이나 고서점에서 낡은 책들을 구경하는 것만으로도 시간의 긴 터널을 오가는 셈이다.

얼마 전 구순을 훌쩍 넘기신 아버지가 이제 눈이 어두워져 책을 읽을 수 없으니 당신의 책들을 모두 가져가라고 하셨다. 서재에는 몇백 권의 책들, 그리고 몇

십 권의 독서 노트가 꽂혀 있다. 독서 노트는 예전부터 종종 건네주신 바 있는데, 역사 관련 지식, 고전의 명구, 한시, 시사 상식 등이 담겨 있어 내게 중요한 참고 자료가 되었다. 나도 딸들에게 남겨줄 노트를 만들어 내용을 채워간다. 후세에게 전해줄 것을 챙겨가며 수행하는 독서 편력은 '학이시습'의 즐거움을 더해준다.

언젠가 아이들에게 가보처럼 물려주고 싶은 책 100권 정도를 고른다면 어떤 목록이 작성될까. 청소년기부터 애지중지하던 책들부터 나이가 들어 새삼 가치를 발견한 책들까지 다채로운 모음이 될 것 같다. 그 한 권 한 권에는 저마다 각별한 사연이나 의미가 담겨 있는데, 그 점들이 여러 갈래의 선을 그리면서 삶의 중요한 경로를 구성해왔다. 훗날 아이들이 그 선들을 연결해 형형색색의 무늬를 만들어가면 좋겠다.

우리는 선조들로부터 어떤 지성을 상속받았는가. 나는 후손에게 어떤 유산을 물려주고 싶은가. 저마다 배움의 이력서를 작성하면서 생애의 주제를 간추려보자. 인생의 우여곡절을 건너면서 밟아온 징검다리들이 다음 세대의 자산으로 전승될 수 있도록 가다듬어보자. 그 흐름 속에서 지금 이 순간은 심화되고 확장된다. 빛바랜 책들에 깃든 세월의 향기를 맡으면서 나이듦의 맛과 멋을 음미한다.[72]

## 마. 사전연명의료의향서

다른 사람이 아닌 내가 원하는 삶을 살았더라면, 내가 그렇게 열심히 일하지 않았더라면, 내 감정을 표현할 용기가 있었더라면, 친구들과 계속 연락하고 지냈더라면, 내게 더 많은 행복을 허락했더라면…. 호주의 호스피스 간호사인 브로니 웨어가 말한 '죽을 때 가장 후회하는 다섯 가지'다. 그는 수년간 임종 직전의 사람들을 보살피며 그들이 생의 마지막 순간에 털어놓은 후회들을 이렇게 정리했다. 내 뜻대로, 일 좀 덜하고, 화날 때 화내면서, 친구들 챙기며, 더 행복하게 지낼걸…. 어찌보면 평범하고 소소한 얘기다. 하지만 누구도 후회 없는 삶을 살기란 쉽지 않다.

톨스토이는 말했다. "산다는 것은 죽는 것과 같다. 잘 산다는 것은 잘 죽는 것과 같다. 그러므로 잘 죽도록 노력해야 한다"고. 또 "세상에는 죽음만큼 확실한 게 없는데 사람들은 겨우살이 준비는 해도 죽음은 준비하지 않는다"고도 했다. 삶과 죽음은 동전의 양면과 같고, 죽음을 어떻게 받아들이느냐가 인간다운 삶의 출발점이 될 수 있다는 메시지다. 파스칼은 〈팡세〉에서 "죽음은, 위험 없는 죽음을 생각할 때보다 죽음을 생각하지 않을 때 더 견디기 쉽다"고 했다. 죽음에 대한 막연한 두려움을 성찰하게 하는 경구다.

2018년 2월부터 국내에서 연명의료결정제도가 시행됐는데, 이후 3년6개월 만인 최근에 사전연명의료의향서 등록자가 100만명을 넘어섰다고 한다. 사전연명의료 의향서는 19세 이상인 사람이 자신의 연명의료 중단 결정 등을 미리 직접 작성하는 서류다. 19세 이상 1000명당 22.4명(2.2%)이 참여했다고 한다. 치료 효과 없이 임종 과정만 연장하는 '무의미한' 연명의료가 존엄성을 해친다는 공감대, 죽음에 대해 자기결정권을 존중하는 문화가 확산한 것이다. 2020 노인실태조사에 따르면 65세 이상 노인층의 85.6%가 무의미한 연명의료에 반대 의사를 밝혀 참여가 더욱 늘어날 것으로 보인다.

고령화 시대로 들어서며 이른바 '웰 다잉'에 대한 관심이 부쩍 늘었다. 후회를 남기지 않고 건강하게 살다 아름답고 품격 있는 죽음을 맞이하겠다는 것이다. 웰 다잉은 결국 얼마나 행복하게 삶을 살아가느냐에 연결돼 있다. 어떤 죽음을 맞이할 것인가. 쉽지 않아도 반드시, 깊이 생각해볼 숙제다.[73]

## 바. 제2의 인생 첫출발은 '버킷리스트' 작성부터

◇ 후회하지 않는 인생 '웰 에이징'?

우리가 살아가면서 하고 싶은 일(꿈)을 위해 노력했더라면, 평소 여가생활을 즐기며 가 보고 싶은 여행을 했더라면, 사랑하는 가족과 친구들에게 내 마음을 글이나 말로 표현했더라면, 좀 더 겸손하게 인생을 살았더라면, 건강을 소중하게 여겼더라면, 신의 가르침을 미리 알았더라면…, 사실 인생 후회 거리는 우리가 당장 실천에 옮길 수 있는 작은 행동들이다. 죽을 때에 이처럼 후회하지 않는 인생을 사는 것이 바로 '웰 에이징(well-aging)'이다. 사람은 죽을 때 가장 솔직해지고 진실한 마음을 갖는다. 그동안 해보고 싶은 일들의 목록이 바로 '버킷리스트(bucket list)' 작성이다.

◇ 웰에이징 버킷리스트 작성하자

우리가 한 번쯤은 이뤄야겠다고 다짐을 하지만 그 실천은 쉽지 않다. 웰 에이징 버킷리스트를 어떻게 작성하고, 또 어떤 방법으로 실행할지 막막하기 때문이다. 이것저것 생각하지 말고, 먼저 생각이 떠오르는 내용을 노트에 써 내려가 보자. '매일 10km 달리기', '정원(원예) 가꾸기', '세계유적지 100곳 순회', '소설가 데뷔' 등 큰 꿈도 문제없다. 실현 가능할까 어떨까를 신경 쓰지 말고 노트에 적는다. 기록내용은 정기적인 갱신을 추천한다. 갱신 때마다 관심의 변화와 실현을 향한 기분이 새롭다.

◇ 주제에 관한 정보를 수집해 간다

가령, 세계유적여행에 관한 관심이 있다면, 신문과 잡지 등에서 세계유적에 관한 기사를 스크랩하고, TV의 정보는 메모한다고 하는 간단한 것으로 충분하다. 여유가 있다면 도서관과 서점에서 관련 서적을 검토해 보는 것도 좋다. 정보를 수집 정리하여 실현에 옮길 때 무엇이 필요한지, 어떻게 준비해야 하는가 등이 명확해진다. 어떻든 준비하다 보면 자신에게 딱 맞는 주제를 발견하게 된다. 그 주제들을 갖고 노후를 향해 차분히 데워가는 것이 중요하다.

◇ 버킷리스트는 7가지 주제로 한다

① 여행이다. 많은 사람들이 '제주 한 달 살기', '제주 올레길 투어'를 희망한다. 그 이유는 "쉽게 이룰 수 있으니까", "외국에 부담 없이 여행하고 싶다." 그밖에도 혼자 여행 떠나기, 시베리아 횡단 열차 타기, 캠핑카·크루즈 여행하기, 해외에서 크리스마스 보내기 등이다.

② 취미다. 운동이나 레포츠(leports) 등 몸을 쓰고 활동적인 취미보다는 배움, 글쓰기, 책 읽기, 전시회 관람 등 문화적, 정서적 활동을 원하는 이가 많다. 그밖에도 텃밭 가꾸기, 그림 관련 취미 갖기, 수영 배우기, 취미 동호회 가입, 수화 배우기 등이다.

③ 관계·가족이다. 가족을 향한 사랑을 느낄 수 있는 항목들이다. 외국인 친구나 애인 같은 친구를 만드는 등 새로운 관계 확장도 있다. 휴대전화번호를 정리하거나 불편했던 관계를 해소 등 관계 정리를 한다.

④ 일·성취다. 제2 직업을 향한 욕구다. 자기 이름으로 책 쓰기, 강연, 전시회를 여는 등 그동안 쌓아온 경험과 연륜을 통해 새로운 일에 도전한다. 그밖에 귀농하기, 창업하기, 자격증 10개 따기 등이다.

⑤ 보람이다. 가장 많은 것이 '재능기부'다. 단순한 봉사활동 참여보다 자신의 능력을 살린 사회적 활동이다. 그밖에 장기기증 신청하기, 아프리카 봉사활동 가기, 봉사활동 1,000시간 채우기, 유기견 돌보기 등이다.

⑥ 도전이다. 건강하고 즐거운 일상을 추구하는 웰빙(well being)을 넘어 '어떻게 죽을 것인가', '품위 있는 죽음을 맞이하는 방법' 등 웰다잉(well dying)에 대

한 욕구가 높아졌다. 유언장 작성 등 웰다잉 관련 항목이다. 그 밖에 드레스 입고 파티하기, 세컨드하우스 짓기, 레스토랑에서 고급 코스요리 먹기, 주식·펀드 투자하기 등이다.

⑦ 기타 '버킷리스트 만들기' 다. 버킷리스트를 작성하는 순간 이미 한 가지 항목은 해낸 것과 같기 때문이다. 그밖에 공모전 참가하기, 파격적인 염색하기, 무인도 살아보기, 타투(문신) 해보기 등이다.

◇ 제2의 인생 첫출발은 버킷리스트 작성

그 이유는 "어떻게 하지 어떻게 하지?" 하는 그런 생각을 실천에 옮기기 위한 첫 단추가 되기 때문이다. 그러니까 살아오면서 내가 무엇인가 좀 아쉬움이 있었고, 내가 이것보다는 이 길을 갔어야 하는데 등, 이제는 하고 싶은 일을 할 수 있는 나이다. 그렇게 생각한다면 초조해할 것이 아니다. 100세 인생에서 현재 60대라고 하면 아직도 40여 년 남았다. 아직도 인생은 참 길다. 엑티브 시니어, 멋진 신중년으로서 지금부터 다시 인생을 잘 준비해서 후회 없는 멋진 100세 인생을 살아가는 것이다!⁷⁴⁾

## 사. 외롭지 않게 살 권리

'나는 사망의 순간까지 살아있는 사람으로 대우받을 권리가 있다. 나는 아무리 상황이 변할지라도 희망을 유지할 권리가 있다. 나는 다가오는 죽음에 대해 나의 방식대로 느낌과 감정을 표현할 권리가 있다. 나는 외롭게 죽지 않을 권리가 있다. 나는 고통 없이 죽을 권리가 있다. 나는 평화롭고 인간답게 죽을 권리가 있다….'

이것은 임종환자의 권리장전 중 일부이다. 평균 수면이 늘어나고 노년으로 살아야 하는 삶이 길어지면서 죽음에 대해 생각하고 대비하는 시간도 길어졌다. 갑작스레 맞는 죽음과 달리 요양원이나 요양병원에서 맞는 죽음은 준비의 시간이 너무 긴 편이다. 동료들이 임종을 맞는 순간을 지켜보아야 하고 상황에 따라서는 가족과 단절된 채 오랜 시간을 보내야 한다. 퀴블러로스가 말한 죽음에 대한 반응은 부정, 분노, 협상, 우울, 수용이라는 다섯 단계를 거친다고 하지만 사람에 따라서는 우울로만 세월을 보내다 임종을 맞을 수도 있고 부정만 하다 임종을 맞을 수도 있다.

준비 기간이 없는 죽음은 당사자보다 남은 가족에게 끝없는 슬픔과 자책을 주기도 한다. 간혹 불의의 사고가 일어났을 때 사망자들이 가족에게 남긴 문자메시지는 평생 가슴을 쥐어뜯고도 모자를 아픔으로 남긴다. 그런 경우 당사자는 포기와 같은 수용의 단계에 드는 반면 가족들은 받아들이지 못하고 애도의 시간을 너무 길게 가지는 경우가 많다. 그래서 잃어버린 가족의 자취를 찾아다니기도 하고 유품을 들여다보면서 끊임없는 추억에 잠기기도 한다. 어떤 경우에든 죽음은 슬픔이라는 꼬리를 달고 있고 그것은 잘라도 다시 자라는 파충류의 그것처럼 없애버릴 수 없다.

임종환자의 권리장전을 보면서 입원환자나 가족에게 받는 연명의료중단동의서(DNR)에 대해 생각해 보게 되었다. 연명치료를 중단하겠다는 동의서를 쓰고 나면 환자는 연명과 관련된 아무 의료행위도 받지 않게 된다. 의식이 없는 환자의 몸에 심전도 모니터만 붙여놓은 채 심장이 멈추는 순간을 기다리는 것이나 다름없다. 연명치료를 선택함으로써 고통스러운 기구들을 몸에 달고 있을 뿐 의식도 없고 가족을 알아볼 수도 없는 상황이라면 연명치료가 부질없으며 환자의 고통만 증가시킬 뿐이라는 사실에 동감한다. 그렇지만 아무런 대응도 하지 않고 죽음을 기다리며 그것을 지켜보는 것 또한 가족에게는 아픔일 수밖에 없다.

어떻든 죽음은 개인만이 아니라 가족까지도 극한의 슬픔 속으로 몰고 간다. 임종환자의 권리장전은 남은 사람이 아니라 세상에서 곧 사라지고 말 사람에 대한 맹세 같은 것이다. 세상에 나올 때 자유롭게 온 것처럼 자연으로 돌아가는 순간에도 세상을 온전히 버리고 오롯이 자신만의 세계를 가지고 갈 수 있도록 돕자는 의미일 것이다. 이 중 '나는 외롭게 죽지 않을 권리가 있다'는 말이 오래 메아리처럼 남는다. 온 가족들의 환호 속에서 이 세상으로 왔듯이 삶을 마무리하고 돌아가면 그곳에서도 그렇게 환대를 하는 가족 같은 사람들이 기다리고 있었으면 좋겠다는 생각을 해 본다.

풍성하던 단풍들이 어느새 사라지고 거리엔 앙상한 가지만 남은 나무들로 가득하다. 거리 위 가득하던 낙엽들은 어느 세상으로 사라진 것일까. 내년 봄이면 저들이 다시 돌아와 화려한 봄을 이루듯 세상을 떠나는 사람들 또한 어느 세상에서는 그러하리라. 외롭게 죽지 않을 권리…. 이 말은 외롭지 않게 살 권리와 같다는 생각이 든다. 외롭지 않게 살았다면 그 죽음도 결코 외롭지 않을 것이므로.[75]

## 아. 시대 변화에 따른 상속이야기

최근 주변에 부모님이 돌아가신 후 가족 간에 협의가 되지 않아 소송을 통해 상속 분쟁을 해결하는 사례가 부쩍 늘어나고 있다. 자식들에게 한 푼이라도 더 남겨주고픈 마음에 평생 안 먹고, 안 입고 모은 재산이 오히려 자식들 간에 불행의 씨앗이 돼 다시는 안 보고 사는 경우가 주변에 비일비재하다.

어렵게 모은 재산이 남은 가족들에게 살아갈 발판이 되고 모두가 행복해지는 해피엔딩이 되려면 어떻게 해야 할까? 생전에 상속받을 가족 모두가 동의할 수 있는 합리적 기준과 배분을 먼저 생각해서 미리 정해 놓는 것이 방법일 수 있다. 그렇지 않으면 자식들 간의 건널 수 없는 강을 만들게 할 수도 있기 때문이다.

최근 초고령사회 및 스마트 시대에 맞춰 변화되는 유언의 방식과 상속 문제에 대해, 사례를 들어 살펴보자.

가난한 농부의 아들로 태어난 갑은 자수성가해 아들 둘과 막내딸 하나를 열심히 키우고 자기 소유의 집과 지방에 건물 한 채를 소유하고 있다. 첫째 아들은 명문대를 나와 고위 공무원으로 안정적으로 살고 있고, 작은 아들은 고등학교 졸업 후 생산직에 취업해 외벌이로 근근히 살고 있다. 막내딸은 대학 졸업 후 결혼해 맞벌이로 가정과 일을 병행하며 열심히 살아가던 중 아버지가 암에 걸리는 바람에 일찍 돌아가신 어머님을 대신해 직장을 그만두고 병든 아버지를 3년 동안 모시고 살며 병간호를 했다. 그러는 와중에 갑은 병세가 악화돼 사망했고 가족들은 유품 정리를 하다가 갑이 자신의 핸드폰에 유언이 담긴 동영상을 남긴 것을 발견했다. 동영상에는 첫째는 하고 싶은 만큼 공부하는데 뒷바라지 해줬고 딸은 대학까지 나와 시집을 잘 갔으니, 경제적으로 어려운 둘째 아들에게 전 재산을 남긴다는 내용의 갑의 유언이 담겨져 있었다. 증인으로 아버님 친구분도 옆에서 이것이 진정한 아버님 뜻임을 확인시켜주었다.

위의 사례와 같이 스마트폰 동영상으로 남긴 유언이 과연 법적으로 어떤 효력이 있을까? 민법은 유언의 종류를 자필증서, 공정증서, 녹음, 비밀증서, 구수증서 다섯 가지로 한정하고 있으며 이 중 핸드폰 동영상으로 남긴 유언은 녹음에 의한 유언에 해당한다. 하지만 유언은 사후에 당사자에게 진위 여부를 확인할 수 없기 때문에 법은 보다 엄격한 요식성을 요구한다.

녹음에 의한 유언의 경우 유언자가 직접 성명과 유언날짜, 유언의 취지를 포함한 내용을 정확히 구술해야 하고 유언과 이해관계가 없는 증인이 자신의 성명과 유언의 정확함을 구술해줘야 한다. 결론적으로 갑의 스마트폰 유언은 유언자의 성명과 유언날짜, 증인의 성명이 빠져 있어 설사 영상으로 갑과 동일인임을 알 수 있고, 동영상 기록날짜를 쉽게 확인할 수 있다 하더라도 법적으로 효력이 없다. 이 경우 법적으로 막내딸이 3년 동안 병간호한 기여분이 인정되면 그 부분을 제외한 나머지 재산을 자녀 셋이 동등하게 나누게 된다.

통상 가장 많이 사용하는 유언방식에는 자필증서와 공증을 받는 공정증서가 있다. 자필증서의 경우에도 성명, 날짜, 주소, 인장까지 정확하게 기재해야 하며 컴퓨터 워드 파일이나 스마트폰 메모장 등 자필이 아닌 경우 법적 효력이 없으니 유의해서 작성해야 한다.

오늘날 시대변화로 제기되는 또 다른 상속문제는 반려동물 이야기다. 반려동물 천만 시대에 살고 있는 지금 실제 반려동물을 동물이 아닌 가족의 일원으로 생각해 자신의 사후 반려동물에게 재산을 주고 싶어하는 사람들이 많아졌다. 2009년 세상을 떠난 팝의 황제 마이클 잭슨은 자신이 키우던 오랑우탄에게 200만 달러(한화 약 22억 상당)의 유산을 남겼다. 그렇다면 우리나라에서도 외국의 사례처럼 자신이 키우던 반려동물에게 유산을 상속할 수 있을까?

현행 민법상 동물은 상속의 주체가 될 수 없어 직접 상속은 불가능하고 다만 민법 1088조 1항 부담부유증을 통해 재산을 증여하고 증여받은 자에게 그 가액 범위 내에서 반려동물을 돌보게 하는 방법이 있다.

그 외 최근 생전에 고인이 SNS에 게시한 글과 사진, 데이터 등에 관해, '잊힐 권리'를 보장할 것인지, '유족의 디지털상속권'을 보장할 것인지 문제 되고 있다. 미국이나 프랑스 등 외국에서는 '디지털상속권'에 대한 제도가 마련돼 있으나, 아직 우리나라에서는 논의 단계에 있다. 사회 변화에 따라 상속문제도 다양화되고 있다. 누구나 한번은 다가올 죽음을 삶의 일부로 받아들이고 남은 이들에게 행복이란 씨앗을 남겨주고 싶다면, 미리미리 인생의 마지막을 현명하게 마무리하는 방법이 무엇인지 숙고해봐야 한다.[76]

## 자. 자서전과 유언장을 써보자

자서전은 나만의 인생을 담은 세상에 하나밖에 없는 책이다. 자서전 전문가는 자서전은 거창하고 어려운 것이 아니라 자신을 돌아보고 정체성을 발견하려는 사람이면 누구나 쓸 수 있다고 말했다. 자서전을 쓸 때 글쓰기로 접근하지 말고 과거를 회상하는 마음으로 접근해야 한다. 과거를 기억해내려면 먼저 애깃거리가 되는 자료를 모아야 한다. 일기, 편지, 사진을 활용하거나 연관된 장소를 찾아가 보는 방법도 있을 것이다.

내 마음에 뭔가 떠올랐다면 수필 형식으로 써보는 것도 좋을 것이다. 나의 출생, 친구, 가정환경, 일, 취미와 특기, 실패담과 성공담, 가족이야기 등을 써 내려간다. 서술하는 방식은 세월에 따라 순서대로 쓰는 방법과 사건별로 정리해도 되지만 두 가지 방법을 병행해도 좋다. 자서전 앞에 머리말과 소감을 쓴다면 더 좋을 것이다. 혼자만 간직하기 아까운 내 인생 이야기는 인생의 중요 순간들인 사진, 글, 동영상 등의 자료를 활용해서 제작하면 될 것이다. 왠지 혼자서 막연하다면 전문 업체의 도움을 받는다면 좋을 것이다.

마무리에는 언젠가 다가올 세상과의 이별에 대비해 남겨진 가족, 친구 등 지인들에게 남기고 싶은 여러 가지 사항을 노트에 기록해서 떠나기 전 가족들에게 전달하면 훌륭한 자서전이 될 것이다. '사랑하는 나의 가족에게' 라는 제목으로 기록해서 형식에 따라 글과 사진을 쓰고 붙이면 되기 때문에 직접 자서전을 쓰기 어려운 어르신에게는 도움이 될 것이다.

웰다잉 문화연구소에서는 너무 감상에 젖지 말고 차분히 어린 시절, 청년기, 결혼, 첫아이 출생, 노년기 등을 뒤돌아보며 즐겁고 의미 있었던 일들, 세상에 남기고 싶은 말 등을 편안하게 쓰라고 했다. 조지오웰은 "자서전은 수치스러운 점을 밝힐 때만이 신뢰를 얻는다. 스스로 칭찬하는 사람은 십중팔구 거짓말을 하고 있다" 고 말했다.

남은 가족에게는 임종의 방식, 장례식의 규모와 절차, 재산 정보, 유산 상속을 정확히 적어 둬야 혼란을 주지 않게 된다. 컴퓨터의 이메일을 사용한다면 아이디와 비밀번호도 기록하는 게 좋다. 재산정보는 신분증, 도장, 현금, 신용카드, 연금, 부동산 권리증서, 채무관련증서, 세금영수증, 자동차 등록증 등의 보관 장소를 기록한다. 은행예금이나 보험, 증권의 계좌번호와 비밀번호, 주식과 채권 목록도 빠뜨리지 말아야 한다.

특히 유언장의 유산상속은 분쟁이나 갈등 등 사후 발생할 수 있는 혼란을 막기 위해 법적효력을 갖춰야 한다. 법적으로 유효한 유언은 자필증서, 녹음, 공정증서, 비밀증서, 구수증서 등이다. 가장 많이 이용되는 자필증서 유언이 법적 효력을 가지려면 민법이 정한 유언장 작성 요건에 맞춰 쓰고 공증을 받아야 한다. 반드시 자필로 쓴 뒤 작성연월일, 주소, 이름을 적고 도장까지 찍어야 한다. 이 중 어느 하나라도 빠지면 법률적으로 인정받지 못한다.

웰다잉 전문가들이 특히 강조하는 것은 용서와 화해이다. 과거 심한 다툼과 미움으로 인연을 끊고 있는 친구나 가족이 있다면 먼저 다가가 용서와 화해를 통해 관계를 재정립해야 한다. 가슴에 맺힌 한과 응어리를 안고 사는 것은 고통스러운 일이다. 추억 속 친구나 멀리 있어 자주 볼 수 없었던 친지들을 찾아가 보라고 권하고 싶은 내 마음이다.[77]

## 잠깐! 쉬었다 갑시다

### ☞ "이혼 안 하려고 버텼다? 이제 세상이 바뀌었어요"

「이혼시뮬레이션」(나무발전소, 2020년)은 가정에서 일어날 수 있는 법률문제에 대한 질문과 그 답을 명쾌하게 담았다. 저자 조혜정 변호사(변호사조혜정법률사무소 대표변호사)는 가사사건 전문변호사로 일하면서 '조혜정 변호사의 사랑과 전쟁', '조혜정 변호사의 가정상담소'라는 제목으로 신문에 연재한 칼럼과 결혼과 이혼, 가족 문제 등에 대해 수많은 상담을 통해 생각을 정리한 원고를 모아 지난 7월 책으로 내놨다.

> "'제가 이런 데 와서 상담할 거라고는 꿈에도 생각 안 했어요.' 가정문제로 법률상담을 하러 오신 분들이 공통적으로 하는 말이다. 결혼할 때는 누구나 행복할 거라는 환상을 가지니까. 불행한 결혼생활에 대해 막연히 걱정을 할 수도 있지만 누구나 '나는 예외'일 거라고 생각한다." (「이혼시뮬레이션」 3쪽)
> "이혼은 교통사고나 벼락을 맞는 것처럼 자신이 통제할 수 없는 영역에서 일어난 사고를 수습하는 과정일 뿐이다." (「이혼시뮬레이션」 279쪽)

조 변호사는 질의응답 형태로 개인 상황에 맞는 사례를 찾아볼 수 있도록 정리했다. 질문에 대한 법률적인 답변에만 그치지 않고 인생 선배로서의 따뜻한 조언도 잊지 않았다. 지난달 26일, 조 변호사를 서울시 양재동 변호사조혜정법률사무소에서 만나 수천 건 이혼과정에 참여한 가사법 전문가이자 인생 선배로서 '결혼과 이혼'에 대한 솔직한 생각을 들어봤다.

◇ 이혼에 대한 시선… "세상이 바뀌었다"

Q. 많이 바뀌었다고는 하지만 여전히 우리 사회는 이혼한 사람에게는 뭔가 문제가 있을 것이라는 색안경을 끼고 보는 시선이 존재하는 것 같은데요, 이혼에 대한 시선 어떤가요?

"젊은 분들은 부정적인 시선이 덜한 편입니다. 간혹 '어려운 상황에서 이혼

안 하고 왜 버텼냐'고 물으면, '저희 부모님이 이혼해서 저는 안 하려고 했어
요' 하더라고요. 딱하죠. 부모 이혼으로 인한 상처 때문에 말이 안 되는 상황인
데도 이혼 안 하려고 버텼다는 얘기 들으면 슬픕니다. 나이든 분들은 그게 무서
워서 30~40년 살고 그러죠. 제가 2005년에 가사사건을 시작했어요. 16년쟁데 그때
와 비교하면 상전벽해죠. 그때는 여자분들이 와서 '이혼 왜 안 하냐'고 하면,
'부모님이 그 집안 귀신이 되라고 하셔서' 라고 했어요. 요즘은 그런 부모님들
없어요. 여기 앉아 있으면 세상이 바뀌었다는 걸 피부로 실감합니다."

Q. 다양한 이혼 사유가 있겠지만 '육아'로 인한 이혼 청구 사례도 있을까요?

"아이를 낳으면 여자들은 부부사이가 좋아진다고 생각하는데 사실은 그 반대
인 경우가 굉장히 많아요. 일단 아내의 관심이 아이한테 가니까 남편이 소외감을
느끼죠. 이 상황에서 남편이 현실을 따라오는데 시간이 많이 걸려요. 다툼이 많이
일어나기도 하고요. 성격이 까탈스러운 남편은 아이로 인해 집안이 어질러진 상
황을 참지 못하기도 하고요, 물론 '소수와 문명 개화된 특별한 남자들'이 육아
를 잘 도와줄 수 있을지 모르나 실제 그런 분은 많지 않아요. 내 남편이 그러면
나는 행운이라 생각하면 됩니다(웃음).
남녀가 자라는 과정에서도 차이가 있어요. 아무리 부정해도 여성은 남을 돌보
도록 가정과 사회, 문화적으로 체화되면서 자라요. 남자들은 그걸 받도록 사회화
가 돼 있습니다. 한순간에 바뀌지 않아요. 일종의 문화지체현상이 일어난다고 보
면 됩니다. 또 아이를 낳고 나면 수면의 질이 떨어지니까 각방을 쓰게 되고, 그러
면서 부부관계가 단절돼 사이가 나빠지기도 해요."

Q. 그래서 임신과 출산을 계기로 부부관계가 소원해지고 남편의 외도로 이어져
이혼상담을 하게 되는 거군요?

"상담해 보면 남편 외도의 첫 번째 시기가 임신·출산 시기입니다. 황당하죠?
그런데 객관적으로 이해할 필요가 있어요. 남녀소통이라고 하는 게 의사소통, 감
정교류, 성적교류가 있어요. 연애해서 결혼하고 신혼초기 행복하잖아요. 임신으로
인해 남자들은 단절된다고 느껴요. 여자들은 남편이 나를 전적으로 돌봐주겠지
생각하는데, 남자들도 예전처럼 아내가 돌봐주길 바라다 보니 충족이 안 돼요. 남
편 입장에서는 단절됐다는 생각에 이 상황을 잘 적응하지 못하고 자기만 좋아해

주는 상대를 찾아 밖으로 나가게 돼요. 보편적으로 외도가 일어나는 제1시기죠.

여자 입장에서는 억울하지만 냉정하게 생물학적으로 남편들이 그럴 수밖에 없다는 면을 이해해야 해요. 긴 인생에서 넘어가는 게 맞아요. 그때 끝을 내버리면 현명하지 못한 거죠. 제가 꼰대인가요? 이혼 위기 때 저한테 와서 남편을 쥐 잡듯이 잡고 나서 후회하더라고요. 감정의 변화를 여러 번 거칩니다. 그때 봐주고 이해해주고 기다려줄 걸 하고 후회하시는 분들 많이 봤어요."

Q. 그러면 이런 문제를 여성들이 어떻게 슬기롭게 대처하면 좋을까요?

"무엇보다 이런 객관적 상황을 이해해야 해요. TV 드라마나 영화에 이상적인 남편상이 너무 많이 나와요. 내 남편이 그럴 것이라고 기대하는데 그 기대 수준이 너무 높은 것 같아요. 남녀가 결혼 전에 생애주기에 대한 교육을 받았으면 좋겠어요. 그리고 이 힘듦이 영원하지 않다는 걸 알았으면 좋겠어요. 어느 정도 지나면 끝나는데 그 상황에 진입하면 평생 거기서 못 빠져나올 것 같고 잘 못 견디니까 문제죠. 여자들이 기대를 낮추고 현실을 이해하고 남편과의 차이를 받아들이면 좋겠어요. 그렇지 않으면 싸우고, 깨져요."

◇ "아이를 적절한 양육자에게 옮겨 줬을 때 보람을 느낀다"

Q. 가사전문 변호사 일을 하시면서 가장 보람을 느낄 땐 언제인가요?

"정신적으로 문제가 있는 엄마가 아이를 양육하는 경우가 있었어요. 몇 년 전에 정신과 다닌 기록밖에 없고 진단명이 없었죠. 엄마가 양육권을 가지고 아이를 키우고 있으면 아빠가 양육권을 가져오는 게 쉽지 않아요. 저는 아빠 변호인이었거든요. 아빠를 양육자로 지정받기 위해 대법원까지 가서 겨우 아빠가 아이를 데려가게 됐어요.

데려와서 보니 아이가 엄마의 학대로 인해 정신적 상처를 많이 받은 겁니다. 엄마에 대한 분노가 너무 크고, 사건 끝난 지 3년째인데 지금까지 계속 미술치료, 상담치료를 받고 있어요. 그런데도 계속 엄마가 양육자 변경 신청해서 후속 사건도 이어지고 있는 상황이긴 합니다만 부적절한 양육자에게서 아이를 적절한 양육자에게 옮겨 줬을 때 보람을 느낍니다. 이 과정이 굉장히 어렵지만 드디어 애가 잘 자랄 수 있게 됐구나 하고 안심하게 되죠."

Q. 부모의 이혼과 재혼으로 자녀 성을 바꾸는 문제에 있어 가정법원이 예전보다 까다로워졌다고요?

"2008년 처음 자녀 성(姓) 변경제도가 도입됐어요. 우리 사회가 재혼가정을 알리는 것을 부끄러워하는 사회라 초기엔 법원에서도 성을 잘 변경해주는 편이었는데 새 아빠 성으로 바꾼 후 재혼가정이 잘 유지가 안 되고 또 깨지니까, 애들 성이 애매해지기 시작했어요. 이런 문제가 발생하니 최근에는 법원에서 성을 잘 안 바꿔주려는 경향이 있어요. 저는 잘 안 바꿔주는 게 맞다고 봐요. 궁극적으로는 재혼가정이 흠이 안 되는 사회가 되는 게 맞지 않을까요."

Q. 양육비와 관련해서도 책에 소개된 사례가 있었는데요, 과거 양육비도 청구가 다 가능하다고요?

"고민하지 마시고 양육비이행관리원으로 가시면 됩니다. 양육비에 관해서는 법원이 소멸시효를 일반적인 채권과 다르게 정하고 있어요. 우리 법원이 양육비는 당사자의 협의 또는 가정법원의 심판에 의해 양육비 지급의 구체적인 내용이 확정돼야만 소멸시효 진행이 시작된다고 하거든요. 구체적인 내용이 정해진 적이 없다면 아무리 오랜 시간이 지나도 받을 수 있고 아이가 다 커서 어른이 된 다음에도 받을 수 있어요. 굉장히 특이한 제도죠. 그만큼 특별히 법원에서 양육비를 받게 해주려고 하고 있어요."

◇ "낮은 위자료… 부양 안 한 대가와 경제공동체 파괴에 대한 보상 더해져야"

Q. 가사사건을 다루면서 바뀌어야 한다고 생각하시는 부분이 있다면요?

"위자료를 좀 높였으면 좋겠어요. 우리나라의 위자료라고 하는 게 정신적 고통에 대한 손해배상만을 말해요. 대부분 이혼하면서 받는 돈을 뭉뚱그려 위자료라고 생각하는데 돈은 재산 분할과 위자료 두 가지가 있어요.
우리나라가 정신적 고통에 대한 배상이 낮은 편이에요. 사망으로 인한 위자료도 1억 원이거든요. 불행한 결혼으로 받은 고통은 수십억을 받아도 부족하다고들 말씀하시지만 현실적으로는 최근 판결 중에 하나를 예를 들면요, 할머니가 40년 동안 폭력적 남편으로부터 폭력을 당하고 살았는데 위자료 4500만 원 나왔어요. 남편 심하게 외도해도 위자료 3000만 원밖에 안 나와요. 위자료 너무 적습니다.

어린 아이가 있는데 남편의 외도로 이혼하게 되는 경우, 젊은 엄마들이 애 키우느라 한동안 경제활동을 못 해요. 이 부분에 대한 보상이 위자료의 형태로라도 참작이 돼야 하지 않겠어요? 대략 경제활동을 3년 못한다고 하면 9000만 원 정도는 더 줘야 아이 양육을 제대로 할 수 있고, 위자료에 대한 부담을 느껴야 바람도 안 피우지 않을까요? 아빠들이 부양하지 않는 대가를 따로 산정하고 경제공동체 파괴에 대한 보상이 포함돼야 합니다."

Q. 안 하면 좋겠지만 이혼을 고민 중이라면 결정에 가장 중요하게 고려해야 할 것은 어떤 게 있을까요?

"자립할 수 있느냐가 제일 중요합니다. 자립이 어렵다고 하면 나를 도와줄 사람이 부모나 형제 중에서 있느냐가 중요합니다. 이혼은 현실입니다. 돈 중요해요. 열 받아서 이혼한다 이런 건 안 됩니다. 그런데 폭행, 폭언하는 남편이라면 자립 가능성이 낮더라도 이혼해야 해요. 일단 이혼하고 자립은 도움받아 가면서 나중에 해야죠. 그 외에는 자립 가능성부터 생각하고 이혼하는 게 맞습니다. 폭언, 폭행으로 인해 자신의 정신이 파괴되고요, 회복이 안 될 수 있기 때문에 그것부터 끊어내야 합니다."

Q. 끝으로 선배 엄마로서 임신·출산, 육아로 힘들어하는 임산부들에게 해주고 싶은 말씀이 있으시다면요?

"응원을 보냅니다. 저도 그때가 너무 힘들었어요. 지금도 생각하면 눈물 날 것 같습니다. 해주고 싶은 얘기는 힘든 게 영원하지 않다는 거예요. 지나갑니다. 그때는 영원히 갇힐 것 같지만 어느 순간 지나가고, 그 경험으로 자기가 성장한다는 걸 잊지 말았으면 좋겠어요. 분명 힘든 건 맞지만 성장하고 기쁨을 얻는 측면이 분명히 있습니다." [78]

# 5. 죽음의 기술 또는 예술(Ars Moriendi)

"15세기 서유럽사회에서는 '아르스 모리엔디(Ars Moriendi)' 라는 소책자가 크게 유행했다.

이는 '죽음의 기술' 이라는 뜻으로 '죽음을 슬기롭게 준비하고 또 맞이하는 방법을 거울처럼 비춰 주는 책' 을 줄여서 쓴 말이다

슬기롭게 죽기 위해 살아 있는 동안 바른 삶을 영위하는 방법, 곧 '삶의 예술 (아르스 비벤디(Ars Vivendi)' 를 가르쳐 주고 있다. 삶의 험난한 항해에서 풍랑을 피하고 바른 행실을 지키기 위한 지침서 역할을 한다." (안띠꾸스 Antiquus, 2005, 6~7월, Vol. 3)

전 세계 지구촌에 위협을 가하는 코로나바이러스가 창궐한지 3개월이 지났다. 550만명이 감염되고, 35만명이 목숨을 잃었다.

한치 앞을 예측할 수 없는 전염병의 재난은 멈출 기미를 보이지 않는 와중에 더욱 힘든 것은 정신적 건강의 위기(Mental Health Crisis)가 올 수 있다는 거다.

이런 와중에 다시 생각하는 게, "잘 늙어가고 잘 죽는 것(Well-Aging and Well Dying)" 이다.

인생의 최종 목적지는 어디일까?

결국 모두가 이르게 되는 죽음을 앞에 두고 절대 죽지 않을 것처럼 살아 가는 건 모든 생물(生物)의 자연적인 이치이다.

어떤 이는 달리며 경쟁하고, 숨을 고르지 못할 정도로 바쁘게 살고, 어떤 이는 하고 싶은 일을 바라고 소망하고 희망하면서 아무것도 이루지 못하고 아쉬움을 남긴 채 재와 흙이 된다.

어떤 사람은 인류에 커다란 흔적(痕迹)을 남기고 문명의 발달에 크게 기여를 하고, 어떤 사람은 쥐도 새도 모르게 조용히 살다가 자취도 남기지 않고 사라진다.

본의 아니게 병을 얻거나 사고를 당하여 오랜 기간 동안 불편하게 살기도 하고, 고의로 남을 못살게 굴며 타인으로 하여금 원망과 분노를 일으키게 한다.

자기만의 만족과 아집에서 벗어나지 못해 고통스러운 하루하루를 살아가는 이도 있고, 폭 넓은 아량과 희생정신으로 낯 모르는 이들로부터 존경과 사랑을 받는 이도 있다.

죽음에 이르는 기술과 아름다운 삶을 영위하는 예술의 차이가 무엇일까?

매일 매 순간, 어떻게 존재하는 게 바람직한 생활이며 삶의 모습일까?

배불리 먹고 즐겁게 놀면 행복하고, 열심히 일하고 끊임없이 공부하면서 남다른 기쁨을 느낄 수 있으면 성공하는 삶일까?

쉽고 간단하고 편하게, 한가로운 시간을 적당히 때울 수 있으면 좋은 팔자를 타고 난 걸까?

그래서 이젠, 죽음에 이르는 기술도 터득해 보고 싶다.

무덤에 들어 가거나 재가 되는 순간에 혼란스럽지 않고, 아쉽지 않으며, 가벼운 마음으로 눈을 감을 수 있기 위한 바람을 정리해 두고 싶다.

그래서 남은 시간에 철저한 가치를 부여하고 싶다.

단 한 간을 살아도 완전하게 존재하고 싶다. 깔끔하게 늙고 싶다.

주름이 늘고 머리가 희어지고 이마가 벗겨져도 편안한 얼굴을 하고 싶다.

누구와 마주 앉아도 환한 얼굴로 이야기하고 싶다. 오랫동안 만면의 미소를 짓고 싶다.

누구든지 환한 웃음으로 맞이하고 싶다. 편안한 마음으로 된장찌개를 먹으며 수다를 떨고 싶다.

마음대로 지껄이는 친구의 이야기를 끝까지 들어 주고 싶다. 아주 잘 살아 온 것처럼 곱게 늙고 싶다.

구차한 변명 늘어 놓고 싶지 않다. 감추고 싶고 숨기고 싶지 않다. 불안하게 살고 싶지 않다.

도청이 두려워 눈치보면서 여기 저기 살피고 싶지 않다. 두리번거리며 흔들리고 싶지 않다. 움직일 때마다 조심하고 주의하고 싶지 않다.

어디에서고 누구에게도 자유롭고 싶다. 경찰서와 검찰청 앞에서 불안해 하지 않고 싶다. 더 욕심을 내다가 몸과 마음에 상처를 얻고, 가고 싶지 않은 곳을 자주 드나들게 되는 일이 없었으면 좋겠다.

많은 사람들에게 상처 주고 싶지 않다. 품위 있는 언어를 사용하고 싶다. 고매한 인격으로 보여지고 싶다. 우아한 자태를 보이며 걷고 싶다. 어깨를 쫘~악 펴고 활기차게 걷고 싶다. 곁눈질 하면서 살고 싶지 않다.

누구든지 눈을 마주치며 고개를 끄덕이며 자신 있는 목소리로 대답해 주고 싶다. 좋은 글과 멋진 책을 많이 읽고 싶다.

다른 사람들의 생각과 오래된 의견들에 귀 기울이고 싶다. 두꺼운 책의 마지막 장을 넘기며 환희를 느끼고 싶다.

바이올린 협주곡과 피아노 소나타를 들으며 수필을 읽고 시어(詩語)를 음미하고 싶다. 아주 오랫동안 아름다운 선율에 몸과 마음을 맡기고 싶다. 예쁜 말을 하면서, 아름다운 글을 쓰면서, 향기 나는 글을 읽으면서, 조용히 생각하는 시간을 갖고 싶다.

때로는 혼자서 큰 소리로 노래 부르고 싶다, 그 때 갑자기 나타난 친구가 소주잔을 기울여 주며 박수를 쳐 주었으면 좋겠다.

전 세계 지구촌 사람들과 어울리며 살고 싶다. 내 편 네 편 가르며 살고 싶지 않다. 그렇게 살다가 조용히 죽고 싶다.

축복의 죽음을 맞이하고 싶다. 순간순간을 소중히 여기며 오늘을 놓치고 싶지 않다. 오늘을 잡으시라!(Carpe diem !)[79]

## 가. 요양원 단상(斷想)

"인간은 그저 죽을 뿐, 내생도 없고 영혼도 없다. 여생을 즐겨라."

요양병원, 요양원은 늙고 병들어가는 우리들의 미래다. 수많은 노인이 창살 없는 감옥에서 의미 없는 삶을 연명하며 희망 없는 하루하루를 여기서 보내고 있다. 그들도 그리될 줄은 몰랐을 것이고 지신과 전혀 상관이 없는 남의 이야기로 알았지만, 이미 현실이 된 지 오래다.

자식 여럿 두었으면 무엇하며, 그 자식 유명인사 된들 무엇하겠는가! 이 한 몸 기댈 곳 없이 흘러 흘러 와서 호흡기 달고서야 세월이 가는지 오는지, 애지중지 처자식이 누군지도 못 알아보게 되더라. 유일한 낙이라고는 천진난만하게도 하루 세끼 밥과 간식이 전부더라.

요양병원에 가서 서 있는 가족의 위치를 보면 촌수가 훤히 보인다. 장기입원하고 있는 부모를 이따금 찾아와서 침대 옆에 바싹 붙어 눈물 흘리면서 준비해 온 죽을 떠먹이며 이것저것 챙기는 자식은 그래도 딸이다. 그 옆에 멀쩜 서 있는 남자는 사위, 문간에서 먼 산 보고 있는 사내는 보나 마나 아들이고 복도에서 휴대폰 만지작거리고 있는 여자는 며느리다. 무심한 아들은 침대 모서리에 걸터앉아 누가 사다 놓은 음료수 하나 따먹고 이내 사라진다.

우리 장손! 내 아들! 금지옥엽으로 키운 벌을 여기서 받는 거다. 빠듯한 살림살이에 딸아이 대학교육까지 포기하며 출세시킨 아들이다. 사업한답시고 은행 대출 보증까지 섰고 공무원 30년 연금까지 기꺼이 내준 당신의 희생을 헌신짝으로 버린 저 못난 아들놈을 어찌해야 하나!

긴 병에 효자 없다지만 요양원에 온 지 아직 두 달도 안 지났다. 건강과 재산 등 노후가 준비되어 있지 않은 상태에서 몽땅 쥐버린 헌신이 곧바로 고통이요 고문이 될지는 꿈에도 없었을 것이다. 아직은 건강하신 노인분께 당부드린다.

얼마 남지 않은 인생이다. 가진 돈이 있거든 당신을 위해 다 써라. 먹고 싶은 거 먹고, 가고 싶은 곳 가고, 하고 싶은 것 하면서 세월 보내는 것이 최선의 여생이고 최고의 행복이니까.

죽으면 말 길이 끊어져서 산 자에게 죽음의 내용을 전할 수 없고, 죽은 자는 죽었기 때문에  죽음을 경험할 수 없고 인지할 수도 없다. 인간은 그저 죽을 뿐, 내생이 어디 있으며 영혼이 어디 있겠는가?

돈 들이지 말고 죽자, 주변 사람 힘들게 하지 말고 가자, 질척거리지 말고 가자, 지저분한 것들 남기지 말고 가자, 빌린 것 있으면 다 갚고 가자.

퇴계 선생은 죽음이 임박하자 이런 시문을 남겼다.

"조화를 따라서 사라짐이여 다시 또 무엇을 바라겠는가?" [80)

## 나. 동래 할머니

경상도 동래부(현 부산)에 한 여성이 있었는데 극심한 가난을 이기지 못해 몸을 팔아 겨우 끼니를 이었다. 그런데 임진왜란이 일어났다(선조 25년, 1592). 왜적이 온 나라의 보물을 훔쳐갔는데, 그들은 여성들도 닥치는 대로 붙들어갔다. 동래의 불쌍한 여성은 이미 30여 세도 넘었으나 일본으로 끌려가 10여 년 동안 온갖 험한 일을 하며 살았다. 미수 허목이 쓴 '동래 할머니' 란 글에 이 여성의 기구한 사연이 실려 있다(〈기언〉, 제22권).

선조 39년(1606) 기유년 봄, 조정에서는 일본과 조약을 맺어 억울하게 끌려간 포로를 데려왔다. 다행히 동래 출신인 그 여성도 사신 일행을 따라서 고향으로 돌아왔다. 그는 일본에 억류되어 있던 중에도 자나 깨나 한 가지 소원이 있었다. 연로한 어머니를 상봉하는 것이었다. 왜란 중에 억지로 헤어진 이후 우리 이야기의 주인공인 여성은 오직 모친을 그리워하며 하루하루를 연명하였다.

그러나 이 웬일인가. 어머니 역시 왜적에게 끌려가신 것이 분명하였다. 난리의 와중에 두 모녀는 모두 적국에 포로 생활을 하게 되었는데, 그런 줄도 모르고 고향의 어머니만 그리워하였던 셈이다. 수소문 끝에 자신의 어머니가 일본으로 끌려간 사실을 확인한 여성은 단호한 결정을 내렸다.

"어머니를 찾지 못하면 다시는 돌아오지 않겠다." 친지들에게 이렇게 맹세하고, 그는 다시 온 재산을 털어서 배를 구해 타고는 일본으로 갔다. 그는 걸인 노릇을 하며 일본 땅을 샅샅이 뒤지기 시작하였다. 전쟁 포로들이 모여 사는 곳이라면 한 곳도 빠뜨리지 않고 찾아가서 어머니의 행방을 묻고 또 물었다. 하늘도 무심하지 않았던가. 드디어 어머니를 찾아낸 그는 목놓아 울었다. 딸의 나이도 이미 50을 넘겼고, 어머니는 70세도 훌쩍 넘었다. 모녀 모두 노인이 되어버린 것이다.

사정을 알게 된 일본 사람들도 놀라서 절로 눈물을 흘리며 딸의 효성에 감탄하였다. 그들은 차마 두 모녀가 조선으로 귀국하는 것을 가로막지 못하였다. 천신만고 끝에 두 사람은 무사히 고향으로 돌아왔다.

그러나 그들에게는 아무런 재산도 없어 살길이 막연하였다. 늙은 딸은 좌절을 몰랐다. 그는 고향에 남아있던 언니와 함께 늙은 어머니를 업고 낙동강을 건너 깊은 시골로 들어갔다. 그들은 함안 방목리에 여장을 풀고 날마다 품팔이에 나서, 어머니를 정성껏 봉양하였다. 세월은 흘러 어머니도 언니도 차례로 세상을 떠났다. 우리 이야기의 주인공도 80여 세까지 살다가 사망하였다. 마을 사람들은 그를 '동래 할머니'라고 불렀고, 그의 효행을 후세에 널리 알렸다.

이런 이야기를 전하며, 허목은 자신이 느낀 바를 이렇게 기록하였다. "만리타국 험난한 바닷길을 넘어서 모녀가 다시 만날 수 있었다니, 정녕 하늘이 돌보셨네. 남성이라도 하지 못할 일을 해내어, 세상에 다시없는 효행으로 모범이 되셨도다. 일본 사람까지 감화되었으니 참으로 어질지 않은가." ('동래 할머니')

이 이야기는 개성이 뚜렷한 한 평민 여성의 생애사이면서도, 거기에 국한되는 것이 아니다. 15세기 조선에서는 진보적인 성리학자들만 유교적 윤리와 도덕을 강조하였다. 그들은 '성리학적 전환'이란 거대한 프로젝트에 발동을 걸었다. 이 정책을 본격적으로 추진한 이가 다름 아닌 세종대왕이었다. 왕은 누구나 성리학적 도덕을 배워서 실천에 옮기는 세상을 만들고자 노력했다. 〈삼강행실도〉를 간행하고, 한글까지도 창제한 것은 그 때문이었다. 그런 노력이 헛되지 않아, 16세기 후반에는 각계각층이 모두 유교 도덕의 가치를 내면화하였다. 이제는 평민과 천민도 충효를 실천하고자 물불을 가리지 않아, 마을마다 효자와 열녀 또는 충신이 쏟아져나왔다. 만약 지하의 세종이 우리 동래 여성의 효행을 알게 되었으면 얼마나 기뻐하셨을까.

그러나 극단적으로 도덕을 강조하는 세상치고 위선적이지 않은 곳이 있는가. 내 마음이 몹시 씁쓸하다.[81]

## 다. 이제 하늘의 뜻을 알았다고?

언제부턴가 '단체 카톡방'에 의미심장한 내용들이 올라온다. 좋은 인생을 살아가기 위한 10계명, 친구를 사귀는 명언, 인생 격언 등 삶에 필요한 내용들이다. 읽어 두면 다 영양가 있는 내용이다. 인터넷에 있는 좋은 이야기들을 무시로 퍼나르는 친구는 진심으로 이제야 그 말들의 깊은 뜻을 알게 되었다는 것에 감격해하고 있음을 알 수 있다. "친구야, 난 이제 인생이 무엇인지 알 것 같아", "인생을 어떻게 살아야 할지도 알겠어", "친구야, 하늘의 이치가 무엇인지 알게 되었어"라고 강하게 웅변하는 느낌이다. 그렇게 딱 누구라 할 것 없이 서로 좋은 내용들을 퍼 나른다.

카톡방에 이런 내용이 많이 올라오는 시기는 대개 40대 후반에서 50대 초중반까지다. 물론 50대 후반에 접어들면 그것도 시들해져 주로 세상을 핀잔하는 불만이 가득한 내용들이 주로 올라오게 된다.

하지만 그 시기에 퍼 나르는 좋은 경구들은 친구의 깨달음인 것만큼은 분명하다. 정말로 오십 즈음의 나이가 되면 하늘의 뜻과 이치를 알게 되고, 인생의 의미도, 벗의 소중함도 느끼게 된다. 이런 깨달음을 경험하면 스스로 놀라게 된다. 물론 자신을 특별한 사람으로 생각하고, 마음은 고양된다. 친구가 보내는 카톡 너머로 친구의 들뜬 마음을 느낄 수 있다.

우리는 그를 아낌없이 응원한다. 그렇게 얼마간의 시간이 지나면 슬슬 짜증이 난다. 천명을 깨닫고 친구의 소중함에 대해 동네방네 떠들면서, 하는 행동은 여전히 예전과 달리 친구를 소중하게 대하지 않는다. 마치 필요에 따라 친구도, 남도 되는 것처럼. 그렇게 되면 '차라리 말이나 말지'라고 속으로 생각하고 그냥 웃고 넘어간다.

사실 나도 그 과정을 거치고 있다. 처음 세상의 이치를 깨달았다고 생각했을 때 나는 내가 특별한 줄 알았다. 으쓱했다. 하지만 얼마 지나지 않아 그 깨달음이 나에게만 온 것이 아니라는 것을 알게 되었다. 나이 들면 누구에게나 깨달음이 찾아온다는 것을 아는 데는 시간이 얼마 걸리지 않았다. 왜냐하면 깨달음을 얻기 전이나 후의 나의 생활은 변화가 없었고, 나의 행동에도 변화가 없었기 때문이다. 그런데 궁금해졌다. 누구에게나 찾아오는 깨달음의 시기를 공자는 왜 굳이 지천명의 시기라고 이름 지었을까?

공자는 말했다(논어, 위정 4장). 15세에 어떤 공부를 할 것인지 전공을 정하고(志于學), 15년을 더 공부하여 30세에 이르면 스스로 설 수 있게 되는 입(立)의 단계로 들어간다. 전공 공부를 15년이나 했으니 충분히 전문가가 되었을 것이다. 그렇게 전문가로서 10년 동안 현실에서 전공 분야를 적용하는 시간을 보내고 40세가 되니 웬만한 유혹에는 흔들리지 않는 불혹(不惑)의 나이가 되었다. 그렇게 유혹에 흔들리지 않는 불혹의 10년 시간을 더 보내고 50세가 되어 지천명(知天命)의 나이가 되었다. 지천명이란 하늘의 명을 알게 되었다는 말이다. 천명을 안다는 것이 무엇인가? 이름 하여 도가 터졌다는 것이다. 깨달음을 얻었다는 말이다. 공자의 지천명은 전공을 선택하고 공부를 시작하고 실천한 지 35년이 지나서 얻은 의미 있는 깨달음이다. 그런데 왜 나는 깨달음이 찾아왔는데도 아무런 변화가 없을까?

공자가 헛소리를 할 사람은 아니다 싶어 곰곰이 지천명에 대해 생각해보았다. 시간이 지나고 또 지났다. 그러다가 어느 날 '혹시?' 하는 생각이 들었다. 공자가 말한 지천명은 천명을 알게 된 것으로 끝나는 것이 아니라, 천명을 알게 되었으니 이제부터 천명의 뜻에 따라 실천하며 살아가라는 뜻이지 않을까 싶었다. 다시 말해 천명을 아는 것은 별로 중요하지 않고, 알게 된 천명을 실천하며 사는 것이 지천명의 올바른 의미라고 생각되었다. 그렇게 생각하고 보니 그럴 듯했다. 맞는 것 같았다.

또 얼마 동안의 시간이 지나고 또 지났다. 내 생각은 거기서 맴돌고 있었지만, 점점 그 생각은 의심을 넘어 확신으로 바뀌고 있었다. 공자의 지천명은 천명을 아는 나이이고, 천명을 알았다면 천명대로 실천하며 살아갈 수 있는 능력을 가진 시기라고 생각되었다. 나는 지천명의 의미를 그렇게 결론짓고 생각을 마무리지었다. 어떤가? 당신도 동의가 되는가?

그다음 지천명의 실천을 10년쯤 하고 60세가 되면 귀가 순해지는 이순(耳順)의 시기로 접어든다. 귀가 순하다는 것은 다른 사람의 말을 잘 받아들인다는 말이다. 설사 욕을 먹더라도 껄껄 웃고 넘어갈 수 있는 여유가 생겼다는 것이다. 그렇게 또 10년이 지나 70세가 되니 그냥 마음 가는 대로 행동해도 세상 법도에 어긋나는 일이 없게 되었다고 공자는 술회했다. 그리고 공자는 73세에 죽음을 맞이했다.

공자의 일생 중에서 모든 단계가 중요하지만 지금 가장 중요한 단계는 '지천명'이지 않나 싶다. 실천 없는 깨달음은 지극히 평범한 것이고, 실천하는 깨달음이어야만 천명을 아는 것이라는 실천의 중요함을 알게 해주기 때문이다. 결국 실천하는 지천명, 그것이 힘인 듯싶다.[82]

## 라. 죽음에 대한 인식

죽음이란 무엇인가? 역사의 새벽, 인류는 '생각'의 첫머리에서 이 문제와 맞닥뜨렸을 것이다. 종교와 철학 그리고 모든 문명의 시발점에 이 문제는 참여하고 있다. 그러나 과학적 지식이 극대화되고 분초를 다투어 정보가 쏟아지는 오늘날에 와서도 이 문제는 분명하고도 확실한 결말을 짓지 못하고 있다.

대개의 학자는 죽음이란 "한 생명체의 모든 기능이 완전히 정지되어 원형대로 회복될 수 없는 상태"라는 데에 동의하지만, 단서를 붙이는 것을 잊지 않는다.

"삶이란 무엇인가를 규명하지 않고는 죽음에 대한 완전한 해답은 있을 수 없다"고도 하고, "죽음의 세계란 인간의 경험 영역, 지각 영역을 넘어서는 차원의 문제에 속하기 때문에 그 본체를 파악하기란 불가능하다"고도 한다.

사람들은 죽음에 대한 해석에 특히 자기 식의 독단을 많이 개입시킨다. 각자 자신의 안경을 통해 죽음을 보는 것이다. 죽음에 대한 통일된 답변을 들을 수 없기 때문이기도 하지만, 죽음이라는 것이 그만큼 인생에서 중대 문제이고, 누구나 한번은 겪어야 하는 피할 수 없는 사실이며, 또 그것으로 모든 것이 종말을 맞기 때문이다.

생물학자들은 삶과 죽음의 구분에 고심한다. 생물계에는 단세포 생물도 있고 다세포 생물도 있어서, 생사를 가름하는 기준을 일정하게 말하기 어렵기 때문이다.

의사들은 고등 동물인 인간의 죽음을 판정하는 데도 어려움을 겪는다. 일반적으로 심장 고동과 호흡 운동의 정지를 표준으로 삼지만 가사상태(假死狀態)인 경우도 있고, 한 때 멈추었다가 기적적으로 다시 살아나는 경우도 없지 않기 때문이다.

죽음의 형태도 가지각색이다. 천수를 누리고 기력이 쇠진하여 저절로 여러 기능이 멈추는 자연사가 있는가 하면, 아직 창창한 나이에 뜻하지 않은 원인이 생겨 죽음을 맞는 우연사도 있다.

우리 나라 사람은 예로부터 오래 사는 것[壽]을 가장 큰 행복으로 삼았고, 제명대로 살다가 편안히 죽는 것[考終命]을 오복의 하나로 꼽았다.

인간을 "죽음으로 향하는 존재"라 규정한 철학자도 있고, "산다는 것은 무덤을 향하여 한 발자국 한 발자국 다가가는 과정"이라고 말한 소설가도 있다.

"가끔 죽음에 대해 생각을 돌려라. 그리고 미구에 죽을 것이라 생각하라. 어떠한 행동을 할 것인가를 그대가 아무리 번민할 때라도 밤이면 죽을지도 모른다는 생각을 한다면 그 번민은 곧 해결될 것이다. 그리하여 의무란 무엇인가, 인간의 소원이란 어떤 것이어야 할 것인가가 곧 명백해질 것이다. 아아, 명성을 떨쳤던 사람도 죽고 나면 이렇게 빨리 잊혀지는 것일까!" 그리스의 비극 시인인 소포클레스(Sophokles)의 말이다.

이를 받듯이 몽테뉴(Montaigne, M.)는 그의 『수상록(隨想錄)』에서 다음과 같이 적고 있다. "어디에서 죽음이 우리들을 기다리고 있는지 모른다. 곳곳에서 기다리지 않겠는가! 죽음을 예측하는 것은 자유를 예측하는 일이다. 죽음을 배운 자는 굴종을 잊고, 죽음의 깨달음은 온갖 예속과 구속에서 우리들을 해방시킨다."

어쨌든 사람은 죽지 않으면 안 되고 단 한번 혼자서 죽는다. 그리고 그것은 삶의 끝막음이다. 누구도 피하지 못하고 거부하지 못하며 전신으로 맞아들여야 한다. 이러한 죽음이란 과연 무엇인가? 의문은 다시 되풀이된다. 우선, 종교에게 물어본다.

한국인은 무척 죽음을 외면하려 든다. 그래서 말한다. "개똥 밭에 굴러도 이승이 좋다." 가난에 찌들어도 천대를 받아도 이 세상에서 사는 것이 좋다. 죽음은 싫다. 삶에 강렬한 애착을 지닌다.

죽음을 재난으로 생각한다. 그렇기 때문에 두렵다. 죽음은 휴식이 아니라 새로운 공포이고 재앙이다. 이 세상에서 누리는 오복 가운데 '오래 사는 것[壽]'을 으뜸으로 친다. 그저 오래 살고 싶어한다.

아기를 낳았을 때 금줄을 치는 것이나, 돌을 맞았을 때 실을 안겨 주는 것이나, 모두 인생의 마디마디에 '오래 살아라' 하고 기원하는 뜻을 담는 것이다.

새해를 맞아 세배를 드려도 "만수무강하십시오" 하고, 젊은이의 이러한 축수(祝壽)에 어른은 "명복(命福) 많이 받아라" 하고 덕담을 내린다. 모두 오래 살고 싶은 심정을 표현한 것이다.

그러나 죽음을 피할 수 있는 것이라 생각하지는 않는다. 굳이 외면하고 싶지만 가까이 있음을 안다. '저승 백년보다 이승 일년이 낫다'고는 하지만 사실은 '저승 길이 대문 밖'인 것이다. 죽음은 늘 가까이에 있는 것이다. 그래서 오복의 마지막은 '제명대로 살다가 편안하게 죽는 것'이다.

사실, 이 세상에서 가장 억울한 것은 '제명대로 못 살고 원통하게 죽는 것'이다. 일찍 죽는 것[夭死], 객지에서 죽는 것[客死], 횡액으로 죽는 것[橫死], 원통하게 죽는 것[寃死], 분하게 죽는 것[憤死], 모두 억울한 죽음이다.

하늘에서 받은 수명대로 오래 살다가 자식들이 지켜보는 가운데 편안하게 자리에 누워 죽는 것[臥席終身]이 바람직하고, 억울하게 죽으면 원귀(寃鬼)가 된다.

이들은 '왕신'·'몽달귀신'·'손각시'·'영산'·'객귀(客鬼)'·'여귀(厲鬼)'가 되어 저승에서도 제자리를 찾지 못하고 구천을 떠돌게 된다. 무속 신앙에서는 죽음이란 다름 아니라 저승사자를 따라가는 일이다.

너이들을 길을 적에

불면 날까 쥐면 꺼질까

금지옥엽 갓치 길러내어 생전영화 보젯든이

천명이 다 지나고 조물이 시긔하야 두번 다시 돌아오지 못할 영별의 객이 되니

죽은 혼이라도 설고 넉시라도 설다.

<巫歌의 일부>

병사(病死)는 대개 천명이 다하고 조물주가 시기하여 영별의 객이 되는 것으로 알았다. 무속에서는 일반적으로 저승사자를 보내는 것은 명부(冥府)에 있는 최 판관(崔判官)이라 생각한다. 최 판관이 체포 영장인지 소환 영장인지를 발부하면 저승사자가 이것을 들고 사자(死者)를 찾아 오는 것이다.

"활등같이 굽은 길을 설대같이 다다라서 닫은 대문 박차 여니 수문장이 설난하고 마당간에 들어서니 원당지신 설난하고 마루 대청 떼구르니 성주왕신 설난허구." 저승사자는 이토록 시퍼렇게 위세를 부리며 방안으로 들어 와서는 잡아갈 사람을 무자비하게 나꿔 챈다.

"실낱같은 목에다가 오라사실 걸어 놓고, 한번 잡어 나우치니 맑은 정신 간 곳 없고, 두번 잡어 나우치니 열손 열발 맥이 없고, 삼세번을 나우치니 혼비백산 간 곳 없고, ……" 죽음의 장면은 이렇게 참혹하다. 그러니 죽음을 두려워하지 않겠는가!

죽음은 여기에서 끝나지 않는다. 저승길을 가야 하는 것이다. 어떤 때는 혼자 가기도 하고 저승사자의 인도를 받아 가기도 한다. 어쨌든 서러운 길이다.

"가다 가다가 저물거던 길에도 앉지 마오, 길신이 아니 놓소, 또 가시다 저물거던 산에도 앉지 마오, 산신이 아니 놓소, 또 가시다 저물거든 못가에도 앉지 마오, 용신이 아니 놓네, 또 가시다 저물거든 독에도 앉지 마오, 독신이 아니 놓네."

명부로 가는 여행 길은 험난하기 이를 데 없고 함정도 많다. 황천강(黃泉江)을 건너면 비로소 득달하게 되는데, 거기에서는 시왕[十王, 또는 十大王]의 심판이 기다리고 있다.

생전의 잘잘못에 대하여 엄한 문초를 받게 되는 것이다. 염라대왕이나 최 판관의 재량에 따라서는 드물게 이승으로 환생하는 수도 있다. 민간 신앙이나 무속은

죽음에 관한 한 불교의 영향이 짙게 깔려 있음을 본다.

『반야심경』에는 "낳지 않고 사그라지지 않고(不生不滅)", "더럽혀지지 않고 깨끗해지지 않고(不垢不淨)", "더해지지 않고 덜해지지 않고(不增不減)"라 하였고, "드디어 늙음도 죽음도 없고 또한 늙음과 죽음이 없어지지도 않게 되는 데 이르는 것이다(乃至 無老死 亦無老死盡)"라 하였다.

말하자면, 이 세상에 존재하는 모든 것은 실체(實體)가 없으며, 따라서 낳았다고 말할 수 있는 것도 없고, 사그라져 없어졌다고 말할 수 있는 것도 없으며, 그러므로 더럽혀진 것도 깨끗한 것도, 더해졌느니 덜해졌느니 따질 것도 없다는 것이다.

실체가 없으니 물질적 현상이나 감각이나 표상이나 의지·지식 같은 것이 있을 리 없고, 눈도 코도 귀도 혀도 몸뚱이도 없다. 늙음과 죽음이 있을 수가 없다. 따라서, 삶이 곧 죽음이요, 죽음이 곧 삶이라, 처음부터 구별이 없다.

서산대사(西山大師)는 말한다. "중생이 낳는 것 없는 중에서 망녕되이 삶과 죽음과 열반을 보는 것이 마치 허공에서 꽃이 나타났다 사라졌다 하는 것을 보는 것과 같으니라."

이를 풀이한 글은 다음과 같다. "성품에는 본래 낳음이 없으므로 삶과 죽음과 열반이 없는 것이고, 허공에는 본래 꽃이 없으므로 나타났다 사라졌다 하는 것이 없는 것이다. 삶과 죽음이 있는 줄로 아는 것은 허공에 꽃이 나타나는 것을 보는 것과 같은 것이고, 열반이 있는 줄로 아는 것은 허공에 꽃이 사라지는 것을 보는 것과 같은 것이다."

죽음이 무엇인가를 다시 말하고 있다. "사람이 죽을 때는 단지 오온(五蘊)이 다 공(空)이고 사대(四大)가 내가 아님을 볼 것이다. 참 마음은 모습이 없어서 가는 것도 아니고 오는 것도 아니며, 살았을 때도 성품은 또한 살지 않았고 죽을 때도 성품은 또한 떠나가지 않는다."

죽음은 어쩌면 이 티끌 세상을 탈출해서 영원한 자유인이 되는 계기가 될 수도 있다는 뜻이다. 다만, 마음가짐을 거울처럼 맑고 호수 같이 고요하게 지닐 수 있어야 하며, 그렇게 되면 삼세인과(三世因果)에 이끌리거나 얽매이지 않게 되어 출세자유인(出世自由人)이 된다는 것이다.

서산대사에 의하면, 인간은 사대(四大)로 이루어지고 오온으로 살아간다. 사대는 지(地)·수(水)·화(火)·풍(風)으로 사람의 몸은 이 네 가지에 의하여 성립이 되어 있다. 오온은 색(色)·수(受)·상(想)·행(行)·식(識)의 다섯 가지인데, 색은 물질로서 육체이며, 수는 감각, 상은 개념 구성, 행은 의지, 식은 의식이라 간단하게 설명될 수 있다.

죽음에 다달아 사대 곧 육신이 진정한 '나'가 아니었다는 것을 깨닫게 되고, 오온 곧 살아 움직인 활동 그것이 모두 공(空)이라는 것을 알아차려야 비로소 세간을 벗어난 자유인으로 해방되는 것이다. 그렇지 않고 이 세상에서 익힌 매듭이 조금이라도 남아 있다면 다시 얽매임으로 굴러다니게 된다.

『선가귀감』의 다음 구절을 보자. "사람이 죽을 때 만약 털끝만큼이라도 범부(凡夫)니 성인(聖人)이니 하는 감정이 끊어지지 않거나 생각을 잊지 못한다면 나귀의 태(胎)나 말의 뱃속으로 향해 의탁하게 되며, 지옥의 끓는 가마 속에 처박혔다가 전과 같이 다시 개미나 모기 등으로 되고 말 것이다." 극락과 지옥의 구분이 바로 이것이다.

사람이 죽는다는 것은 무(無)로 되는 것이 아니다. 매미가 허물을 벗듯이(蟬脫) 훨훨 벗어 던지고 새로운 옷으로 갈아입는 것이다. 낡은 허물을 벗는 것이 죽음이며, 새로운 옷으로 갈아입는 것이 윤회(輪廻)다. 새로운 옷이 무슨 빛깔이 되고 어떤 모습이 될지는 이승의 업(業)에 따라 결정이 된다.

그렇기 때문에 죽음은 무가 아닌 동시에 두려워할 일도 슬퍼할 일도 아니다. 도리어 웃으며 새 옷으로 갈아입을 수 있는 것이 아닌가? 다만, 이승에서 살아 움직이며 맺은 인연이 있고, 주고받은 정이 있기에 아쉬운 느낌이 들 수는 있다. 이것이 다름 아닌 망집(妄執)이다.

사대가 내가 아니고 오온이 다 공인 바에야 어찌 망집에 사로잡혀야 하는가! 매섭게 끊어 버려야 한다. 그렇지 못하면 삼세(三世)의 인과에서 벗어나지 못한다. 웃으며 훨훨 낡은 허물을 벗어 버려야 한다. 이것이 죽음에 대한 불가(佛家)의 인식이다.

공자는 제자인 자로(子路)가 죽음에 대해 묻자 다음과 같이 대답하였다. "삶에 대해서도 모르거늘 어찌 죽음에 관하여 알겠는가(未知生 焉知死)!" 아직 삶에 대해서도 모르면서 어찌하여 죽음까지 알려 하느냐며 제자가 차근차근 공부하지 않고 덤벙대는 것을 꾸짖는 말일 수도 있고, 삶을 알게 되면 죽음은 저절로 알게 된다며 타이르는 말일 수도 있다.

아무튼 이 말에서 공자는 죽음보다 삶을 더 중시하고 있었음을 알 수 있다. 중시했다기보다 더 절실하게 생각했다고 고쳐 말할 수도 있을 것이다.

사실 따지고 보면, 죽음에 이르기 전에 삶이 앞서 있다. 당장 살고 있는 것이다. 그래서 공자는 살아 있는 사람들끼리의 질서, 곧 윤리 도덕에 더 관심을 가졌다.

인(仁)을 말하여 사랑을 가르쳤고[仁愛人也], 효(孝)를 강조해 사람은 이 세상에 단독자(單獨者)로 오는 것이 아니라, 무수한 조상을 뿌리로 해 태어나는 것이며, '나'를 출발점으로 해 또 무수한 자손이 뻗어 나간다는 것을 가르쳤다.

알고 보면 사람은 죽음으로 하여 삶이 끝나는 것이 아니라, 자손의 모습으로 영원히 이어져 간다는 것을 효에서 암시하고 있는 것이다.

죽음이나 내세에 대하여 직설적으로 말한 바는 없지만, 삶을 알면 죽음은 저절로 알게 되며, 현세의 연장이 곧 내세임을 분명히 하고 있다. 공자는 죽음에 대해 각별한 경의를 지니고 있으며 언제나 죽음에 대비하고 있었다.

『논어』에 "공자께서는 상(喪)을 당한 사람 곁에서 식사하는 경우 배부르도록 먹는 일이 없었으며, 상가에 가서 곡을 한 날에는 종일토록 노래 부르는 일이 없었다"고 하였다. 그리고 병이 났을 때 자로가 기도 드리자고 제의하자 물었다. "그런 선례가 있느냐?" "있습니다. 뇌(誄)에 위로 천신에게 빌고 아래로는 지기(地祇)에게 빈다고 하였습니다." 이러한 자로의 대답에 공자는 말한다. "나는 기도한 지 이미 오래다." 항상 기도하는 마음으로 살아 왔다는 뜻이다.

공자의 제자인 증자(曾子)는 임종에 제자들을 불러 놓고 말한다. "내 발을 펴 보아라, 내 손을 펴 보아라, 『시』에 이르기를 '전전긍긍 조심하기를 깊은 못 가에 서 있듯 얇은 얼음 판을 밟고 가듯 한다' 하였지만, 이제부터는 나도 걱정을 면하게 되었음을 알겠구나! 애들아."

죽음에 임해서 자기 신체의 각 부분을 점검시키고 있다. 행여 상처난 곳은 없는가, 흉터는 없는가, 잘못된 뼈마디는 없는가, 면밀히 살펴보는 것이다. 내 몸은 부모한테서 받은 것, 한 평생 고이 지니고 있어야 효도를 다한 것이 된다. 곧, 저승에 가면 부모를 뵙게 될 것이고 그래서 새삼 되돌아 보는 것이다.

사실, 유교에서는 조상이 늘 자기와 함께 있다고 생각한다. 생사의 구분이 확연하지 않은 것 같기도 하다. 증자는 임종에 또 말한다. "새가 죽어갈 적에는 그 울음소리가 애처롭고 사람이 죽으려 할 때는 그 말이 착하다." 사람은 마지막 죽음을 앞두면 순선(純善)한 본성으로 돌아오게 되고, 따라서 그 말도 착하게 된다는 것이다.

요컨대, 죽음은 모든 것을 귀결시키는 동시에 새로운 출발이기도 하다. 『중용』에 "성실한 것은 하늘의 도이고 성실해지려는 것은 사람의 도다(誠者 天之道也 誠之者 人之道也)"라고 하였지만, 인간이란 하늘을 배우고 따르고 드디어는 합일(合一)하는 존재다.

천도(天道)에 기(氣)의 모이고 흩어짐(聚散)과 음양(陰陽)의 성쇠(盛衰)가 있어 네 계절이 있듯이 사람에게도 마찬가지다.

봄에 싹이 트고 여름에 자라고 가을에 열매 맺으며 겨울에 땅속으로 사그라진다. 여름에 극성하던 양은 가을이 되면 차차 쇠하였다가 겨울에는 거의 없어진다. 그와 반면에 음이 극성을 누린다. 그렇지만 동지(冬至)날에 거의 없어졌던 양이 다시 살아나기 시작한다(一陽始生). 그리고는 봄이 되면 싹을 틔게 하여 새로운 삶이 시작되는 것이다.

소우주인 사람도 마찬가지다. 죽음은 새로운 싹을 트이기 위한 사그라짐(消)이다. 천도도 인도도 사그라짐(消)과 자라남(長)의 순환인 것이다. 둥그런 보름달이 차차 사그라져 들다가 그믐이 되면 거의 없어지고 다시 초승달로 되살아나며, 이것이 돌고 도는 것(循環)과 같다.

『성경』에서는 다음과 같이 말하고 있다.

> "이러므로 한사람으로 말미암아 죄가 세상에 들어오고 죄로 말미암아 사망이 왔나니 이와 같이 모든 사람이 죄를 지었으므로 사망이 모든 사람에게 이르렀느니라 (『로마서』 제5장 12절)."

요컨대, 죽음은 죄에 대한 벌이다.

기독교에서 말하는 죄는 원죄이다. 물론, 낱낱의 인간이 자의식으로, 개별적으로 범하는 죄도 있지만, 그것보다 더 크고 공통적인 죄가 원죄이다. 인류의 조상인 아담이 범한 죄로 인해 인간은 태어나면서부터 죄를 지니게 되며, 그것이 원죄인 것이다. 죽음은 이 원죄로 인해 신으로부터 받는 벌이다.

따라서, 기독교에서의 죽음은 육신의 죽음과 영혼의 죽음 두 가지로 나누어 볼 수 있다. 육신의 죽음은 그저 생물학적으로 한 생명체의 모든 기능이 정지되어 다시 원상대로 회복될 수 없는 상태를 말하는 것이고, 영혼의 죽음은 생명의 원천인 영혼이 육체에서 떨어져 나가는 것을 뜻한다.

그러면 육체에서 분리되어 떨어져 나간 영혼은 어디로 가는가? 두말할 것도 없이 하느님 앞으로 간다. 이 세상의 창조자이고 구원자이고 심판자인 하느님 앞에 가서 시험대에 올라 일생 동안의 일을 심판받게 되는 것이다. 죽음은 말하자면 심판자의 앞으로 나아가는 일이다. 누구나 피할 수도 면할 수도 없는 필연적인 사항이다.

예수 그리스도는 인류의 죄를 대신해 죽음을 당했다. 신자들도 육신의 삶에 연연하지 말고 이 거룩한 예수 그리스도의 죽음에 동참해야 하며, 그렇게 함으로써 부활을 통한 영생을 얻을 수 있는 것이다.

## 마. 죽음을 선택할 권리

40대의 중간에 서 있다 보니 부고를 접하는 일이 많아졌다. 아직 그럴 나이가 아닌데 갑자기 쓰러져 일어나지 못한 경우도 있고, 암 선고를 받고 몇 개월 만에 떠난 사람도 있다.

나는 한동안 안타깝고 슬프겠지만 유가족의 삶은 송두리째 흔들리고 무너지기도 한다. 준비되지 않은 죽음, 예기치 않은 죽음은 사랑하는 사람들을 힘들게 한다. 죽음만큼 확실한 것도 없는데 사람들은 죽음을 준비하지 않는다고, 톨스토이가 말했다지. 맞다. 죽음은 모두에게 찾아온다. 사느라 바쁘고 사느라 힘들어도, 살아 있는 동안에 죽음을 준비해야 한다.

몇 년째 대학생들의 사회적기업 창업아이디어 경진대회에 심사위원으로 참여하고 있다. 대학생이지만 사업계획서 작성이나 발표 스킬이 보통이 아니다. 학생들의 아이디어에는 그해의 이슈나 트렌드가 반영되기도 하고, 선의로 가득해서 비즈니스보다는 봉사활동에 가깝게 느껴지는 사업계획도 있다. 어느 쪽이든 자신의 경험에서 나온 아이디어일수록 구체적이고 감동적이다. 올해는 '웰다잉'을 이야기한 팀이 그랬다.

가족의 갑작스러운 죽음이 큰 충격과 상처로 남았기에, 평소에 가까운 사람들과 죽음에 대해 이야기하고 유서와 같은 글을 남길 수 있는 서비스를 구상한 것이다.

웰다잉이란 무엇일까. 남은 사람들에게 상처가 되지 않는 죽음일까. 괜찮은 삶이었다고 스스로 다독일 수 있다면 죽음을 받아들이기가 좀 쉬울까. 최근에 철학자 김진영씨의 유고 에세이 '아침의 피아노'를 읽었다. 암 선고를 받고부터 임종 3일 전까지 1년 남짓의 시간 동안 썼던 글을 모은 것이다. 평범한 일상을 새롭게 음미하며 사랑과 아름다움에 대한 성찰적인 문장들을 적었는데 책의 마지막 두 페이지에는 각각 '적요한 상태' '내 마음은 편안하다'라는 한 문장씩만 적혀 있다. 그의 죽음은 본인과 가족에게 준비된 죽음이었고, 그가 남긴 글은 자신은 물론 유족과 사람들에게 위로가 됐으리라.

얼마 전에는 '무브 투 헤븐'이라는 드라마를 봤다. 서점에 서서 넘겨봤던 책 '죽은 자의 집 청소'가 떠올랐다. 둘 다 주로 자살이나 고독사한 사람들의 집을 청소하는 유품정리사의 이야기다. 외로움과 절망 속에서 홀로 죽음의 순간을 맞이한 사람들의 공간과 물건을 정리하는 것이다. 명복을 빌어주기도 하고, 그들이 못다 한 이야기를 발견하고 들어주는 역할도 한다. 서글픈 죽음의 주인공은 노인뿐 아니라 청년이나 청소년인 경우도 많다. 책과 드라마는 모두 죽음을 통해 개인과 사회를 비추며 결국엔 인간의 존엄성과 어떻게 살 것인가에 대해 질문하고 있었다.

기대수명은 늘었지만 국내 사망자 수는 매년 증가하고 있다. 작년에는 출생자보다 사망자가 더 많아 인구 감소국이 됐다. 죽음에는 여러 원인이 있지만 암이나 심장질환, 폐렴 등 질병 사망이 가장 많고 이 경우 얼마간 죽음을 준비할 시간이 주어진다. 편치 않은 몸과 정신으로나마 가족을 만나고 이야기할 수 있을 것이다.

하지만 자살과 고독사도 늘어나고, 교통사고나 살인처럼 사고사도 많다. 사랑하는 존재의 갑작스러운 부재, 이해할 수 없는 죽음은 유가족들에게 견디기 힘든 고통과 상처로 남는다. 웰다잉이 남겨진 사람들을 포함해서 논의돼야 하는 이유다.

우리가 어떤 식으로 죽음을 맞게 될지 누구도 알 수 없다. 그래서 일상에서 죽음에 대한 얘기를 나누고 유언일기를 쓰자는 대학생의 말이 설득력 있게 다가왔다. 나에게 무슨 일이 생기더라도 죽음에 대한 생각과 유언이 글로 정리돼 있다면 인사도 없이 사라지는 것보다는 나을 것 같다. 난 옛 애인들에게 편지를 쓰고 싶다. 나에게 내준 시간과 마음에 대해 고마웠다고 인사하고 내 장례식에 초대할 생각이다. 갑자기 장례식 초대장을 받으면 어이없으려나. 그렇게 몇 사람만 지켜보는 가운데 화장해서 뿌려졌으면 좋겠다. 슬퍼하지 말고, 나와의 즐거웠던 추억을 떠올리며 미소로 보내주길.[83]

사람은 누구나 죽음을 피할 수 없다. 아무리 의학이 발전해도 이 명제는 변하지 않는다. 과거에는 환자 대부분이 집에서 죽음을 맞이했지만 최근에는 병원에서 죽음을 맞는 경향이 늘었다. 특히 말기환자의 대부분은 장기간 입원한 뒤 죽음을 맞이한다. 인공호흡기와 심박동장치, 인공영양공급 등 연명치료술의 사용으로 죽음의 양상도 달라졌다. 연명치료술의 발전으로 상당 기간 생명을 연장할 수 있게 되었으며, 많은 말기환자의 죽음을 지연시키고 있다. 의료진의 시술 여하에 따라 죽음의 과정을 조절하게 된 것이다.

누구나 가능한 한 오래 살고 싶어 한다는 점에서 연명치료는 혜택일 수 있다. 그러나 치료 가능성이 전혀 없는 상태에서 무의미한 연명치료를 계속하는 상황이 종종 일어난다.

1997년 치료비 부담 능력이 없다는 환자 아내의 요구로 퇴원을 허락하고 호흡보조장치를 떼낸 의사들에게 살인방조죄를 적용한 '보라매병원 사건' 이후 의료진 사이에 말기환자에 대한 연명치료의 중단을 기피하는 현상이 두드러졌다. 이로 인해 환자 자신은 피할 수도 있는 고통을 겪기도 하고, 환자 가족들은 커다란 정신적.경제적 부담을 안기도 한다. 이 때문에 단지 죽음을 늦추려는 연명치료가 어떠한 의미를 갖는지 반문하는 목소리도 커지고 있다.

연명치료의 중단은 의학적으로 회복 가능성이 없는 말기환자의 생명을 연장하기 위해 제공하는 각종 치료의 보류, 또는 중단을 말한다. 생명연장 장치를 제거하거나 중단하게 해 존엄하게 죽을 권리를 요구하는 것을 존엄사라고 부른다. 개념적으로 의료현장에서 의료진에 의해 이루어진다는 의미에서 연명치료의 중단이라고 할 수 있다.

생명은 절대적인 것이어서 처분하거나 포기할 수 없는 것임은 틀림없다. 사람을 살해한 경우뿐 아니라 사람의 촉탁 승낙을 받아 그를 살해한 경우도 중하게 처벌하는 규정을 형법에 두고 있다. 대부분 의료진은 말기 환자들에게 치료가 가능한지 혹은 얼마나 삶이 남았는지에 대해서는 설명하지만, 그 환자에게 죽음의 과정이나 죽음에의 결정에 대한 선택 가능성을 이야기하지 않는다. 연명치료의 중단이 살인방조 내지 살인으로 처벌된 예가 있기에 말기환자로 하여금 자신의 의사결정으로 '가장 덜 나쁜 죽음'을 선택할 수 있는 여지를 아예 열어 두고 있지 않은 것이다.

외국에서는 오래전부터 말기환자의 의사결정을 존중해 '자기 생명에 대한 사전 유언'을 합법화하는 자연사법을 만들었다. 이 법은 환자 자신이 말기이거나 죽음이 임박했다고 진단되는 경우에는 의사에게 기계적인 또는 인공적인 생명연장 시술을 보류하거나 중단하도록 하는 사전 유언장 작성을 허용하고 있다. 환자가 비록 의식불명인 상태이거나 혼수상태가 되더라도 이미 작성한 생전 유언의 내용대로 의료진이 시행하게 함으로써 계속해 자신의 삶에 대한 통제력을 행사할 수 있도록 하려는 것이다.

며칠 전 여러 차례 고통 없이 세상을 떠나게 해 달라고 요청한 말기 간경변 환자의 인공호흡기를 제거한 의사에게 경찰은 무혐의 결정을 내렸다. 이를 계기로 안락사 논쟁이 다시 일고 있다.

이제 우리도 말기환자의 삶과 죽음에 대한 의사결정 과정을 면밀히 재검토해야 할 때다. 의료가 해줄 수 있는 이득에는 어느 정도 한계가 있다. 어떤 경우에는 기술적으로 취할 수 있는 모든 조치를 다 하지 않고 중단하는 것이 더 좋은 경우도 있다.

따라서 환자 스스로 심사숙고해 '가장 덜 나쁜 죽음'을 선택할 수 있는 여건을 마련해야 한다. 그런 다음 그 선택이 진정하고 자발적인 의사결정이었는지 확인하고, 이를 존중해 수용하려는 자세를 우리 사회가 받아들여야 할 것이다.[84]

## 바. 죽음 이후의 삶, 과연 존재할까요?

아무래도 웰다잉과 죽음을 공부하다 보면 어느 순간 마지막으로 남는 질문은 바로 사후세계(死後世界)에 대한 것입니다.

사후세계라는 말을 들었을 때 이미 많은 사람들은 반은 코웃음을 치며 '미신'으로 치부해버리는 경향이 있습니다. 비과학적이며, 오직 상상속에서 존재할 것만 같은 사후세계에 대하여 교육 중에 이야기를 나눈다는 것은 때론 불편하고 어려운 일이기도 합니다. 혹은 어떤 분들께서는 종교를 전도하기 위한 수단이 아니냐며 난색을 표하시기도 합니다.

그러나 사후세계는 생사학의 연구분야 중 가장 중요한 부분이기도 합니다. 인류 이래로 사후세계에 대한 각 분야의 연구들이 계속적으로 이루어져 왔고 죽음 이후의 삶에 대해 과학적 검증절차, 혹은 영혼의 존재을 발견하기 위한 다양한 시도들이 계속 이루어지고 있습니다.

무엇보다 인간이라면 누구나 죽음 이후의 세계에 대해 궁금함과 두려움을 갖기 마련이기 때문입니다.

과연 천당과 지옥은 존재하는지? 죽음 이후에 영혼은 어디로 가는 것인지? 에 대한 의문들 생사학에서는 죽음 이후의 삶이 존재한다는 것을 당연한 '사실'로 믿고 있습니다. 그리고 이러한 근거로 임사체험(NDE-Near Death Experience)의 사례들을 꼽을 수 있습니다. 흔히 사후체험이라고 불리는 이 임사체험들은 1970년대 미국에서 레이먼드 무디와 퀴블러 로쓰 등에 의하여 연구되기 시작했으며 갑작스런 사고로 인하여 죽음을 맞이한 이들이 다시금 기적적으로 죽음에서 삶으로 돌아오는 과정들을 말합니다.

임사체험을 한 사람들의 공통적인 증언들은 다음과 같습니다.

스스로의 육체에서 분리된 영혼이 스스로의 치료과정을 보았다던지, 자신이 치료받은 과정을 목격한 후 어두운 터널로 들어가, 하얀 빛의 존재를 따라 인도를 받아 자신의 살아온 삶의 기억들을 회상하고 나아가 스스로의 삶이 어떠하였는지 빛의 존재에게 질문을 받게 되었다는 경험들.

여기서 임사체험자의 증언에 대해 주목해야 할 점은 바로 죽음이 끝이 아니다라는 사실과 더불어 죽음은 곧 현재의 삶에 연장선상이라는 부분입니다. 임사체험자들이 빛의 존재를 따라가 스스로의 삶을 마치 영화를 보듯 회고하는 중 누군가에게 주었던 사랑과 상처의 기억들을 거짓없이 있는 그대로 바라보는 과정들을 겪게 되곤 합니다.

그리고 자신의 삶이 과연 어떠한 것들을 위해 살아왔는지 스스로 평가하고 참회하는 과정을 겪게 되지요. 나아가 고요하고 평화로운 공간에서 따뜻한 느낌들을 받았다는 증언들과 함께 다시 육신으로 돌아오고 싶지 않았다, 그리고 임사체험 이후로는 죽음에 대한 두려움이 사라졌다는 연구 사례들이 보고되고 있습니다.

이처럼 임사체험의 사례들은 죽음 이후의 삶이 존재한다는 증거들로 제시되고 있습니다. 임사체험에 대한 포스팅은 추후에 기회가 닿는다면 조금 더 자세히 다루도록 하겠습니다.

생사학에서는 이외에도 호스피스, 임사체험자, 종교에서의 가르침, 빙의현상, 티베트의 바르도 가르침 등 죽음 이후의 세계가 존재한다는 다양한 증거들을 제시하고 있습니다.

서양에서 생사학을 창시한 퀴블러로스 박사는 죽음이 끝이 아니라는 것은 종교나 믿음의 문제가 아니라, 앎의 문제, 사실의 문제라고 말했습니다.

사후의 삶이 존재한다는 것은 종교적 신앙이 있느냐, 없느냐 하는 믿음의 문제가 아니라 죽음 이후에 대해 바른 지식을 통해 제대로 알고 있느냐, 아니면 잘못 알고 있느냐 하는 지식의 문제라고 말합니다.

### ☞ 웰다잉의 조건

첫 번째, 잘살아야만 잘 죽을 수 있다, 삶과 죽음은 하나이다. 그리고 두 번째, 죽음은 끝이 아니다 라는 것을 확신할 때 비로소 웰다잉은 지금 이 자리에서 누구라도 준비할 수 있는, 그리하여 좋은 삶을 통하여 좋은 죽음을 맞이할 수 있는 스스로의 삶을 바라보는 거울이 될 수 있습니다.

죽음에 대한 성찰과 고민들, 또한 좋은 죽음을 위해 지금 이 자리, 여기에서 스스로의 삶을 되돌아보기.

다른 절차적인 과정들을 조금 간과한다면 이것만으로도 우리는 충분히 웰다잉을 준비 할 수 있습니다.

여러분들은 죽음 이후에도 삶이 존재한다고 믿으시나요? 아니면 단지 미신이라고 생각하시나요?[85]

## 사. "어떻게 늙어가고, 어떻게 죽을 것인가"

 김동길 연세대 명예교수가 10월 초, 생일잔치를 했다. 미수연이다. 김 전 교수는 대한노인회 고문이기도 하다. 김 고문은 연세대 부근의 한 건물 회의장에서 지인 300여명에게 국수를 대접하며 워즈워스의 시 '무지개'를 인용한 후 "워즈워스는 어린 시절 무지개를 볼 때마다 가슴이 두근거렸는데 나이 들어서도 그렇지 못하다면 살고 싶지 않다고 썼다. 나 역시 그런 마음으로 살아왔다"고 말했다.

 김 고문은 때를 같이 해 '나이듦이 고맙다'(두란노)라는 책을 펴냈다. 수십 권의 책을 펴낸 김 고문이 90이 다 돼 새삼 책을 쓴 이유에 대해 "늙어감의 고통 속에 신음하기보다 세월이 흐를수록 바라던 소망의 지점에 가까이 다가가고 있다는 기쁨 속에 살아가는 노인들의 이야기를 들려주고 싶어서"라고 했다.

 그는 이 책에서 '나이듦의 의미', '어떻게 늙어가야 하는가', '어떤 노년기를 보내야 하는가', '어디를 향해 떠나가야 하는가' 등 4가지 주제를 인생 경험과 성경을 통해 잔잔히 풀어나갔다.

 '나이듦'에 대해 김 고문은 "우리는 모두 나이들 수밖에 없습니다. 영원히 젊게 사는 비결이란 그 어디에도 없습니다. 다만 역사적 인식을 가지고 우리 나이에 맞게 사는 지혜가 필요합니다, 소망을 가슴에 품고 살자는 말입니다"라면서 역사적 인물을 예로 들어 소망을 정의했다.

 "3·1독립운동에 참여했던 민족대표 33인 중에 왜 변절자가 많이 나왔는가 깨닫습니다. 그들에게 희망이 없었다는 것, 언젠가 이 나라에 해방이 오리라는 믿음이 없었다는 게 변절의 이유라 할 만합니다(중략). 이와 달리 한용운 선생이나 이승훈 선생 같은 분들은 끝까지 변절하지 않고 애국자로서 자신의 생을 바쳤습니다. 그건 '아무려면 일본이 한반도를 영원히 지배하겠는가? 한민족이 어떤 민족인가? 이 민족은 결코 누군가의 지배 속에 놓일 민족이 아니다'라는 조국 해방에 대한 믿음이 그분들의 생을 붙잡고 있었던 것입니다."

 '어떻게 늙어가야 하는가'와 관련해선 "50대 60대 70대를 넘어가면서 인생이 단순하다는 사실을 인정할 수밖에 없었습니다. 사랑이란 것이 지금 당장은 아니더라도 언젠가는 반드시 그 인생의 값진 열매를 맺게 하는 가장 중요한 자양분임을 보게 되었다고 할까요. 우리 인생에 최종 열매가 맺히려면 사랑하며 살아야 하고 특히나 남의 불행을 외면하지 말아야 한다는 데에 동의하지 않을 수 없더라는 말입니다"라고 했다.

'어떤 노년기를 보내야 하는가' 에 대한 대답으론 노예제도 찬·반 사이에서 한 없는 책임의 고독을 느꼈던 링컨 미국 대통령이 기도로써 극복했던 사실을 상기 시키며 신앙생활을 권했다.

"우리는 노인의 얼굴에 배인 고독과 슬픔의 형상에 대해서도 아름답다고 인정 할 수 있는 안목이 있어야 합니다. 고통의 자국 하나 없이, 눈물로 기도해 온 세월의 흔적 하나 없이 그저 팽팽하기만 한 동안의 늙은이를 이제 더 이상 부러워 할 일이 아니란 뜻입니다(중략). 그러니 우린 더 이상 늙어가면서 찾아오는 깊은 고독을 두려워할 이유도, 피할 이유도 없습니다. 그런 고독이 찾아올 때면 길모퉁 이 어디든 앉아 기도하면 될 일입니다."

김 고문은 마지막으로 '어디를 향해 떠나가야 하는가' 라고 자문한 뒤 "가야 할 곳이 분명한 사람, 더구나 가야 할 그곳이 허망한 지옥이 아님을 아는 자에겐 죽음이 더 이상 두려움만은 아니라는 얘기입니다(중략). 아프면 병원에 가서 병도 치료하고 병 낫기를 위해 열심히 기도해야 한다고 믿지만, 아무리 기도하고 아무 리 치료를 받아도 낫지 않을 때는 '하나님 알겠습니다. 이제 가겠습니다. 주님 뵈올 날을 기다립니다' 라는 미래에 대한 고백을 하며 얼굴에 미소를 지을 줄 아 는 노인이 되어야 한다고 믿습니다" 라며 신에게의 의탁을 제시했다.[86]

사사 료코의 〈엔드 오브 라이프〉

매년 서점 점원들이 선정하는 '야후 뉴스 서점 대상' 논픽션 부문이 얼마 전 발표되었다. 일본에서 가장 많은 죽음을 접해온 르포라이터 사사 료코가 7년간 암환자의 자택 완화케어를 기록한 〈엔드 오브 라이프〉가 대상을 수상했다. 사사

료코는 2014년 '국제영구 송환사'라는 직업을 다룬 〈엔젤 플라이트〉로 '가이코 다케시 논픽션상'을 수상하는 등 꾸준히 삶과 죽음을 현장에서 보고 기록해 온 작가다.

최신작 〈엔드 오브 라이프〉는 교토의 한 방문의료 전문 병원과 그 병원을 찾는 죽음을 앞둔 사람들, 그들을 돌보다 자신도 암에 걸린 방문간호사 모리야마 후미노리의 이야기를 담고 있다. 암에 걸려 시한부를 선고받은 사람들 중에는 집에서 투병을 하는 사람도 적지 않다. 일본에는 약 7800개의 암환자를 위한 호스피스 완화케어 시설이 있으며, 환자들은 입원과 자택을 오가며 완화케어를 받는다.

환자들에게 죽음을 받아들이고 남은 시간을 행복하게 살라고 누누이 말하던 간호사 모리야마. 그는 자신이 췌장암 선고를 받자, 그 말이 얼마나 부질없는지를 깨닫게 된다. 암선고는 차차 포기하면서 점차 받아들일 수 있는 차원의 문제가 아니었다. 오늘 받아들였다가 내일은 부정하게 되고, 인정하고 포기했다가 다시 부정하는 날들의 반복이었다. 생과 사의 갈림길이 있다면 과연 어디에 그 선을 그을 수 있을까? 암선고를 받은 직전과 직후일까? 아니면 의사가 치료를 중단하고 완화케어 시설을 추천한 시점일까? 심장이 멎기 전과 그 후로 나눌까? 모리야마는 결코 받아들일 수 없는 현실이지만, 암선고도 완화케어도 죽음마저도 모두 삶의 일부라고 인식하게 된다. 암선고를 받았다고 죽음을 준비하는 태도를 가지는 것이 아니라, 어떤 상황에서도 살아가는 일에 중점을 두게 된다고 비로소 생각한 것이다. 의료진은 환자를 환자로서만 대하지만, 환자에게 암은 그 일부에 지나지 않고, 전부가 아니라는 사실도 깨닫게 된다.

저자에 따르면 일본의 완화케어가 더 발전하지 못하는 이유는 '대학에서는 내과, 외과, 순환기과, 전문과 등이 우선이기 때문에 통증을 없애는 일에는 소홀하게 되며, 완화케어가 아직은 의료의 주요 분야로 인식되지 않기 때문'이다. 그래서 좋은 의사와 간호사를 만나는 것이 생의 마지막을 좌우하게 된다. 의술이 뛰어난 의사도 좋은 의사지만, 환자와 성격이 잘 맞는 의사도 훌륭한 의사다.

책에는 네 가지 통증이 등장한다. 몸이 아픈 '육체적 통증', 삶에 대한 불안을 동반한 '정신적 통증', 직장을 잃게 되거나 가족 간 불화에서 오는 '사회적 통증', 삶의 명제를 고민하는 '영적 통증'이다. 육체적 통증을 더는 것이 중요하다는 의사가 있는가 하면, 육체적 통증을 너무 많이 덜어내면 대신 영적 통증이 심해진다며 투약 치료에만 맡기지 않는 의사도 있다. 그래서 완화케어는 철저히 개개인의 요구에 충실하게 대답해주는 의료진에게 맡겨야 후회하지 않는다.

죽음을 기록해온 작가는 화를 내고 슬퍼할 시간이 없다고 말한 환자들을 기억하면서, 모든 순간이 삶이고 죽음도 삶의 일부라고 끝맺는다. 우리는 동등하게 살아있는, 또 살아갈 사람들이다.[87]

## 아. 죽음 앞둔 환자들이 후회하는 25가지 잘못

죽음을 앞둔 환자들이 토로한 '후회하는 스물다섯 가지 잘못'은 다음과 같다.

첫 번째 후회 : 사랑하는 사람에게 고맙다는 말을 했더라면

두 번째 후회 : 진짜하고 싶은 일을 했더라면

세 번째 후회 : 조금만 더 겸손했더라면

네 번째 후회 : 친절을 베풀었다면

다섯 번째 후회 : 나쁜 짓을 하지 않았더라면

여섯 번째 후회 : 꿈을 꾸고 그 꿈을 이루려고 노력했더라면

일곱 번째 후회 : 감정에 휘둘리지 않았더라면

여덟 번째 후회 : 만나고 싶은 사람을 만났더라면

아홉 번째 후회 : 기억에 남는 연애를 했더라면

열 번째 후회 : 죽도록 일만 하지 않았더라면

열한 번째 후회 : 가고 싶은 곳으로 여행을 떠났더라면

열두 번째 후회 : 내가 살아온 증거를 남겨두었더라면

열세 번째 후회 : 삶과 죽음의 의미를 진지하게 생각했더라면

열네 번째 후회 : 고향을 찾아가 보았더라면

열다섯 번째 후회 : 맛있는 음식을 많이 맛보았더라면

열여섯 번째 후회 : 결혼을 했더라면

열일곱 번째 후회 : 자식이 있었더라면

열여덟 번째 후회 : 자식을 혼인시켰더라면

열아홉 번째 후회 : 유산을 미리 염두에 두었더라면

스무 번째 후회 : 내 장례식을 생각했더라면

스물한 번째 후회 : 건강을 소중히 여겼더라면

스물두 번째 후회 : 좀 더 일찍 담배를 끊었더라면

스물세 번째 후회 : 건강할 때 마지막 의사를 밝혔더라면

스물네 번째 후회 : 치료의 의미를 진지하게 생각했더라면

스물다섯 번째 후회 : 신의 가르침을 알았더라면[88]

## 자. 죽음을 생각한다는 건, 인생에 겸손해지는 것

오랜 시간 죽음을 공부했던 김이경 작가는 가족과 지인들의 생사기를 목도하며 관념 속에 있던 죽음의 실체를 경험하게 된다. 평생의 스승과도 같았던 아버지의 죽음을 통해 자기 생의 일부를 떠나보내는 슬픔과 성찰로 긴 애도기를 거친 그녀. 자신을 위무했던 죽음의 통찰을 담은 글귀를 모아 '애도의 문장들'(서해문집)을 펴내며, 애도의 시간을 보낼 이들에게 심심한 위로를 전하고자 한다.

Q. '애도의 문장들'을 펴내게 된 계기와 소감이 궁금합니다.

책을 내려고 글을 쓰기 시작한 건 한 5년 전부터였어요. 중간에 몇 번 포기도 했고, 출판사랑 계약을 파기한 적도 있었죠. 그러다 20년가량 고민해온 죽음에 대한 문제나 그사이 돌아가신 아버지에 대한 이야기를 이제는 한 번 정리하고 넘어가야겠다 싶어 매듭짓게 됐습니다. 그야말로 숙제를 한다는 생각으로 마친 거죠. 사실 책이 나오고 큰 만족감은 없었어요. 해냈다는 건 뿌듯하지만, 잘했다는 건 잘 모르겠더라고요. 죽음에 대한 공부는 끝이 없기 때문에, 이 책은 끝이 아닌 시작이고, 잠시 마침표를 찍은 거라 생각해요.

Q. 공부를 통해 관념적으로 알던 죽음과 실제 가족과의 이별을 통해 경험한 죽음은 어떻게 다르던가요?

젊었을 때는 죽음에 대해 어떤 환상을 갖고 있었던 것도 같아요. 가령 천재들은 요절한다거나 이런 얘기를 들으면, 죽음이 두렵거나 무서운 게 아니라 '짧고 굵게 사는 거지 뭐'라는 식으로 쉽게 생각했던 거죠. 그러다가 가족이 병에 걸리고 생사를 달리하는 과정 등을 보면서 '아, 죽음이 그렇게 말처럼 쉬운 일이 아니구나'라는 걸 깨달았죠. 한 사람의 인생이 끝나면 그 죽음은 주변 사람에게도 영향을 미치고 그들의 삶까지 크게 좌우할 수 있다는 걸 느꼈어요. 삶과 죽음은 따로 있는 게 아니라, 삶과 죽음은 늘 함께 있는 거였죠. 어쩌면 죽음에 대해 막연히 두려움을 갖는 건 인생을 잘 모르기 때문일지 몰라요. 그래서 더 공부를 해야 한다고 생각하고요.

Q. 제목처럼 책에는 애도에 관한 문장들이 나오는데, 그중 자신에게 가장 위안이 됐던 문장은 무엇이었나요?

책에 언급한 문장 하나하나 제게 위안이 된 셈이죠. 그래도 가장 마음에 남는 걸 꼽으라면 아버지가 돌아가신 뒤 발견한 문장이에요. 아버지의 묘비명에도 쓰였는데, 아마 일종의 인생 후반기 좌우명처럼 생각하신 것 같아요. '모든 상대는 흐르는 물과 같다' 는 거죠. 그 상대는 사람이 될 수도 있고, 죽음이 될 수도 있고, 어떤 감정이 될 수도 있어요. 어쨌든 이 모든 것은 계속 흘러간다는 거죠. 그러니 내가 아버지의 죽음을 통해 느끼는 이 슬픔이나 절망도 언젠가는 다 흘러간다는 거잖아요. 그 문장에 많이 기대고 위로받았습니다.

'애도의 문장들' 표지(서해문집 제공)

Q. 아버지는 인생의 멘토와도 같은 분이라고 하셨죠. 삶의 끝자락에서 아버지가 남긴 죽음에 관한 이야기 중 가장 기억에 남는 건 무엇인가요?

언젠가 해가 뉘엿뉘엿 질 때쯤 함께 차를 타고 가는데, '죽음이 오면 저런 노을빛 같이 올까?' 라고 하시더군요. 사실 아버지는 '죽음은 이런 거야' 라는 식으로 단정 지어 말씀하신 적은 없어요. 사후세계나 이런 부분도 제가 여러 번 물어야 조금 이야기하신 정도였죠. 아마 그런 고민들에 대한 답은 '네 몫이다' 라고 여기신 것 같아요. 다만 그건 확실히 말씀해주셨어요. '두려워할 건 없다' 는 거죠. 제가 아버지께 사는 것도 죽는 것도 겁이 난다고 하면, 그럴 필요 없다고 다독여주셨어요. 그리고 또 한 가지, '착하게 살라' 는 당부도 하셨습니다. 오히려 어려서는 그런 말씀을 안 하셨는데, 저도 나이 들고, 아버지도 돌아가시기 전에 그렇게 이야기하시니 남다르게 와 닿더라고요.

Q. 웰다잉이 곧 웰빙이라는 이야기도 합니다. 20년 가까이 죽음을 공부하면서, 달라진 일상의 변화나 태도가 있다면요?

섣불리 죽고 싶다는 말을 안 하게 됐다는 것과 타인의 상황에 대해 쉽게 얘기하지 않게 된 거죠. 특히 누군가의 죽음이나 고통에 대해서는, 그게 당사자에겐 얼마나 큰 아픔인지 알기에 더욱 조심하려 해요. 혹시 이상한 행동을 하는 사람을 보더라도 어쩌면 그에게 말 못 할 두려움이 있어 그럴지도 모른다는 생각도 하고요. 아, 파리나 모기도 잘 못 죽여요.(웃음) 그만큼 생명을 지닌 모든 존재에 대해서는 조심스럽고 진지해진 것 같습니다.

Q. 스스로 생각하는 '좋은 죽음' 과 '좋은 애도' 는 무엇인가요?

당사자가 자연스럽게 받아들일 수 있으면 '좋은 죽음' 이라고 생각해요. '그래, 나는 괜찮아. 잘 살아왔어' 라며 본인 스스로 자연스럽게 여긴다면, 아마 주변 사람들도 그의 죽음을 자연스럽게 바라볼 수 있겠죠. 물론 요즘은 의학기술이 발달해 애초에 '자연스러운 죽음' 이라는 경계가 허물어진 편이긴 하지만요.

또 '좋은 애도' 를 위해서는 충분히 슬퍼하고, 자신이 왜 슬퍼하는지 들여다보는 시간이 필요하다고 봐요. 가령 아버지가 돌아가셨을 때도, 아버지가 돌아가신 게 왜 그리 슬픈지 스스로 물어봤어요. 충분히 나이가 드셨고, 당신께서도 만족스러운 인생을 사셨는데, 결국 그분을 잃어 슬픈 건 내 문제잖아요. 애도기 동안 떠난 이가 내게 어떤 존재였는지 묻고, 내 삶에서 그 사람과 함께했던 시간을 정리하며, 결국 내 인생에 대해 생각해볼 필요가 있다는 거죠. 그런 점에서 누군가의 죽음은, 그 사람이 아니라 자신의 일부를 보내는 것과 같아요. 그러니 그런 충분히 슬퍼할 수 있도록 주변 사람들이 잘 기다려줬으면 좋겠어요. '뭘 그리 오래 슬퍼해?' 라는 식으로 무심코 던지는 말이나, 마음대로 단정 지어 내뱉는 조언은 애도에 도움이 되지 않는다고 생각해요.

Q. '좋은 죽음' 을 위해 스스로 준비하고 노력하는 부분이 있다면요?

사실 지금도 많이 준비가 안 돼 있다고 봐요. 갑자기 아프고 병이 든다면 스스로 할 수 있는 일이 확 줄어들잖아요. 소위 환자가 되면 주체가 아닌 객체가 되는 거죠. 그렇다면 인생이 과연 내 의지대로 흘러갈 수 있을까요? 저는 자신에게 매일 물어봐요. 지금 죽어도 상관없을 만큼 잘살고 있나 하고요. 스스로 조금 두려운 순간이 찾아오면 '지금까지 잘하고 있었으니 괜찮아' 라고 자신에게 얘기하고요. 어느 날 갑자기 예기치 못한 일이 벌어졌을 때, 제 혼(魂)이 혼비백산(魂飛魄散)하지 않도록 늘 그런 말들을 상기해두려 하죠. 끊임없이 죽음에 대해 공부하려 애쓰는 것도 그러한 노력 중 하나고요.

Q. 중장년 세대는 죽음과 가깝다고 볼 수 있는데, 아직 이에 대한 인식이나 준비가 덜 된 경우가 많습니다. 이들에게 어떤 조언을 해주고 싶나요?

독서회를 오래 하고 있는데, 사람들이 가장 읽기 싫어하는 주제가 바로 '죽음' 입니다. '나는 죽어도 괜찮아' 라고 말하는 이들조차 꺼리더군요. 저는 그럴수록 일부러 죽음에 대해 읽게 하고 대화를 나누자고 권해요. '죽음을 생각한다' 는 건 겸손해지는 거라고 봐요. 내가 한계가 있는 사람이라는 걸 일깨워주니까요. 그런 겸손한 마음을 갖고 계속 이야기하다 보면 처음엔 관심 없던 분들도 아주 솔직하게 자기 인생관을 털어놓게 되죠. 그런 대화를 통해 관계는 깊어지고,

인생도 더욱 잘 살아낼 수 있어요. 사람은 살던 대로 죽는 거잖아요. 잘 사는 게 곧 잘 죽는 것이죠. 그러니 죽음을 너무 멀리 보고 막연히 두려워 말고 허심탄회하게 이야기를 나누면서 조금씩 마음의 문을 열어가셨으면 좋겠습니다.[89)90)]

## 차. 죽음과 책

세상 모든 일은 연습이 필요하고 연습을 하는 만큼 그 결과는 빛을 발하기도 한다. 하지만 죽음은 대부분 연습할 시간도 없이 다가온다. 물론 시한부의 중병을 선언받은 사람에겐 이 세상을 정리할 시간도 가지게 된다. 이를 제외한다면 나이가 많이 들어서 죽는 사람도 기약이 없기는 마찬가지일 것이다. 문득 갑자기 죽게 된다면 나의 흔적은 어떻게 남을까를 생각해 본 적이 있었다. 누군가는 그런 일을 대비해서 속옷을 늘 깨끗하게 갈아입는다고 했다. 수의(壽衣)를 갈아입힐 때 죽은 후이지만 추하게 보일까 걱정이 되기 때문이라고 했다. 어떤 작가는 문득 그런 생각을 하고 자신의 책상 서랍을 열어보니 쓸데없는 쓰레기가 가득 들었다는 생각에 그런 것들을 몽땅 내다 버렸다고 했다.

살아가고 있다는 말이 달리 말하면 태어나는 순간부터 죽음을 향하여 가고 있다는 말도 된다. 다만 그 시간을 알 수 없기에 죽음을 준비한다는 게 쉽지가 않을 것이다. 이 세상을 떠난다는 입장에서 보면 빈손으로 왔다가 빈손으로 간다는 말이 맞기도 하다. 무엇인가를 남긴다는 말도 남아 있는 사람들의 관점이지 떠나는 사람에게 아무 의미가 없는 것이다.

슬픔이라는 입장도 남아 있는 사람들이 가지는 감정이지 죽은 사람에게 슬픔이 무슨 의미가 있겠는가? 글을 쓰는 사람들에게 책은 가장 유용한 물건 중의 하나이지만 커다란 짐이기도 하다. 한 달에도 몇 권씩 지인이나 단체에서 우편물로 오는 책들이 늘어만 간다. 또 필요에 의해서 구입하게 되는 책들을 합하면 책장이 모자라 책상이나 바닥에 늘 쌓아놓게 된다. 이사라도 하게 되면 가장 많이 차지하게 되는 것이 책이다. 그래서 수시로 버리기도 하지만 계속 늘어만 가는 게 책이다.

아무리 죽음에 대비해 미리 정리를 하여도 마지막까지 못하게 되는 것이 책이 아닐까 하는 생각이 든다. 일반 사람들은 죽은 뒤에 옷을 정리하겠지만 글 쓰는 작가는 책 정리가 제일 클 것이라는 생각이다. 그것마저도 살아있는 사람의 몫이니 죽을 사람이 걱정할 일은 아니다. 그렇다고 살아가면서 늘 죽을 것을 걱정하는 것도 삶에 대한 오지랖이 아닐까 싶다.[91)]

## 카. 100세 시대를 좋아만 해야 할 것인가?

65세가 노인이라는 근거는 어디서 나왔을까. 이 기준은 1889년 독일의 비스마르크 수상이 노령연금 지급 기준 나이를 65세로 정한데서 비롯됐다고 한다. 그런데 그때 당시 평균수명은 49세였으며 지금은 평균수명이 80세로 변경됐는데 100년도 훨씬 지난 시절의 기준을 지금까지도 적용하고 있다. 지금처럼 65세 이전을 생산 가능한 사람으로 하고 65세 이상을 고령자로 분류하는 노인기준 연령을 65세로 계속 고수한다면 2050년 그때는 인구 5명 중 1명이 고령자가 되는 사회가 된다는 전망이다.

노인인구가 빠르게 증가되는 것은 불가피한 사회적 현상이라고 본다. 그럼에도 고령화 현상에 따른 노인문제에 대한 특별한 정책이 나오지 않고 있다는 것은 노인 인권인식 제고와 준비되지 않은 수명연장으로 장수에 대한 기쁨보다 두려움을 불러일으키고 있는 상황이 될 수도 있다. 과연 장수 시대를 기뻐해야만 할 일인가 생각해보자. 60세 은퇴하고 100세까지 40년 동안 긴 세월을 무엇을 하며 살아야 할 것인가? 경제적으로 40년 놀고먹을 재산은 벌어 놓았는가? 몸이 아프면 나를 지겹다고 생각하지 않고 돌봐줄 사람은 있는가?

우리나라는 100세 시대를 맞아 세대갈등, 연금고갈, 재정파탄 등 노인복지 정책의 획기적인 변화가 없다면 기뻐해야 할 장수시대에 많은 문제를 겪을 수밖에 없다. 평균 수명이 70세에서 80세로 늘어나면 부양기간 또한 10년이 늘어난다. 평균 수명이 70세이던 30년 전만 해도 별도 노후준비가 필요 없었다고 한다. 장성한 자녀가 부모를 모시는 것이 당연한 시대였기 때문이다. 지금 80~90세 이상 노인들은 과거 노인 부양은 효의 덕목 중 하나로 내 부모는 내가 부양하는 것이 당연한 것이라 생각하며 살아온 세대들이다.

젊은 50대 세대들은 앞으로 많은 고민을 안고 살아가야 할 수밖에 없다. 자신의 노후문제와 자식 교육문제, 자식들 결혼 걱정에 노부모 부양까지 말 못할 고민이 이만 저만이 아닐 것이다. 이것은 너무 빨리 초고령화 시대로 진입하다 보니 이제 가족의 힘만으로 노부모를 부양하기가 점점 어려워지는 사회가 되어 가고 있기 때문에 그렇다고 보는 것이다.

이제 정책을 입안하는 정치인들이 나서줘야 한다. 노인들이 평안하고 안락하게 살아갈 수 있는 공간 그리고 젊은이들이 노후에도 아무 걱정 없이 삶을 즐길 수 있는 여건을 만들어 줘야 한다. 많은 사람들은 80세 생애주기에 맞춰 인생을 설계했을 것이다. 젊어 열심히 일하다 60세 전후 퇴직한 뒤 남은 20년은 편안한 노후를 즐기려고 했을 것이다. 그런데 100세 시대로 20년 추가 삶에 대한 노후가 문제 되고 있다. 일할 수 있는 세대를 고령화 세대로 묶어두지 말고 부양받던 존재에서 부양하는 존재로 바꿔보자.

6월 15일이 노인학대예방의날로 법으로 지정된 지 5년 되는 해이지만 언론 보도를 보면 요양원이나 가정에서 많은 노인들이 학대받고 있는 숫자가 계속 늘어나고 있다고 한다. 가정에서는 국민연금과 노령연금 등 노인들이 받는 지원금을 착취하는 자녀들의 경제적 학대뿐만 아니라 요양시설의 노인인권 학대가 매년 증가하고 있다는 안타까운 소식이 들리지 않는 사회가 되도록 정부가 깊이 고민해주기 바란다.[92]

## 타. 어떤 죽은 이의 말

### 어떤 죽은 이의 말

이해인 수녀

석양. 강윤중 기자

안녕? 나는 지금 무덤 속에서
그대를 기억합니다
이리도 긴 잠을 자니 편하긴 하지만
땅속의 차가운 어둠이 종종 외롭네요
아직 하고 싶은 일도 많고
보고 싶은 이들도 많은데
이리 빨리 떠나오게 될 줄 몰랐지요

나의 떠남을 슬퍼하는 이들의 통곡소리가
아직도 귀에 선해요
서둘러 오느라고
인사도 제대로 못해 미안합니다
꼭 한 번만 살 수 있는 세상
내가 다시 돌아갈 순 없지만
돌아간다면 더 멋지게 살 거라고
믿는 것도 나의 착각일 겁니다
내 하고 싶은 많은 말들
다 못하고 떠나왔으나
그래도 이 말만은 꼭 하고 싶어요

삶의 정원을 순간마다 충실히 가꾸라는 것
다른 사람의 말을 잘 새겨듣고
웬만한 일은 다 용서할 수 있는
넓은 사랑을 키워가라는 것
활활 타오르는 뜨거움은 아니라도 좋아요
그저 물과 같이 담백하고 은근한 우정을
세상에 사는 동안 잘 가꾸려 애쓰다 보면
어느 새 큰 사랑이 된다는 것
오늘도 잊지 마세요. 그럼 다음에 또…

– 시집 〈필때도 질때도 동백꽃처럼〉 중에서


　요즘 부쩍 가까운 지인들의 부음을 듣는 일이 많아 잠 안 오는 시간들이 이어
집니다. 오랜 시간 따뜻한 우정을 나누던 어느 자매가 갑자기 암진단을 받고 수
술 후 '수녀님처럼 명랑투병할게요' 라고 안부를 전해온 지도 얼마 안 되었는데
세상을 떠났다는 비보를 들으니 어쩌나 놀랍고 슬프던지요.
　바로 같은 날 지난 칼럼에서도 언급한 일이 있는 우리수녀회 김지상 레티치아
수녀님이 선종하셔서 어제 장례미사를 봉헌했습니다. 시기적으로 많은 사람을 초
대할 수도 없는 여건이긴 했으나 어쩌면 직계가족이나 친지가 단 한 명도 참석하
지 않은 이례적인 예식이었고 고별식에서도 특별한 성가 대신 서원식에 부르는
봉헌노래만 합창하는 것으로 진행되었습니다.
　마지막 입원을 앞두고 제게 우리가 공동으로 외우는 기도문의 어떤 구절이 번

역이라 그런지 어색하게 느껴지니 꼭 수정해 주길 바란다는 말을 유언처럼 남기고 떠난 우리 수녀님, 스스로 가난과 침묵과 겸손의 삶을 표양으로 보여주신 수녀님답게 너무도 소박하고 간소하게 치러지는 장례식을 보면서 새삼 더 존경스럽고 부럽기도 하였습니다. 장례를 마치고 그분의 유품을 복도에 전시하는데 라틴어로 성경을 정교하게 필사한 큰 노트 5권과 당신의 맘에 드는 글들을 스크랩하여 보관한 몇 가지가 전부였습니다.

종이상자 뚜껑을 액자로 삼아 거기에 붙여 둔 일본작가 소노 아야코의 말을 저는 더 많은 이들과 공유하고 싶어 여기에 소개합니다. 돌아가신 수녀님과도 연배가 같은 작가의 다음 말들을 그대로 실천하다 떠나신 우리 수녀님을 추모하며 부족한 후배수녀로서 그분의 영성을 조금이나마 닮아갈 수 있길 기도합니다. "세월이 흐르면서 우리가 원하는 것을 손에 넣는 것보다 그것들이 그다지 필요하지 않다는 것을 깨달을 때 우리는 진정한 부자가 된다" 는 구절이 특히 마음에 와 닿습니다.

1. 차츰 개인의 물건을 줄여나간다.
2. 노년의 고통을 인간완성을 위한 선물로 받아들인다.
3. 혼자서 즐기는 습관을 들인다.
4. (내면의 고요를 위하여)외출을 삼간다
5. 타인으로부터 오는 마음의 위안을 끊는다.
6. 자신의 죽음이 남아있는 사람들에게 기쁨이 되도록 노력한다.
   - 소노 아야코의 〈100년의 인생 또 다른 날들의 시작〉에서[93]

## 파. 죽음의 등급

'죽음' 은 살아있는 사람이 마지막으로 바라보고 생각하고 머무는 자리입니다.

'죽음' 의 문제는 답을 구하려 하지만 종교를 제외하고 일반적으로 현재 진행형으로 물음표만 제시할 뿐 인류에게 영원한 수수께끼로 남아있습니다.

고대 중국에서는 나라의 형태가 갖추어 지면서 사람들에게 등급을 정해 놓고 죽음도 각각 다르게 가치를 부여했습니다.

그리고, 통치자와 통치 영역에 따라 그들이 사는 하늘 아래 모든 세상을 '천하(天下)' 라고 하였고, 이 '천하' 를 다스리는 사람을 천자(天子·황제)라고 하였습니다. 천자는 통치하는 영토를 여러 지역으로 나누어 후(侯=왕)들을 임명하였고, 이들이 다스리는 영토를 '국(國)'이라고 하였습니다. 다음으로 '가(家)'라고 하여 이는 대부(大夫)들이 관할하였습니다.

즉, '가(家)'가 모여 '국(國)'이 되고, 국이 모여 천하를 이루었습니다. 그리고 통치 영역의 크기는 '천하'의 10분의 1정도가 국(國)이고, 국(國)의 10분의 1정도가 가(家)였다고 합니다.

천자, 제후, 대부들은 그 신분에 따라 대우도 달랐습니다.

천자(天子)는 일만대의 병거(兵車)를 소유했습니다.

따라서 만승지국(萬乘之國), 만승천자(萬乘天子)라고 하는데 승(乘)은 네 마리의 말이 끄는 전쟁 때 쓰이는 수레로 이 수레의 뒤에 병사가 탔습니다. 이 수레 한 대에는 갑옷으로 무장한 병사(일명 갑병)가 세 사람, 보병 72명, 취사병 10명, 피복담당 5명, 말 담당 5명, 땔나무와 물 담당 5명 등 100여명이 따라붙습니다. 옛날에는 기병과 수레의 숫자가 많은 나라가 전쟁에 승리했다고 보면 천자의 자리가 얼마나 막강했던가를 짐작할 수 있습니다. 그리고 제후들은 천승(千乘)을 거느렸고, 대부(大夫)는 백승(百乘)을 보유했다고 합니다.

부르는 호칭도 '천자'에게는 '폐하(陛下)'라고 불렀고, 스스로 자기 자신을 가리킬 때는 '짐(朕)'이라고 했습니다.

'제후'(왕)를 부를 때는 '전하(殿下)'라고 하고 스스로는 '과인(寡人)'이라고 했고, '대부'들은 '공(公)' 또는 '경(卿)'이라고 했습니다.

이에 더하여 죽음을 다섯으로 등급을 매겨 죽음에 대한 호칭도 각각 다르게 했습니다.

천자(황제)가 죽으면 '천붕(天崩)'이라 하고 죽음을 알릴 때는 '천자(황제)가 붕어(崩御)하셨다'고 알렸습니다. 그리고 제후(왕)가 죽으면 훙서(薨逝) 또는, 훙어(薨御)라고 하고 '왕이 훙어하셨다'고 알렸습니다.

대부(大夫)의 죽음은 졸(卒) 또는 졸서(卒逝)라고 하였습니다. 또 선비 계급의 사람이 죽으면 나라의 녹(봉급)을 다 타지 않고 죽었다고 하여 불록(不祿)이라고 하고 서인(庶人)이 죽으면 죽었다는 뜻의 사(死)라고 사용했습니다. 즉, 죽음의 등급을 다섯 등급으로 했다 하여 '사지오등(死之五等)'이라고 했습니다.

어떻든 사람의 죽음은 다 똑같건만 등급을 매겨 높고 낮음으로 구별하였고, 큰 나라를 섬기던 조선 왕조도 500년 동안 고종, 순종 황제 이전까지 왕께서 별세하면 훙어하셨다고 했고 '폐하'라고 부르지 못하고 '전하'라고 하고 스스로 '과인'이라고 하여 중국에 머리 조아린 역사의 현실에 분노를 느낍니다.

누구에게나 죽음은 다가오고 있음을 깨닫고 어떻게 살다가 죽음을 맞이하느냐가 중요하다고 생각합니다.

죽음은 등급이 아니라 '가치'에 더 비중을 두어야 합니다. 고관대작, 천하 갑부라 해도 그가 죽었을 때, 손가락질 받고, 심지어 조롱의 대상이 되고, 역사의 죄인이 되는 죽음이 있는가 하면, 이름을 드러내지 않으면서 자신에게 충실하고 이웃과 세상을 위해 헌신하다 간 존경받는 고귀한 죽음이 있습니다.

어찌보면, 죽음을 염두에 두는 것이 비관적인 것처럼 보이지만, 어떻게 건전하고 행복하게 인생을 끝낼 것인가라는 자의식을 평소에 가져야 할 것입니다. 그리고 살아온 한 사람의 생애가 명예로운 죽음으로 인정받는 것이 최고의 등급이라고 봅니다.

네가 태어날 때 너는 울었지만 모든 사람이 웃고, 네가 죽을 때 너는 웃었지만 모든 사람이 우는 그런 사람이 되라는 격언이 귓가를 맴돕니다.[94]

## 하. 죽음의 격차

어떤 행로를 걸어왔던 종착역이 죽음이라는 것만큼은 우리 모두가 똑 같다. 다만 그 종착역에 닿는 모습은 저마다 다르다. 격차가 난다. 당하는 죽음이 아니라 맞이하는 죽음이 되어야 죽음이 바로 코앞에 닥쳐오면 모든 것은 의미를 잃어버린다.

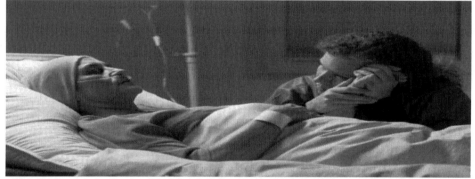

삶을 어떻게 살아야 하느냐 만큼이나, 어떻게 죽는가도 매우 중요하다. 죽음이 마지막 성장의 기회란 말도 있다(위키백과)

아무리 돈을 많이 가졌든, 아무리 높은 지위에 있든, 권력이 하늘을 찌른들, 소유한 부동산이 지구를 다 덮은들, 사랑하는 배우자가 옆에 있든 들, 자식들이 모두 출세를 한들, 그것에 관계없이 죽음에 직면하면 모든 것이 허망하기 마련이다. 그런데 사람이 죽는다는 건 확실한 진리인데도 나는 죽지 않는다는 무의식의 신넘 때문에 인간은 불행하다고 하이데거(Heidegger)는 진작 말했다. 인간의 오만과 망각이 그 단초다. 그나마 조금이라도 지혜롭게 살아왔던 사람은 그제야 인생에서 중요한 게 무엇인지를 생각하기 시작한다. 이런 생각들은 거의 죽음에 내몰리기 이전에는 생각해보지 못한 생경스런 것이다. 이때 나는 누구인지, 죽음 뒤에도 내가 존재하는 것인지, 천당이나 지옥이 정말 있는 것인지, 내가 믿는 신은 정말 존재하고 내가 죽은 뒤에 나를 거두어 줄는지와 같은 매우 종교적 질문들이 나를 에워싸고 말 것이다.

이런 것들에 관해서 심각하게 생각해보고, 죽음을 준비하면 좋으련만 평소에는 그렇게 하지 못한다. 아이러니하게도 다시는 건강을 찾을 수 없는 비가역적인 상태에 들어가서도 죽음을 차분하게 준비하기보다는 생명을 얼마간이라도 연장하는 쪽으로 나아가는 경우가 많다. 이른바 웰빙(well-being)에만 천착한 나머지 죽음에 관해서는 외면 내지는 터부시한 것이 그 빌미가 된 것일 수도 있다. 그 때문에 죽음을 효과적으로 준비하지 못하고, 죽음에 대한 생각을 끝까지 미루다가 갑자기 준비 없이 죽음을 맞이하고 만다는 것이다. 적절한 준비과정을 거치지 않은 상태에서 죽음을 맞이하게 됨에 따라 임종자 본인이나 그의 가족들은 불필요한 고통과 재정적 낭비를 겪게 되고, 임종자는 인간으로서 존엄하게 생을 마칠 수 있는 기회를 박탈되는 경우가 허다하다.

2016년 한국에서 사망한 28만 명 중 21만 명인 75%가 병원에서 사망했고, 말기 암환자는 90%가 병원 중환자실에서 인공호흡기를 꼽은 채 임종을 맞이했다.

존엄한 죽음이란 무엇을 말하는 걸까. 사는 것이 죽는 것보다 더 고통스런 마지막 순간까지 산소공급을 환자에게 계속하는 것이 환자를 위한 것일까, 아니면 자식들의 마지막 효도의 일환일까. 삶을 어떻게 살아야 하느냐 만큼이나, 어떻게 죽는가가 중요하다. 죽음은 마지막 성장의 기회란 말도 있다. 이것이 죽음학(Thanatology)이란 학문을 존재하게 하는 당위성이 아닐런지.

하이데거(1889-1976)는 시간이야말로 인간을 인간이게 하는 것이라고 생각했다. 그는 '인간은 언젠가 반드시 죽는다' 라는 시간의 유한적 속성을 인간의 가장 본질적인 것이라고 보았다.

죽음 준비의 첫 단계는 '죽기 전에 해야 할 일' 을 하는 것보다 자신의 남은 생을 정리하는 것에서 출발해야한다. 예컨대 지금까지 하지 못했던 일을 시작하는 것이 아니라 지나간 생을 돌아보고 존엄하게 이승을 마칠 수 있게 준비하라는 것이다. 이 단계에서 새로운 일을 하는 것은 마치 영원히 살 것으로 착각하는 것으로, 아직도 죽음을 인정하지 못하고 오로지 목숨의 부지에만 몰두하는 경우이다. 일반적으로 죽음을 맞이하고 준비하는 단계는 말기질환을 선고받은 다음부터라고한다. 말기질환이란 사고나 병으로 다시는 건강을 회복할 수 없는 상태를 말한다. 그 이후는 우리가 죽음을 준비할 수 있는, 반드시 준비해야 하는 소중한 시간들이다.

이때 해야 할 중요한 일은 '유언장'과 '사전의료의향서'를 작성하는 것이다. 유언장은 사실 이러한 상황에 닥쳐서 쓰는 것보다 건강할 때 평상의 감각으로 쓰는 것이 더 좋다. 언제라도 수정이 가능하기 때문에 일찍 써두는 게 본인에게 유리하다.

유언장은 자기 자신 이라기보다도 가족들을 위해 쓰여 지며, 버킷 리스트와는 전혀 다르다. 버킷 리스트는 자기 자신만을 위한 만족이니 이기적 측면이 배어있기 때문이다. 유언장에 들어가는 내용은 일반적으로 생각하는 것보다 훨씬 구체적이어야 한다.

우선 임종과 장례의 방식에 관한 것이다. 여기에는 희망하는 임종장소나 자신이 원하는 장례방식을 밝혀놓는 게 좋다. 이를테면 화장이나 매장, 자연장 등에서 어떤 방식을 원하는지에 대해 적고 희망하는 장례방식이 있으면 적는다. 아울러 제사나 추모제에 관해서도 본인의 의향을 피력한다. 마지막으로는 가족들에게 남기고 싶은 이야기를 적는데 이때에는 가족 모두를 대상으로 할 수도 있고 개별적으로 당부의 말을 남길 수도 있다. '은행통장은 가족에게 물질을 남기지만 유언장은 가족에게 마음을 남긴다' 는 말이 있듯 유언장은 남겨진 가족에 대한 마지막 배려라 할 수 있다.

그 다음으로 해야 할 일은 '사전의료의향서' 의 작성이다. 이 문서에는 우리가 의식불명 상태가 됐을 경우 어떤 의료행위를 받을 것인가를 미리 밝혀놓는 것이다. 만일 이 문서를 작성하지 않았다면 자신이 원하지 않는 연명치료가 시행되어 본인의 뜻과는 다르게 아름답지 못한 임종을 맞이할 수 있다. 예컨대 값비싼 의료 서비스로 자식들에게 엄청난 경제적인 부담을 안겨 줄 수 있다. 주로 심폐소생술과 인공호흡과 같은 연명치료는 거절하고 진통제 처방만을 허락하는 것이 일반적이다.

한국죽음학회는 '당하는 죽음이 아니라 맞이하는 죽음' 이 되어야 한다고 했다. 존엄하게 맞이해야 할 삶의 마지막이자 가장 중요한 길, 이 길을 스스로 준비하는 것은 남겨진 자식들뿐 아니라, 본인의 생을 값지게 보내기 위한 이정표와 같다.

'KSS 海運' 창업자 박종규 회장(1935-현재)은 다음과 같은 유언장을 세상에 내놓은 바 있다. '죽음의 격차'를 보여주는 것 같아 가슴이 뭉클하고 코끝이 찡하다.

"사랑하는 처와 자식들에게, 나는 내 평생을 행복하게 살았다고 생각한다. 이만하면 수지맞는 인생을 산 것이다. 그런데 내가 행복하게 산 것은 다른 사람들의 도움도 컸기 때문이다. 많은 불행한 사람들에게 조금이나마 보탬이 된다면 내 몸 하나 바치는 것은 아깝지 않다. 내 모든 장기와 시신을 대학병원에 기증하기 바란다. 남은 유골은 내가 좋아하는 바다에 뿌려주기 바란다. 평생을 바다와 함께 한 나로서는 바다로 돌아가는 것이 나의 큰 기쁨이다. 또한 일반적인 제사는 지내지 말라. 어느 집이나 며느리 되는 사람의 노고가 너무 크다. 기일(忌日) 아침에 각자의 집에서 내 사진과 꽃 한 송이 꽂아놓고 묵념추도로 대신하기 바란다. 그리고 저녁에 음식점에 모여 형제간의 우의를 다지는 기회로 삼아라. 식비는 돌아가면서 내도록 하여라. 그리고 이러한 추도도 너희들 일대(一代)로 끝내기 바란다. 1998. 8. 25. 아버지로부터 "[95]

## 잠깐! 쉬었다 갑시다

### 회자정리(會者定離)

　나이가 들어가면서 점점 아는 사람들이 줄어간다. 친지도 친구도 지인도 하나 둘 세상을 떠났다는 소식이 심심찮게 들린다. 죽음에 대해 익숙해질 만도 하고 그러려니 하고 살면서도 사람들과의 헤어짐은 쉽지가 않다. 올해도 여러 사람들의 별세 소식이 잇따르고 있다. 직접적인 인연은 없지만 동시대를 살아왔던 사람으로서 마음 한구석에 기억 한편에 추회하고 싶은 사람들이 있다.

　일본군 위안부 피해자 김양주 할머니. 꽃다운 17세에 만주로 끌려가 끔찍한 위안소 생활을 하고 귀향해서는 위안부였다는 낙인이 찍혀 날품팔이 등을 하며 어렵게, 외롭게 살아왔지만 그렇게 소원이던 일본의 사과한마디를 듣지 못하고 생을 마감했다. 정부에 등록된 일본군 위안부 피해자는 240명이었지만 올해 2명이 세상을 떠나고 이제 남은 생존자는 경남 1명을 비롯해 모두 11명 뿐이다.

　저항시인으로 불리는 김지하 시인. 용돈 받아 술이나 마실 줄 알던 대학 새내기 시절, 대학가 술집골목마다 떼창으로 부르던 "네 이름을 남 몰래 쓴다. 타는 목마름으로, 타는 목마름으로, 민주주의여 만세" 라는 비장한 노래가 귀에 꽂혔다. 가사 내용을 채 이해하지 못하면서 목청껏 따라 불렀던 전율스러웠던 그 노래는 시인 김지하의 '타는 목마름으로' 이었다. 그의 생에 대한 평가는 엇갈리지만 시로써 세상을 말하는 사람들이 있다는 것을 알았다.

　만나면 언젠가는 헤어지게 돼 있다. 석가모니는 임종을 앞에 두고 제자들에게 "세상에 영원한 것은 없고, 만나면 반드시 이별을 한다"고 남겼다고 한다. 우리가 흔히 쓰는 회자정리(會者定離)가 그런 뜻이다. 미약한 인간으로서는 어쩔 수 없는 생과 사에 대한 숙명이자 냉정한 현실을 말한다. 매일 누군가는 태어나고 또 누군가는 죽는다. 그렇게 삶과 헤어짐이 반복되고 있지만 매번 부음소식은 반갑지 않다.[96]

# 6. 세월이 너를 속일지라도

세월이 너를 속일지라도!

온전하게 정직한 사람이 있을까? 대부분의 사람들은 대소의 차이는 있어도 위선적인 요소들을 가지고 있는 것 같다. 자기를 꾸미고 방어하기 위해서는 없어도 있는 척하고 약해도 강한 척하는 것이 자기를 지키기 위한 수단이기 때문이다. 특히 위선적인 모습이 성직자들에게 많이 두드러진 것 같다. 성서에도 그런 모습이 눈에 뜨인다.

화려한 성직자의 옷을 입고 수실을 길게 늘어뜨린 가운을 걸치고 사람들이 많이 오가는 큰 거리에 서서 두 손을 하늘을 향해 높이 들고 나는 저기 보이는 세리들과 같지 않음을 감사하나이다. 나는 한 주일에 며칠을 금식하며 십일조를 꼬박 꼬박 드립니다. 그리고 우리에게 주신 율법을 모두 잘 지키나이다 하고 큰 소리로 기도하는 모습이 나온다. 그러나 한 구석에서는 세리가 고개도 들지 못하고 주여, 저는 죄인이로소이다. 하고 작은 소리로 자신의 심경을 겨우 고백하는 모습을 보신 예수님은 율법을 잘 지킨다고 큰소리로 자기의 자랑을 기도하는 바리세인을 칭찬하지 아니하시고 고개도 못 드는 세리를 칭찬하시는 장면이 나온다.

특히 유명한 목사님들이나 신부들은 자신의 지명도 때문에 거룩한 척, 인자한 척, 자신을 가장하려고 위장하는 것이 모두 위선의 삶이 아닐까 생각된다.

어느 교회에서 천국과 지옥에 관한 설교하던 강사님이 여러분들 오늘 밤이라도 천국 가시면 좋겠지요? 하니 모두 아멘한다. 설교가 끝나가며 여러분은 이 땅에 미련이 없지요? 아멘! 강사가 말하기를 그럼 제가 여기 있는 이 작은 깃털을 날릴 테니 이 깃털이 머리에 내려앉는 분이 제일 먼저 천국에 가시는 것으로 알겠습니다. 하고는 후~ 하고 깃털을 공중으로 날렸다. 깃털을 가볍게 날아 어느 노 장로님 머리 위로 사뿐히 내려앉고 있었다. 이 깃털을 본 노 장로님은 주여~ 하며 깃털을 향해 후하고 입김을 불었다. 이 깃털을 입김에 다시 날아올랐다가 몇 사람 건너에서 기도하시던 어느 권사님 머리 위로 내려오니 권사님 또한 주여~하며 입김을 불었다.

이 깃털은 여기저기서 주를 찾는 입김에 내려앉지 못하고 이리저리 날려 다녔다. 말로는 그렇게 사모한다고 외치는 천국인데 그래도 이 땅이 더 좋았던 모양이다. 노골적으로 후~ 하고 불어내지는 못하고 주여~를 가장해서 이리저리 불어

냈다. 어쩌면 인간의 위선을 보여 주는 모습이라고 볼 수 있다. 그렇다고 정직이 꼭 좋은 것만은 아니기도 하다.

10월 말에 핀 진달래              8월에 핀 목련(이한청 기자)

탈무드에는 두 가지 거짓말은 허용된다고 한다. 첫째는 물건을 이미 산 후에 이 물건 어때하고 물으면 잘못 샀어도 아주 좋아, 잘 샀다고 칭찬을 해주란다. 또 하나는 결혼을 한 남자가 자기 아내가 어떻냐고 묻거든 용모가 좀 별로라도 아주 미인을 아내로 맞이했으니 행복하게 잘 살라고 칭찬을 해주라고 권한다. 정직이 유익이 없고 오히려 거짓말이 듣기도 좋고 모두에 덕이라는 것이다. 그러한 특별한 경우도 있지만 우리는 거짓말을 습관적으로 하지 말자. 너무 과장되게 꾸미지도 말고 있는 그대로 살면 될 것을 꾸미느라 애쓰지 말자. 거짓은 거짓을 낳고 더 큰 거짓말을 할 수밖에 없게 된다.

한때 개구리 붕어로 논란을 일으켰던 사람이 모두 용이 되려 하지 말라고 했던가? 용은 자기 하나로 충분하다는 뜻이 아니겠나. 뒤를 이어 한동안은 추악한 한 사람이 세상을 시끄럽게 하더니 이제는 괴물 하나가 용이 되겠다고 설치고 다닌다. 이어 이상한 사기꾼 같은 두 여인이 나타나 제가 제일이라고 목소리를 높인다. 잘못도 없는데 왜 손가락질을 하느냐고 억울하단다. 법으로 자기 결정권을 만들어 주고 내가 내 몸을 내 맘대로 사용했는데 무엇이 잘못이냐고 한다. 누구 돈을 어떻게 빼앗고 어찌 벌었던지 나의 재능인데 왜 말이 많으냐고 목소리를 높인다. 어쩌다 정치판이 악취가 진동하는 쓰레기 더미가 되었는지 모르겠다. 일찍 무대를 떠나야 할 인간들이 시절도 분별하지 못하고 제 시절이라 설치니 진달래도 목련도 제 시절인 줄 알고 추한 모습에 꽃을 피웠나 보다. 목련도 진달래도 잎이 피기 전에 꽃이 피는 것이 정상인데 목련은 푸른 잎이 우거진 나무에 꽃을 피웠고 진달래는 단풍이든 잎에 꽃을 피웠다.

요즘 세상은 상식이 통하지 않는다. 몰상식이 득세를 하고 거짓이 진리를 지배하려 한다. 말도 안 되는 논리로 백성을 혼미케 한다. 무엇이 진실이고 정의이며 인간의 존엄성을 대표하는 것인지도 아리송하게 한다. 그저 목소리만 높이면 정의고 숫자로 몰아붙이면 진리와 정의가 되는 세상이다. 배울 만큼 배운 지식인이라 뽐내고 스스로 민족 지도자라고 자처하는 사람들의 행동을 인간의 상식으로는 도저히 이해할 수 없어 그저 아연할 따름이다. 인간들아 너희의 모습이 우리들의 모양이야 하고 혹시 조소하는 것은 아닐런지?

언제나 상식이 통하는 세상이 정상인데 지금은 상식이 통하는 것이 없다. 언제나 모든 것이 제자리를 찾아갈지 참으로 기막힌 현실이다.[97]

## 가. 함께 적당히 벌고 잘 살기

전국의 도서관, 평생학습관, 문화센터 등 교육기관마다 중장년층이 넘친다. 가끔씩 이런 기관에서 특강을 하다 보면 쏟아지는 많은 질문에서 중장년층의 현실적 고민과 욕구들을 직시하게 된다. 이들은 뭔가 끊임없이 배우는 데도 공허하다고 얘기하는가 하면, 사회 공헌에 대한 의지는 가득하지만 한편으로는 적당한 돈도 벌고 싶다고 한다. 한마디로 '어떻게 하면 적당히 벌면서 의미 있게 잘 살 수 있을까?' 로 요약할 수 있을 것 같다.

'적당히' 의 기준은 각각 다르겠지만, 오랫동안 의미 있는 일을 하며 '적당히 벌고 잘 살기' 위해서는 새로운 학습・경험・관계맺기가 선행되어야 한다고 생각한다. 여기서 핵심은 '새롭다' 인데, 이 단순하고 뻔해 보이는 말이 생각보다 쉽지 않다. 내가 지금까지 익숙했던 방식, 습관, 사고를 바꾸는 것이기 때문이다. 50세 이후의 삶을 수영으로 비유하자면 실내 수영장에서만 수영하던 사람이 이제 거친 바다에서 살아남기 위한 생존 수영을 새롭게 익혀야 하는 것과 같다고나 할까? 발상의 전환과 훈련이 필요하다.

왜 많은 강의를 듣는데도 채워지지 않을까? 질문하는 사람들에게 정광필 학장(서울50+인생 학교)이 말한 '교육당하지 말자' '배움은 매뉴얼로 되지 않는다' 의 숨은 메시지를 생각해 볼 것을 권한다. 그리고 서로 배움을 주고받을 수 있는 학습 커뮤니티부터 만들 것을 추천한다. 이런 작은 도전은 지금까지 학연, 혈연, 지연으로만 맺어왔던 관계망을 확장시키고, 더 큰 경험과 기회로 연결되기도 한다. 취미로 시작한 일이 직업이 되기도 하고, 교육과정에서 만난 사람들이 의기투합해 커뮤니티를 만들고, 이 커뮤니티가 성장하여 소득과 보람을 동시에 얻을 수 있는 꽤 괜찮은 일자리로 자리매김하는 사례를 심심치 않게 찾아볼 수 있다. 당장 취업이 급한 사람일지라도 길어진 노후를 위해 마치 보험을 들어 놓듯 새로운 경험과 관계 맺기에 일정 시간과 공을 들여야 한다.

현장에서 만났던 많은 50플러스 세대들의 성장과 좌절의 사례를 들여다보면, 어디에 살든, 경력이 많든 적든 그런 것은 크게 문제 되지 않았다. 오히려 지나친 자신감, 조급함, 소통 등 마인드와 태도가 더 걸림돌이었다. 작은 거 하나 시작할 때도 가성비부터 따지고, 성취가 없을 것 같은 일은 아예 시작도 안 하고, 좋아 보이는 것에 휩쓸려 다니고, 푼돈에 연연해 체면을 구기고, 자신의 스펙을 알아봐 주지 않는 현실에 분노하는 사람들을 볼 때마다 안타까웠다. '봉사하는 마음으로 주민자치위원 선거에 나갔는데, 두 번이나 떨어졌다' '자원봉사 자리 구하는 것도 왜 이렇게 어렵냐' 이런 하소연을 하는 분들께 반문하고 싶다. 당신은 그것을 위해 얼마나 시간과 노력을 투자하셨습니까? 그동안 쌓아온 경험이 있다고 하더라도 새로운 문화·섹터로의 진입을 준비하고 있는 지금, 초보로서 겪는 시행착오와 답답함은 피해 갈 수 없다.

만고의 진리, 꾸준함·항상심이 그 어느 때보다 필요한 때다. 하지만 이 또한 우리 모두 불완전한 인간이기에 혼자서는 엄두가 안 나고 늘 흔들리게 마련이다. 그래서 '함께' 집단적 노력은 생각보다 강력한 힘을 발휘한다. 나부터 주문을 외우듯 다짐해 본다. '함께 적당히 벌고 잘 살기! 그리고 삶의 의외성에 관대해지기!'[98]

## 나. 올여름 탁구가 · · ·


'2020 도쿄 올림픽'과 패럴림픽 탁구 경기가 자신감과 새 희망을 주었다.

탁구는 궁중 놀이로 이탈리아에서 시작되어 영국에서 테니스를 모방한 실내 경기로 만들어져서 공식적인 명칭을 테이블 테니스라고 한다. 그러나 탁구공을 칠 때 나는 소리에서 유래되어 핑퐁이라고도 부른다.

제2차대전 이후 죽의 장막으로 단절되어 있던 중국이 미국과의 핑퐁외교를 통해서 국제적으로 문호를 개방하면서 탁구는 세계적으로 더욱 각광을 받았다. 이에리사와 현정화, 유남규와 같은 선수들이 세계를 제패하고 올림픽에서 금메달을 따던 7, 80년대 이전부터 탁구는 우리나라에서 가장 인기있는 서민 스포츠였다. 공과 라켓, 네트 등의 장비만 있으면 쉽게 즐길 수 있어서 동네 공터에서는 수시로 시합이 벌어져 오가는 행인들도 같이 참여하곤 했다.

그러나 생활 수준이 향상되면서 볼링과 배드민턴, 테니스 등의 스포츠가 보급

되고, 국제무대에서 선수들의 활약도 미미해지면서 탁구에 대한 국민적 관심과 인기도 그만큼 떨어졌다.

2020 도쿄 올림픽 신유빈 선수(연합뉴스)

코로나19 감염병의 대유행 속에 개최된 '2020 도쿄 올림픽'에서 17세의 어린 나이에 여자 탁구 대표로 참가한 신유빈 선수는 입상하지는 못했으나 많은 국민의 사랑을 받았다. '할머니와 손녀의 결투'로 소개된 단식 2회전에서 그는 중국계 니시아렌(58, 룩셈부르크) 선수의 이질 라버에 의한 변칙플레이에 악전고투하면서 서서히 게임을 장악하여 역전승했다. 단체전에서도 독일팀에 역전승을 거두었으나, 4강 진출에 결국 실패하고는 뜨거운 자책성 눈물을 쏟아서 주위를 안타깝게 만들었다.

순진한 외모와 겸손한 태도에 비해 과감하면서도 끈기있는 플레이로 인기를 얻은 신유빈 선수는 기부 활동이 알려져 더욱 주목을 받았다.

2020 도쿄올림픽/패럴림픽 나탈리아 파르티카 선수(도쿄 패럴림픽 공동취재단)

도쿄 올림픽 단체전 경기에서 신유빈 선수와 대전한 나탈리아 파르티카 선수(32, 폴란드)는 선천적으로 오른쪽 팔꿈치 아랫부분이 없다.

탁구 경기에서 서브는 손바닥 등으로 스핀이 없이 16cm 높이로 공을 토스해야 한다. 손이 없는 파르티카 선수가 자신의 오른쪽 팔꿈치 끝에 탁구공을 얹어서 아슬아슬하게 서브를 넣는 모습은 관객들을 안타깝게 만들었다.

아테네 패럴림픽(2004)에 이어서 베이징 패럴림픽(2008)에서도 장애 10등급 단식에서 금메달을 획득한 파르티카 선수는 베이징 대회부터 비장애인 올림픽에도 출전하여 당당하게 메달 경쟁을 했다. 이번의 도쿄 올림픽 대회에서도 비록 입상하지는 못했으나 그의 외팔 투혼과 활약은 많은 세계 사람들에게 감동과 용기를 주었다.

이어진 도쿄 패럴림픽에서 파르티카 선수는 단식 5연패에 도전했지만, 오랜 라이벌 양치안 선수(25, 호주)에게 져서 동메달을 획득하는 데 그쳤다.

장애인과 비장애인의 경계를 넘나드는 나탈리아 파르티카 선수의 아름다운 도전은 세계 사람들에게 자신감과 용기를 주고 있다.

2020 도쿄패럴림픽 이브라힘 하마드투 선수(EPA연합뉴스)

도쿄 패럴림픽 남자 탁구 단식(장애등급 6)에서 우리나라 박홍규 선수(49)와 맞붙은 이브라힘 하마드투 선수(48, 이집트)는 양팔이 없다. 탁구 라켓을 입에 물고 도우미가 던져주는 볼을 발로 차올려 서브를 넣으며, 목과 머리를 써서 입에 문 라켓으로 탁구공에 스핀도 걸고, 스매싱도 하며 게임을 한다.

어릴 때 열차 사고로 양팔이 절단된 그에게 탁구가 삶의 전부이고 목표였다. 그의 희망은 1승을 올리는 것이지만, 아깝게도 이번 대회에도 실패했다. 그러나 양팔이 없는 채로 온몸을 던져서 경기하는 이브라힘 하마드투 선수의 처절한 투혼과 정신력에 우리는 '불가능은 없다' 사실을 깨닫게 된다.

올여름, 코로나19 덕분에 여느 때보다 오래 TV 앞에 앉아서 즐긴 탁구 경기는 우리에게 자신감과 용기를 불어넣고 새 희망을 품게 했다.

점차 노령화되어가는 한국 사회에서 탁구는 그 적합성을 인정받아 시니어스포츠로 각광 받을 것으로 기대된다.[99]

## 다. 두 원로 배우가 남긴 것

'근대 회화의 아버지'로 불리는 폴 세잔(1839~1906)과 소설 '목로주점' 등으로 잘 알려진 프랑스 자연주의문학의 거장 에밀 졸라(1840~1902)는 어릴 적부터 친한 친구였다. 집이 부유했던 세잔은 가난했던 졸라와 달리 큰 어려움 없이 어린 시절을 보냈지만, 성공과 영광은 졸라에게 먼저 찾아왔다. 승승장구하는 졸라와 달리 세잔은 이름 없는 화가로 고향에서 그림만 그리며 지냈다. 구도가 맞지 않는 형편없는 그림을 그린다는 비아냥을 참아가며 작업에만 매달렸던 그는 말년이 돼서야 큰 명성을 얻었다. 그의 고집스러운 화풍은 근대 회화의 새장을 열었다.

초현실주의 탄생에 큰 영향을 끼친 프랑스 화가 앙리 루소(1844~1910)는 정식으로 그림을 배우지 않았다. 평일에는 직장에서 일하고 일요일에만 그림을 그렸던 그는 아마추어 화가로 여겨져 오랫동안 미술계에서 주목받지 못했다. 원시적 화풍은 비평가들에게 비웃음의 대상도 됐다. 하지만 그의 작품은 말년에 호평을 받았고 현대미술 탄생의 신호탄 역할을 했다.

최근 넷플릭스 드라마 '오징어 게임'의 오영수가 한국 배우 사상 최초로 골든글로브 연기상을 받았다. 이에 앞서 윤여정이 지난해 아카데미 시상식에서 영화 '미나리'로 여우조연상을 수상했다. 이 또한 한국 배우로는 처음이다. 이들은 공통점이 있다. 나이 일흔이 넘은 원로 배우다. 대중에게 크게 알려지지 않다가 작품 하나로 스타덤에 올랐다. 하지만 이들의 내공은 대단하다. 삶의 깊이가 묻어나는 연기력으로 이 분야에서는 일찌감치 대배우로 인정받았다. 그 사실을 대중이 미처 알지 못했을 뿐이다. 그런데도 긴 세월 묵묵히 자기 역할을 다해왔기 때문에 이들의 수상은 더 값지다. 이는 삶과 예술의 승리다. 뒤늦게 주목받은 이들을 보면서 세잔·루소가 생각나는 것은 왜일까. 대기만성형 예술인이라는 이유만은 아니다. 기다릴 줄 아는 의지, 힘들어도 버텨내는 용기, 이를 만드는 예술의 힘을 재확인했기 때문이다. 파블로 피카소의 말처럼 위대한 예술은 언제나 고귀한 정신을 보여준다.[100]

## 라. 파랑새를 찾아간 남자

수 년 전 모 화재 보험회사를 찾았다. 단풍이 꽃처럼 붉게 타오르던 10월 어느 날이었다. 이곳을 찾았을 때 어떤 젊은 남성이 다가와 선뜻 시원한 음료수를 내게 권한다. 그 청년에게 직접 보험 사무실을 찾은 연유를 말하자, 자신이 보험 설계사라며 친절히 안내를 한다.

그날 한 달에 얼마간 금액을 예치하면 5년 후엔 일정 금액을 환급 받는 조건의 화재 보험에 가입했다. 보험 가입을 마친 후 자리에서 일어서자 그 보험설계사는 내게 "저희 사무실을 직접 찾아오셨으니 제가 식사 대접 하겠습니다" 라는 뜻밖의 제의를 해온다. 보험설계사의 호의를 거절 할 수 없어 하는 수없이 식당을 찾았다.

음식을 주문 한 후 그와 식탁에 마주 앉자마자 처음 보는 내게 묻지도 않은 자신에 관한 이야기를 꺼내기 시작한다. 그는 불과 수년 전만 하여도 어느 교향악단에서 잘나가던 바이올린 연주자였다고 한다. 건강상 부득이 그곳을 그만두었단다. 나 역시 큰 딸이 교향악단 비올라 연주자로 근무하고 있던 터라 그의 말에 귀를 기울이게 됐다. 그는 음악 연주자를 그만둔 후 갈 곳이 없었다고 했다. 노동일, 세차장 일 등 닥치는 대로 일을 하며 가까스로 생계를 이어왔단다. 그의 전공이 음악인지라 교향악단 연주자 경력을 받아주는 직장은 흔치 않다고 했다. 다시금 음악을 연주하고 싶어서 교향악단 오디션에도 수없이 도전했으나 번번이 낙방의 고배를 마셨단다. 마치 낙타가 바늘귀 들어갈 만큼 그곳의 문은 좁디좁다고 했다. 그의 말을 듣고 보니 비싼 등록금을 치르고 배운 음악이 의외로 사회로부터 별다른 관심을 받지 못한다는 사실을 깨달았다.

필자 역시 지난날 큰딸아이 음악 공부를 시키느라 그야말로 아파트 몇 채 값을 교육비로 지출했다. 음악인들은 어느 악기 전공을 막론하고 비싼 레슨비, 고가의 악기 값, 사립대학일 경우 일 년에 1천만 원을 호가하는 비싼 등록금 등을 지불한다. 이 탓에 부모들은 자식 음악 교육에 등골이 휠 정도다. 더구나 해외 유학을 꼭 다녀와야만 그 실력을 인정해 주는 사회 인식 탓에 부모들은 무리를 해서라도 해외 유학을 보내야만 하는 실정이다. 이 그릇된 의식에서 하루빨리 벗어나야만 유학을 다녀오지 못한 음악인들도 한국에서 자신의 재능을 맘껏 펼칠 수 있다. 이 일에 정부도 애정과 관심을 필히 가져 주어야 한다.

이렇듯 부모가 뼈골 빠지게 전 재산을 바치다시피 음악을 가르쳤으나 음악인들 취업의 문턱은 너무도 높고 좁다. 이 탓에 우리나라 음악 인재들은 일정한 직업 없이 가까스로 개인 레슨을 하거나 아님 학원 운명 및 소수의 음악전공자들만이 교향악단 단원이 될 뿐이다. 그나마도 코로나19 발병으로 요즘은 개인 레슨도 줄어들었다. 이 젊은이 경우만 하여도 한 때 유능했던 음악인이 아니던가. 그럼에도 음악 연주를 그만두면 생계의 위협을 받아야 하는 작금(昨今)의 세태가 참으로 안쓰럽다.

그의 일정하지 않은 수입으론 가족들 입에 풀칠하기도 바쁘단다. 해서 궁여지책 끝에 보험 설계사로 전환했다고 하였다. 궁핍한 삶 속에서도 그는 희망의 끈을 놓지 않기 위해서란다. 언젠가는 자신도 다시금 만인의 가슴을 적시는 아름다운 선율의 음악을 연주할 날이 꼭 찾아오길 기대한다고 했다. 그에게 음악 연주는 곧 행복이요, 삶의 의미란다. 평소 음악을 연주할 기회를 잃다보니 늘 우울하다고 했다.

며칠 전, 새로운 화재보험 설계사의 전화를 받았다. 그로부터 뜻밖의 비보를 접했다. 전의 보험설계사가 심한 우울증으로 자살을 했단다. 그 말을 듣는 순간 참으로 안타까웠다. 성실하게 살던 젊은이가 아니던가. 함박눈이 내리는 1월, 눈을 들어 무심코 하늘을 올려다봤다. 천상에서 자신의 행복의 파랑새였던 바이올린 연주를 하고 있는 모습이 환상처럼 어려와 나도 모르게 눈가가 젖었다.[101]

## 마. 생애사 프로젝트

생애사 작업은 한 개인을 만나면서 동시에 한 시대를 만나는 일이고, 한 가족의 이야기이면서 동시에 한 민족의 이야기이기도 했다. 개인의 생은 역사와 긴밀하게 결합되어 있고 일상은 치밀하게 정치와 맞닿아 있다는 걸 알게 되기도 했다.

내가 일하는 여행학교 로드스꼴라의 글쓰기 수업에는 '생애사 프로젝트'라는 것이 있다. 자신의 할머니, 할아버지에 대한 이야기를 책 한권으로 엮는 작업이다. 2학기가 되면 학생들은 한·일 고대사나 고려인들 이야기, 하와이 이민사 등을 본격 학습하고 여행을 떠나게 되는데, 이 여정에서 당찬 포부를 안고 태평양을 건넜던 사진 신부나 시베리아 대륙 횡단열차에 태워져 카자흐스탄 불모의 땅에 버려졌던 사람들의 서사를 만나게 된다.

그런데 알고 보면 그만큼이나 흥미진진한 이야기가 각자의 집에도 있다는 것을 알게 되는 계기가 생애사 프로젝트의 과정이다. 묻지 않았으니 대답하지 않았을 뿐 잔소리쟁이 할머니나 무뚝뚝하고 권위적인 할아버지의 생애 역시 도저한 대하소설이요 파란만장한 드라마다. 날 때부터 할머니가 아니었던 그녀에게 두연 당신의 꿈은 무엇이었나요 물어볼 때, 날 때부터 할아버지가 아니었던 그에게 당신의 첫사랑은 누구였나요 물어볼 때, 그곳에 한 남자 혹은 한 여자가 있음을 문득,

발견하게 된다. 장롱의 언어, 소파의 말만큼이나 생경하고 낯설지만 시간이 지나 이야기의 흐름 속으로 미끄덩 들어서는 순간 만날 수 있다. 상상할 수 없는 시간 저 너머에서 시작된 내 꿈의 근간, 기질과 성향의 밭뿌리, 오랜 시간 공들여 연마 되어온 재능, 전승되고 전승되고 전승되어 마침내 내 몸으로 집결된 그 오랜 세월의 절차탁마.

생애사 프로젝트에는 몇 가지 원칙이 있다. 가장 기본적인 건 할머니, 할아버지 라는 호칭 대신 이름을 호명하는 것이다. '할아버지는 1928년에 태어났다'가 아니라 '한성구는 1928년에 태어났다'라고 쓰는 것. 이는 글의 주인공과 작가 사이에 거리를 두면서 낯설게 하기를 실행하기 위함이다. 두번째는 그녀 혹은 그 에게도 빛나는 청춘이 있었다는 점을 잊지 않는 것. 지금은 주름진 얼굴로 오도 카니 앉아 있지만 그녀도 한 시절 두근두근 설렘 많은 소녀였음을, 쿨럭쿨럭 해 소 기침을 하는 구부정한 저 노인도 한 시절 패기 넘치던 청년이었음을 잊지 않 는 것이 생애사 작업의 관건이다. 또 하나는 주변인 인터뷰. 본인의 기억과 주변 인의 기억은 때로 어긋나고 충돌하고 갈등한다. 서로의 이야기를 퍼즐 맞추듯 정 교하게 엮어내면서 기록자는 비로소 한 인간을 입체적으로 이해하게 된다. 마지 막으로는 연대기표를 만들어보는 것이다. 개인의 서사와 공적인 역사가 어떤 식 으로 맞물리는지를 꼼꼼히 비교하다 보면 책에서나 보던 역사적 사건에 연루되는 할머니, 할아버지를 만나게 되기도 한다.

생애사 프로젝트의 과정은 질문지를 작성하는 것으로 시작된다. 질문은 섬세하 고 구체적으로 하는 것이 핵심이다. 인터뷰에는 흐름이 있다. 처음에는 어색하고 데면데면하지만 문고리를 여는 질문 하나가 흐름을 만들어내면서 이야기의 신명 을 만들어내는 경우가 많다. 어린 시절 사랑받았던 기억이나 동네 친구들과의 장 난질 따위가 물꼬를 트기도 하므로 유년의 추억을 이끌어내는 질문은 생애사에서 매우 요긴하다. 가지에 가지를 치는 질문지는 그 자체로 생애사의 가장 중요한 밑그림이며 지도가 된다.

질문지가 완성되면 본격 인터뷰를 실행한다. 실제 인터뷰에서 명심할 건 언어 만이 인터뷰가 아니라는 점이다. 표정, 말과 말 사이의 거리, 망설임, 틈, 응시, 이 런 것들을 통해 드러내려 하는 것과 드러내지 않으려 하는 것들의 미묘한 상충까 지 읽어낸다면 아주 훌륭한 인터뷰어가 될 수 있다.

서너번에 걸친 본인 인터뷰를 마치면 주변인 인터뷰를 한다. 주변인은 가능하 면 다양한 관계에 있는 사람들을 만나는 것이 좋다. 배우자, 친구, 아들, 딸, 며느 리, 손자 손녀, 형제, 시누이, 올케, 동서 등등. 이들의 이야기도 행간을 읽어내는 것이 중요하다. 이 과정에서 함께 해야 하는 일이 사진이나 물건들을 챙기는 것이다. 젊어서의 사진이나 주고받은 편지, 일기 따위가 있다면 반드시 챙겨두어야 한다.

주변인 인터뷰까지 마치면 구성을 시작한다. 긴 글은 구성이 막중한 비중을 차지한다. 한 사람의 생애가 가장 잘 드러날 수 있는 구성을 다양한 방식으로 고민해야 한다. 연대기 순의 구성은 쓰기는 쉽지만 가독력을 떨어트리는 경우가 종종 있다는 점을 기억해야 한다. 구성을 마치면 본격 글쓰기 작업을 시작한다. 원고가 마감되면 책 디자인을 한다. 그림과 사진과 이미지들을 활용해 한 사람의 생애가 잘 보일 수 있도록 편집한다. 그리하여 마침내 한권의 책으로 완성한다.

생애사 프로젝트를 하면서 우리가 마주친 건 지극히 사적인 이야기가 역사와 만나는 장면이었다. 생애사 작업은 한 개인을 만나면서 동시에 한 시대를 만나는 일이고, 한 가족의 이야기이면서 동시에 한 민족의 이야기이기도 했다. 이곳의 이야기이면서 저곳의 이야기이고, 남성의 이야기인 듯하지만 동시에 여성의 이야기이기도 했다. 개인의 생은 역사와 긴밀하게 결합되어 있고 일상은 치밀하게 정치와 맞닿아 있다는 걸 알게 되기도 했다. 인혁당 사건, 보도연맹, 한국전쟁 중의 민간인 학살, 베트남전쟁, 역사 교과서에서나 마주쳤던 이야기가 놀랍게도 학생들의 글 속에 등장했다. 1930년대 신소설에서 읽었던 듯한 이야기들도 있었다.

할머니를 인터뷰하는 것과 할아버지를 인터뷰하는 것에 차이가 있다는 점도 흥미로운 지점이었다. 할아버지들의 말하기가 직선적이라면 할머니들의 말하기는 나선형이었다. 할아버지들의 이야기에는 작가가 개입할 틈이 적은 반면 할머니들의 이야기는 해석과 재구성의 여지가 많았다. 이 과정에서 학생들은 자신의 부모가 동시에 조부모의 자식이었으며 그들 또한 만만치 않은 사연을 가지고 성장했음을 이해하게 된다.

생애사 작업을 통해 학생들이 가족의 역사에 대해 이해했다면 교사들은 학생들을 이해할 수 있었다. 조부모에 대한 이야기는 필연적으로 증조부모에 대한 이야기로부터 시작되므로 4대에 걸친 시간이 눈앞에 펼쳐졌다. 내 눈앞에 앉아 있는 이 학생이 여기에 오기까지 얼마나 많은 우연과 기적이 필요했는지, 4대에 걸친 꿈과 희망이 응결된 결정이 지금 여기 있는 거구나, 말썽쟁이 지각쟁이들도 그지없이 중하고 귀하게 여겨졌다. 해마다 쌓인 생애사 원고들이 빅데이터가 된다면 그 또한 좋은 일이겠다.

1918년생 도주씨가 했던 이야기 중에 기억나는 건 이런 것들이다. 그러니까 그녀의 육촌동서쯤 되는 사람이 시집살이가 하도 힘들어 에라이 모르겠다 죽든 살든 일본으로 내뺴자 하고는 밤보따리를 싸 사흘 밤낮을 걸어 마침내 불빛이 휘황찬란한 대도시에 도착을 했다. 드디어 일본이로세, 낯설고 물설은 이국땅에서 살 생각에 육촌동서 두 주먹을 불끈 쥐어보는데, 사람들이 모두 조선말을 하더란다. 그곳은 경상남도 진주였던 것이다.(〈이도주전〉 중, 김오이 학생의 글 인용)[102]

## 바. 오늘도 출근하는 언니들 "나는 내가 명함이에요. 내 자신이"

명함이란 무엇일까. 누군가에겐 쉽게 주어지는 것, 누군가에겐 동경의 대상, 하루에도 수천장씩 뿌려지고 버려지는 것, '나 이런 사람이야' 하고 자리를 과시하는 것, 능력을 증명하는 것, 최소한의 안전장치, 이만큼 열심히 살아왔다는 위로. 한 장의 명함엔 여러 정보가 담겨있지만 그 사람의 진짜 이야기는 보여줄 수 없을지 모른다. 그래도 우리는 평생 일한 여성들에게 명함을 찾아주고 싶었다. 그림자가 아니라 삶의 주체이자 진짜 일꾼으로 살아온 그들의 가치를 뽐내고 싶었다. 젠더기획 〈우리가 명함이 없지 일을 안 했냐〉 마지막 회는 '오늘도 출근하는 언니들'의 이야기를 담았다. 환갑을 앞둔 50대 여성부터 70대의 시작과 함께 새 인생을 계획하는 여성까지 '명함만 없었던 여성들'은 오늘도 기꺼이 새로운 도전을 하고 있다.

이선옥씨(55)는 2019년 3월의 어느 날을 기억한다. 찬 바람이 불던 봄이었다. '맘시터' 출근 첫날. 대형 고층 아파트 1층 현관에서 문이 열리길 기다리며 선옥씨는 벽을 붙잡고 한참을 울었다. "이게 나의 새로운 인생이구나. 앞으로 계속 남의 집 문을 두드리며 가야할 텐데… 얼마나 많은 문을 두드려야 할까." 복잡했던 마음은 막상 아이를 만나자 사라졌다. 침착하게 여섯 살 아이, 아이의 엄마와 대화하며 상담을 시작했다. '학습코치 이선옥'의 인생이 시작된 순간이었다. 이후 약 2년 동안 선옥씨는 맘시터로서 11명을 돌봤다. 논술학원의 프리랜서 강사가 됐고, 서울 영등포구 교육복지센터에서 이주민 가정 아이들과 학습에 어려움을 겪는 학생들을 가르치는 일도 하고 있다.

선옥씨는 2018년 말 남편과 헤어졌다. 남편은 도박 등으로 큰 빚을 진 뒤 잠적했다. 위자료 소송을 했지만 이미 모든 재산이 시아버지 명의로 넘어간 뒤라 소용없었다. 법적으로 결별하기까지 수년이 걸렸다. 선옥씨는 결혼 이후 늘 경제적으로 무능력했던 남편을 대신해 독서실과 보습학원 등을 운영했다. 선옥씨가 명함 한 장 없이 '내조'라는 이름으로 일하는 사이 남편은 독서실연합회, 학원연합회 등 여러 단체에서 직함을 맡아 명함이 두둑한 사람이 됐다. 그러나 이혼과 함께 선옥씨가 일궈 온 많은 것들은 한순간에 사라졌다. 선옥씨는 빈손이 됐지만, 딸은 "엄마가 '탈혼(결혼제도에서 벗어나는 것)' 했다"고 표현했다. 울산에 살던 선옥씨는 딸과 아들이 있는 서울로 올라왔다. 딸이 말했다. "엄마, 언제까지나 퇴근하는 것만 기다리면서 살 거야. 나만 보고 살지 마." 엄마의 능력을 잘 아는 딸의 따끔한 한마디였다. 선옥씨는 자리를 털고 일어나 구직사이트에 신청서를 올렸다.

50대 여성이 할 수 있는 일자리는 제한적이었다. 맘시터 업무도 처음에는 등·하원(교)을 시켜주거나 간식챙겨주기 등 돌봄에 초점이 맞춰진 일이었다. 선옥씨는 "선옥씨는 독서치료사. 진로적성상담사, 한국어지도사 등 20여개 자격증과 대학 평생교육원 강사 등 꾸준히 쌓아 온 여러 경력을 활용해 '초등학생 학습코치'로 자신을 소개한 글을 쓰고, 필요한 이들에게 연락을 달라고 홍보했다. 역제안으로 선옥씨는 자신의 일을 만들었다. 선옥씨는 오전과 오후, 평일과 주말을 나눠 바쁘게 일한다.

선옥씨는 여전히 명함이 없다. 만들 수 있는 기회가 있었지만 갖지 않았다. "만약에 '엄마'라는 명함이 존재한다면 저는 아주 크게 찍어서 다닐 수 있을 것 같아요. 그런데 그런 명함은 원치 않더라고요. '엄마 누구나 하는 거 아니야?' 그러죠. 엄마들마다 다 각기 다른 개성이 있는데……." 선옥씨는 일을 하며 내내 명함의 의미를 생각하고 있다. 학부모 상담을 하며 명함이 없다는 이유로 실망하는 것을 느끼기도 했고, 명함을 만들어주겠다는 제안을 받기도 했다. 선옥씨의 고민은 조금 더 먼 곳을 향하고 있다. "명함을 갖는다는 건 그 분야의 전문가가 되고, 그 일에 책임을 지는 거라고 생각했어요. 지금은 여기(명함)에만 머무를까봐 고민하고 있어요. 내가 하고 싶은 일이 과연 이것만일까. 저는 아이들이 학원을 다니지 않아도 스스로 책을 읽고 글을 쓸 수 있게 해주고 싶거든요."

선옥씨는 말했다. "딸이 저한테 인생 시즌 2를 시작한 것 같다고 하는데. 저는 시즌 2라기보다 제 인생이 이제야 온전해진 것 같아요. 나를 위한 수업이 이뤄지고 있는 것 같아요. 그러니까 (명함이) 필요하면서도 필요하지 않다고 했던 게 사실 저는 제가 명함이에요. 제 자신이."

손녀딸의 돌상을 엎어버릴 정도로 남존여비가 심한 분위기에서 자랐지만, 반듯하게 자란 선옥씨의 딸과 아들은 선옥씨를 이렇게 부른다. 이죽자 여사. '이 죽일 놈의 자신감'의 줄임말이다. 이죽자 역사는 설레는 마음으로 60대를 준비하고 있다.(이선옥은 가명이다. 그는 본명 대신 어머니의 이름을 이 글에 남기고 싶다고 했다.)

이안나씨(64)는 봄을 기다리고 있다. 오미크론 변이 바이러스 확산으로 당장 내일 일정을 알 수 없지만, 어린이집이 무사히 개원해 아이들을 다시 만날 수 있기를 기도하고 있다. 안나씨는 3년차 '이야기 할머니'다. 올해는 어린이집 한 곳과 유치원 두 곳에서 활동할 계획이다.

안나씨는 문화체육관광부 사업으로 한국국학진흥원이 뽑는 '아름다운 이야기 할머니' 선발 공고에 응모해 2020년 12기 이야기 할머니로 뽑혔다. 전국에서 1000명을 뽑는 공고에 6900명이 지원할 만큼 경쟁률이 치열했다. 서류전형부터 실기시험(동화구연), 면접전형까지 통과했다. 안나씨는 "딱딱해 보이는 면접위원들이 앉아있던 면접은 망쳤다고 생각했지만, 3분 분량의 동화를 구연한 실기시험은 완벽하게 해냈다"며 활짝 웃었다. 실기시험 때 구연한 동화는 〈책을 만 번이나 읽은 아이, 김득신〉. 안나씨는 "동화를 처음부터 끝까지 외우느라 머리에 쥐가 나는 것 같았지만 내가 정말 잘할 수 있는 일이라는 확신이 들었다"고 했다.

서울 신촌에서 4남2녀 중 막내로 태어난 안나씨는 사랑을 듬뿍 받고 자랐다. 또래의 친구들이 딸이라고 차별받을 때, 안나씨의 부모님은 달랐다. 아버지가 퇴근할 때 전병(과자)을 한 봉지 사오면 절반은 안나씨의 것이었고 나머지를 오빠와 언니들이 나눠먹었다. "막내 사랑이 지극하셨다"고 안나씨는 기억했다. 남녀차별은 결혼을 하고서야 경험했다. 시댁은 아들과 딸에 대한 구별이 확실했다. 결혼 후 6년 만에 첫아이를 가진 안나씨는 마음고생을 많이 했다. 귀한 딸 둘을 낳았다. 둘째 며느리라 딸만 낳았다는 타박은 피해갔다. 성실한 남편과 두 딸을 행복하게 키웠다.

안나씨의 40대는 봉사로 채워졌다. 성당 노인대학 등에서 20여년을 활동했다. "힘들다는 생각은 못하고 그냥 빠져있었던 것 같아요." 노인들을 보면서 안나씨는 자신의 노후도 생각했다. 노인들은 서운한 것이 많았다. 안나씨는 누구도 소외감을 느끼지 않게 하려 애썼다. "내가 즐거워서 하는데 저분들은 고맙다고 하시네. 그런 마음이었어요."

돈을 버는 일은 아니었지만, 이웃과 함께하는 것은 안나씨 인생의 중요한 '일'이었다. 부지런한 안나씨는 요양보호사 자격증과 바리스타 자격증을 땄고, 지난해엔 중랑구에서 운영한 복지대학(사회복지학) 과정도 수료했다. 이 모든 것이 안나씨에겐 소중한 '명함'이다.

이야기 할머니는 안나씨에게도 새로운 도전이었다. 수업 준비가 쉽지 않았지만 매주 정해진 시간에 출근할 곳이 있다는 사실에 "살아있는 느낌이 든다"고 했다. "아이들을 보니까 다들 특성이 다르더라고요. 한 아이는 조금 경계에 있는 친구였어요. 혼자 딴짓을 하고 조금 불안해 보였어요. 그 아이로 인해서 반 분위기가 흐려지고… 선생님들도 조금 어려워했던 것 같아요. 제 느낌에 그 아이는 스킨십을 많이 해줘야 하는 아이라는 생각이 들었어요. 코로나 때문에 접촉에 한계가 있어서 제가 아이컨택트(눈맞춤)을 열심히 했어요." 아이는 조금씩 안나씨에게 다가왔다. "방학이 끝나고 두 달 만엔가 만났는데, 아이가 경청을 너무 잘하는 거예요. 어떤 한 행동을 보고 '너는 싹이 틀렸어' 그럴 게 아닌 거죠. 아이들은 정말 금방 달라질 수 있다는 걸 저도 배웠어요." 안나씨의 노동은 사랑이 되었다.

김태순씨(69)는 수원 화성의 행궁해설사다. 관광객들을 안내하며 화성 행궁의 역사, 문화적 가치 등을 설명한다. 한국인 관광객도 안내하지만, 전문 담당은 일본인 관광객이다. 태순씨는 일본어로 한국 문화를 설명하고 통역한다. 태순씨는 40대 중반이 넘어 방송통신대학교에 입학해 일본학을 공부하고, 일본어 1급 자격증도 땄다. 누구도 시키지 않았고, 해야만 하는 것도 아니었지만 어떤 학생들보다 열심히 공부했다. 악착같이 한 공부가 태순씨에게 새로운 길을 열어주었다.

태순씨가 태어나기 두 달 전 군인이었던 아버지가 지뢰 사고로 순직했다. 아버지에게 노래 잘하는 재능을 물려받은 태순씨는 음악대학에 가고 싶었지만 갈 수 없었다. 큰오빠가 하던 사업에 문제가 생기면서 집안 곳곳에 빨간 딱지가 붙었다. 태순씨는 작은 회사의 노무과에서 일했다. 산업재해, 생리휴가라는 말이 낯설었던 그때에도 태순씨는 근로기준법을 꼼꼼하게 익혔다. 열심히 일했다. 낮에는 일하고 저녁에는 종로의 학원에 가서 인테리어와 그래픽디자인을 배웠다. 그러나 법에는 없는 퇴직사유가 생겼다. 결혼과 동시에 회사는 그만둬야 했다.

신혼 초부터 시부모님을 모시고 살았다. 아들과 딸을 키우며 전업주부로 살았지만 태순씨는 답답했다. 남편은 "여자가 밖에 돌아다니면 안 된다"고 생각하는 사람이었다. 통제가 심했다. 그러나 아이를 키우고 살림하는 틈틈이 배우고 도전하는 것을 멈추지 않았다. 홈패션을 배우고 경기 이천시 어머니합창단에서 활동했다. 이천문화원에서 자원봉사를 하며 도자기비엔날레 등에서 일했다. 수원으로 이사를 온 뒤엔 수원시 자원봉사센터에 찾아갔다. 3년 동안 자원봉사를 하고 문화해설사가 된 뒤, 일본어로 시험을 응시해 월드컵이 열린 2002년부터 행궁해설사로 활동하고 있다. 1년에 한 번씩 태순씨는 현장 답사를 한 뒤 보고서를 쓰고 시험을 본다. 태순씨는 "동료들과 호흡을 맞춰서 일하는 것도 재밌고, 내가 가진 지식을 관광객들에게 전달하는 것이 굉장히 보람된다"고 말했다. 태순씨에겐 근사한 해설사 명함이 있다. 환갑이 되면서 남편과는 '졸혼'을 선택했다.

태순씨는 "생각해보면 가만히 놀기만 한 때는 한 번도 없었던 것 같다"고 말했다. 자식들도 "엄마는 늘 뭔가 배우고 바쁘게 움직이는 사람"으로 기억한다. 요즘도 해설사 일을 위해 끊임없이 역사 공부를 한다.

지금 하고 있는 일이 좋지만 태순씨는 새로운 70대를 준비하고 있다. 따로 정년이 있는 직업은 아니지만, "현장에 갔을 때 관광객들이 나이 드신 분이 나오면 부담스러워하고 별로 좋아하지 않기" 때문이다. "후배 해설사들을 위해 오래 한 사람들이 자리를 비켜줘야 한다"는 생각도 있다.

태순씨는 요즘 그림을 그린다. 사진을 찍고 마음에 담긴 풍경들을 자유롭게 그리고 있다. 태순씨의 열정과 새로운 꿈이 태순씨를 어떤 문으로 이끌지는 누구도 아직은 모른다.[103]

## 사. 홍키호테 世窓密視-유지경화 단상-

겨우내 동면(冬眠)에 다름 아닌 실직(失職)을 했다. 60대 베이비부머 장삼이사가 벌어놓은 돈도 없이 실직한다는 건 엄동설한의 협곡에서 길을 잃은 나그네 이상의 고통이다.

공허함을 달랠 요량으로 지인 문인들과 낮술을 마셔 봐도 이에 대한 서운함은 쉬이 희석되지 않았다. 발밤발밤(한 걸음 한 걸음 천천히 걷는 모양) 보문산과 계족산, 계룡산에도 올랐으나 다리만 아팠지 마음의 공백은 여전했다.

그럴 즈음, 지인이 하산 중 다리가 골절되었다는 소식이 들려왔다. '젊어 농땡이는 늙어 보약이다'라는 말이 떠올랐다. 젊어서부터 건강 관리를 잘해야 늙어서도 건강을 도모할 수 있다는 의미일 것이다.

그렇지만 과연 그렇게 건강부터 챙기며 사는 사람은 몇이나 될까? 보릿고개 즈음 태어난, 숙명적인 가난의 그늘이 여전히 짙었던 베이비부머와 그 선배 세대들은 먹고사는 근원적 명제에서부터 허덕여야만 했다.

그런 가운데서도 등화가친(燈火可親)으로 공부를 하여 일자리를 구했다. 결혼까지 하니 가족이 형성되었다. 비록 가난하여 나는 못 배웠지만, 아이들만큼은 잘 가르치자고 이를 악물었다.

맹모삼천지교 몇 배 이상으로 노력과 투자를 아끼지 않으며 교육 뒷바라지에 최선을 다했다. 그렇게 갖은 고생을 퍼부었지만 부모의 생각과 바람처럼 경제적 아람(밤이나 상수리 따위가 충분히 익어 저절로 떨어질 정도가 된 상태, 또는 그런 열매)의 자강불식(自強不息)이 되는 건 힘들었다.

통념상 서른 이전이면 결혼했던 베이비붐 세대와 달리 그 자녀들 중 일부는 마흔이 넘도록 심지어 혼인할 의지가 아예 없다는 '비혼주의자'도 적지 않다. 그러던 와중에도 무심한 세월은 저벅저벅 흘러 베이비부머들은 직장에서 정년퇴직하기에 이르렀다.

퇴직금과 연금 수령액이 넉넉하다면 문제가 없지만 반대의 경우는 당장이라도 일을 해야 한다. 여하튼 2월로 접어들면서 낭보가 왔다. 작년에 면접까지 치러 합격한 뒤 겨울 동안 한시적으로 보류되었던 일자리가 3월부터 마침내 시작되었다.

반가운 마음에 모처럼 염색을 하고, 향수도 비싼 걸 사서 뿌렸다. 그런 새 출발의 자세와 차림으로 출근하여 만난 '직장'은 종묘장(種苗場). 눈도 뜨지 못한 식물과 꽃의 씨앗, 그리고 여전히 겨우살이인 모종, 묘목들이 교교하게 인사했다.

하루가 다르게 올라가는 온도에 맞게 그들도 점차 꽃눈을 뜨기 시작했다. 신기하고 반가웠다. 덩달아 첫 손녀를 보던 날이 오버랩 되었다. 태어나서 채 눈도 뜨지 못하고 울던 녀석이 어느새 어린이집 2년차 '학생'이 되었다.

올부터는 손자도 어린이집 원아로 등록했다. 일반적으로 꽃은 식물의 그것처럼 적당한 온도에서 일정기간 경과하면 꽃눈이 생긴다. 꽃눈이 생긴 후 높은 온도나 해가 비치는 기간이 길어지면 더욱 키를 키우며 결국엔 누구나 반하는 '꽃'으로 거듭난다.

그러자면 묘목장에서의 정성은 필수다. 어제도 퇴근하면서 비닐하우스 안의 가득한 꽃눈 화분(花盆)들을 또 다른 비닐로 덮었다. 사람으로 치자면 밤새 포근하게 잘 자고 더욱 성장하라는 의미를 담은 이불인 셈이었다.

그들은 이제 4~5월이면 완연한 꽃으로 만개할 것이리라. '이루고자 하는 뜻이 있는 사람은 반드시 성공한다'라는 것이 유지경성(有志竟成)이다. 꽃도 마찬가지다. '꽃으로 환골탈태하고자 하는 의지가 있는 식물은 반드시 꽃으로 태어난다'는 것이 유지경화(有志竟花)라는 주장이다.

봄이 되었으니 우리 주변이 모두 꽃 세상으로 변할 날도 멀지 않았다. 대통령 선거도 끝날 테니 이후로는 베이비부머와 서민들의 경제 사정도 그리된다면 그게 바로 무릉도원(武陵桃源)일 텐데.[104)105]

## 아. 50대부터 여성의 즐거운 생활방식과 해야 할 일

50대는 여성에게 어떤 시기인가?

여성에게 50대는 노후나 제2의 인생에 대해 생각할 수 있는 좋은 시기다. 첫째,

제2의 인생 시작이다. 50대는 지금까지 나날과는 다른 제2의 인생 시작이다. 그 이유는 육아가 일단락하면서 자신의 시간이 늘어날 때이고, 일을 하고 있는 사람이라면 정년 후 생활에 대해 고민하기 시작하는 시기이기 때문이다.

둘째, 노후를 생각할 타이밍이다. 시니어 라이프를 현실적으로 이미지화 할 수 있게 된 지금이야말로 다시 한번 미래의 준비를 시작할 기회이다. 자신이 처한 상황과 앞으로 어떻게 살고 싶은지 생각을 정리하면서 이상적인 시니어 라이프를 향한 준비를 시작하자.

## ☞ 50세부터 즐거워지는 생활방식

50세부터 인생을 충실하게 하여 후회하지 않는 삶을 살고 싶다. 지금까지 가족을 돌보고 일에 쫓긴 삶을 살았다면 두 번째 인생은 나 자신을 위해 살고 싶다.

첫째, 가정이다. 50세부터의 인생을 즐겁게 살기 위해서는 가족과 관계를 재검토한다. 가정의 가사 분담이다. '가사는 여자의 일' 이나 '주방은 여자의 것' 이라는 집안일 분담에 거부감 있는 여성도 있을 수 있다. 그러나 집안일을 분담하게 되면 자기의 시간이 좀 있고, 가족 자립도도 촉진하는 좋은 기회가 된다.

둘째, 일이다. 일을 오래도록 지속해서 사회와 유대관계를 갖는 것도 하나의 생활방식이다. 여성 평균수명은 84세이고, 50세부터 30년 이상이나 살게 되기 때문이다. 특별한 기술이 없어서 자신감이 없는 사람은 파트타임도 좋다. 수입이 많고 적음에 상관없이 자력으로 돈을 번 사실이 자신감을 줄 것이다. 오래 일할 수 있는 환경을 찾아 사회와의 연결을 가져 본다.

셋째, 건강이다. 50대가 되면 건강하게 지낼 수 있는 신체를 만드는 것이 중요하다. 특히 45~55세에 일어나는 폐경기에 또 갱년기 장애에 시달리는 여성이 적지 않다. 갱년기 장애는 여성 호르몬 분비가 급격히 감소함으로써 호르몬 균형이 깨지고 심신에 다양한 부자연스러움을 초래한다. 정기적인 운동과 건강한 식사로 건강하게 지낼 수 있는 신체 만들기를 한다.

넷째, 취미나 즐거움이다. 자기 자신만의 시간을 만들어 취미와 즐거움을 만끽한다. 50대 때부터 취미나 즐거움을 만들어 두면 나이를 먹은 후 '하고 싶은 것을 찾지 못했다' 는 일은 없을 것이다.

하루 1시간 혹은 일주일에 하루는 자신이 좋아하는 일에 몰두하는 시간을 만들어 본다. 특별히 하고 싶은 것을 찾지 못하는 여성은 '도전해 보고 싶은 목록' 을 만드는 것도 좋다.

☞ **여성이 50대에 해야 할 일!**

"향후의 인생을 충실하게 살고 싶은데, 어떻게 하면 좋을까"라고 궁금해 하는 여성들도 많다. 생생하게 빛나는 여성이 되기 위한 50대에 해야 할 일은 다음과 같다. 모두 멋진 50대 이후를 보내기 위해 중요한 항목이다.

첫째, 운동습관을 몸에 익힌다. 일주일에 3일 정도의 운동습관을 기른다. 정기적인 운동을 함으로써 신체뿐만 아니라 마음도 건강하게 유지할 수 있다. 헬스장에 가는 것에 거부감이 있는 사람은 YouTube를 참고해 초보자를 위한 운동부터 도전해 본다. 지금까지 운동습관이 없었던 사람은 눈높이를 낮추고 하루 5천 보를 목표로 걷는 것도 좋다. 쉽게 도전할 수 있는 수준에서 시작하여 운동을 습관화시키는 것이 중요하다.

둘째, 가족 이외의 사람들과 교류를 한다. 가족 이외의 사람들과도 교류하는 것에 유의한다. 왜냐하면 가족이나 회사만의 닫힌 세계에서 지내다 보면 생활에 보람이 없어지거나 단편적으로 생각이 치우치기 때문이다. 새롭게 사람들과 연결을 가지면, 가정 이외에 자신의 위치를 만들 수 있다. 또 사회와 연결을 갖는 것으로 그동안 자신에게 없었던 생각이나 시점을 깨닫고 자극을 받을 수 있다.

셋째, 취미나 봉사 모임에 참여하여 새로운 만남을 갖는다. "이제 와서"라며 포기하지 말고 도전한다. 마음이 설레는 것을 발견했다면 나이에 구애받지 말고 도전한다. 모처럼 해보고 싶어서 흥미를 가졌는데 나이를 먹으니 새삼스럽게 어렵다고 포기하는 것은 아깝다. 예컨대, 한 여배우가 50대에 대학을 입학하는 것처럼 대학에서 다시 배우는 일은 결코 드문 일이 아니다. 또한 섹소폰, 피아노나 그림 같은 취미라면 10년을 경과할 무렵에는 실력도 향상되어 오래 즐길 수 있을 것이다. 어떤 일도 '너무 늦다'라고 할 때가 가장 빠른 시기로 우선 도전해 본다!![106]

## 자. "걸어서 5분" …동네 작은도서관 만나서 시인 됐어요

'마음속 스크린이 불을 켜면/ 닿을 수 없는 곳에 있는 사람들이 손짓을 해요/ 마치 꿈속 같아요 … 시간은 해일처럼 눈앞에 다가와/ 현실의 문을 자꾸 두드리는데/ 아! 어떡하죠/ 이제야 재미를 알아 버렸는데' (시 '작은 도서관' 중)

충남 당진시 '원당꿈초롱 작은도서관' 이용자 홍정임 씨(55)는 지난해 신종코로나바이러스 감염증(코로나19)으로 잠시 도서관이 문을 닫자 집에서 홀로 시를 썼다. 도서관에서 책에 푹 빠지던 시절을 그리워하며 창작을 시작한 것. 그는 이 시 등 17편의 작품을 출품해 '당진 신진 문학인'에 선정됐고 65편의 시를 모아 지난해 11월 시집 '익숙함과의 이별 후'(책과나무)를 펴냈다.

5일 찾은 원당꿈초롱 작은도서관은 194㎡ 규모로 아담하지만 약 1만8000권의 책으로 가득한 '책의 천국'이었다. 이날 만난 홍 씨는 자신의 시집을 자랑스럽게 들어올리며 시에 담은 마음을 수줍게 고백했다.

"책에 푹 빠져 있는데 도서관 문을 닫을 시간이 된 거예요. 얼마나 아쉬워요. 책 속에서 만나야 할 사람과 가야할 곳이 아직 남았는데 떠나야하는 제 기분이 시에서 느껴지시나요. 호호."

작은도서관은 사단법인 작은도서관만드는사람들(대표 김수연 목사)이 KB국민은행 후원을 받아 전국 각지에 짓고 있다. 2008년 경기 부천시 도란도란도서관으로 시작한 작은도서관은 전국 곳곳을 채워 100개에 달한다. 2008년 5월 문을 연 원당꿈초롱 작은도서관은 7호 작은도서관이다.

홍 씨가 원당꿈초롱 작은도서관을 처음 찾은 건 2015년이다. 우연히 도서관에서 운영하는 독서 토론 동아리 회원을 모집한다는 공고를 보고 도서관을 찾았다. 자가용으로 30분이 걸리는 시립도서관과 달리 작은도서관은 걸어서 5분 거리에 있어 방문이 편했다. 처음 동아리 회원들과 서먹했지만 책이 매개체가 돼 친구도 여럿 생겼다. 지금은 독서 토론 동아리 회장을 할 정도로 열심히 활동에 참여하고 있다.

"7년 동안 1주일에 1번씩 책을 읽고 토론하면서 시야가 넓어졌어요. 같은 책을 읽어도 내 생각과 남의 생각이 다르다는 걸 깨달았죠. 코로나19로 모임을 열지 못했을 땐 줌으로 토론했죠."

그는 매일 오전 10시 작은도서관을 찾고, 1년에 50여 권의 책을 빌려 읽는다. 독서하다 뜻 깊은 문장을 필사하다 캘리그라피를 하게 됐고, 독서 후 마음속에 담긴 생각을 풀어내다 시를 쓰게 됐다.

"책은 의식을 확장하고, 영혼을 성장시키는 최고의 도구에요. 책을 읽은 덕에 사유하는 힘이 생겼죠. 또 글쓰기를 하면서 무심코 지나가던 일상을 자세히 관찰하게 됐습니다. 남의 말에 더 귀를 기울이고 공감을 하게 됐고요. 난생 처음 시를 쓰게 된 뒤 일상을 바라보는 시각이 바뀐 이창동 감독의 영화 '시'(2010)의 주인공 미자(윤정희)처럼 인생이 달라졌어요."

그는 최근 수필 창작 동아리에 가입해 에세이를 쓰고 있다. 올해 3월부터는 1주일에 2번씩 초등학생들에게 시를 가르치고 있다. 그에게 작은도서관의 의미를 물으니 이런 대답이 돌아왔다.

"일본 시인 중에 시바타 도요(1911~2013)라는 분이 있어요. 평범한 할머니였지만 92세에 시 쓰기를 시작하고 98세에 첫 시집 '약해지지 마'(2010·지식여행)를 펴냈는데 일본에서 150만 부가 팔려 화제가 됐죠. 저 역시 나이가 들면 아무것도 할 수 없다는 생각만 했는데 작은도서관을 만난 뒤 하고 싶은 일이 많아졌습니다. 작은도서관은 제 세상을 확장시켰어요." [107]

## 차.  떠나지 않고 남으면 '꼰대'가 된다

프랑스 소설가 마르셀 에메의 단편소설 〈속담〉에는 열세 살 아들과 아버지의 이야기가 나온다. 속담을 설명하는 숙제를 제대로 못 한다며 아들을 타박하던 아버지는 아들의 숙제를 대신 하기에 이른다. 그는 '흥분된 마음으로 글을 써내려가기 시작했다. 생각과 말이 술술 풀려나오고, 서정성 넘치는 표현들이 앞다투어 튀어나왔다'. 하지만 결과는 참담했다.

00대의 찐이 궁금하다면?

숙제검사를 하던 선생님은 계속 "주제를 벗어나는, 평소보다 못한 글에 불쾌감을 느꼈다"면서 20점 만점에 3점을 주었다. 꼴등이었다. 집으로 돌아오자 아버지는 자신이 대신해준 숙제가 어떤 평가를 받았는지 물어본다. 아들로서는 그동안 온갖 비난을 받으며 아버지의 잘난 척을 참아내야 했던 고통의 시간을 복수할 기회가 온 것이다. 하지만 아들은 가장으로서의 아버지가 겪게 될 추락을 막으려 거짓말을 한다. 가장 높은 점수인 13점을 받았다고.

### ☞ 꼰대가 되지 않으려는 노력이 낳는 문제

소설을 읽다 보면 오늘날 '꼰대'라 불리는 기성세대의 모습을 떠올리게 된다. '꼰대'의 핵심은 무엇인가? 소설 〈속담〉 속 아버지와 마찬가지로 소위 '선생질'이 그 핵심이다. 시대의 변화를 감지하지 못한 채 자신의 경험과 지식만을 참이라고 믿고, 그것을 알려주고 그대로 적용하려고 한다는 것이다.

보통 그런 '선생질'은 수직적인 관계 때문에 가능해진다. 주는 자, 가진 자로서의 위치. 따라서 꼰대 같은 어른이 되지 않으려면 다음 세대와 수평적인 관계를 유지하는 친구 같은 어른이 되어야 한다는 처방이 내려진다. 또 '세대 간의 소통'이 중요하게 대두된다. 서로를 이해고 공감하려고 노력해야 한다는 것이다.

이런 해석엔 특별한 하자가 없는 듯하다. 사람들도 별 무리 없이 받아들인다. 이런 의견에 동조하고 자신은 그런 '꼰대'가 되고 싶지 않다며 애를 쓰는 기성세대들이 점점 늘어나고 있기도 하다.

세대 간의 수평적인 관계와 소통을 위해 노력하는 사람들. 그런데 그런 노력의 결과가 가끔은 엉뚱한 방향으로 나타나기도 하는 것을 보면, 세대 간 관계와 '꼰대'에 대한 해석에서 간과된 것이 있는 건 않은지 생각해보게 된다. 말하자면 꼰대가 되지 않으려는 노력이 또 다른 문제를 만들어내는 경우가 있다는 것이다. 무엇을 판단하거나 결정하는 등 책임지는 일을 하지 않으려고 한다거나, 젊은 세대와의 공감과 공유를 지향한다며 시대의 유행이나 흐름을 좇으면서 젊은 세대와 줄곧 많은 시간을 보내려고 한다거나 하는 것 등이다. 그렇게 되면 여태 쌓아온 자신의 고유한 삶의 가치를 확장하면서 발전시키기보다 새로운 세대가 만들어내는 것들에 잘 부합하는 사람이 되려고 노력하게 되기도 한다. '새로운 세대와 계속 소통하고 트렌드를 따라가지 못하면, 나는 시대에 뒤처지게 될 거야'라는 마음으로 말이다.

이런 식이 결국 문제가 되는 것은 보통 수평적인 관계와 소통에 대한 오해에서 비롯된다. 먼저 수평적인 친구 같은 관계를 생각해보자. 자신이 옳다는 믿음으로 다음 세대를 지휘하려는 태도를 버리고 취해야 할 것이 수평적인 관계인 것은 맞다. 하지만 그것이 꼭 친구 관계를 의미한다고 할 수는 없다. 물론 세대가 달라도 친구가 될 수는 있다. 친구란 같은 자리에서 같은 가치를 갖고 있으며, 서로 무언가를 공유하거나 겨루는 사이를 말한다. 하지만 기성세대는 청년세대에게 그런 친구이기만 해서는 안 된다. 선배, 혹은 선임자로서의 역할이 있기 때문이다.

선배 혹은 선임자로서의 역할에 대해 여러 가지를 말할 수 있지만, 무엇보다 중요한 것은 먼저 떠나는 것이다. 선배와 후배는 수직관계도 아니고, 수평관계도 아니다. 선·후배 관계는 그런 자리의 문제가 아니라 시간의 문제다. 먼저 출발해서 먼저 떠나는 자와 늦게 출발해서 늦게까지 남는 자. 후배보다 먼저 졸업하지 않는 선배, 후임자에게 일을 넘겨주지 않는 선임자는 자신에게 주어진 가장 중요한 역할을 완수하지 못한다.

세대 간 친구 같은 관계의 문제는 무엇보다 여기서 발생한다. 기성세대가 청년세대의 친구가 되려다보니 계속 그 관계에 머무르려 하기 때문이다. 나이는 숫자에 불과하다든가, 마음만은 청춘이라든가 하는 말은 모두 떠나지 않기 위한 시도에서 나온다. 사실 꼰대라고 비웃으며 '선생질'을 거부하는 반응의 본질도 여기에 있다.

만약 기성세대가 무언가를 가르쳐줄 수 있다면, 그것을 거부하는 청년들은 사실 그렇게 많지 않다. 오히려 그 반대다. 상담을 하거나 강의를 하면서 만난 아동이나 청년들이 실제로 가장 많이 한탄하는 것은 어른들이 정작 아무것도 가르쳐주지 않았다는 것이다. 청년세대는 오히려 어른들이 손잡아 이끌어주고, 현명하고 지혜롭게 살아가는 방법을 알려주기를 원한다.

### ☞ 꼰대가 될 것인가, 자리를 떠날 것인가

어떤 꼰대도 처음부터 꼰대이진 않았다. 어떤 아이도 자기 부모나 교사를 처음부터 꼰대라 부르며 무시하진 않는다. 처음엔 모두 그들로부터 무언가를 배우기를 기대하고 실제로도 많은 것을 배운다. 직장 상사 등 사회적인 영역에서 만나는 선임자도 마찬가지다. 그들에게서 무언가를 기대하고 배운다. 하지만 모두가 예외없이 이르게 되는 순간이 있다. 바로 꼰대가 되느냐, 자리를 떠나느냐를 결정하는 순간이다. 만약 나의 후임자가 내게서 정말로 무언가를 배우고 전수 받았다면 어김없이 찾아와야 하는 순간이다. 배운 자는 변화하고, 그 변화는 늘 자신이 배운 것을 넘어서는 방식으로 이루어지기 때문이다. 변화와 성장은 가르친 자, 선배, 선임자의 진리가 더 이상 통하지 않고 구시대의 것이 되면서 이루어진다는 것이다.

그 순간에 떠나지 않고 소통을 말하면서 시간을 연장하길 원하는가. 물론 그럴 수 있다. 적어도 일정 정도는. 하지만 그것이 영원할 수는 없다. 세대 간의 소통은 어느 지점에 가서 불통이 되어야만 한다. 그리고 그 불통의 지점에서 이전 세대는 자리를 비우고 떠나야 한다. '청출어람 청어람'이나 은퇴가 의미하는 바가 그것이다.

필립 로스의 소설 〈아버지의 유산〉에서 아들은 아버지에게 단언한다. "나는 쉰다섯이고, 아버지는 여든일곱이 다 되었고, 때는 1988년이다. '제가 하라는 대로 하세요.' 나는 그렇게 말하고 아버지는 그렇게 한다. 한 시대의 끝이고 다른 시대의 새벽이다."

부모의 시대가 끝나야 자식의 시대가 온다. 선배가 떠나야 후배가 일을 맡을 수 있다. 반면 〈속담〉의 아버지는 자신을 아버지의 자리에 좀 더 있도록 배려해 주는 아들에게 이렇게 말한다. "앞으로 너의 국어 숙제는 언제나 우리 둘이서 같이 하도록 하자." 아버지가 꼰대가 되기로 선택한 순간이다.[108]

## 카. '연리지' 부부로 살아가는 법

부부간의 애틋한 사랑을 일컫는 말로 연리지(連理枝)가 있다. 춘추전국시대 송나라 강왕이 절세미인 한빙의 부인을 빼앗자 한빙이 목숨을 끊고, 부인 하씨도 한빙과 함께 묻어달라는 말을 남기고 세상을 떠났다. 이에 분노한 강왕이 그들의 무덤을 마주 보게 하여 따로 묻자, 그들의 무덤에서 나무가 각각 자라 뿌리는 땅속에서 서로 이어지고, 가지는 위에서 서로 얽혀 연리지가 됐다고 한다.

오늘은 부부의날이다. 5월21일을 부부의날로 정한 것은 연리지처럼, 서로 다른 둘이 만나 하나가 된 부부의 소중함을 일깨우기 위한 것이다. 한 쌍의 남녀가 부부의 연을 맺고 백년해로를 하는 데 필요한 것은 무엇일까? 믿음과 사랑만으로 살기에는 우리 사회가 그리 녹록지 않다. 부부가 의지하며 긴 인생을 살아가기 위해서는 경제적 안정이 뒷받침되어야 하는데, 그 기본이 바로 국민연금이다.

최근 맞벌이가 늘며 부부 모두 국민연금에 가입하는 경우가 많다. 꼭 맞벌이가 아니더라도 임의가입제도를 활용하면 둘 다 국민연금에 가입할 수 있다. 현재 부부 가입자는 약 294만쌍, 부부 수급자는 44만쌍, 88만명에 이른다.

부부가 함께 연금을 받는 분들 중 최고 연금액은 부부 합산 월 435만원이다. 국민연금연구원의 조사에 따르면 은퇴 후 부부의 적정 생활비는 월 268만원인데 이보다 167만원이나 많다. 부부가 연리지로 사는 비법이 바로 국민연금에 있다고 할 수 있다. 실제 수급자분들은 '매달 연금이 나온다는 것 자체만으로 안심이 된다' '국민연금이야말로 우리 부부의 희망이다' 라고 말한다.

1988년 시작된 국민연금은 현재 가입자 수 2200만명, 기금 적립금 833조원으로 세계 3대 연기금으로 우뚝 섰다. 그러나 성장의 이면에는 팍팍한 생활로 보험료 납부가 부담스러워 못 내는 분들이 아직 많다. 매월 내야 하는 보험료가 부담스러워 납부를 기피하기도 하며 소득 파악이 제대로 되지 않아 사각지대에 놓이기도 한다.

이런 사각지대를 해소하기 위해 국민연금공단은 '1-10-100 프로젝트'를 시작했다. 국민 누구나 1개월 이상의 가입 기반을 만들고, 10년 이상 가입하여 연금을 받을 수 있도록 하며, 월 100만원 이상의 연금으로 적정 수준의 노후생활비를 마련하게 한다는 것이 목표다.

뿌리가 다른 두 나무가 하나가 되었듯, 부부 둘 다 국민연금으로 노후생활비를 마련해 한 가정을 꾸려나가는 것이야말로 진정한 연리지가 아닐까. 부부의날에 국민연금의 의미를 다시 새겨본다.[109]

## 타. 노후 연금만큼 든든한 '근육 저축'

비만은 그저 단순히 외형적인 문제가 아니다. 고혈압, 당뇨병, 심혈관질환 등 비만으로 인해 발생하는 질병의 과학적 증거가 수두룩하다. 하지만 비만이 치료를 필요로 하는 '질병'으로 인식된 것은 그리 오래되지 않았다. 미국의사협회가 이를 질병으로 공식 규정한 것이 불과 2016년의 일이다.

몇 해 전부터 새로운 노인질환으로 관심이 쏠리는 근감소증 역시 아직까지 질환이라는 인식은 부족하다. 나이 들면 근육이 빠지는 것은 당연한 노화의 한 과정이라고 여긴다. 하지만 2016년 미국, 2018년 일본에 이어 우리나라도 올해 한국표준질병사인분류(KCD) 8차 개정안에 근감소증 진단코드를 포함시켰다. 당연한 '현상'이 아닌, 대비해야 하는 '질환'으로 생각하기 시작한 것이다.

근감소증이 두려운 이유는 우리의 일상을 송두리째 바꿔 놓기 때문이다. 같은 60대 후반이라고 해도 누구는 여행을 마음대로 다니는가 하면, 누구는 배우자나 자식들의 도움 없이는 바깥출입조차 자유롭지 못하다. 집 안에서도 넘어질까 두려워 늘 조심해야 한다. 특별히 병이 있는 것도 아닌데 이렇게 차이가 생기는 이유는 바로 근육에 있다.

일반적으로 근육량은 30대부터 줄어들기 시작해 50대부터는 매년 1~2%가 소실되고, 70대가 되면 절반 수준으로 감소한다. 체중의 약 50% 이상이 근육인 점을 감안하면 심각한 근육 감소가 인체에 미치는 영향이 얼마나 큰지 예상할 수 있다. 질환과의 상관관계도 당연히 높다. 서울아산병원 김홍규 교수 연구팀에 따르면, 팔과 다리의 근육량이 줄면 당뇨병 발생 위험이 2배 이상으로 높아지는 것으로 나타났다. 근감소증이 있는 사람은 그렇지 않은 사람에 비해 심혈관질환의 위험이 76%나 높다는 경희대병원 연구결과도 있다.

글로벌 제약사들이 근손실과 근력 약화를 치료하기 위한 약제를 개발하고 있지만 아직까지 전 세계적으로 근감소증 치료를 위해 처방할 수 있는 약제는 없다. 현재로서는 단백질, 비타민D 등 적절한 영양섭취와 근력운동으로 근육량이 줄어들지 않도록 관리하는 것이 최선의 예방책이다.

노인의 경우에는 운동보다 더 중요한 것이 바로 단백질 섭취다. 단백질은 근육과 뼈 등 인체 구성, 순환, 면역, 촉매 기능 등 생명현상의 거의 모든 과정에 영향을 끼치는 매우 중요한 물질이다. 부족하면 근 손실은 물론 다양한 질병의 원인이 되기도 한다.

근육건강을 지키려면 성인의 경우 매일 몸무게 1kg당 1.0~1.2g의 단백질을 섭취해야 한다. 단백질은 매일 꾸준히 섭취하고, 근육 합성에 도움이 되는 류신과 같은 9가지 필수아미노산이 함유된 질 좋은 단백질을 골라서 챙겨 먹어야 한다.

소화 능력이 떨어지는 노년층에겐 단백질 섭취만큼 흡수도 중요하다. 단백질 분해에 필요한 위산과 펩신은 나이가 들수록 감소해 60대가 되면 20대의 3분의 1 수준밖에 생성되지 않는다. 단백질 소화력이 그만큼 떨어지는 것이다. 따라서 노년층의 경우 단백질을 얼마나 먹느냐에만 집중하지 말고, 조금이라도 소화가 잘 되는 저분자 가수분해 단백질을 섭취하는 것이 좋다.

근감소증은 예방과 관리에 따라 충분히 결과가 달라질 수 있는 질환이다. 노후에 가장 필요한 자산은 근육이라는 말도 있듯이 나이 들어 필요한 것은 연금통장만이 아니다. 적절한 운동과 영양섭취로 근육통장도 꼼꼼히 챙겨 탄탄한 노후를 맞이하도록 하자.[110]

## 파. 노년의 주제

서울 서소문 일우스페이스에서는 김두엽 할머니와 그의 아들 이현영 화가의 합동 전시회가 열리고 있다. 김 할머니는 94세 현역 화가다. 학교를 못 다녔고 그림을 배운 적도 없다는 김 할머니는 83세 때의 어느 날 종이에 사과 하나를 그렸고, 이를 본 화가이자 막내아들인 현영씨의 칭찬에 그림을 시작하게 된다.

김 할머니는 전남 광양의 집에서 택배 일 나간 막내아들을 기다리며 그림을 그렸다. 집, 가족, 어린 시절 추억, 꽃과 나무, 개, 닭 등이 그림 소재들이다. 아들의 격려를 받으면서 그림을 그리던 김 할머니는 89세 때인 2016년에 생애 첫 전시회를 하게 됐고, 지금까지 열 차례 이상 전시회 초대를 받았다. 할머니의 그림을 사는 이들도 많다. 지난달엔 광양에 김 할머니의 갤러리가 생겼다. 이달 초 첫 책도 출간했다.

올해 70세인 박승철씨는 얼마 전 '한눈에 알아보는 우리 나무' 라는 나무도감을 냈다. 두 권이 먼저 나왔고, 내년까지 8권으로 완간 예정이다. 구청에서 일하다 1998년 퇴직한 박씨는 남들처럼 등산을 다니다가 나무에 관심을 갖게 됐다고

한다. 도감이나 인터넷을 통해 나무 공부를 하다가 답답함을 느낀 그는 직접 도
감을 만들어 보자고 생각하고 나무 사진을 찍기 시작했다. 그렇게 23년 동안 150
만장 이상의 나무 사진을 찍어 데이터베이스를 만들었다. 그중 4만장을 골라
1500여종의 나무 정보를 담은 총 8권의 도감으로 묶어낸 것이다. 출판사 글항아
리의 강성민 대표는 "이 정도로 광범위한 나무도감은 수십 년을 바쳐야 얻을 수
있는 결과물"이라면서 "전문가들도 하기 어려운 작업을 한 퇴직 공무원이 해냈
다"고 말했다.

두 분의 이야기는 노년이라는 시간대에 숨어 있는 어떤 창조적 가능성에 대해
생각하게 한다. 2013년 가을 일본의 한 지방도시에서 만난 노인들의 모습도 떠올
랐다. 대학의 한 강의실에서 열린 한국 언론사 노조위원장들 초청 강연회 자리였
다. 강의실은 빈 자리 하나 없이 꽉 찼다. 150여명이 참석했다고 하는데 50세 밑
으로 보이는 사람은 5명도 찾기 어려웠다. 대부분이 백발이었다. 의료 보조기에
의지해서 오신 분도 있었다.

하지만 강연회 열기는 대단했다. 녹음하는 사람, 필기하는 사람, 사진 찍는 사
람들이 적지 않았다. 주최 측 대표는 고운 할머니였다. 연녹색 정장에 회색 모자
를 쓰고 맨 앞자리에 앉아 조용히 얘기를 들었다. 음향과 영상 기기를 담당하는
이는 적어도 65세는 돼 보이는 남성이었는데 각종 장비가 든 가방 5개를 들고 다
니느라 와이셔츠가 다 젖었다. 강연 후 질문도 쏟아졌다. 손 드는 이들이 많았고,
진지한 질문들이 이어졌다. 행사는 3시간가량 이어졌다. 하지만 중간에 자리를 뜨
는 이들은 거의 없었다. 한국에서 간 우리들에게 그 장면은 비현실적으로 보였다.
어떻게 이런 일이 가능하지?

강연회가 끝나고 인근 중국집에서 주최 측이 준비한 저녁 자리가 이어졌다. 회
장과 사무국장을 포함한 주최 측 서너 명과 이날 통역을 맡아준 재일교포 여성이
자리를 같이 했다. 그 자리에서 실례를 무릅쓰고 나이를 물었다. 회장은 95세, 사
무국장은 75세라고 했다. 통역자도 75세라고 밝혔다. 우리 일행은 벌어진 입을 다
물 수 없었다. 이 노인들은 대체 어떤 사람들이지?

사무국장은 "일본의 노인들은 대개 하나의 주제를 가지고 살아간다"면서 자
신들은 '공영방송을 생각하는 모임'이라고 설명했다. 그 말을 듣고 통역자에게
질문을 던졌다. "할머니의 주제는 뭔가요?" 그분은 자신의 테마는 연금제도라고
대답했다. 10년 넘게 연금제도를 공부하고 있고, 회원들과 조사차 외국도 여러 차
례 다녀왔다면서.[111]

## 하. 국내 65세 이상 고령인구 처음으로 800만명 넘었다

지난해 내국인을 나이순으로 줄 세웠을 때 정중앙에 위치하는 중위 연령은 전년보다 0.6세 증가한 44.3세인 것으로 나타났다. 생산연령인구는 줄고 노인 인구는 늘면서 4명이 노인 1명을 부양해야 하는 상황이 된 것이다.

2020 통계청 인구주택총조사

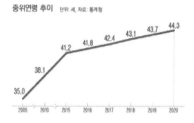

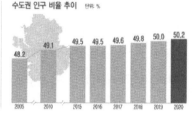

29일 통계청이 발표한 2020년 인구주택총조사 결과를 보면 65세 이상 고령인구는 1년 전보다 46만명이 늘어 처음으로 800만명대를 돌파, 820만6000명을 기록했다.

특히 고령인구는 0~14세 유소년인구 617만6000명보다 203만명이 많았다.

전체 인구 가운데 65세 이상 고령 인구가 차지하는 비율은 16.4%였다. 유엔은 65세 인구 비율이 14% 이상인 사회를 고령사회로 구분하고 있다. 한국은 2017년 14.2%를 기록, 고령사회에 진입했으며 비율이 증가하고 있는 추세다.

생산연령인구 100명에 대한 고령인구 비중을 보여주는 노년부양비는 23을 기록했다. 생산연령인구 4.3명이 노인 1명을 부양해야 한다는 의미다. 유소년인구 100명에 대한 고령인구 비율을 의미하는 노령화지수는 132.9로 2019년 122.7보다 10.1 높아지며 2016년 이래 최대 증가폭을 기록했다.

지역별로 보면 전남(36.8), 경북(32.4)이 노년부양비가 가장 높았고 세종(13.4)이 가장 낮았다. 세종은 지난해 경기 다음으로 인구 유입이 컸고 가구 증가율도 전국에서 가장 높았던 지역이다.

65세 이상 고령자로만 구성된 가구는 전체의 14.2%인 296만5000가구였다. 이는 전년에 비해 24만5000가구 늘어난 것이다.

독거노인 비중도 커졌다. 배우자나 자녀 없이 홀로 사는 고령인구는 전년보다 0.6%포인트 늘어난 166만1000명이었다. 반면 자녀와 함께 거주하는 고령인구는 299만3000명으로 전년 대비 2.2%포인트 감소했다.

연령과 상관없이 1인 가구는 비중이 계속 높아지고 있는 것으로 나타났다. 지난해 10가구 중 3가구가 1인 가구(31.7%)로 나타나 전 가구 중에서 비중이 가장 컸다. 한국에서 주된 가구는 2005년 이전 4인 가구에서 2010년 2인 가구로 바뀐 뒤 2015년 이후부터는 1인 가구가 차지하고 있다. 2020년 평균 가구원 수는 2.34 명으로 전년보다 0.05명 감소했다.

수도권 집중화 현상도 계속되는 추세다. 서울·인천·경기 등 수도권 인구는 2019년 2589만3000명보다 0.6% 늘어난 2604만3000명으로 집계됐다. 수도권 거주 비율은 2005년 48.2%에서 꾸준히 늘어 지난해 50.2%를 기록했다.

인구주택총조사는 18세 이하의 자녀를 두면서 법적으로 미혼인 '미혼모·부' 숫자도 발표하고 있다. 지난해 미혼모·부는 총 2만7245명이었다. 이 중 미혼모가 2만572명(자녀 2만4000명)으로 대다수를 차지했으며, 미혼부는 6673명(자녀 8000 명)이었다. 연령별로 보면 미혼모는 35~39세가 4192명으로 가장 많았다. 미혼부는 50세 이상이 1836명으로 가장 비중이 컸다. 자녀 출생 직후 여성이 양육을 도맡 는 경우가 더 많다는 뜻이다.

지난해 코로나19 영향으로 내국인 수는 증가한 것으로 나타났다. 2020년 11월1 일 기준 내국인은 5013만명이었다. 이는 전년 대비 13만명 늘어난 것이다.

통계청 관계자는 "출생아 수가 줄면서 전체 인구는 자연감소로 전환됐지만 지 난해는 코로나19 사태로 해외에 있던 재외국인이 국내로 들어오거나, 국내에서 해외로 나가지 못한 내국인이 늘면서 내국인 규모가 증가했다"고 말했다.

코로나19로 한국에 거주하는 외국인은 크게 줄었다. 지난해 외국인은 전년에 비해 8만명 감소한 170만명이었다.[112]

## 잠깐! 쉬었다 갑시다

### ☞ 누구에게나 통하는 장수 비결이 있다…바로 이거다

일주일에 00시간 운동을 해라. 00 식품을 많이 섭취하고 00 식품은 피하라. 수면은 충분하게 취하고 규칙적인 생활을 해라. 고립을 피하고 사람과의 유대를 유지하라 등등.

건강한 노년을 위한 생활 습관에 대한 조언들 가운데 일부다. 그냥 경험에서 우러나온 말이 아니다. 이를 뒷받침하는 많은 연구들이 있다.

그러나 건강에 영향을 끼치는 요인이 물질이나 유형의 신체 활동에만 있는 건 아니다. 어떤 마음가짐으로 임하느냐도 몸의 활력에 적잖은 영향을 끼친다.

예컨대 내일 아무런 약속도 없다고 치자. 어떤 이는 내일은 심심하겠다고 생각할 것이고, 어떤 이는 내일은 좀 여유가 있겠다고 생각할 것이다. 음료가 절반쯤 들어 있는 잔이 앞에 있다고 치자. 어떤 이는 반쯤 비었다고 생각할 것이고, 어떤 이는 반쯤 차 있다고 생각할 것이다.

똑같은 사물이나 상황에 대해 한 쪽은 긍정적, 한 쪽은 부정적이다. 긍정적인 면에 더 비중을 두는 낙관주의는 스트레스, 면역력, 심혈관 등의 건강 지표를 개선시켜준다고 전문가들은 말한다. 이런 개별 효과들이 하나로 집약되면 수명 연장으로 이어질 수 있다. 이를 입증하는 연구 결과가 나왔다.

미국 하버드대 공중보건대학원 연구진은 1993~1998년 여성건강이니셔티브 조사에 참여한 50~79살 여성 16만명의 수명 데이터를 장기 추적한 결과, 낙관주의가 장수와 관련이 있는 것으로 분석됐다고 미국노인의학회저널(Journal of American Geriatrics Society)에 발표했다.

이들은 실험에 들어가기에 앞서 자신이 얼마만큼 낙관적인지를 평가하는 자가 보고서를 작성했다. 연구진은 2019년 이들 중 누가 누가 생존해 있고 누가 사망했는지 추적했다.

연구진이 실험 참가자들을 낙관 점수를 기준으로 4분위 그룹으로 나눠 수명을 비교한 결과, 점수가 가장 높은 1분위 그룹의 수명이 최하점수인 4분위 그룹보다 수명이 5.4% 더 길었다. 특히 90살 이상 살 확률은 10% 더 높았다.

연구진은 교육 수준, 경제적 지위, 인종, 우울증이나 기타 만성 질환 등 수명과 관련한 다른 요인을 고려해도 같은 결과가 나왔다고 밝혔다. 한마디로 낙관주의 자체가 수명을 늘리는 건강 습관이라는 얘기다.

앞서 2019년 남성과 여성 모두를 대상으로 한 보스턴대 연구에서도 낙관주의자들은 그렇지 않은 사람들보다 수명이 11~15% 더 긴 것으로 나타난 바 있다.

이번 연구는 여성만을 대상으로 했다는 한계가 있지만, 대신 백인뿐만 아니라 유색인종까지도 모두 포괄했다는 점에서 낙관주의의 장수 효과 외연을 확장했다는 의미가 있다. 장수 비결에서 생활 습관이 끼치는 영향은 24%에 불과했다.

낙관주의자들이 더 오래 사는 이유는 뭘까?

기존 연구들은 낙관주의자들이 건강식 위주의 식사, 비흡연 같은 생활 습관을 갖고 있는 비율이 높다는 점을 우선적으로 꼽았다. 연구진은 그러나 이번 연구에서 생활 습관이 끼치는 영향은 24%에 불과했다고 밝혔다.

그렇다면 나머지 요인들은 뭘까?

연구진은 첫째로 스트레스를 관리하는 방식 때문일 수 있다고 지적했다. 낙관주의자들은 스트레스에 정면으로 대처하는 경향이 있다는 것이다. 예컨대 다른 사람에게 도움을 청하는 등의 방법을 동원해 스트레스를 야기하는 원인을 해결하거나 스트레스에 아예 적응해 버린다. 이는 스트레스가 유발하는 코티솔 호르몬 분비, 혈압 상승, 면역기능 약화 같은 생물학적 반응의 정도를 줄여준다.

논문 제1저자인 하야미 코가 박사과정생은 "우리는 건강에 영향을 미치는 부정적인 위험 요소에 초점을 맞추는 경향이 있다"며 "이번 연구가 낙관주의 같은 긍정적인 자원이 얼마나 중요한지 생각하는 계기가 되기를 바란다"고 말했다.

### ☞ 낙관주의는 선천적일까 후천적일까

낙관주의는 타고난 것일까, 아니면 운동으로 근육을 키우듯 강화할 수도 있을까?

유전자 구성이 같은 쌍둥이 연구 등에 따르면 낙관주의에 대한 유전자 영향력은 약 25%에 그친다. 나머지 75%는 후천적이다. 하기 나름에 따라 얼마든지 바꿀 수 있다는 얘기다.

영국 더럼대 푸시아 시로이스 교수(사회건강심리학)는 과학자 미디어 '더 컨버세이션'에 기고한 글에서 "낙관주의는 간단한 연습을 통해 키울 수 있다"고 말했다. 예컨대 목표를 달성한 미래의 자신을 떠올리고, 이를 글로 쓰면 일시적으로 낙관지수가 크게 올라간다는 것이다. 또 그날 겪은 것 가운데 긍정적인 것만을 기록하는 긍정 일기를 쓰거나, 자신이 할 수 있는 것과 할 수 없는 것 중 할 수 없는 것에는 기대를 낮추는 것도 한 방법이다.

시로이스 교수는 "타고난 낙관주의자가 아니라면 장수로 가는 가장 좋은 방법은 몸을 움직이고 건강식을 섭취하고 스트레스를 관리하고 숙면을 취하는 것, 그리고 또 한 가지 낙관적인 사고 방식을 덧붙이는 것" 이라고 말했다.[113]

# 7. '극단적 선택' 미화 문제 있다

스스로 죽음을 택하는 것이 자살이다. 왜 스스로 죽음을 택할까. 다 문제가 있어서다. 문제없이 스스로 죽은 사람 없다. 그렇다고 죽으면 어떻게 하나. 세상 살아가면서 문제없는 사람 있는가. 다 문제가 있다. 그러면 다 죽어야 하는가. 어떤 죽음은 개죽음도 있고, 영광의 죽음도 있다. 자살은 어떠한가. '오죽하면 그러했겠나' 동정을 받기도 하고 안타까워도 하지만, 잘 죽었다고 환호받기도 한다.

대한민국이 경제협력개발기구(OECD) 국가 중 자살률이 제일 높다고 한다. 선진국으로 인정받는 세계 12위의 경제력을 갖춘 나라에서 왜 자살이 많을까. 잘 산다는 나라에서 먹고 살기 힘들어 죽는 자가 있다는 것이 아이러니하다. 살다보면 그럴 수도 있으니 어느 정도 이해가 되지만, 그렇지 않은 자살은 납득이 가지 않는다. 오죽하면 죽겠나마는, 살면 살 수 있는 세상이고 죽은 자만 억울하지 산자는 산다. 그런데 왜 죽는가.

우리나라에서 자살의 특이한 유형은 사회적 저명인사가 도덕적으로 문제가 있어서 죽거나 억울해서 죽는 경우다. 자기의 행위가 부끄럽고 낯 들고 살 수 없어서 죽기도 하며, 명예가 실추됨이 견딜 수 없어서 죽음을 택한다. 어디 하소연할 수 없이 분통이 터져서 스스로 죽는다. 어떤 경우든 삶보다 죽음이 나을 리는 없다. 명예가 실추됐다면 인정하고 회복하도록 노력하면 되는 것이고, 억울함은 그것을 밝혀야지 죽음으로 항변해서야 되겠는가.

유명인의 죽음 중에 제2차대전을 주도한 독일 히틀러의 자결이야 많은 사람을 죽게 했으니 자기 죽음으로 죗값을 대신했을 수도 있다. 전쟁의 원흉으로 역사에 기록되고 현재까지 동경의 대상이 아닌 저주의 대상이 되어 있다. 그런데 근자에 우리나라에서 자살한 저명인사들을 보면 그 죽음이 미화되고 추앙·추모되는 기현상이 일어나고 있다. 가족의 비리에 연관되어 김해 봉하마을 부엉이바위에서 뛰어내려 자결한 전 대통령 노무현이 그렇다. 직원을 성희롱한 전 서울시장 박원순이며, 뇌물 비리와 연관된 노회찬 또한 그렇다. 정치인은 아니지만 배우 최진실의 자살도 안타까운 그리움의 대상이 되고 있다.

베르테르효과가 있다. 유명인 또는 평소 존경하거나 선망하던 인물이 자살할 경우, 그 인물과 자신을 동일시해서 자살을 시도하는 현상을 말한다. 바로 이것이다. 앞에서 거론한 그런 사람들이 어찌해서 죽었건 그 영향은 사회 전반에 미치어 많은 사람이 자살을 하게 되는 동기 유발이 되는 것이다. 유명인의 자살은 자신으로 끝나는 것이 아니고 이렇게 다른 이들에게 영향을 끼치는 것이다. 우리나라가 자살률이 높은 이유 중 하나가 여기에 있지 싶다. '저런 사람도 죽는데' 라는 베르테르효과가 일어나는 것이다.

자살은 신에게 죄를 짓는 것이다. 종교에서 자살은 저승에서도 구제받지 못하는 큰 죄인 취급을 받게 된다고 한다. 이승에서 죄가 있으면 그 죗값을 받으면 되는 것이지 스스로 죽음을 택하는 것은 바람직한 일이 아니다. 자살은 죄악이다. 부디 바라건대, 모든 사람이 그래야 하겠지만 특히 유명 인사들의 자살은 동경과 미화의 대상이 아닌 저주의 대상이 되어야 할 것이다. 그래야 우리나라의 자살률도 낮아지지 않을까.[114]

## 가. 죽음의 권리를 돌려달라

가을이 되니 죽음에 대해 생각하는 일이 잦다. 나는 유물론자로서, 이런 기분은 해가 짧아지고 일조량이 줄어 호르몬 분비에 변화가 생긴 탓이라고 간단히 믿는 편이지만, 요즘 들어 아는 사람의 부고나 암 선고 소식을 자주 접한 탓도 있는 듯하다. 이런 소식이 예전과 달리 범상하게 들리지 않는 것은 이제 나도 노년이 머지않은 나이가 되었기 때문일 것이다.

인간은 누구나 죽는다. 누구도 부정할 수 없는 이 진리에 한마디를 덧붙여야 할 것 같다. 인간은 누구나 병원에서 죽는다. 국민 10명 중 8명이 병원에서 죽음을 맞이한다니, 요즘의 죽음을 더 자세히 정의하는 게 좋겠다. 우리는 누구나 병원에서 아플 대로 아프다가 죽는다.

집에서 어르신의 상을 치른 친구가 죽음의 순간을 병원에서 맞이해야 하는 이유에 대해 말해준 적이 있다. 경찰 조사와 의사의 사망 진단과 장례 절차 등 골치 아픈 일이 한둘이 아니었다는 것이다. 인간은 누구나 죽는데도 '자연사'란 존재할 수 없고, 사망에는 반드시 의사가 판정한 원인과 경찰의 승인이 있어야만 한다는 얘기였다. 병원 아닌 곳에서 죽는 것은 꽤나 예외적인 일로, 이제 죽음은 병원과 의사의 소유가 되었다고 해야 할 것이다.

인간의 삶은 죽음으로 가능하다. 은유나 역설이 아니다. 생각해보라. 영원히 죽지 않는 삶이라면 고통과 기쁨도, 실패와 성공도, 도덕마저도 의미를 갖지 못할 것이다. 죽을 운명의 인간이기에 그 삶은 의미를 얻는다. 이처럼 죽음이라는 사태가 삶에 들어와 인간의 실존을 가능케 한다고 본 이는 하이데거였다.

하지만 의학이 죽음을 관장하면서 죽음은 실존의 조건이기는커녕 정복의 대상이 되었다. 의학이 죽음을 관장하게 되었다는 말은 인간의 삶 자체를 관장하게 되었다는 말과 다르지 않다. 현대 의료가 치료의 초점을 아픈 사람에게서 건강한 사람으로 옮김으로써 전례 없는 성공을 거두었다는 것은 잘 알려진 얘기다. WHO 헌장은 이것을 웅변적으로 보여준다. "건강이란 단지 질병이 없거나 허약하지 않은 것만이 아니라 신체적, 정신적, 사회적으로 완전히 안녕한 상태"를 가리킨다는 것이다. 체코 의사 페트르 스크라바넥은 이를 두고, "보통사람은 이런 종류의 느낌을 오르가슴이나 약물을 했을 때나 맛볼 것"이라고 조롱한 적이 있다.

현대 의료가 질병과 죽음을 넘어 인간의 삶 전체에 대한 권리를 주장하게 된 데는 여러 이유가 있겠지만, 내게는 '기술주의'와 '소비자주의'가 우선 눈에 띈다. 망치를 가진 사람에게는 모든 것이 못으로 보이는 법, 신약의 개발과 의료 기술의 발전은 의사로 하여금 질병의 정복이 가능하다고 믿게 했다. 하지만 기술을 가졌다고 해서 바로 치료가 가능한 것은 아니다. 그럼에도 의사들은 환자의 고통은 뒷전이고 질병 자체에만 집중하여, 고장 난 기계를 해부대에 올리는 것이 최선이라 믿는다. 환자는 환자대로 어떤 병이든 능력이 있으면 치료의 권리도 살 수 있다고 믿는다. 의료 서비스는 구매할 수 있는 상품이고 고객은 만족을 추구할 수 있다는 것이다. 과잉의료는 의외로 병원과 의사의 이윤 추구 때문이 아니라 고객의 요구에 힘입은 바 크다. 이런 소비자 요구로 인해 의료의 공공성이 훼손되고 약자에게 먼저 배분되어야 할 복지재원이 탕진된다.

인간의 삶과 죽음이 기술적 대상이 된 것은 우리 스스로 자초한 일이다. 그 바탕에는 우리 시대의 문화적 문제가 도사리고 있다. 고통, 노화, 장애, 죽음을 비정상적인 것, 제거해야 할 무엇으로 보는 문화 말이다. 그러는 사이 정말로 고통스러운 사람, 죽음에 처한 사람은 방치된다. 질병을 정복하겠다는 의지 앞에서 완화와 연민은 뒤로 밀려난 것이다.

게으른 탓에 나는 아직 연명치료 거부 신청을 하지 않았다. 언제 죽을지 모르는 삶, 이것부터 시작해서 죽음의 권리를 되찾는 게 우선이겠다.[115]

## 나. 삶과 죽음의 경계

몇 년 전 병문안을 위해 찾았던 한 대형 병원의 호스피스 병동 한쪽 벽에는 임종을 앞둔 환자들의 실낱같은 희망과 회한이 담긴 메모지가 주렁주렁 매달려 있었다. 메모에서 가장 많이 눈에 띄는 단어는 '사랑한다' '미안하다'였다. '사랑하는 아이가 대학교 갈 때까지라도 살았으면' '몇 달만 더 살아서 결혼식장에 딸의 손을 잡고 들어가고 싶다' 등 가슴 아픈 사연이 가득했다. 시한부 삶을 살아가는 이들을 보면서 우리가 무심코 흘려보내는 1분1초가 얼마나 소중한 선물인지를 깨닫게 된다. 두 다리로 힘차게 걸을 수 있고 쏟아지는 햇살을 오롯이 맞을 수 있는 것, 돌아보면 모든 것이 감사할 뿐이다.

예기치 않은 병마로 몇 달째 투병 중인 선배를 위해 중보기도하며 전해 듣는 소식들은 하루하루 일상이 얼마나 큰 축복인지를 새삼 느끼게 해준다. 야구를 좋아하던 선배는 한고비, 한고비를 넘기며 스마트폰으로 야구 경기를 보게 되고, 재활 치료를 하면서 몇 걸음 발자국을 뗀 것을 감사하고 있다. 누구보다 하나님을 경외하는 신실한 분인데 왜 이런 고통을 주실까. 인간의 머리나 세상의 과학으로는 이해되지 않지만 우리 죄를 대속하기 위해 가장 사랑하는 아들을 십자가에 내어주신 하나님의 뜻이 있을 것으로 믿을 뿐이다.

누군가에게는 살고 싶어하는 그 시간이 또 다른 누군가에게는 죽음보다 더한 고통의 시간이 될 수 있다는 것은 아이러니다. 경제적 곤궁에 처해 열 살 난 초등생 딸을 살해하고 극단적 선택을 한 조유나양 부모가 느꼈을 절망과 고통을 100% 가늠하지 못한다. 돈벌이가 끊기고 가상화폐에 투자했다가 손실을 입고 빚독촉에 쫓기는 칠흑 같은 막막함을 짐작만 할 뿐이다. 헤어나오고 싶은데 자꾸만 발이 빠져 들어가는 심연에 갇힌 기분이었을 것이다. 하지만 죽을 용기로 힘내어 살아갈 수도 있었을 텐데 안타깝다. 더구나 세상에 홀로 남겨질 아이를 위한다고 자녀까지 죽음으로 함께 끌고 가는 것은 엄연한 살인 범죄다.

베이비박스와 생명의 소중함을 다룬 영화 '브로커'에선 서로 다른 상처와 아픔을 갖고 힘겹게 삶을 끌고 가는 이들에게 미혼모 소영(아이유 분)이 한 사람 한 사람의 이름을 부르며 '태어나줘서 고마워'라고 한다. 꼬마 해진도 소영에게 '태어나줘서 고마워' 하고 화답한다. 하찮은 인생은 없다. 하나님이 주신 생명이다. 부모라고 자녀의 삶을 함부로 할 권리가 없다. 범인(凡人)들은 죽으면 모든 것이 끝나고 해결되는 것처럼 생명을 쉽게 저버린다. 물질을 숭배하고 물질의 노예로 살다 보니 일확천금을 꿈꾸다 모든 것을 잃었을 때 절망에 빠진다. 사회는 점점 각박해지고 경쟁이 치열해지면서 맘몬주의가 팽배한다. 한탕주의에 빠져 삶의 목표가 '돈'이 돼 버린 세상이다.

철강왕 앤드루 카네기는 "내가 가장 부끄럽게 생각하는 것은 '그는 부자였다'는 것이다"라고 했다. 부자로 죽는 것을 불명예스럽게 생각하며 살아생전 기부를 많이 했다. 성경은 "한 사람이 두 주인을 섬기지 못할 것이니 혹 이를 미워하며 저를 사랑하거나 혹 이를 중히 여기며 저를 경히 여김이라 너희가 하나님과 재물을 겸하여 섬기지 못하느니라" (마 6:24)고 말한다. 또 "많은 재물보다 명예를 택할 것이요 은이나 금보다 은총을 더욱 택할 것이니라" (잠 22:1)고 했다.

물질은 있다가도 없어지는 것이다. 재물을 삶의 우선순위에 놓고 살아가면 몸과 마음이 피폐해진다. 고난을 당할 때 보통의 인간은 신의 존재를 부정한다. 사랑의 하나님이 왜 침묵하고 눈을 감는가라고 원망하기도 한다. 하지만 '욥, 까닭을 묻다' 를 쓴 김기현 로고스교회 목사는 "고난 속에서 죽을 **뻔했던** 나, 남을 죽일 **뻔했던** 나를 생각하면 믿어지지 않아 얼떨떨하고 황홀하다" 며 "고난은 은혜이고, 이전과 확연히 다른 새로운 나를 창조했으니 창조적 고통" 이라고 말한다. 그러면서 우리는 고난에 담긴 하나님의 뜻을, 고난이 지나간 다음에서야 깨닫는다고 했다.

우리는 존 번연의 '천로역정' 에 나오는 주인공 크리스천이나 욥처럼 믿음과 동행하며 고난을 '축복' 으로 받아들여야 한다. 인생의 고단한 여정을 마무리하고 하나님 앞에 섰을 때 받을 상급의 소망을 품으며 살아가야 한다. 천상병 시인처럼 하늘로 돌아갈 꿈을 품고 인생을 소풍 나온 것으로 생각한다면 고통의 무게도 가볍게 느껴지지 않을까.[116]

## 다. 오래 살고 싶다는, 밝힐 수 없는 바람

〈탑건: 매버릭〉이 5060에게 '가슴이 웅장해지는' 관람 체험을 제공한 건 분명한 사실이다. 운 좋게 상위 1% 승승장구 열차에 탑승하지 않는 한 이제 조직에서든 어디서든 한구석에서 눈칫밥이나 과식하지 않고 버티면 다행인 시절에 도착한 줄 알았는데 나이 환갑에 전투기 몰고 온 '오빠' 를 여기서 만날 줄이야. 극중에서 30년 전 경쟁하던 동료는 커리어의 정점에 올랐다가 말 그대로 인생의 황혼을 보내지만 만년 부장 우리 오빠는 팔팔한 후배들도 수행하지 못한 임무를 거뜬히 해낸다. 스토리는 고난도 전투기 조종 연기를 직접 했다는 톰 크루즈의 '노익장 투혼' 과도 포개진다. 극장에서 옆좌석 20대들이 '왜 저래?' 레이저를 쏘아대도 우리는 눈물 콧물 쏟아내며 물개박수를 칠 수밖에 없었던 것이다.

불과 15년 전에 '30대 여성 배우들, 엄마 말고 맡을 배역 없어' 이런 내용의 기사를 썼는데 지금 주인공이 아닌 전도연이나 김혜수는 상상할 수 없다. 톰 크루즈는 마블 어벤저스와 일당백으로 싸운다. 기득권을 내려놓지 않아서 '도대체 언제까지 해먹을 참인가' 비난받는 중장년도 있지만 냉정한 대중의 선택을 받는 중장년 엔터테이너들이 늘고 있는 건 어떤 안도감을 준다. 같이 늙어가는 나도 여전히 '쓸모 있는 존재'로서 가치를 인정받는 느낌이랄까.

환갑의 톰 크루즈가 날아다니는 〈탑건: 매버릭〉과 대척점에서 최근 시선을 끈 다른 영화가 있다. 개봉 전이라 아직 작품을 보지는 못했지만 칸영화제에서 수상한 일본 영화 〈플랜75〉다. 관련 기사를 보면, 고령화 문제가 심각한 일본의 근미래를 배경으로 정부가 75살을 넘긴 이들에게 안락사를 권유하고 신청을 받아 이를 시행해준다는 이야기다. 비록 픽션이지만 섬뜩한 아이디어가 칸에서도 화제가 됐다는데 내가 진짜 섬뜩했던 것은 이런 설정이 아니라 영화 속 한 장면이다. 영상광고에 등장해 "원하는 때에 죽을 수 있어서 너무나 만족스럽다"고 말하는 플랜75 선택자의 말이다.

설정을 지우고 이 멘트만 본다면 이거야말로 우리가 진짜로 원하는 게 아닌가. 지금도 틈만 나면 치매나 각종 노환으로 고통받는 부모나 지인 부모의 이야기, 그리고 그들로 인해 고통받는 나 또는 친구의 이야기를 하는 게 우리 세대 대화의 절반이다. 그리고 대화는 "나는 그때까지 살지 말아야 할 텐데, 오래 사는 것도 못할 짓이야"로 마무리된다. 나 역시 병마에 시달리면서 긴긴 생을 이어가느니 죽는 게 낫다고, 우리도 존엄사를 넘어 안락사에 관한 논의를 시작해야 한다고 기껏해야 서너명이 전부인 친구들 앞에서 목청을 높이곤 했다.

이와 관련해 유명한 장면이 있는데 이 칼럼에서 종종 소환하는 미드 〈그레이스 앤 프랭키〉 시즌2의 한 에피소드다. 두 주인공의 오랜 친구인 말기 암 환자 베이브가 사랑하는 사람들을 불러 성대한 파티를 하고 마지막 작별인사를 한 뒤 스스로 세상을 떠나는 이야기다. 이 드라마를 좋아하는 사람 중 많은 이가 이 에피소드를 최고로 꼽기도 한다. 나 역시 이런 죽음, 온전한 정신이 남아 있고 육체적으로도 무너지지 않았을 때 제대로 마지막을 장식하고 싶다고 생각했다. 그런데 보고 나서 문득 이런 생각이 또 드는 거다. 그래도 죽기 전에 저런 파티 몇번 더 할 수 있지 않을까? 파티까지는 아니더라도 친구들하고 좀 더 놀 수 있지 않을까? 술 한두잔 더 마실 수 있지 않을까? 바삭한 감자튀김이라도? 나 진짜 멋지게 죽고 싶은 거 맞아?

나이 들며 죽음을 더 많이 생각하고 준비해야 하는 건 맞겠지만 멋진 마무리가 멀쩡할 때 죽어야 하는 것이어야만 할까. 정신이 온전치 못하거나 기저귀를 차고 누워 있는 삶은 정말 죽음보다 못한 것일까?

일본 여성학자 우에노 지즈코는 최근 한국에서 출간된 〈집에서 혼자 죽기를 권하다〉에서 묻는다. "'존엄한 생'과 '존엄하지 않은 생'의 경계선은 어디일까." 이에 대한 영화 〈플랜75〉가 내놓는 영화적(비판적) 답변은, 그리고 우리 대부분의 머릿속에 각인된 답변은 '쓸모 있는 존재, 즉 생산성을 가진 존재로서 가치를 유지할 때까지'다. 삶의 방식이 생산에서 비용으로 바뀌는 순간, 즉 병들고 아프게 되면 역겹고 부정적인 존재가, 그리하여 존엄성도 사라지는 존재가 되어버린다. 영화에서 노인들이 '플랜75'를 선택하는 이유는 '여한 없이 살아서' '살 만큼 살아서'가 아니라 '자식이나 주변에 폐 끼치고 싶지 않아서'다.

여기까지 글을 읽은 친구들한테 "구질구질하게 벽에 똥칠할 때까지 살고 싶다는 거냐?"고 비난을 받을 것 같다. 부끄럽지만 친구들아, 그래. 장수지옥이라는 이 세상에서 사실은 나, 오래 살고 싶어. 자세한 이유는 다음에 이야기해줄게.[117]

## 라. 존엄한, 의식적이고 자발적인 결정

어머니는 2월에 말기암 선고를 받고 11월에 돌아가셨다. 그사이에 제일 크고 '잘 본다'는 병원 세 군데에서 진단과 항암치료를 받았고, 고향의 한 병원에 입원하신 적도 있다. 이미 전이가 심해 수술을 할 수 없는 형편이었고, 첫 진단을 받은 병원에서는 여명이 6개월 정도라 했지만, 60대 중반의 나이였고 진단을 받기 전에는 건강한 편이었기에 환자 본인도 가족들도 '최선'을 찾아 고민할 수밖에 없었다. 그러나 치료의 방향이나 성큼성큼 다가오는 죽음에 대처하는 일은 매일 혼란일 수밖에 없었다.

처음에는 환자 본인에게 암 진단 사실을 알리는 것조차 어떻게 할지 몰랐다. 그리고 친지들로부터 온갖 묘방이 들려오기도 했다. 그래서 아주 용하다는 소개에 솔깃해서, '카드 결제는 절대 안 된다'는 당찬(?) 선언과 함께 진료를 시작하는 서울 종로구의 모 한의원에서 폐 전이에 좋다는 약을 지은 일도 있었다. 바보 같은 일이었다. 이때는 2004년. '호스피스·완화의료 및 임종과정에 있는 환자의 연명의료결정에 관한 법률'(연명의료법)도 없었다. 호스피스 병원이 뭔지도 잘 몰랐다. 뭔가 상당히 '미개'했지 않은가? 그때에 비하면 한국사회의 '죽음의 질'은 많이 나아졌을까?

장인은 뇌졸중 발병 후 10년쯤 투병하다 요양원을 거쳐 요양병원에서 2018년에 돌아가셨다. 면회 가서 본 요양원과 요양병원의 풍경을 잊기 어렵다. 특히 경기도 신도시의 대형빌딩 10층의 크고 환한 병실에 중증뇌질환 또는 뇌수술 후 연명치료를 받는 환자들 수십명이 고요히 줄지어 누워 있던 모습과, 중·고생들 다니는 학원, 카페와 식당, 손톱·피부 미용업체 등등이 함께 입주해 있는 빌딩의 엘리베이터를 통해 시신이 옮겨지던 모습은 그야말로 '언어도단'이었다. 욕망과 생존 경쟁의 전장에서 죽어라 뛰다, 결국 쓰러져 억지로 사는 (또는 죽는) 육신들이 병치된 광경은, '도시 지옥도'로서는 부족한 데가 없었다.

한국은 '제3세계'의 부자들뿐 아니라 버젓하게 잘 사는 외국 교포들도 '의료 쇼핑'을 오는 의료 선진국이며 세계 최장수 국가다. 그러나 속내는 공허하고 비통하다. 한국사람들의 상당수는 길고(고용불안과 빠른 퇴직), 외롭고(1인 가구의 급증), 아픈(건강수명과 기대수명의 차이) 노년을 겪다가 쓸쓸하고 비인간적인 죽음을 맞는다.

요즘은 부고를 들으면 고인의 마지막 날들이 궁금하다. 언제, 어디서, 얼마나 투병하다 누구 앞에서 숨을 거뒀는지. 혈액 투석이나 기관지 절제는 하셨는지. 유서나 유언을 어떻게 남기셨으며, 연명의료 여부를 (가족들이) 어떻게 결정했는지. 이는 한 인간의 삶이 무엇이었는지, 또 이 사회가 어떤 덴지를 압축해서 보여준다(물론 한국에서 그것은 '돈'에 따라 큰 차이가 있다). 그런데 우리는 왜 이런 문제에 대해 서로 이야기하지 않을까. 치열한 경험과 지식의 공유와 토론이 필요한 일 아닌가.

2022 사전등록 시작!

와중에 노년자살, 고독사, 간병살인 같은 극단적 비극도 계속 벌어진다. 출생률이나 자살률과 비슷하게, 한국사회와 국가는 문제를 알면서도 고치지 못한다. 기득권과 일부 종교세력의 힘에 맥없이 진다. K연명치료와 돌봄체계의 수준은 젠더, 노동, 이주의 현실을 여실히 반영한다. 이 문제에서도 우리 중산층은 가련한 헛똑똑이다.

'시설'에 갇혀 손발이 묶이고, 콧줄 소변줄 달고, 수백 수천만원을 쓰며 '벽에 ○칠하도록' 명줄을 늘리고 싶은 사람이 있을까? 길게 산 진지한 노인들은 누구나 '자다가 조용히 죽고 싶다' 한다. 이 소망은 애처롭고 절실하다. 그러나 개인에게나 사회에게나 실질적인 의미는 없다. 인간은 죽음을 조절할 수도, 연습할 수도 없다. '자다가 죽고 싶다'는 소망은 내 목숨을, 초라한 현행 연명의료법과 가진 돈의 액수에 따라 맡기고 수동적으로 요행을 바란다는 것과 다르지 않게 된다.

민주당 안규백 의원이 '조력존엄사법'을 발의했다. 상당히 진일보한 내용을 담은 법이며, 근래 급격히 변한 존엄사와 웰다잉에 대한 시민들의 인식을 반영한 것이다. 하지만 일부 전문가와 의사들은 존엄사법이 시기상조라 생각한다. 왜냐하면 돌봄 체계와 죽음문화의 수준이 엉망진창인데 존엄사법부터 할 수 없다는 것이다. 일리는 있다. 예컨대, 임종과정과 연명의술에 대한 가장 온건한 형태의 자발적 의사 표시인 사전연명의료의향서를 작성하기도 매우 어렵게 돼 있다. 필자가 사는 서울 은평구 인구는 약 48만명인데, 의향서를 작성할 수 있는 기관은 딱 세 곳이다. 직접 가서 해야 한다.

그러니까 돌봄체계의 재구축과 연명의료법 개정은 상보적이며, 둘 다 시급해보인다.[118]

## 마. "한국인의 노년기를 위한 웰빙, 웰에이징, 웰다잉 합시다!"

웰빙(Wellbeing), 웰다잉(Welldying), 웰에이징(Wellaging)하자!

세계에서 가장 빠른 한국의 고령화: 우리나라는 2000년 노인인구 비율이 7% 이상인 고령화사회(aging society)에 접어든 데 이어, 오는 2018년에 14%를 섬어서는 고령사회(aged socity)에 들었다. 또 오는 2026년에는 노인인구 비율이 20%를 넘어서는 초고령사회(super-aged socity)에 들어설 것으로 전망된다.노인인구 비율이 7%에서 14%로 증가하는 데 걸린 시간을 국가별로 비교해보면 가히 충격적이다. 프랑스가 115년, 미국이 73년, 영국이 47년, 독일이 40년, 일본이 24년 걸린 데 비해 우리나라는 18년에 불과하다.

처음으로 우리나라의 노인인구가 2017년에 유소년 인구을 추월한 것으로 나타났다. 우리나라 국민의 기대수명은 82.4년으로 늘어났다.

생산가능인구도 감소하기 시작했다. 1~2인 가구 비중이 급격히 늘어나고 있고, 전체 여성 중 절반 이상이 '결혼은 필수가 아닌 선택이거나, 하지 말아야 할 것'으로 여기는 것으로 집계됐다. 통계청이 발간한 '2017 한국의 사회지표'에 따르면,

우리나라의 65세 이상 고령인구는 707만6000명(13.8%)을 기록해 675만1000명(13.1%)인 0~14세 유소년인구보다 처음으로 많아졌다. 통계청은 "우리나라의 15~64세 생산가능인구도 2016년 73.4%를 정점으로 지난해부터 줄어들기 시작했다"고 밝혔다. 통계청 관계자는 "저출산의 영향으로 출생아수는 계속 감소하고 의료기술 발달 등으로 인한 수명 연장으로 65세 이상 인구는 계속 증가해 우리나라 인구의 연령구조는 1960년 아랫부분이 두터운 형상에서 올해는 중간부분이, 2060년에는 윗부분이 두터운 모습으로 전환될 것"이라고 말했다.

우리나라 통계청의 2017년에 총인구는 전년대비 0.39% 증가한 5천144만6000명으로 집계됐다. 오는 2032년부터 총인구가 감소세로 전환할 것이라고 전망했다.

우리나라 인구의 중위연령은 2014년 40세를 넘어선데 이어 2017년에는 42세로 높아졌고, 2033년에는 50세를 넘을 것으로 추정됐다. 2016년 기준, 우리나라 국민의 기대수명은 82.4년으로 약 10년 전인 2005년보다 4.2년 증가했다. 남성의 기대수명은 79.3년, 여성은 85.4년으로 여성이 남성보다 6.1년을 더 오래 사는 것으로 나타났다.

사람의 연령에는 자연연령, 건강연령, 영적연령 등이 있다.

인간의 수명을 성서의 창세기(6장3절)는 '여호와께서 그들의 날은 120년이 되리라 하시니라.' 시편(90편-10절)에서는 '우리의 연수가 70이요,

강건하면 80이라도 그 연수의 자랑은 수고와 슬픔 뿐이요, 신속히 가니, 우리가 날아가나이다. '라고 하였다.

영국의 노인 심리학자 '브롬디'는 '인생의 4/1은 성장하면서 보내고, 나머지 4/3은 늙어가면서 보낸다'고 하였다.

사람이 아름답게 죽는다는 것은 여간 어려운 일이 아니다. 그러다 보다 어려운 것은 아름답게 늙는 것이다. 행복하게 늙어가는 것은 더욱 쉽지 않는 일이다.

첫째- "아름답게 늙어가기 위해서는 일과의 관계가 중요하다."

나이가 들수록 열정을 잃지 않도록 해야 한다. 나이가 들면서 4대 큰 고통이 따른다. 질병, 고독감, 경제적 빈곤, 그리고 역할 상실이다.

점점 의욕과 열정을 잃어가게 된다. 노년은 초라하지 않고 우아하게 보내는 비결은 사랑, 여유, 용서, 아량, 부드러움 등이다.

특히 핵심적인 요소는 판단력과 열정인 지혜이다. 노인의 지혜에 대한 일본사회의 놀람이 있었다. 그 이야기로 일본 농촌에 사는 경찰과 소방관 500여명이 실종 아동을 30분 만에 찾아내 화제를 모은 일본의 78세 남성 오바타씨는 그 노인이 실종 아이를 금방 발견할 수 있었던 비결이 무엇일까요?

자원봉사자로 활동하던 그는 "애들이 길을 잃게 되면 높은 곳으로 올라가는 습성이 있다"며 "이 점에 착안해 뒷산을 집중 수색한 덕분"이라고 말했다. 또 노인의 지혜를 보여주는 사례로 "두 마리 말 중 어미와 자식을 구분해 보라"는 수수께끼에 "풀을 줘서 먼저 먹는 쪽이 새끼"라고 답해서 목숨을 건진 등 일화가 수두룩하다. 자주 인용되는 '상속의 지혜'에서는 '한 노인이 소 17마리를 남기고 죽으면서 큰아들에게 2분1, 작은아들에게는 3분의 1, 막내에게 9분의 1을 가지라고 유언하고 돌아가셨다. 그러나 아들들은 아무리 나눠도 답이 나오지

않자 아들들은 동네어르신에게 답을 구했다. 그는 "소 1마리를 빌려줄 테니 18마리 중 각각 9마리, 6마리, 2마리를 갖고 남은 1마리는 다시 내게 되돌려 주게"라고 했다.

고대 로마의 최고 정치가요 문인인 키케로(BC106-43)는 '노년은 젊은이의 육체의 힘이나 재빠름이나 기민함이 아니라, 노년에 와서는 사려 깊음과 영향력과 판단력이 빈약해지는 것이 아니라 오히려 더 풍부해진다는 것이 특징' 들이다.

카나다 토론토대 연구진에 따르면 연륜이 쌓일수록 깊어지는 노년의 지혜는 어디에서 나오는가에 대해서 '사람의 판단력은 청년기보다 노년기에 더 성숙해진다.' 인간의 2대지능 중 하나는 기억중심의 유동지능(Fluid-intelligence)이고, 또 하나는 경험위주의 결정지능(Crystallized intelligence)이다. 유동지능은 연산. 기억력 등 생래적인 것으로 한창 교육 받은 젊은 시절에 활성화된다. 반면 결정지능은 훈련, 판단 등 후천적인 것으로 사회 경험이 풍부한 노년시기에 강화된다. 이것이 노인들의 의사결정이나 문제 해결에 도움이 된다고 한다. "지혜는 모든 부를 뛰어 넘는다"는 그리스 철인 소포클레스의 명언 또한 이런 원리에서 나왔다. 물론 나이 든 사람이라고 해서 모두가 지혜로운 것은 아니다. 늙어서 탐욕을 부리는 노욕이나 노탐, 신체적. 정신적으로 보기 민망한 노추는 경계해야 한다. 시대에 뒤떨어진 '꼰대' 소리를 듣는 것이 '지혜로운 노인'이 되려는 노력이다. 그래야 젊은이들의 희망이 될 수 있다. 헤밍웨이 소설 '노인과 바다'에서 84일째 고기 한 마리잡지 못했지만 필사적으로 노력하는 노인의 모습은 그 곁에서 응원하고 위로하는 소년의 미래상이기도 한다. 그 꿈과 용기가 소년에게 이어지고, 소년이 자라 노인이 되듯 우리 삶도 그렇게 이어진다. 그래서 노인은 가정의 꽃인 아이들을 비추는 '지혜의 등불'이다(한경.천자칼럼:고두현 논설위원)

이스라엘 민족지도자 모세는 나이 80세에 유태민족을 위해 광야를 향해 출애급의 출발을 이끌어 냈습니다. 세계 역사상 인간의 최대 업적의 35%는 60-70세에 의하여 성취되었다고 한다. 그리고 23%는 70-80세에 노인에 의하여, 그리고 6%는 80대에 의하여 성취되었다고 한다.

결국 역사적 업적의 64%가 60세 이상의 노인들에 의하여 성취되었다.

소포클레스가 '클로노스의 에디푸스'를 쓴 것은 80세 때였고, 괴테가 '파우스트'를 완성한 것은 80세가 넘어서였다. '다니엘 드 포우'는 59세에 '로빈슨 크루스' 소설을 썼고, '칸트'는 57세에 철학 '순수 이성비판'의 발표하였고, '미켈란젤로'는 71세에 로마의 '시스티나 성당 벽화'와 '성 베드로 대성전의 돔'을 70세에 완성했다. 베르디, 하이든, 헨델 등 고희의 나이를 넘어

불후의 명곡을 작곡하였다. 빅토르 위고는 60세에 '레 미제라블'을 썼다. 또 괴테는 81세에 '파우스트'를, J.R.R. 톨킨은 62세에 장편소설 '반지에 제왕'을 발표했고. 안토니오 스트라디바리는 83세에 인생 최고의 바이올린을 만들었다. 현존하는 피아니스트 알프레드 브렌델(83)은 77세까지 전 세계를 돌아다니며 연주회를 개최했다. 무명으로 잇던 노인기에 유명한 콤파이 세군도는 90세에 쿠바 재즈의 거장이 되었고, 미국 화가 그랜마 모시스는 100세에 화단의 스타가 되었다.

경영학 창시자인 피터 드러커(Peter F. Drucker)교수는 95세에 사망할 때까지 평생 현역으로 활동했던 인물이다. 그는 인생의 전성기는 언젠가 묻는 기자들에게 '나의 전성기는 열심히 저술활동을 하던 60대 후반이었다'고 했고 우리나라 유명 김형석교수도 거의 연설에서 자신이 보는 인생의 황금기는 "65세에 75세가 황금기"였다고 강연장에서 발표했다. 회사에서는 은퇴가 있지만 인생에는 정년이 없다는 것이다. 〈모던 타임스〉감독으로 유명한 찰리 채플린은 76세까지 영화 감독으로 뛰었고, '아프리카의 성자'로 일컬어지던 앨버트 슈바이처 박사는 89세까지 환자 수술을 집도했다.

결국 나이와 관계없이 노년기에 놀라운 판단력과 열정을 가지면 위대한 업적을 남길 수 있다.

둘째- " 인간관계가 매우 중요하다."

나이가 들면서 초라하지 않으려면 대인관계를 잘 하여야 한다. 즉, 인간관계를 '나' 중심이 아니라 '신앙' 중심으로 가져야 한다. 미국 카네기멜론 대학에서 "인생에 실패한 이유에 대하여 조사를 했는데, 전문적인 기술이나 지식이 부족했다는 이유는 15%에 불과하였고, 나머지 85%는 잘못된 대인관계에 있다고 하였다." 노년의 인간관계가 노후의 행복을 좌우하는 것이 중요한다고 강조한 미국 심리학자 '조지 베일런트(George Vaillant)'교수는 유명한 '하버드대 성인발달 연구'에서 하버드대 졸업생의 814명에 이르는 성인남녀의 삶을 70여 년간 추적 조사한 결과로서 '한 사람이 행복하고 건강하게 나이 들어가는 것을 결정짓는 것은 지적 능력이 뛰어남이나 계급이나 지위가 높고 낮음이 아니며, 돈이 많고 적음이 아니라 사회적 인간관계가 중요하다'라고 강조했다. 그만큼 인간관계는 살아가는데 중요한 부분을 차지한다는 것이다. 나이가 들면서 사람은 이기주의가 대체로 강해진다. 노욕이라는 것이 생긴다. 모든 것을 자기중심적으로 생각하는 것이다. 그러면서 폭군 노릇을 하고, 자기도취에 몰입하는 나르시즘(narcissim:자기도취증)에 빠질 수 있다. 또는 염세적이고 운명론적 생각이 지배하는 페이탈리즘(fatalism:운명론)에 빠질 수도 있다. 이런 사람의 대인 관계는 결국 초라하게 될 수밖에 없다. 결국 인간관계는 중심축이 무엇이냐에 따라 달라질 수 있다.

1) '물질' 중심의 인간관계를 갖는 사람은 나이 들수록 초라해지고,

2) '일' 중심이나 '나' 중심의 인간관계를 갖는 사람도 역시 마찬가지로 초라해진다.

3) '타인' 중심의 인간관계를 갖는 사람은 나이가 들면서 찾아오는 사람이 많고, 따르는 사람도 많다.

4) 가장 풍요로운 인간관계를 갖는 것은 '신앙' 중심의 인간관계다. 변함없는 가치관을 갖는 '신앙' 중심의 대인 관계를 웰에이징(Wellaging)이라 한다.

셋째-"나이를 드는 것을 감사하며 모든 것에 긍정적인 자세를 갖는다."

사회적인 인식이 어떠하든 당신은 주변의 나이든 사람들과 늙어가는 자신의 가치에 대해 감사하는 마음을 가져야 한다.

나는 나이가 들수록 내가 지금까지 잘 살아올 수 있었던 이유는 다른 사람의 도움이 있었기 때문이라는 사실을 절실히 느끼고 또 이런 감사하는 마음을 자주 표현하려고 노력하여 아무리 작은 일에도 '고마워! -Thank you!'를 잊지 않는다.

'나이를 먹는다는 것'은 젊음보다 가치가 떨어지고 빛을 잃은 게 아니라, 단지 '달라지는 것'일 뿐이라고 생각한다.

미국 예일 대학의 베카 레비(B.R. Levy)박사팀은 '나이를 먹는 것에 대해 긍정적인 자세와 인식을 갖고 있는 사람들이 다른 사람들 보다 수명이 7년이나 길다'는 것이다. 연구팀은 '나이 드는 것을 긍정적으로 받아들이는 자세는 성별이나 사회 경제적 지위, 독신 여부, 건강에 비해 수명에 더 큰 영향을 미친다'란 결론을 얻었다. 뿐 만 아니라 혈압이나 콜레스테롤 수치, 운동, 체중, 흡연 여부보다 수명 연장에 더 큰 변수로 작용하는 것으로 밝혀졌다.

스티븐 주이트(S.P.Jewett)박사팀은 '뉴욕에 거주하는 100세 이상 노인의 심리적 특성에 관한 연구'에서 그들의 공통점 몇 가지를 발견했다.

1) 낙천적인 성격

2) 남다른 유머감각

3) 삶을 즐기는 자세

4) 다른 사람이 흉하게 여기는 것에서 아름다움을 발견하는 능력

5) 작은 즐거움에 감사하는 마음

6) 일상생활에 대한 만족 등이었다.

긍정심리학의 드보라 대너(D.Danner)와 데이비드 스노우든(D. Snowdon)박사팀는

켄터기대 약대 윌리스 프리즌(W. Friesen)박사팀의 도움을 받아 60여년간 자료를 놀라운 '수녀원 연구(Nun Study)'를 실시했다.

카나다 가톨릭 수녀 1백80명들에게 20대 초반의 수녀원의 입원 경험을 기록하게 한 후 그들의 감정 상태를 분석한 것이다. 그리고 그 결과를 75-95세까지 장수하는 수녀들의 경험과 비교해 보았다. 그 결과 젊은 시절보다 성취감, 즐거움, 만족감, 감사, 행복, 희망, 관심, 사랑, 안정감이 큰 사람들은 그렇지 못했던 사람들보다 10년 정도 수명이 길다는 사실을 발견했다. '나이를 먹는 것'에 감사하려면 인식의 획기적인 전환이 필요하다.

만일 나이 드는 것을 능력이 쇠퇴하고 사양길로 접어드는 것으로 여긴다면 피하고 싶을 것이다. 그러나 죽음은 늙은 사람에게 뿐 아니라 나이에 관계없이 찾아올 수 있다는 사실을 망각하고 있는 것이다.

노년을 인생의 한 단계로 재인식하는 것 무엇보다 중요이다. 누구나 60세든, 70세든, 80세든, 90세든, 100세든 각 나이를 인생의 다른 맛을 음미할 기회로 여긴다면 나이 먹는다는 사실이 다른 가치로 다가올 것이다. 생각의 초점이 '죽음을 향한 사양길'에서 "삶의 또 다른 한 단계 과정"으로 옮겨 가는 것으로 스스로가 감사하는 태도로 긍정적으로 가치를 인식한다.

네째-'웰에이징'을 위해서는 대신(對神) 관계가 중요하다.

개인의 삶에서 신앙과 영성의 역할은 긍정성 정서의 증진, 낙관주의, 삶의 목적과 의미에 대한 초월적 관점, 교회 구성원들에 의해 제공되는 사회적 지지, 많은 종교적 및 영적 전통에 의해 격려되는 건강한 생활양식 등을 들 수 있다(긍정심리학).

나이가 들면 신앙의 여부가 삶의 질을 확연하게 바꾸어 놓는다. 나이가 들면 들수록 인간을 의지하기 보다는 신을 향한 믿음의 신앙을 의지해야 한다. 심리학자 '소냐 류보머스키'는 신앙은 인생의 의미와 목적을 부여한다고 믿으며, "우리 자신이 중요한 존재라는 사실과 우리가 겪은 고통과 수고가 부질없지 않으며 우리 삶에 목적이 있다는 것을 느낄 필요가 있기 때문이다('행복은 나에게 있다'-니컬러스 게이턴 저)".

신앙을 가까이 하면 할수록 정신연령과 영적연령은 더욱 젊어진다. 우리의 삶의 결승점에 가까워질수록 더욱 최선을 다해 뛰어야 한다.

후반전의 인생은 우리는 이를 여생(餘生)이 아니라 후반생(後半生)이다. 인생의 주기(週期)로 보면 내리막길 같지만 지금까지 전혀 생각하지 못했던 다른 세상(내세:來世)을 향해 새로운 인생을 시작할 때다.

다섯째-노년의 건강수명을 철저히 관리한다.

미국의 워싱톤대학 건강측정평가연구소가 WHO(세계보건기구)의 최근 자료를 분석한 보고서에 따르면 한국인의 '사람이 태어나서 그냥 생존하는 기간'이란 평균 수명(2017년 기준)은 최근 한국인의 '질병에 걸리지 않고 건강한 상태로 살아가는 기간'이란 건강 수명(73.0)은 기대수명(82.1세)과 약 9년 정도의 차이가 있는데 이 차이만큼 질병이나 사고로 와병 상태에 있었던 기간이 된다.

기대 수명이 늘어나는 것과 같이 질병으로 병원을 찾는 횟수가 늘어나는 것은 수명의 질이 향상되는 것이 아님을 알 수 있다. 한국인 노년의 삶은 앞으로 더욱 건강해지려면 평균 수명과 건강 수명간의 격차가 줄어들어야 하는데, 예나 지금이나 별로 줄어들지 않고 있다. 이 보고서에는 따르면, 건전하지 못한 식습관 때문에 한국인 수명은 약 13.4개월 줄어드는 것으로 나타나고 있다. 한국인들이 무척 즐기는 음주(11.1개월 단축)와 흡연(9.4개월 단축), 중, 장년이 되면 대부분 앓게 되는 고혈압(7.1개월 단축)도 건강 수명을 갉아먹는 주요 요인으로 지적되었다. 위와 같은 분석하에서는 WHO는 한국인의 건강한 삶을 위협하는 대표적인 질병으로 5가지 질환을 보면,

① 우울증. 불안증 등 정신질환
② 척추디스크. 관절염 등 근골격계 질환
③ 당뇨병
④ 협심증. 심근경색증 등 심혈관 질환
⑤ 폐렴. 감기 같은 전염성질환 등이다.

이 가운데 근골격계 질환은 한국 노년기의 건강수명을 갉아먹는 최대 위험인자로 꼽히고 있다. 특히 우리나라 노인층은 전체의 30%가 우울증 환자라는 조사가 있을 정도로 빈도가 높은 질환이라는 점에서 주목할 필요가 있다. 아무튼 편안한 노년인생을 살려면, 점더 젊었을 때부터 건강한 노화의 웰에이징에 관심을 가지며, 건강수명을 늘리면서 웰다잉에 대한 적극적인 노력을 다해야 할 것이다.

여섯째: 아름다운 웰다잉(well-dying)을 준비,실천하기

최근 사회적으로 화두가 된 웰빙(Well-being)은 단순히 좋은 환경 속에서 좋은 음식을 먹는 일에 초점을 맞췄어 사용하는 언어라고 한다면 웰다잉(Well-dying)의 사전적 의미로는 품위 있고 존엄하게 생을 마감하기위해 지금까지 살아온 것과 마지막 날을 마무리하는 아름다운 죽음을 준비하는 것이라고 한다.

그렇다면, 웰다잉이라는 것은 왜 생겨나게 되었을까요?

그것은 현대인의 트렌드인 웰빙, 웰에이징, 웰다잉를 반영한 것일 수도 있다.

　1인가구 및 독거노인 증대 및 의료제도 확립에 따른 수명 연장이 반영하는 100세 시대의 일반화는 자연스럽게 고령자의 죽음에 대한 공포를 불러 일으키게 되었습니다. 여기에서 흔히 고독사에 대한 공포같은 것들과 이를 극복하고자 하는 노력의 일환으로 자연스럽게 웰다잉이 생기기 시작한 것이 자연스럽게 일반 대중에게 널리 알려지게 되었다.

　더욱이 이러한 웰다잉은 나이가 어릴때 하면 할수록 더욱 좋은 효과를 낸다고 하는데, 그 이유로는 죽음을 인식함으로써 앞으로 살아가는 것을 더욱 열심히 살아갈 수 있기 때문이라고 합니다. 누구나 죽음이라는 것은 피할 수 없는 것으로 이 세상에 태어난 인간은 필연코 죽을 것이라는 사실을 막연히 알고 있지만 정작 현재의 건강한 삶 속에서는 엄연히 자연현상을 망각하거나 쉽게 잊어버리고 살아가는 것이다.

　또한 죽음이란 주제는 부정적인 성격을 띠기에 평소에 그리 잘 다뤄지지 않는 것이 현실입니다.

　그러나 웰다잉이라는 붐은 이러한 죽음이라는 엄숙한 주제를 긍정적이고 적극적으로 바라 보게 됨으로 죽음을 편하게 받아들이는 교육의 일환인데, 이는 곧 죽음에 대해 새로운 현실을 새로운 각오로 받아들여서 앞으로의 날들을 더욱 열심히 살아갈 수 있도록 도와주는 알려주는 웰다잉교육의 중요한 의의가 여기에 있는 것이다.

　그럼 사람이라면 한 번은 닫쳐올 자기 자신의 웰다잉을 어떻게 준비하는 것이 좋을까라고 염려하거나 근심하는 사람들에게 보다 적극적인 행동목표를 세우고 실천하는 요령을 제시한 "웰다잉 십계명"을 제안해 봅니다.

　1. "웰다잉(Well-Dying)의 십계명"
　1). 자신의 그 동안의 삶을 기록 해두라! (자서전 형태든 노트형태든 어떤 형식도 좋다)
　2). 주치의를 정하고 정기적으로 건강을 체크하라!
　3). '버킷리스트(bucket-list)'를 만들고 단계적으로 실행하라!
(버킷리스트란 죽기 전에 꼭 해보고 싶은 일과 보고 싶은 것들의 목록이다)
　4). 이별과 상실의 아픔을 이겨낼 계획을 세워 두어라!
　5). 미리 미리 유언장(을) 작성하라!
　6). 반드시 신뢰할 만한 사람을 후견인으로 정하라!
　7). 자신의 '연명치료 사전 거부의향서'를 반드시 작성하라!
(2016년 연명의료결정에 관한 법률(웰다잉법)제정, 시행)

8). 구체적인 장례 계획을 작성하라!

9). 불필요한 물품는 소각하고, 중요한 유품을 정리하라

10). 죽기 전에 꼭 전하고 싶은 말을 작성하라!

(여러말 중에 "미안하다, 고맙다, 사랑한다!" 는 세 마디는 잊지마라)


2. 유언장 작성방법과 요령:

1) 유언이란(?): 사람이 죽게 되면 자기 자신의 죽은 후에 자신의 재산이나 원하는 바를 효력있는 법률적인 방법을 통해 일정한 방식으로 미리 정하여 의사표시를 하는 것을 말한다. 유언은 유언자의 사망으로 즉시 효력이 발생한다. -7-

법적인 유언의 방법에는 5가지 방법으로 가능한데 ① 자필증서, ② 공정증서, ③ 비밀증서, ④ 녹음, ⑤ 구수증서 등이 있고 그 중에서 가장 보편적인 방법인 자필증서와 공증증서의 가장 많이 이용되는 방법이다.

1) 자필증서에의한 유언은 자필에 의한 유언 유언자가 전문(유언내용), 날짜, 주소, 성명을 직접 자필로 작성하는 유서 모든 내용을 반드시 직접 작성하고 날인까지 해야 유효(컴퓨터, 타자기 작성은 무효)

2) 공증증서에의한 유언은 공증인이 유언의 취지를 청취해 작성하는데 유언자는 2인의 증언이 함께한 자리에서 유언의 취지를 구수하고 이때 구수 받은 공증인은 이를 받아 적은 후 즉시 낭독해준다.

내용을 확인한 각 당사자인 유언자와 증인은 기명 날인 또는 서명을 해서 승인하며 유언장의 위변조를 막고 서류를 공증인이 보관한다는 점에서 어떤 방식보다 공정증서는 그 효력에서 강력한 증거력과 집행력이 있다.

유언 공정증서(별지 제29호 서식, 개정2010.2.5)에는

① 수증자 성명,

② 주소,

③ 유언자와의 관계,

④ 주민등록번호 등을 정확히 기재한다.

＃ 별지의 관련 증서를 추가 부기해 둘 수 있다.

3) 녹음에의한 유언은 녹음기기를 이용하여 음성으로 유언을 남기는 방식으로 증인이 참여한 가운데 유언자가 유언 내용, 이름과 날짜를 말로 설명하고, 증인이 확인하고 녹음한다.

4) 구수증서에 의한 유언은 질병이나 급박한 사정으로 시간적 여유가 없을 때 유언자의 말을 직접 받아 적는 방식 증인 중 1명이 받아 적은 뒤, 낭독하여 확인

한 후 서명 날인한다.

일곱 번째:죽기 전에 평생 해보고 싶은 '버킷리스트' 계획, 실천하기.

1. 버킷리스트(Bucket list)이란?

평생 한 번쯤 해보고 싶은 일, 혹은 죽기 전에 해야 할 일들을 적은 목록을 버킷리스트라 한다.

버킷리스트(Bucket list)라는 말은 '죽다'라는 뜻의 속어 "Kick the Bucket"와 관련 있는 어원이다. 중세 유럽에서 자살이나 교수형을 할 경우 목에 줄을 건 다음 딛고 서 있던 양동이(Bucket)를 발로 찼다고 하는 데서 유래했다.

2007년 롭 라이너 감독, 잭 니콜슨과 모건 프리먼 주연의 코미디 드라마 영화 '버킷 리스트: 죽기 전에 꼭 하고 싶은 것들(The Bucket List)'을 통해 대중적으로 널리 알려졌다. 이 영화(시한부 판정을 받은 두 주인공은 죽기 전 하고 싶은 일들의 목록을 작성해 함께 여행을 떠난다는 스토리)로 인해 버킷리스트는 삶의 만족도를 널리 인식되었고 최근에는 마케팅이나 예술, 학문 등 여러 분야에서 활용하기도 한다.

2. 버킷 리스트의 작성법

버킷리스트가 그냥 넋두리 처럼 막연한 소망에서만 끝나면 안되는 것이다. 그래서 이 리스트는 구체적으로 계획을 세워서 실현가능성이 높아지도록 하는 것으로서 평생(죽기 전)에 한 번쯤 실천 하고져 하는 간절한 실천의지를 세워주고 행동하게 해주는 매우 중요한 것이다.

버킷리스트의 작성에는 보다 ① 구체적(Specific) ② 측정가능한(Measurable) ③ 행동지향적(Act-oriented) ④ 현실적(Reality) ⑤ 마감시간을 정하고(Time-limited) ⑥ 누구와(Who with)를 뜻하는 것입니다.

그 예로 들어 만약에 해외여행을 버킷리스트로 설정했다고 하면-

1) Specific(구체적): 몇 박 며칠을 어느 나라로 여행을 갈 것이다.

2) Measurable(측정가능한): 금액, 이동수단 무엇으로 할 것이다.

3) Act-oriented(행동지향적): 돈을 모아야하니 외식비를 아껴서 저축을 하고 여행계획을 세운다.

4) Reality(현실적): 여름 휴가 때 7일정도 시간을 내서 간다.

5) Time-limited(마감시한을 정함): 여름휴가가 8월이니 8개월동안 열심히 돈을 모우자.

6) Who(누구와 함께): 여행을 함께할 연인이나 친구, 직장동료를 정해 둔다.

3. 버킷리스트 점검하기

버킷리스트를 단순히 쓰는 것에서 그치는 것이 아니라 실현을 했다면 체크를 해서 다독이고 또 다른 버킷리스트를 세워보는 것이 진정한 버킷리스트라고 할 수 있습니다.

버킷리스트를 관리하고 점검할 때에는 첫째: 이미 실행을 해냈다면 버킷리스트에서 체크해 지워나가는 것으로 반드시 흔적이 남도록 한다. 또 다른 버킷리스트에 도전할 구체적인 계획을 세워두는 것이 진정한 버킷리스트이다.

둘째: 한 가지씩 이루어 나갈 때마다 기특한 나를 위해 셀프 선물을 한다.

셋째: 버킷리스트(아래 자료)는 최대한 많은 사람에게 공개, 도와줄 수 있는 누군가 나타난다면 생각보다 빨리 꿈에 도달할 수 있다.

우리가 인생에서 가장 많이 후회하는 것은 살면서 한 일들이 아니라, -9-하지 않은 일들이라고 합니다. 그동안 지극히 일상적인 삶을 살면서 그동안 현실에 치우쳐서 하고 싶은 일들을 접어두고 살지 않았는지 되돌아봅시다.


**잠깐! 쉬었다 갑시다**

☞ **행복한 가정으로 이끄는 부부 대화법**

결혼한 이후로 어쩜 이리 말이 안 통하는지…. 시간이 없음은 물론 별로 할 얘기도 없고, 얘기하다 보면 마음 상하기 일쑤고, 작은 다툼으로 이어지기도 하고…. 정말 내가 사랑한 그 사람, 하루에도 몇 번씩 통화했던 그 사람이 맞나 싶을 정도예요. 그냥 체념하고 살아야 하나 싶기도 하고, 속상하기만 한데, 어떻게 하면 부부 대화를 잘할 수 있는 걸까요?

### ☞ 남자와 여자 사이, 그 오묘한 차이 알기

세상이 많이 바뀌어 남녀 평등의 시대라지만 자라면서 남자와 여자의 차이를 알게 모르게 배우는 것이 현실이다. 남자는 인정 받고 싶어하는, 여자는 보살핌을 받고 싶어하는 기본적인 특징이 있다.

서로의 특징을 알아야 오해를 줄이고 올바른 대화를 할 수 있다. 남자와 여자 사이, 그 오묘한 차이를 들여다보자.

### ☞ 내 남편도 남자! 그 남자의 특징

남자는 어린 아이 같다는 말이 있다. 실제로 남자는 여자에게서 인정 받고 싶어하는 기본적인 특성을 가지고 있다. 아내가 자신의 일을 인정해 주면 고마워하며 더 많은 일을 할 수 있는 힘을 얻는다.

일을 마치고 집에 돌아왔을 때 자신의 힘든 노고에 대해 아내의 보살핌이나 자신만의 시간을 가짐으로써 보답을 받고 싶어한다. 집안일은 아내의 담당이라는 고정 관념을 가지고 있기 때문에 아내의 집안일을 돕는 일이 쉽지 않다.

경쟁적이고 지배적인 성향은 남자의 대표적인 특징. 사회 생활뿐 아니라 가정에서도 드러난다. 대화를 할 때에도 자신이 공격을 받는다거나 비난을 받는 것으로 여겨지면 공격적인 성향을 보인다.

여자의 속마음을 잘 알아채지 못하는데, 아내가 불만스러워 보이거나 우울해 보이면 쉽게 좌절감에 빠져 버린다. 아내의 불평을 자신이 무능하다는 비난으로 받아들이고 직장에 더욱 매달리게 된다. 때로는 적대감을 느끼거나 무엇을 어떻게 해야 할지 몰라 아무 것도 하지 않으려고 한다.

문제가 생기면 조용히 앉아 참을성 있게 해결책을 생각해 내고 자신의 기분을 행동으로 옮길 때, 스스로 통제력이 생겼다고 생각하며 안도감을 느낀다. 또 한 가지 일에 몰두하면 푹 빠져 버리기 때문에 아내의 말에 귀기울이거나 대꾸를 하지 않고 있다는 사실조차도 깨닫지 못한다.

### ☞ 남편이 갖는 오해는 이것!

"그럼 그렇게 안 하면 되잖아. 억지로 참아 가며 할 필요가 뭐가 있어?"

아내가 이야기를 꺼내면 남편은 해결책을 제시해야 한다고 오해한다. 아내가 원하는 것은 충고보다는 관심을 가져주고, 들어주고, 공감해 주는 것. 아내가 이야기를 하며 화를 내는 것도 그녀의 진정한 모습이 아니라는 것을 알아야 한다.

여자는 화가 나면 남자의 설명이나 논리적인 태도를 쉽게 받아들이지 못하기 때문에, 이때 화를 내지 말라고 하거나 충고를 하면 더욱 화를 돋우는 셈이 된다.

아내는 이야기를 충분히 들어 주는 것만으로도 기분이 많이 풀린다. 아내는 아무도 자신의 말을 듣지 않거나, 여자로서 대우를 받지 못한다고 느끼기 때문에 불만스러워한다. 아내의 불만이 자신의 무능력함을 탓하는 것이 아니라는 것을 기억하도록 하자.

### ☞ 내 아내도 여자! 그 여자의 특징

여자의 사랑 표현법은 남을 위해 무엇인가를 한다는 것이다. 또 베푸는 만큼의 보답을 받기를 원한다. 보답이 따르지 않으면 보답을 바라며 계속 더 많이 베풀게 되고, 나중에는 그 책임감이 자신에게 있다고 생각되어 깊은 좌절감에 빠지게 된다. 남자에게도 사랑을 베풀고 그 대가로 더 많은 사랑을 받고 싶어한다.

자신의 문제를 함께 나누고 공감대를 형성하는 것으로 친밀감을 다진다. 문제 해결점을 찾기 위해서 말을 하는 것이 아니라, 입 밖으로 말하는 것만으로도 그 문제에서 벗어나 한시름 놓을 수 있기 때문에 이야기를 한다.

자신의 이야기가 받아들여지고 공감을 얻는다고 느껴지면, 보살핌을 받고 있는 듯한 느낌을 갖게 되고 자신이 안고 있는 문제가 가벼워졌다고 느낀다.

### ☞ 아내가 갖는 오해는 이것!

"뭐가 잘못됐어요? 대체 무슨 일이에요? 말 좀 해봐요."

남편이 혼자만의 시간을 가지려 하면 아내는 남편이 스트레스를 받고 있다는 것을 아내가 알아채고 무언가 물어봐 주기를 바란다고 오해한다. 때문에 꼬치꼬치 묻게 되고, 피하려는 남편의 반응에 화를 낸다. 이는 혼자 있고 싶어하는 남자의 습성을 이해하지 못한 것에서 나오는 오해. 자신을 신뢰하지 않아 걱정거리를 털어놓지 않는다고 생각하거나, 자기 때문에 화가 났다고 생각하거나, 자신이 알면 화를 낼까 봐 이를 숨기기 위함이거나, 이기적이고 게으르며, 자기와는 맞지 않는 사람이라고 오해하며 신경질적으로 변한다.

남편은 직장에서 가정으로 돌아와 적응하는데 시간이 필요하다. 이를 인정하지 않고 아내가 이야기하자거나 다정하게 대해 달라고 졸라댈수록 남편은 달아나 편히 쉬고 싶어한다는 점을 기억하자.

# 8. 은퇴 설계

우리나라는 지난해에 GDP 세계 10위, 수출 세계 7위를 기록했다. 당연히 나쁘지 않다. 조금 크게 보면 우리 모두 피땀 흘려 산업화에 성공한 결과가 잘 이어지고 있는 것이며, 최근에는 일본과의 국가경쟁력 격차도 줄어든 것으로 나타나 위안을 더하기도 한다.

그러나 거시지표와 국민들의 삶의 수준이 전혀 별개라는 데 문제가 있다. 그 중에서도 심각한 것은 우리나라 노인들의 삶의 실태다. 지표 중에 '빈곤율'이라는 것이 있다. 여기서 '빈곤'이라는 것은 소득이 중위소득의 절반 이하에 해당된다는 것이니 사실은 무지하게 가난한 것인데, 우리 사회 전체 빈곤율이 14%인 데 비해 우리나라 노인빈곤율이 50% 정도로 나타난다. OECD 전체 평균은 노인빈곤율은 14%, 사회 전체는 12%정도 된다.

주머니에 가진 게 없으면 선뜻 친구 만나기도 쉽지 않고, 밥 한 끼 사기는 더욱 힘든 게 사실이다. 누구나 위축될 수밖에 없을 것이다. 그 결과가 OECD 국가 중 우리나라 노인자살률 1위로 이어진다. 지역별로 보면 강원도는 더 열악해서 전국 17개 시·도 중 2위를 보여주고 있다. 혹자는 이 원인을 빈곤이 아니라 관계성의 부족에 있다고 설명하는데, 관계성이 약한 이유가 바로 빈곤 때문 아니겠는가.

은퇴가 좋은 이유는 자유, 시간이 있고, 또 그 때문에 평소 하고 싶었던 것들을 실행할 수 있기 때문이다. 이른바 자기결정권을 가지고 꿈꾸던 자신의 인생을 사는 것이다. 그러나 우리와 같은 상태에서는 은퇴자들이 자신의 삶을 찾겠다고 나서기 어려울 것이다. 더욱이 지금 은퇴하는 베이비부머 그 선배들 대부분 수출, 경제 대국인 우리나라의 오늘을 있게 한 산업화의 역군들이다. 사회와 자녀를 위해 한 몸 불태운 그들이라는 것을 아무도 부정할 수 없다. 우리 국민과 사회가 은퇴자, 노인의 문제를 우리 사회의 문제화하고 해결을 위해 공론을 모아야 한다. 그래야 건강한 사회다. 그러러면 어떻게 해야 할까.

첫째 제대로 된 인식이 있어야 한다. 수출, 국부, 재정, 재정건전성의 목적은 무엇일까. 국민이다. 동시에 국가의 목적이기도 하다. 멋진 삶은 고사하고 버닝아웃 후에 위기로 내몰린 이 땅의 은퇴자, 노인들을 구해야 한다는 너와 나의 인식이 필요하다.

둘째 제도를 고쳐야 한다. 이렇게 노인들이 가난한 이유는 그들의 나태에 있는 것이 아니라 연금제도, 재정 운용 등 국가경제시스템의 모순에 있다. 어느 사회, 어느 나라나 은퇴자의 주소득은 연금소득일 수밖에 없다. 제도의 목적은 국민의 건강한 삶에 있어야 한다. 국민연금제도, 퇴직연금제도, 노인복지제도, 다 본래의 뜻에 맞게 고쳐야 한다.

셋째 은퇴자의 삶의 중심은 자유여야 한다는 또 다른 인식이 필요하다. 모처럼 자신과 가족을 위해 일할 수 있는 기회를 얻어 앞만 보고 달려왔는데, 또 그렇게 빡빡한 인생을 살았기에 이 땅의 산업화가 가능했던 것인데, 그들이 은퇴 후에 자의 혹은 타의에 의해 다시 일터를 찾아 나서야만 한다는 데는 문제가 있다. 목적이 분명해야 은퇴자, 노인들의 삶 뿐 아니라 우리 사회 전체의 모습이 좋아질 수 있을 것이다.[119]

## 가. '내리사랑' 방식도 바뀌어야

부모의 자식에 대한 사랑을 "내리사랑"이라고들 한다. 되돌려 받기를 바라지 않는 자녀에의 헌신적 사랑. 그건 통계적으로도 확인된다. 그런데 자녀들은 부모 부양에 대해 어떻게 생각하고 있을까?

(그래픽 제공 사유진 이투데이 기자)

100세 장수시대여서 금전적 노후 준비는 날로 더 필요해지지만, 현실은 녹록지 않다. 그런 와중에서도 자녀들에 대한 경제적 지원은 우선이다. 자녀 결혼자금 염출도 노후 자금으로 모아둔 돈을 사용하는 데 망설이지 않는다.

삼성생명 인생금융연구소에 따르면 자녀 결혼 비용으로 예금이나 적금을 활용하겠다는 의견이 93.2%로 가장 높다. 빚을 내서 돕겠다는 의견도 12.3%이고 퇴직금 활용 11.2%, 개인연금이나 보험을 해약해 쓰겠다는 의견도 5.3%다. 사는 주택을 처분하겠다는 의견이 5.0%, 주식 등 유가증권 매각도 10.6%로 나타난다. 자신들의 노후생활비로 준비한 것들이다. 내리사랑의 통계적 증명인 셈이다.

그에 비해 자녀 세대의 생각은 어떨까? 통계청 조사에 따르면 자녀의 부모 도움은 2008년 52.9%에서 2018년에는 44.4%로 급격히 낮아졌다. 자녀들의 생활이 쉽지 않아서일 터이고 가족 해체 등 사회적 변화의 한 단면으로 볼 수 있다. 자녀 세대의 48.3%는 부모 부양을 정부와 사회가 책임져야 한다고 생각하고 있으며 19.4%는 부모 스스로가 해결해야 한다고 여기고 있다. 가족이 책임져야 한다는 의견은 26.7%에 불과하다. 당연한 결과이지만, 고령자 부모들의 생활비 마련 방법이 과거 자녀들의 지원 형태에서 벗어나 스스로 해결해 가는 추세다. 부모 스스로 해결한다는 응답이 2008년의 46.6%에서 2018년엔 55.6%로 높아졌다.

100세 장수시대, 노후준비를 누가 해야 할지가 뚜렷해진다. 가족에게 의지할 생각은 아예 버려야 하고 스스로 살아갈 궁리를 해야 한다. 그렇다면 자녀 결혼자금 등은 어떻게 할 것인가? 비용이 많이 드는 현재까지의 방식을 과감하게 버려야 한다. 또 어린 시절부터 독립심을 키워주는 교육도 필요할 테고. 내리사랑 방식도 바꾸어야 한다. 자녀들이 손을 댈 수 없는 개인연금이나 주택연금 등을 준비해둬야 하고, 이래저래 노인세대의 내리사랑 방식은 일대 전환기를 맞고 있다.[120]

## 나. 은퇴를 앞둔 50대 남성들의 고민

100세 장수 시대를 살고 있으나 은퇴 연령은 오히려 낮아져 사회문제로 떠오르고 있다. 은퇴를 앞둔 50대 남성이 그 중심에 있다. 어느 강연장에서 만난 정희준(가명 55세) 씨로부터 그들의 고민을 확인할 수 있었다.

정년퇴직은 얼마 남지 않았으나 노후준비는 제대로 되어 있지 않은 상황이다. 앞으로 목돈을 써야 할 일이 한둘이 아닌데 가장으로써 그 자금을 어떻게 마련해야 할지를 걱정하고 있었다. 자녀의 대학교 등록금과 결혼 자금이 대표적인 문제이고 미취업 자녀의 취업준비금도 그중 하나다.

방지턱에 가느다란 밧줄로 묶어둔 낡은 의자, 현재 일자리를 좀 더 붙들고 싶은 50대 남성의 심리를 표현해 보았다(사진 변용도 동년기자)

삼성생명 인생금융연구소가 발행하는 "머니in라이프" 자료에 따르면 그 고민이 이해된다. 부모와 함께 사는 성인 자녀의 미취업자 비중이 그렇다. 생활비를 부모가 지원해야 하는 가족으로, 25세 이상은 36.8%이고 19세 이상으로 넓혀보면 47.3%다. 은퇴하지 않은 50대 남성 4명 중 1명은 25세 이상 성인 자녀에게 월 47만 원을 지원하는 것으로 조사됐다.

그리고 대학 등록금도 큰일이다. 사립대학교는 평균 743만 원으로 월 62만 원이 들어가는 셈이다. 생활비를 포함하면 100만 원을 훌쩍 넘긴다.

목돈이 들어가는 자녀 결혼 비용도 마련해야 한다. 자녀를 결혼시킨 부모를 대상으로 조사한 결과를 보면 아들의 경우는 9천373만 원, 딸은 4천167만 원을 사용했다. 2016년에 발표된 자료니 최근의 전셋값과 임대료, 주택 가격을 고려하면 더 늘어날 수밖에 없다.

어떤 자금을 활용하고 있을까? 충분하지 않은 노후 자금을 사용할 수밖에 별다른 도리가 없는 현실이다. 대체로 퇴직금이나 개인연금 그리고 소유 주택을 처분하여 마련한다. 50대 3명 중 1명꼴로 같은 방법을 썼다.

반면에 50대 남성의 소득은 어떻게 변화할까? 40~64세 대상으로 한 통계청의 2017년 조사에서 50대 초반을 정점으로 소득이 많이 줄어들고 있다.

이러한 상황 등이 은퇴를 앞둔 50대 남성을 고민에 빠져들게 한다. 게다가 평균 수명 연장으로 은퇴 후의 기간이 길어져 고민은 더욱 깊어진다. 재취업과 창업이 쉽지 않을뿐더러 건강도 당연히 더 나빠질 것이므로 의료비 걱정까지 보태진다.

자녀의 독립을 부모가 전적으로 책임질 수도 없는 노릇이고 쓰임새를 최소화하는 것도 한계가 있으니 이래저래 고민이 깊어가는 불쌍한 예비 노인, 50대 남성들이다.[121]

## 다. 지혜로운 아버지가 되기 위한 비결

요즘 여러 가지 이유로 가장의 어깨가 많이 무겁습니다. 가장으로서 경제책임자의 역할을 위해 열심히 직장을 다니면서 집안일과 육아에도 많은 관심을 기울여야 하기 때문입니다. 이렇게 쉽게 지칠 수 있는 가장들이 어떻게 하면 그 가장의 역할을 기쁨으로 받아들이고, 힘을 낼 수 있을지 독자 여러분들과 이야기해 보고자 합니다.

첫째 아버지와의 관계를 점검해야 합니다.

어린 시절 아버지의 이런 모습만은 닮지 않겠다고 다짐했던 순간들 기억나시나요. 그런데 결혼을 하고 아이들을 키우다보면 자신의 아버지와 판에 박은 듯 똑같은 행동을 하는 자신을 보고 놀라는 동시에 자책하는 경우가 있습니다. 이렇게 가장들은 자신의 아버지로부터 좋은 면과 나쁜 면 둘 다 이어받게 됩니다.

따라서 우리는 아버지의 긍정적인 영향만을 이어받아야 합니다. 이를 위해 아버지의 부정적인 영향에 대해 어떤 방식으로든 해결해야 할 필요가 있습니다. 제가 다니던 아버지 학교에서는 아버지에게 편지를 써서 아버지의 부정적인 면을 용서하라고 하는데, 이 또한 좋은 방법인 듯합니다.

둘째 아내와의 관계를 점검해야 합니다.

어린 시절 어머니의 힘이 강한 가정에 놀러갔을 때 어딘지 불편한 마음 한번쯤은 느껴보셨을 것입니다. 특히 요즘 시대에는 가정의 주도권을 어머니가 쥐고 있는 경우가 더 많지요. 이렇게 아버지가 가장의 역할에 소극적이고 아내에게 그 권위를 넘겨주는 경우 그 가정은 어딘지 모르게 불안해 보입니다. 또 부부간 의사결정과정에서 한 목소리를 내지 못하는 경우에 자녀들은 혼란을 느끼고 불안해지기 쉽습니다.

지혜로운 아버지가 되기 위해, 가정에서 부부가 한 목소리를 내기 위해 우리 가장들은 아내와의 관계를 점검해야 합니다. 과연 가장들은 아내의 목소리에 귀를 기울이고 있는지, 또 아내들의 여성성이 훼손되지 않도록 노력하고 있는지 돌아보아야 할 때입니다.

셋째 자녀와의 관계를 점검해야 합니다.

친구 같은 아버지도 좋지만 아버지는 자녀 양육에 있어 분명한 기준을 가지고 자녀를 대해야 합니다. 또한 자녀와의 소통의 시간을 확보해야 합니다.

저도 최근에 자녀가 친구들과 밤 늦게까지 통화하는 문제로 장시간 애기를 한 사실이 있습니다. 자녀와 애기를 하던 중 아버지가 집에서 애기도 잘 하지 않고, 또 주말에도 개인 취미활동 하면서 자녀와 시간을 갖지 않기 때문에 친구들과 장시간 통화를 하게 되었다고 불만을 애기하는 것을 듣고 정신을 바짝 차리게 되었습니다. 아무리 자신의 일과 취미생활이 중요하다고 하더라도, 우리는 가장으로서 가정의 질서를 만드는 가장의 역할을 결코 경시해서는 안 될 것입니다.

자동차를 운전하는데도 면허시험이라는 관문을 통과해야 하는데 우리 가장들은 가정이라는 소중한 공동체를 이끌어가기 위해 어떠한 노력을 해 왔는지 돌아보아야 합니다. 그런 측면에서 저도 이번에 출석하고 있는 교회에 개설된 파더와이즈라는 강의를 통해 지혜로운 아버지가 되기 위한 작은 노력을 하고 있습니다. 가장인 독자 여러분들! 아버지의 긍정적인 영향은 받아들이고, 부정적인 영향은 용서를 통해 끊어내시기 바랍니다. 또한 아내가 나만큼 소중하다고 생각하며 아내의 얘기에 마음을 열고 들어주십시오. 마지막으로 자녀들과의 절대적인 소통의 시간을 확보하시기 바랍니다.

우리 가장들은 아버지, 아내, 자녀와의 관계가 좋아질 때 가정의 질서를 바로세우는 힘을 낼 것입니다. 가정의 질서를 바로 세워 웃음꽃이 활짝 피는 행복한 가정을 만들어 가시는 지혜로운 아버지 되시기를 진심으로 응원합니다.[122]

## 라. 은퇴설계를 위한 합리적 소비

과연 은퇴자금이 얼마나 있으면 될까? 10억이다, 20억이다, 이야기가 무성한데 감을 잡기 힘들다. 연구소를 경영하고 강연을 하면서 가장 많이 받는 질문 중 하나다. 그리고 답하기가 가장 모호한 질문이기도 하다. 사람마다 가치관과 상황, 형편이 다 다르기에 얼마가 필요하다고 딱 잘라서 말할 수 없기 때문이다.

이처럼 얼마가 필요한지는 획일적으로 말하기 힘들지만, 합리적 소비는 은퇴 후 중요하다고 딱 잘라 말할 수 있다. 합리적 소비는 은퇴를 준비하는 시기에도 큰 역할을 하고, 은퇴 후 생활에서도 매우 의미가 크다. 그러니 합리적 소비를 습관화 하는 게 은퇴 설계의 중요한 몫이 될 수 있다. 근검 절약을 통해서 노후 자금을 마련할 수도 있고 노후 생활비도 줄일 수 있다는 의미다. 그런데 근검 절약이라고 이야기 하면 뭔가 희생하고 고생하는 느낌이 든다. 하지만 합리적 소비 습관은 그보다는 큰 의미라 말할 수 있다. 단순히 사치를 하지 말자는 뜻은 아니기 때문이다.

은퇴 설계를 위한 합리적 소비 습관을 갖기 위해서는 소비에 대한 철학과 원칙이 필요하다. 자녀 교육비에 가이드라인을 분명히 한다 거나, 주변 이목이나 자존심을 고려하지 않고 주거비가 많이 드는 지역을 벗어나는 것 등은 철학과 원칙에서 나온 합리적 소비 생활의 하나라 말 할 수 있다.

합리적 소비를 몸에 익히면 여러 가지가 유리하다. 본질적으로 돈에 구애되지 않는 가치 중심의 삶을 살 수 있다. 그리고 소비를 줄여 은퇴자금을 저축하기에 유리하다. 은퇴 후에도 생활비를 절감해서 자금 운용의 여유를 둘 수 있다. 무작정 아끼는 것이 아니라 철학과 원칙 아래 단순함과 의미를 추구하는 합리적 소비를 몸에 익히면 생활비가 덜 들면서도 행복한 생활을 할 수 있다.

합리적 소비가 중요한 의미가 있지만 이것이 결심한다고 해서 하루아침에 되지는 않는다. 완전히 몸에 익히려고 훈련하는 것이 중요하다. 저축에 대해서 생각하 듯이 소비에 대해서도 한 번쯤 돌아보면서 의미 없는 소비, 무리한 소비, 남의 시선 때문에 일어나는 소비가 없는지 짚어보면 도움이 될 것이다. 그리고 이것을 조정하면서 건전하고 합리적인 소비 습관을 익히면 좋을 것이라 본다.

그리고 은퇴 자금에 대한 공포심을 버리고 걱정으로 에너지를 소모하지 않기를 바란다. 언론을 통해 우리 사회에 은퇴 공포가 크다는 기사를 접할 때마다 안타까움을 느낀다. 현실도 현실이지만, 걱정으로 해결할 수 있는 일은 없기 때문이다. 현실을 냉정하게 보되 긍정적인 설계를 하는 것이 지혜롭다. 큰 금액의 총액 목표보다는 매월 생활비 기준으로 목표를 세우는 것이 좋겠다. 이때 합리적 소비 습관을 익혔다면 생활비를 절감하는 데 큰 도움이 될 것이다. 직업 활동을 통한 수입, 국민연금 등의 공적연금, 퇴직연금 등 현재 준비하고 있는 것들을 합쳐서 부족한 부분이 나오면 그 차 액을 마련하는 게 현실적 목표가 될 것이다. 이렇게 더 벌고 덜 쓰면서 내가 가진 것에 만족 하도록 훈련하는 게 정신적 측면에서 가장 훌륭한 은퇴 설계라 말할 수 있다. 현실적인 해결책도 될 수 있다.

사람마다 습관이 있다. 유익한 것도 있고 나쁜 것도 있다. 이것이 세월을 지나서 쌓이면 엄청난 결과를 가져오게 된다. 은퇴설계를 할 때에도 습관 관리가 중요한 부분이다. 오래된 습관은 그 사람의 일상을 지배한다. 잘못된 습관을 극복하지 못해서 은퇴 후에 고생하는 사람도 있고, 반대로 그 습관의 덕을 톡톡히 보는 사람도 있다. 합리적 소비를 나의 습관으로 만들어보자. 남 다른 은퇴 설계의 결과가 있을 것이다.[123]

그는 최근 수필 창작 동아리에 가입해 에세이를 쓰고 있다. 올해 3월부터는 1주일에 2번씩 초등학생들에게 시를 가르치고 있다. 그에게 작은도서관의 의미를 물으니 이런 대답이 돌아왔다.

## 마. 은퇴 후 50년 어떻게 살 것인가

주변의 50~60대 지인들과 은퇴 후 삶에 대해 얘기를 나눠보면 주요 관심사는 세 가지로 모아진다. 첫째는 노후를 대비해 재산은 얼마나 모아야 하나, 둘째 적당한 은퇴 시점은 언제인가, 셋째 은퇴 후 무엇을 할 것인가이다. 그런데 이 세 가지는 모두 제2의 인생을 대하는 태도에 달려 있다고 본다.

제 2의 인생, 또는 인생 2막 설계도는 은퇴자의 수만큼이나 다양하겠지만 남은 삶을 대하는 태도는 크게 두 가지로 나뉘는 것 같다.

먼저 이제부터는 자유롭게 살고 싶다는 쪽이다.

"100세 시대라고 하지만 건강하게 살 수 있는 시간은 앞으로 20년 안팎이다. 언제 죽을지 누구도 알 수 없다. 내가 죽고 나면 세상이 천지개벽한들 무슨 의미가 있나. 일만 하다 가기에는 인생이 너무 허무하다. 적게 먹더라도 이젠 내 식대로 살고 싶다."

30여년간 가족을 위해 일한 이들은 이제 누구의 눈치도 보지 않고 오롯이 '나'로 살고 싶다고 말한다. 내일을 위해 더 이상 '오늘'을 저당 잡히고 싶지 않다는 것이다. 더이상 한 회사의 직원, 누구의 아들·딸, 누구의 아버지·어머니, 삼촌·조카가 아닌 개인 아무개로 살고 싶다.

하지만 그 반대편에 있는 이들은 말한다.

"노후가 잘 준비된 사람이 얼마나 되나. 경제활동은 할 수 있는 한 하는 게 좋다. 은퇴 이후에도 소일거리가 있어야 한다. 매일이 일요일인데 어떻게 먹고 놀고만 살 수 있나. 일이 있어야 휴식의 의미가 있고, 적당히 일이 있어야 건강도 잘 유지할 수 있다."

은퇴자라고 해서 당장 '밥벌이의 지겨움'에서 벗어날 수 없다고 이들은 말한다. 경제적 자유가 없는 시간부자의 삶은 건조하고 공허하다는 주장이다. TV 프로에 나오는 '나는 자연인이다'는 아무나 할 수 없다. 나이 들어 외로움을 자초하는 건 정신 건강에도 해롭다고 조언한다.

그럼 현실은 어떤가. 동년배 중에는 이미 정리해고나 명퇴, 자발적 퇴사 등으로 다니던 직장을 그만둔 이들이 많다. 하지만 마냥 백수로 사는 사람은 드물고 대개는 어떤 형태로든 경제 활동을 한다. 각종 통계를 봐도 60~70대까지 일하는 이들이 여전히 많다.

최근 인구 통계에 따르면 우리나라 전체 인구 중 50대의 비중이 가장 높다. 50대 인구는 859만314명(16.6%)으로 전 연령 중 가장 많다. 다음으로 40대(15.9%), 60대(13.5%) 순이다. 필자도 50대 중반을 넘어섰다. 만약 60살에 퇴직한다고 가정할 때 국민연금을 받기까지 소득 공백이 몇 년 있지만, 생활의 눈높이를 낮춘다면 어찌어찌 살 수 있을 것 같기도 하다.

10년 뒤에는 50대 인구가 대한민국 전 인구의 절반을 넘게 된다. 그땐 인구 절반 이상이 은퇴 후 50년을 어떻게 살지 진지하게 고민해야 한다.

은퇴 후 50년 어떻게 사는 게 잘 사는 것일까. 지금까지 그랬던 것처럼 은퇴 이후에도 이상과 현실, 명분과 실리 사이 어느 지점에서 또다른 삶의 형태를 선택해야 할까. 인생 반환점을 돌고 나서야 '사는 게 별 게 없다'는 걸 깨달은

베이비붐 세대들. 지나온 삶을 되돌아 보면서 인생의 교훈을 얻으려 하지만 여전히 정답을 알 수 없다.

다만, 파릇파릇했던 청춘은 지났으되 세상을 위해 가치 있는 일을 하고자 했던 옛 꿈들이 남아 있다면 어떻게 살든 제2의 인생은 말랑말랑하지 않을까.[124]

## 바. 노후에 '경제적 자유' 누리려면 얼마 모아야 할까

많은 사람이 부자가 되고 싶어 합니다. 부자가 되는 방법에 관해 써 놓은 책도 참 많습니다. 『부모로부터 상속을 받아라』, 『부유한 배우자를 만나라』, 『유망한 아이템으로 사업을 하라』, 『좋은 주식을 사서 대박을 내라』, 『부동산 투자로 인생을 바꿔라』.

좋은 부모를 만나거나 부자와 결혼하는 것은 대부분 이미 틀린 일이고, 이런저런 공부도 해 보고 시도도 해 보지만 모두 참 쉽지 않습니다. 투자 전문가를 만나 성공 스토리를 듣고, 책과 강의를 읽고 들으면서 좋은 주식을 선택하며, 좋은 투자 섹터를 발견해 매수 타이밍을 찾는 것이 결코 쉬운 일이 아님을 다시 깨닫습니다. 많은 공부를 해야 하고 늘 정보에 민감해야 하고 돈의 흐름을 놓치지 말아야 하는 것이 전업 투자자가 아닌 상황에서 결코 쉬운 일이 아니라는 사실을 확인합니다. 하지만 포기할 수는 없습니다.

우리는 경제적 자유를 이룰 수 있을까요? 조금 시간이 걸리긴 하지만, 누구나 경제적 자유는 이룰 수 있습니다.

부자의 기준은 사람마다 다릅니다. 어떤 사람은 10억원이, 어떤 사람은 100억원이 있어야 한다고 생각합니다. 10억원을 벌어 부자가 됐다고 생각하다가 20억원, 50억원 부자를 만나면 초라해집니다. 그랜저를 샀다가 벤츠를 보고 왜소해집니다. 그래서 목표를 세우거나 꿈꿀 때 부자를 꿈꾸지 말고 경제적 자유를 기준으로 삼아야 한다는 말이 나옵니다.

'생계를 유지하기 위해 돈을 벌지 않아도 되는 상태'를 경제적 자유라고 합니다. 현재 한 달에 300만원을 쓴다면 연간 3600만원, 500만원을 쓴다면 6000만원 수입이 필요한 거죠. 부동산 임대수입일 수도 있고, 주식 배당일 수도 있고, 저작권 수입일 수도 있습니다. 항목이 무엇이건 월 생활비를 감당할 수 있는 수입이 있다면 경제적 자유를 이룬 것이죠.

우리는 경제적 자유를 이룰 수 있을까요? 조금 시간이 걸리긴 하지만, 누구나 경제적 자유는 이룰 수 있습니다. 기막힌 아이템을 찾아 사업을 하거나 대박 투자 성공이 아니더라도, 그리고 부유한 배우자를 만나지 않더라고 경제적인 자유를 이룰 수 있습니다.

### ☞ '경제적 자유'를 이루는 세 가지 방법

무슨 일이든 단기간에 갑자기 하려고 하면 늘 부작용이 생깁니다. 충분한 준비 없이 시작한 사업이 실패할 수도 있고, 고수익을 꿈꾸는 무리한 투자에 실패하여 손실을 볼 수도 있습니다. 천천히, 누구나 만들어갈 수 있는 방법을 생각해 봅니다. 평범한 가정을 상정해봤습니다.

이 가정의 수입은 월 500만원입니다. 매월 400만원 정도를 생활비로 쓰고, 한 달에 100만원씩 은행에 저축하고 있습니다. 이 가정은 경제적인 자유를 만들 수 있을까요? 할 수 있는 것은 무엇일까요? 이 가정보다 수입이 훨씬 많은 가정도 있고, 이 가정이 부러운 가정도 있겠지요. 뭐 나름 그냥 평범한 가정입니다. 이 가정이 경제적인 자유를 이루겠다고 마음을 먹고 변화를 만들어 낸다고 합시다.

먼저 부업을 하든, 아르바이트를 하든 가족이 힘을 합쳐 50만원을 더 법니다. 그러면 수입이 550만원으로 늘어납니다. 그리고 지출을 조금 줄입니다. 소비를 50만원 줄여 350만원만 씁니다. 그리고 이자가 연 2%도 안 되는 저축을 그만두고 투자를 시작합니다. 투자 수익을 6% 정도로 잡으면 어떤 변화가 만들어질까요?

저축한 돈을 쓰지 않고 계속 은행에 저축을 해 나간다고 했을 때 10년 뒤에 1억2000만원, 20년 뒤에 2억4000만원, 30년 후에 3억6000만원, 40년 뒤에는 4억8000만원이 만들어집니다. 투자 결과는 복리로 계속 저축을 한다고 했을 때 40년 뒤에 7억원 좀 넘는 돈을 모으게 됩니다. 7억원으로 경제적인 자유를 이루는 것은 불가능하죠.

저축액을 일단 두 배로 늘린다고 칩니다. 조금 더 벌고 조금 더 아껴 매월 투자액을 늘리는 것이 먼저입니다. 그리고 은행에 저축하지 않고 6% 정도 수익을 얻는 투자를 하면 결과가 어떻게 달라질까요?

10년 뒤에는 3억원, 20년 뒤에는 9억원, 30년 뒤에는 20억원, 40년 뒤에는 40억원 넘는 돈이 됩니다. 시간이 좀 걸리긴 하지만 생각보다 큰돈이 모입니다. 이 정도면 경제적인 자유가 가능할 것 같습니다. 매년 5% 내외의 금액을 인출하고 나머지는 투자해서 계속 자산을 불려 나갈 수 있습니다.

꼭 40년 후의 일이 아니라, 10년 뒤에 1억3000만원을 가지고 있는 것과 3억2000만원을 가지고 있는 것은 조금 다릅니다. 30년 뒤에 5억원이 안 되는 돈을 가지고 있는 사람과 20억원이 조금 넘는 정도를 가지고 있는 사람은 삶이 다르죠. 문제는 6% 수익을 계속 얻을 수 있느냐는 것이죠.

세 가지 포트폴리오를 구성해 적용해 봤습니다. 매년 같은 금액을 1980년부터 40년 동안 계속 투자하면서 연 1회 리밸런싱을 하는 것으로 가정해 봤습니다. 전액 미국 10년 만기 국채에 투자하면 6.8%, 미국 10년 만기 국채 70%·미국 대형주 30%로 투자하면 8.5%, 미국 10년 만기 국채 50%·미국 대형주 50%로 투자하면 9.4%로 수익을 거둘 수 있는 것으로 나옵니다. 6%는 결코 과장되거나 무리한 수익이 아닙니다.

노력, 시간, 인내가 경제적 자유를 만들어 줍니다. 조금 더 벌고, 조금 더 지혜롭게 아껴 쓰고, 조금 더 효과적으로 불리면 됩니다.

물론 이 결과는 과거에 적용해 본 것이기 때문에 반드시 이런 성과가 난다고 장담할 수는 없습니다. 하지만 단기간에 주식 시장에서 투자 성과를 보려고 하면 투자실패를 경험하고 원금 손실을 볼 수 있지만 장기적인 측면에서 안정성을 추구하면서 투자하더라도 낮지 않은 수익, 현재 저금리 상황에서는 상상하기 힘든 수익을 얻을 수 있다는 것을 알 수 있습니다.

결국 노력, 시간, 인내가 경제적 자유를 만들어 줍니다. 조금 더 벌고, 조금 더 지혜롭게 아껴 쓰고, 조금 더 효과적으로 불리면 됩니다. 하지만 조금 더 벌려고 하는 노력은 늘 '그 정도 번다고 인생이 달라지냐' 는 질문에 무너집니다. 조금 더 아끼려는 노력은 '티끌 모아 태산 안 돼. 티끌은 훅 불면 날아 가' 라는 비웃음에 무너집니다. 10년, 20년은 오지 않을 것 같아 장기투자라는 단어는 재미가 없습니다. 그래서 우리는 부자와 경제적인 자유와 점점 멀어집니다.

천천히 누구나 할 수 있는 방법으로, 과한 욕심이 없이 투자한다면 생각보다 높은 수익을 장기적으로 얻을 수 있습니다. 그 결과를 많은 사람이 누릴 수 있으면 좋겠습니다.[125]

## 사. "은퇴는 이동하는 과정일 뿐, 은퇴라는 단어를 죽여라"

베이비부머 1세대(1955~63년생)의 은퇴가 가속화하고 있다. 특히 신종 코로나바이러스 감염증(코로나19) 사태 이후 희망퇴직 등이 이어지면서 올해 연말이면 예년과 대비해 훨씬 많은 사람들이 은퇴대열에 들어설 것으로 점쳐진다.

이미 국내 항공업계 등 코로나19 사태의 직격탄을 맞은 기업들은 유·무급휴직 등이 실시되고 있다. 하지만 코로나19가 2차 대유행을 하거나 만성적인 사태로 진행될 경우 정상적인 직장 복귀가 보장될 수 없다.

더욱이 700만명에 달하는 베이비부머외에도 출생률이 높았던 베이비부머 (1968~1974년) 2세대까지 이어지면 총 1,600만~1,700만명으로 전체 인구의 30%를 넘어간다. 이들도 향후 10년 전후로 은퇴를 하면 노년부양비율이 급등하면서 심각한 사회 문제가 될 수 밖에 없다.

그래서 65세까지 정년을 연장하는 방안이 정부차원에서 검토되고 있다. 60세 정년이 실시된 지 얼마 되지 않은 시점이라 기업부담 등의 문제로 난관은 있으나 초저출산율과 초고령화 시대를 극복하려면 다른 뾰족한 방안이 없다는 것도 사실이다.

최근 경제학박사이자 은퇴 연구 전문가인 김경록 미래에셋은퇴연구소장을 만나 은퇴를 대비한 마음가짐과 정년연장 등의 문제에 대해 애기를 들어봤다. 김소장은 은퇴를 두려워하지 말라고 충고했다. 그는 "은퇴는 여기서 저기로 이동하는 과정이라 생각하고 은퇴라는 단어를 그냥 죽여버려라"고 했다.

-은퇴를 앞둔 사람들은 뭐부터 준비해야 하나.

"우리가 20대에 대학을 마치고 대량취업을 하기 때문에 그때는 표준적인 길이 있었는데 이후 커리어패스(career path·경력경로)는 개인별로 다 상황이 다르다. 특히 주된 직장에서 퇴직 후에 걷는 길은 사람마다 천차만별이다. 문과 출신으로 대기업에 다니다 나와서 폴리텍 대학에서 전기설비 자격증을 취득해 아파트에서 야간에 근무하면 180만원 정도 받는다고 한다. 건물은 보통 24시간 대기를 해야 한다. 젊은 친구들은 연봉도 적고 밤에 근무하기도 어렵다. 그런 틈새 시장에서 일하는 분들도 있다. 감정평가사나 손해사정인을 하는 분도 있다. 자격증을 따면 틈새 시장을 노릴 수 있다. 월급이 박해 풀타임으로 하기 힘든 분야의 시장으로 들어가면 젊은 사람들과 충돌도 하지 않는다."

-막상 취업을 하려 해도 컨설팅 받을 곳이 마땅치 않다고 한다.

"우리나라는 취업 컨설팅 분야가 약하다. 베이비부머들이 이제 본격적으로 나오는데 시장도 형성되어 있지 않다. 비단 퇴직자들뿐 아니라 경력직으로 옮겨 다니는 분들도 많다. 정부 차원에서 컨설팅을 많이 하지만 사람들이 잘 모른다. 고용노동부, 서울시 등에서 일자리 센터를 마련해 놓고 정보는 많이 주지만 활용도는 높지 않고 지인들을 통해서 직장을 많이 구한다. 보다 근본적으로는 신중년에 대한 체계적인 재교육 시스템이 없다. 앞으로도 베이비부머 인력이 쏟아져 나오고 세상은 디지털로 변해 간다. 이 인력을 어떻게 생산적으로 쓸까에 대한 체계적인 고민이 있어야 한다. 하긴 청년 일자리도 아우성이다."

-베이비부머도 걱정이지만 1970년대생도 걱정이다.

"1972, 1973년생이 제일 많다. 110만명에서 120만명 태어난 것 같은데 1962, 1963년생이 피크였으나 조금 떨어졌다가 1967부터 1974년생까지 증가한다. 1955년부터 1974년생까지 길게 걸쳐있다. 1,600만~1,700만명으로 전체 인구의 33% 가까이 된다. 수치를 보고 걱정하는 것과 이걸 정말 심각하게 뼈저리게 느끼는 건 차이가 크다. 실제로 닥치면 대단한 문제가 될 것이다."

-어떤 해결책이 있을까.

"제일 걱정되는 게 노년부양비율이다. 노년부양비율이라는 것은 생산가능인구가 분모에 있다. 15세에서 64세다. 분자에는 65세 이상 인구가 있는데, 이 비율이 나중에 80~100%를 넘어 간다. 그런데 이건 형식적인 노년부양비율이고 실질적인 노년부양비율을 봐야 한다. 실질적으로 생산활동에 참여하는 사람이 얼마이며 65세 이상인 사람 중에 진짜 부양을 받아야 할 사람이 얼마인가.

65세 이상 인구 중에서 자립 비율을 높이면 실질적인 노년부양비율은 낮아진다. 예를 들어 65세 이상이 아니라 75세 이상만 부양하면 되도록 시스템을 바꿔 놓고 생산가능인구를 15~64세가 아니라 15~74세가 된다면 노년부양비율은 2040년 이후에도 지금 수준이 된다. 60대부터 퇴직을 많이 하는데 이 때부터 70대 중반까지 생산성을 어떻게 높이느냐가 노년부양비율의 핵심 문제다.

몇 가지 정도를 생각할 수 있다. 크게는 자산과 노동력으로 나누어 볼 수 있다. 우선 노인들이 가진 자산을 봐야 한다. 이 자산을 어떻게 소비로 연결하느냐다. 마찰이 적은 방법은 자발적으로 소비를 하게 하는 거다. 그러려면 이들이 뭘 원하느냐를 파악해야 한다. 의료라든지 관광이라든지 이런 쪽에 돈을 쓸 거다. 이런 쪽에 규제를 완화시켜 돈을 쓸 수 있게 만들어 줘야 한다.

두 번째는 자산 대부분이 부동산과 정기예금에 들어 있으니 수익률이 너무 낮다. 베이비부머들은 열심히 일해서 근로소득으로 자산을 축적했다. 그 자산의 운용효율성을 높이는 게 중요하다. 고령자들 자산을 4% 정도 운용수익률이 날 수 있는 자산으로 옮겨서 운용을 하면 정부가 덜 도와줘도 된다. 예를 들어 3,000조원에서 수익률을 1% 더 높일 수 있다면 매년 30조원이 더 생기는 셈이다."

-왜 3,000 조원인가.

"우리나라가 대략적으로 가지고 있는 개인 자산 규모다. 국민연금만 하더라도 700조원 수준이고 개인연금도 1,000조원, 정기예금도 대략 그쯤 되는 거로 알고 있다.

-일단 세대별로 해결하는 것이 좋을 것 같기는 하다.

"베이비부머 중 부자 노인이 먼저 가난한 노인을 돕고, 그래도 안 되면 젊은

층에게 손을 내밀어야 하는 그런 시스템을 만들어야 한다. 이 시스템의 핵심이 자산에 대한 과세다. 소득에 대한 과세가 아니다. 소득은 주로 젊은 층이 해당되고 자산은 고령자들이 들고 있다.

지금까지는 소득에 대한 과세가 모든 과세의 중심이었는데 앞으로는 자산에 대한 과세를 어떻게 할까를 고민해야 한다. 먼저 고령자간에 불평등을 해소하고 그래도 낙오되는 사람들은 젊은 층이 부양하는 게 그나마 세대간 동반성장을 할 수 있는 방법이다. 선노노(先老老) 후노소(後老少)이다.

또 고령자의 노동력, 즉 인적자산이 있다. 인적자산이 일자리다. 이걸 활성화해야 한다. 단순 근로직 말고 생산적인 곳에 투입하는 체계적인 커리큘럼이 필요하다. 디지털 사회로 급속하게 변화하는 데 적응해야 한다. 우리 베이비부머는 학습을 할 능력이 있다. 고령자에 대해 국가가 의무교육을 시키는 방법도 있다. 재취업뿐 아니라 노후의 삶, 자산 관리 등을 교육하는 것이다."

-일본처럼 정년을 65세이후까지 연장하자는 얘기가 나온다.

"퇴직자들에 직업 안정성을 높여줄 수 있는 가장 강력한 방법이 정년연장이다. 그런데 60세로 연장한 지 채 얼마 되지 않아 기업이 갖는 부담도 있다.

일본은 여러 가지 방식을 사용한다. 퇴직했다가 재취업하면서 임금 구조를 완전히 새롭게 바꾼다든지 하는 식이다. 노동시장만이라도 훨씬 유연하게 만들어야 한다. 우리 기업의 조직 체계가 수직 구조로 되어있는 것도 문제다.

이런 인프라가 갖춰지지 않은 상황에서 추진하면 결국 '하박국 효과'가 나올 수 있다. 성경 하박국에 이런 구절이 있다. '가진 자는 더 많이 가지게 될 것이고 가지지 못한 자는 빼앗겨서 어렵게 될 것이다.' 정년연장을 한꺼번에 하지 말고 국민연금을 한 해씩 늦춘 것처럼, 거기에 맞게 한 해씩 정년연장을 시켜 주는 안도 있다."

-일본은 정년연장 제도를 계속 유지할 수 있는 시스템인가.

"일본은 종신고용 경향이 강하다. 버블이 꺼지고 나서도 종신고용을 유지하려다가 불황이 오래 갔다. 성장률보다 근로자들에 대한 고용안정성이 중요하다고 본 것이다. 우리는 외환위기 때 노동법도 바꾸고 아웃소싱도 가능하게 해 노동시장이 확 바뀌었다. 비정규직 문제도 생겼다."

-은퇴를 앞둔 사람들이 준비를 해야 한다고 생각은 하는데 막상 제대로 준비를 하는 사람은 별로 없는 것 같다.

"세 가지 난관이 있다. 첫째 너무 많은 사람들이 쏟아져 나온다. 둘째 금리가 너무 낮다. 세 번째는 저성장 국면이니 일자리는 줄어든다.

일자리를 찾는 분들께 세 가지 정도를 말씀 드리고 싶다. 우선 전문가의 코칭을 받아 보라는 거다. 노후에 어떤 장점을 가지고 뭘 하고 살아가는 게 좋겠다는 걸 자기 시각으로만 보지 말고 제 3자가 평가하는 거다. 진단을 제대로 하는 것이 중요하다. 두 번째는 성 역할에 대해 고정관념을 갖지 말라는 것이다. 서비스업이 늘고 제조업이 줄기 때문이다. 여성이 하던 역할에서 남성이 할 게 없는가를 찾아봐야 한다.

세 번째는 빨리 취업을 하는 게 좋다. 부동산이나 자산을 거래할 때와 마찬가지다. 시장이 안 좋을 때는 파는 가격을 대폭 낮춰 거래를 성사시켜야 한다. 앞으로 베이비부머가 퇴직 전선으로 계속 나온다. 조금 조건이 안 좋더라도 빨리 선점하는 게 좋다.

자신에게 투자도 해야 한다. 자식에게는 돈을 다 쏟아 붓고 투자를 했지만, 정작 본인에게 투자는 안 한다. 전문가에게 배우는 게 실력을 늘일 수 있다."

-자산을 불리는 것도 중요한 것 같다.

"일단 자기자산을 다 긁어 모아 대차대조표를 만들어야 한다. 베이비부머는 자산의 70% 이상이 주택이다. 주택에서 현금흐름이 나오지 않는다. 주택에서 벽돌 하나씩 빼서 팔 수는 없다. 하지만 주택연금 제도를 활용하면 현금창출을 통해 노후소득을 보충할 수 있다. 베이비부머들이 국민연금을 150만~170만원을 받는다. 주택가격이 6억원이면 월 150만원에 국민연금 150만원을 보태면 월 300만원이다.

1988년부터 국민연금이 시작되었으니 베이비부머들은 거의 전체가 받을 수 있다. 주택을 활용하면 빈곤층으로 전락할 가능성은 별로 없다. 그리고 다른 금융자산은 수익률 4% 정도를 목표로 해서 자산 수명을 늘리는 게 좋을 것 같다."

-자산수명을 늘리라고 했는데 방법이 쉽지 않다.

"1% 수익률을 내는 서식지에서 4% 수익률을 내는 서식지로 옮기라는 것이다. 자산이 두 배 되는데 걸리는 기간을 따지자면 금리를 72로 나누면 된다. 금리가 12%일때 72로 나누면 6이다. 6년이면 자산이 두 배가 된다. 4%면 18년이 걸린다. 1% 면 72년이다. 지금은 예금금리가 0%대다.

그러니까 초저금리 구간에서는 자산 증식은 멈춘다. 거의 블랙홀에 빠지는 상태이기 때문에 4% 되는 정도 구간으로 반드시 자산 수명을 늘려야 한다. 목표를 잡으면 방법이 생긴다. 인적자본도 물적자산도 모두 회춘시키자는 거다.

매년 4%는 힘들지만 길게 보면 4%는 얻을 수 있다. 리츠라는 부동산 간접투자도 수익률이 5% 정도 된다. 또 국내 자산에서 일단 탈출해야 한다. 해외 주식도 있고 해외 부동산도 있다. 요즘은 전세계 자산을 소액으로 투자할 수 있다. 글로벌 자산을 가지고 있어야 한다.

그 다음에는 인컴(income·수입)형 자산이다. 주식은 변동성이 크니 겁이 난다. 채권은 금리가 너무 낮다. 리츠 같이 임대료를 배당해 주는 것도 있고, 배당 주식도 있다. 이런 식으로 노후에는 금융에서 월급을 받아야 한다.”

-앞 세대는 은퇴하더라도 자식들이 취직해 받쳐 줄 수 있었다. 그런데 지금은 자식들이 취직을 못하고 있다.

“일단 자녀들에게 부양을 받는다는 생각, 즉 ‘자녀 연금’은 전혀 없다고 생각하고, 있으면 보너스로 생각하는 게 좋다. 우리가 앞 세대는 모시고 뒷 세대로부터 부양을 못 받는 첫 번째 세대다. 국가가 국민연금이라든지 주택연금이라든지 이런 제도로 보조를 하고 있는데 이들 제도를 잘 활용하면서 각자도생하는 게 원칙이다. 세계적인 추세도 각자도생이다.”

-은퇴를 앞둔 사람들이 유념해야 할 것은.

“일단 너무 당황하거나 떨지 말아야 한다. 퇴직을 하면 우리가 젊을 때 사춘기를 겪듯 사추기를 겪는다. 일본에도 그런 소설이 많다. 그런 부분을 자연스럽게 넘겨야 한다. 흙탕물이 시간이 지나면 자연스레 맑아지듯이 서두르지 말아야 한다.

그리고 ‘다시 태어나면 이런 일을 꼭 할거야’라는 생각을 하지 말고, ‘하고 싶은 일을 인생 후반에 한 번 해 본다’라는 생각을 했으면 좋겠다. 100세 시대는 인생을 한 번 더 준 것이다.

불가에 이런 말이 있다. ‘부처를 만나면 부처를 죽이고 조사를 만나면 조사를 죽여라.’ 은퇴를 만나면 은퇴라는 단어에 집착하지 말라. 은퇴란 여기서 저기로 이동하는 과정일 따름이다. 우리는 인생에서 여러 번 은퇴를 한다. “은퇴를 만나면 은퇴를 죽여라.” [126]

## 아. 생물학자 최재천의 고령화 위기 돌파법

“복지혜택 젊은이 주고 노인은 싸게 일하자”

최재천(65)이화여대 에코과학부 교수는 우리나라를 대표하는 생물학자다. 하버드대 대학원에서 박사학위를 받고 미시간대, 서울대 교수를 거쳐 50대에 이화여대 석좌교수가 됐다. 민벌레, 개미, 까치, 긴팔원숭이 등 여러 동물의 생태를 연구하며 세계적 명성을 쌓았다. 그의 저서 ‘개미제국의 발견’은 미국에서 베르나

르 베르베르의 소설 '개미'보다 더 많이 팔렸다. 과학 분야 저명 출판사 앨스비어는 최근 나온 '동물행동학백과사전 개정판' 총괄 편집장을 최 교수에게 맡겼다.

이런 최 교수가 요즘 관심을 갖고 분석 중인 생물 종(種)은 '인간'이다. 그는 "생태계에서 번식을 멈춘 뒤 수십 년을 더 사는 동물은 인간뿐이다. 번식을 스스로 자제하는 동물도 인간밖에 없다. 생물학자로 동물개체군 변동을 연구하다 이 현상에 관심을 갖게 됐다"고 밝혔다.

심각한 사회문제로 떠오른 저출산 고령화 문제를 생물학자의 관점에서 연구하고 있다는 뜻이다. 3월 초 최 교수 연구실을 찾은 건 이 때문이다. 우리나라는 최근 세계에서 가장 빠른 속도로 고령화되고 있다. 대법원은 2월 21일 육체노동 정년을 만 65세로 올렸다. 1989년 만 55세에서 만 60세로 올린 뒤 30년 만의 일이다. 먼저 이에 대한 의견부터 물었다. "평균수명이 점점 길어지는 상황에서 정년 5년 늘린다고 문제가 해결될까"라는 회의적 답이 돌아왔다.

### ☞ 인간 수명 120세 돌파 후의 미래

"지금까지 인간 수명의 한계는 120세 정도로 여겨졌다. 진화생물학적으로 그 이상은 어렵다고 봤다. 그러나 과학 연구가 활발히 진행되면서 유전자 단계에서 노화를 막는 약물 개발이 초읽기에 들어갔다. 그런 약이 생산, 판매되면 앞날이 어떻게 될지 아무도 모른다. 일단 120세를 넘기는 게 어렵지, 그 다음엔 200세, 300세, 500세까지 사는 게 크게 어렵지 않을 것이다. 잘못하면 어마어마하게 오래 사는 세상이 올지 모른다."

최 교수는 빙긋 웃더니 "만약 10년 더 살게 해주는 약을 2억 원에 판다면 사 드시겠느냐"고 물었다. 잠시 망설이자 "이건 계산할 일이 아니다. 10년을 더 살면서 돈 벌 걸 생각하면 사 먹는 게 무조건 남는 장사"라고 했다. 같이 웃었다.

"가까운 미래에 이런 일이 현실이 될 것이다. 큰 시장이 열리고 연구비가 쏟아져 들어올 거다. 모든 사람이 다 100세까지 살지는 않겠지만, 지금보다 훨씬 많은 사람이 머잖아 '100세인'이 된다. 이 상황에서 노인을 일정 나이에 무조건 은퇴하도록 하면, 그들 생계를 누가 보장하나. 젊은 세대가 내는 세금으로 노인을 부양하는 현재 모델을 고집하면 우리 사회가 지속될 수 없다. 좀 더 혁명적인 대책이 필요하다."

눈가에 여전히 웃음기가 남아 있었지만, 말투는 심각했다. 최 교수는 일찍부터 이런 주장을 펴왔다. 2005년 그가 쓴 책 '당신의 인생을 이모작하라'에는 "공연히 정년 조정 등에 시간과 에너지를 소비할 필요가 없다. 우리 사회에서 은퇴라는 단어를 아예 추방해야 한다”는 내용이 담겨 있다. 최 교수는 이 책이 나오고 15년 가까이 흐른 지금도 우리 사회가 고령화 해법을 마련하지 못한 걸 안타까워했다. “지구온난화처럼 서서히 다가오는 문제라 위기감이 적은 것 같다”며 “나는 고령화가 우리 사회에 진도 10 수준의 지진 같은 엄청난 충격을 줄 거라고 생각한다. 사람들이 이 사안에 대해 좀 더 겁을 먹어야 한다”고도 했다.

“국민연금과 의료보험 재정이 마침내 바닥을 드러낸다. 세금은 천정부지로 치솟고 퇴직연금과 의료혜택은 대폭 줄어든다. 정부 부채는 극에 달한다. 정치불안, 실업, 노동쟁의, 사상 최고의 이자율, 붕괴된 금융시장….”

로렌스 코틀리코프 미국 보스턴대 교수가 저서 ‘다가올 세대의 거대한 폭풍’에서 전망한 2030년 미국 경제 상황이다. 최 교수에 따르면 이 예측은 과장된 게 아니다. 미리 준비하지 않으면 고스란히 현실로 닥칠 수 있다. 세계에서 가장 빠른 속도로 고령화하는 한국에서는 더욱 그렇다.

2017년 우리 국민 기대수명은 여성 85.7세, 남성 79.7세다. 65세 이상 노령 인구가 15세 미만 유년 인구보다 많은 이른바 ‘가분수 사회’도 현실이 됐다. 2017년 말 우리나라 65세 이상 인구 비율은 전체의 14.2%다. 반면 0~14세 비율은 13.1%에 그쳤다. 2016년에 이어 2년 연속 가분수 현상이 나타났다. 게다가 출산율은 계속 떨어지고 있다. 지난해 합계출산율은 0.98명으로 역대 최저치다. 인구 현상 유지를 위해 필요한 2.1명의 절반에도 못 미친다. 대체 왜 이런 일이 벌어진 걸까.

### ☞ 인간이 선택한 고령화

최 교수에 따르면 진화생물학의 관점에서 볼 때 고령화는 갑자기 인류에 닥친 재앙이 아니다. 오히려 오랜 세월에 걸쳐 진행된 인간 진화의 결과물이다. 우리는 오랫동안 고령화의 ‘선물’을 즐기며 살아왔다.

인간은 적어도 3만 년 전부터 다른 영장류에 비해 두드러지게 오래 살기 시작했다고 한다. 번식을 끝내고도 한참을 죽지 않았다. 그러면서 할머니가 손주를 돌보는 상황이 생겨났다. 이는 유아 사망률 감소와 노동생산성 향상으로 이어졌다. 이른바 ‘할머니 효과’다.

최 교수는 “2002년 영국 런던대 연구진이 아프리카 잠비아 인구 통계자료를 분석했다. 할머니와 같이 사는 유아의 사망률이 그렇지 않은 유아의 절반 수준에 불과했다”고 소개했다. 인간 수명이 길어진 시기는 인간이 동물 벽화를 그리고 장신구를 사용하며 장례 의식을 시작한 시기와도 겹친다. 장수 세대의 등장이 인류 문화 발달에 기여했을 가능성이 높다. 이것은 자연 생태계에서 인간 종이 가진 큰 경쟁력임에 분명했다.

최 교수는 "생물은 기본적으로 번식하러 태어난다"고 했다. 번식이 끝나면 죽는 게 보통이다. 꽃은 열매를 맺고 나면 시든다. 연어는 알을 낳고 죽는다. 고래나 영장류 가운데 번식기(reproductive period)가 지나고도 한동안 생명을 유지하는 개체가 있긴 하지만, 인간처럼 길게 살지는 않는다.

그런데 인간은 독특하게도 번식기가 아니라 번식후기(post-reproductive period)를 늘리는 방향으로 진화해왔다. 현대사회에도 여성이 생식 활동을 끝내는 때는 50세 안팎으로 과거와 다르지 않다. 최 교수는 "남성의 번식기는 개인에 따라 차이가 있지만, 남성도 대부분 여성이 생식 활동을 마칠 무렵 자식 양육 임무에서 은퇴한다"고 설명했다. 이에 따라 '100세 시대'는 인간의 번식기와 번식후기가 거의 비슷해지는 시대가 될 전망이다. 인간 수명이 더 늘어나면 후자가 전자보다 더 길어질 수도 있다.

최 교수는 "이는 인간 유전자군이 일찍이 겪어보지 못한 새로운 경험"이라며 "이러한 생물학적 변화를 바탕으로 사회구조 자체를 새롭게 정비해야 할 때"라고 강조했다.

공자가 인간 삶을 약관(20세) 이립(30세) 불혹(40세) 지천명(50세) 등 10년 단위로 구분했다면, 이제는 번식기와 번식후기 두 단계로 구별하고, 두 인생을 완전히 다르게 살아야 한다는 게 최 교수 생각이다.

그는 "과거 은퇴는 '자식들 다 길렀고 근력도 예전 같지 않으니 편히 쉬라'는 의미였다. 요즘 60대는 건강관리만 잘하면 웬만한 젊은이 못잖게 근력이 좋다. 편히 쉬기엔 남은 인생도 너무 길다. 50세 전후로 제1인생(번식기)을 마감하고 제2인생(번식후기)을 새로 시작하는 방식으로, 인생을 두 번 살아야 한다"고 강조했다.

이것은 사회적으로도 득이 되는 모델이라는 게 최 교수 생각이다. 그는 "제2인생 취업은 젊은이 일자리를 빼앗는 게 아니라 오히려 그들의 부담을 덜어주는 일이다. 사회통합은 물론 세수 증대에도 도움이 된다. 노인이 일하지 않으면 젊은이가 돈 벌어 그들을 먹여 살려야 한다. 세대 갈등이 커질 수밖에 없다. 정부는 제2인생을 시작하는 이가 일자리를 구할 수 있도록 투자 개념에서 지원하고, 중장년은 재취업에 자긍심을 갖는 게 옳다"고 설명했다. 우리가 노인 인구 증가를 위기로 인식하는 건 질병과 노쇠 등으로 사회적 의존도가 높아지는 시기이기 때문이다. 최 교수는 "나이가 들어도 건강을 잘 관리하고 다음 세대에 의지하지 않으면 사회에 짐이 될 이유가 없다"며 "미래 사회는 근육이 지배하는 사회가 아니다. 지식과 지혜를 갖춘 사회 구성원은 계속 일하게 하는 게 사회 전체로 볼 때 생산적인 일"이라고 밝혔다.

단 노인이 계속 일하는 사회를 만들 때 선결 과제가 있다. 고령자가 당연히 받아야 하는 것처럼 여겨지는 각종 혜택을 젊은이에게 넘겨주는 것이다. 황수경 한국노동연구원 연구위원이 2005년 연령별 생산성과 임금을 비교 연구해 발표한 자료가 있다. 34세 이하 노동자의 생산성과 임금을 1로 놓을 경우 35~54세 노동자의 생산성은 1.05로 별 차이가 없었다. 그런데 임금은 1.73으로 훨씬 높았다. 55세 이상으로 가면 격차가 더 커진다. 생산성은 0.6으로 뚝 떨어지는데 임금은 3.04로 3배가 넘었다. 젊은 시절 일한 값을 제대로 쳐주지 않고 나이 들어 보상받으라고 하는 이른바 '연공임금제'를 잘 보여준다.

최 교수는 "지난 수십 년간 한국 사회를 지탱해온 이 제도는 고령화 시대에 전혀 어울리지 않는다. 바로 이런 현실 때문에 출산율이 떨어진다"고 비판했다.

### ☞ 번식기를 희생하는 어리석은 동물

그에 따르면 살면서 돈이 가장 많이 필요한 때가 아이를 낳아 기를 때다. 그런데 상당수 젊은이가 이때 수입이 넉넉지 않다. 주거가 안정돼 있지 않으니 아이를 끌고 여기저기 이사 다닌다. 최 교수는 "알을 품는 시기에 둥지를 옮겨 다니는 새를 본 적이 있느냐"며 혀를 찼다. 이러니 생활 안정을 위해 많은 젊은이가 집 장만을 꿈꾼다. 이 목표를 이루려고 아끼고 아낀다. 입으로는 자식을 위해 산다지만 가장 잘 먹고 자식을 잘 먹여야 할 시기에 상대적으로 굶주린다. 이렇게 번식기를 희생한 뒤 번식후기에 이르러서야 비로소 조금이나마 경제적 여유를 얻는다. 이건 잘못돼도 크게 잘못됐다는 게 최 교수 생각이다. 그는 "번식후기를 위해 번식기를 희생하는 어리석은 동물은 인간밖에 없다"며 "이는 인류 전체에 바람직하지 않은 일"이라고 강조했다.

노인 세대에도 득 될 게 없다. 임금이 높으니 기업이 나이 든 노동자를 부담스러워한다. 평균연령이 한없이 늘어나는데 직장을 그만두는 나이는 오히려 젊어지는 게 현실이다. 나라가 정한 정년 60세를 다 채운다 해도, 그때 받은 임금이 남은 수십 년 삶을 책임져주지 않는다.

최 교수는 "미래 사회에는 연금에 기대 살 수도 없다. 아이가 태어나지 않는데 누가 내 연금을 마련해주겠나"라며 "이제는 중장년이 돼도 '내가 벌어서 쓰는' 삶을 살겠다고 마음먹고, 대신 임금을 큰 폭으로 낮춰야 한다"고 밝혔다. 이른바 임금피크제를 더욱 혁신적으로 도입해야 한다는 주문이다. 그는 "과거엔 기억력 감퇴나 체력 저하 등 생리적 노화 증상 때문에 정년 후 휴식을 원하는 이도 많았다. 이제는 다르다. 주저앉기엔 너무 젊다. 많은 이가 임금을 크게 깎아도 일자리를 갖는 데 동의할 것"이라고 전망했다.

그가 제안하는 '두 인생 체제'에서 "은퇴 개념을 없애자"는 건 이런 의미다. 노인이 평생 일하는 것과 더불어 최 교수가 강조한 건 젊은 세대가 마음 놓고 아이를 낳아 기를 수 있도록 양육 환경을 바꾸는 것이다. 가장 중요한 건 아빠가 육아에 참여하게 하는 일이라고 한다. 그는 "도와주는 게 아니라 육아를 엄마와 같이 담당해야 세상이 변한다"고 강조했다.

그는 대한민국 남성 중 매우 드물게 '자식을 내가 키웠다'고 당당하게 말할 수 있는 아빠다. 아들이 중·고교에 다닐 때 아내가 지방대 교수로 일해서 거의 혼자 학부모 구실을 했다. 저녁 약속 안 잡는 걸 원칙으로 삼고 살았다. 그는 이 경험을 얘기하며 "그래서 나는 보통의 한국 남자들이 얼마나 불쌍한지 누구보다 잘 안다"고 했다.

"자식을 키우는 건 동물로 태어나 누릴 수 있는 가장 큰 기쁨 중 하나다. 그런데 상당수 남자가 자기 새끼 어떻게 크는지조차 모른 채 일만 한다. 잠자는 아이 얼굴 보고 출근하고, 퇴근해 돌아와서 또 잠자는 얼굴을 본다. 그렇게 고생하고 살았는데 나중에는 자식과 대화조차 못 한다. 명절 때 식구가 모이면 자식들은 다 어머니 옆에 가 있고 아버지는 혼자 재미도 없는 TV 프로그램이나 본다. 이렇게 안타까운 삶이 어디 있나"라는 것이다. 그가 대중 강연을 하며 이런 얘기를 하면 "자식 키우는 즐거움까지 남자가 빼앗아가려고 하느냐"며 항의성 질문을 하는 여성이 종종 있다고 한다. 그럼 그는 "우리는 왜 하면 안 되느냐"고 반문한다. 최 교수의 말이다.

"집안일이 표도 안 나고 힘든 거 안다. 그런데 여성들이 종종 11시쯤 카페에 모여 재미있게 수다를 떠는 것도 사실 아닌가. 그러다 '밥 먹으러 가자'며 다 같이 식당으로 옮겨 맛있는 밥도 먹지 않나. 그러다 3시쯤 되면 '애들 올 시간 됐다. 집에 가야 돼' 하는, 그런 날도 있는 걸 안다. 남자도 그런 거 해보자. 지금은 남자가 아이를 보는 게 힘들다. 내가 집에서 아이를 보고 있으면 옆집 아주머니부터 '직장이 없으세요?' 하며 이상하게 보곤 했다. 사회 분위기를 바꾸고 우리 생각을 바꾸고 아이 키우는 가정 대상 복지 혜택을 파격적으로 늘려야 한다."

☞ 아빠도 아이 키우는 사회

그가 꿈꾸는 건 아내가 3일, 남편이 3일씩 직장 생활을 하는 세상이다. 동시에 남편이 3일, 아내가 3일 집안일을 하는 것이다. 아내가 일하러 나간 뒤 남자들도 카페에 앉아 느긋하게 수다를 떨 수 있는 세상, 주말엔 온 가족이 같이 즐기는 세상이 오길 바란다. 남녀 양쪽 다 '성'이라는 게 삶을 살아가는 데 아무 지장이 안 되는 시대, 이런 양성평등 양성협력 시대가 열리면 저출산 문제가 획기적으로 개선될 것이라는 게 최 교수 생각이다.

그에 따르면 이런 이상적인 삶을 실제로 사는 동물이 있다. 새다. 새는 거의 1부1처제라고 한다. 그리고 육아를 정확하게 반반씩 한다. 알을 낳는 조류와 달리 포유류 암컷은 배 속에서 아이를 키우고 출산 후 수유도 한다. 물리적으로 엄마만 할 수 있는 일이 있다. 이를 인정하되 그 외 부분은 아빠가 적극적으로 담당해야 한다는 게 최 교수 생각이다. 그는 "그러면 일단 아빠 삶이 행복해진다. 육아라는 보람되고 기막힌 경험을 하면, 그동안 여자들만 느꼈던 재미와 기쁨이 뭔지 알게 될 것"이라고 했다.

"지금은 번식기에 남편과 아내가 모두 일해야 겨우 먹고사는 가정이 많다. 그러니 육아가 부부 모두에게 고역이 된다. 이걸 바꾸지 않으면 우리나라에 미래가 없다. 다시 한번 강조한다. 노인이 일하자. 복지 혜택은 젊은 층에 몰아주자. 평생 일하려면 적극적으로, 철저하게, 일찌감치 제2인생을 준비하자. 지금부터 공부하고 건강 관리하자. 그리고 아빠가 아이를 키우자." 최 교수의 제언이다.[127]

## 자. 현금으로 바꿔 상속?" 국세청 칼날 피할 수 있을까

A씨는 어머니의 건강이 갑자기 안 좋아지셔서 걱정이 크다. 최근 어머니가 병원에서 받은 종합검진 결과 암이 전이된 상태로 6개월 이상 생존하기가 어렵다는 판정을 받은 것이다. 평소 건강에 특별히 이상이 없던 어머니는 주변 어르신들보다 정정하다는 소리를 들을 정도였기 때문에 A씨의 충격은 더욱 컸다. A씨는 어머니의 치료를 위해 여기저기 알아보고는 있지만 갑자기 위중해지는 병세에 눈앞이 캄캄해 질뿐이었다.

A씨의 또 다른 고민은 어머니가 돌아가시면 내야 할 상속세였다. 사실 어머니는 오랜 사업과 부동산 투자 성공으로 재산이 100억원에 이르는 자산가였다. 이 때문에 A씨는 10년 전부터 친구인 세무사에게 상속·증여에 대한 이야기를 자주 들었고, 어머니가 유고시에 상속세가 40억원 정도가 나올 수 있으니 미리 준비해

야 한다며 전문가에게 상담을 받으라는 조언을 듣기도 했었다.

그러나 A씨의 어머니는 상속세 문제를 얘기하며 상담을 같이 받자고 말씀 드릴 때마다 기분이 상하신 듯 노발대발하며 이를 거부했다. A씨 또한 아직 어머니가 건강하시고 상속·증여 준비에 대한 거부감이 큰 상황으로 나중에 천천히 얘기하자고 미룬 것이 지금과 같은 상황이 되어 버린 것이다. 하지만 어머니는 갑작스런 병세로 인해 이제야 A씨에게 그때 상속·증여 상담을 받지 않은 것을 후회한다고 말했다. 평생 고생해서 모은 돈인데 40억원이나 세금으로 낼 수 없다며 할 수 있는 것은 다해봐야 되지 않겠냐며 A씨에게 3가지를 당부했다.

첫째, 예금 등 금융자산을 인출하여 A씨 금고에 넣을 것

둘째, 부동산을 처분하여 현금화 시킨 후 A씨 금고에 넣을 것

셋째, 일부러 대출을 받고 대출받은 현금을 A씨 금고에 넣을 것

어머니가 생각하기에는 금융기관에서 관리하는 금융자산과 등기가 되어 있는 부동산은 몰래 줄 수가 없으니 각각 인출과 매각을 통해 현금화시킨 후에 A씨에게 주려고 한 것이다. 이렇게 하면 어머니 본인명의 자산은 줄어들고 현금은 국세청에서 알기가 어려울 것이라고 생각하였다. 또 대출의 경우 부채이기 때문에 상속되는 상속재산에서 차감되어 상속재산을 줄여주는 효과가 있을 것이라 기대했다.

### ☞ 음성적 증여를 막는 추정상속재산 규정

하지만 위 3가지 방법은 모두 소용이 없다. 이런 식으로 사망이 임박하였을 때 상속세를 회피하고자 재산을 몰래 주는 것을 막기 위해 만든 '추정상속재산' 규정이 있기 때문이다. 상속개시전 금융자산의 인출금액이 상속개시 전 1년이내 2억원 또는 2년이내 5억원이 넘는 경우, 그 금액에 대해 사용처를 증명하지 못하면 추정상속재산으로 인정되어 상속세를 계산할 때 상속재산에 포함하게 된다. 실제로 받지 않았지만 우회해서 받은 것으로 추정하는 것이다. 그러나 인출된 금액에 대한 사용처가 객관적으로 명백한 경우는 과세되지 않는다. 위 사례처럼 A씨와 같은 상황이라면 몰래 빼돌려 금고에 현금을 보관하고 있기 때문에 인출된 금액에 대해 사용처를 증명을 하지 못할 것이다.

부동산처분과 대출 역시 마찬가지이다. 상속개시전 부동산 처분금액 또는 대출금액이 상속개시전 1년이내 2억원 또는 2년이내 5억원이 넘는 경우 사용처를 증명하지 못하면 추정상속재산으로 상속세를 계산할 때 상속재산에 포함될 수 있다. 일반적으로 상속세를 내야하는 상속인들 입장에서는 추정상속재산에 대한 증

명이 부담될 수 있다. 실제 사용은 고인이 하였는데 사용처에 대한 증명은 살아 있는 상속인이 해야 하기 때문이다. 이러한 상속인의 현실적 부담을 완화하기 위해 인출금액, 처분재산가액, 채무부담액의 20%와 2억원 중 작은 금액만큼은 증명 책임이 면제된다.

### ☞ 몰래 상속하다간 가산세까지…상속증여 준비는 미리미리

'상속세 및 증여세법'은 각종 음성적인 탈세행위에 대해서 정교하게 틀을 갖추고 대응하고 있다. 어설픈 지식이나 풍문에 기대어 잘못된 행동을 한 경우 원래내야 하는 세금뿐만 아니라 가산세까지 부담할 수 있다. 상속세와 증여세의 부과제척기간은 15년으로 모든 세금 중에 가장 길다. 당장 운 좋게 넘어갔다 하더라도 안심할 수 없다는 것이다. 따라서 음성적인 방법으로 탈세를 하기 보다는 미리미리 전문가와 상담을 통해 합법적으로 절세할 수 있는 방법을 찾는 것이 좋다.[128][129]

## 차. '인생에서 너무 늦은 때란 없습니다' 를 보여준 그녀

'찻자리(Tea Ceremony)'를 준비하는 이숙자 님의 손길에 정성을 넘어 거룩함이 가득했다. 누적과 반복이라는 바퀴로 돌아가는 일상의 톱니바퀴에 맑은 정화수를 넣는 비결은 어디에 있을까. 글쓰기 모임에서 만난 인생의 대선배로부터 진술한 삶의 이야기를 듣는 것은 돈으로도 살 수 없는 귀중한 시간이었다.

군산의 한길문고에는 책을 읽고 글쓰기에 흥미가 있는 사람들의 모임 '에세이반' 이 있다. 자신만의 글을 쓰고 싶고 더 나아가 예비작가로의 꿈을 꾸는 사람들에게는 더없이 좋은 공간이다. 한길문고의 상주작가 배지영씨를 중심으로 진행되는 에세이반이 벌써 5기를 맞이했다.

2019년 9월 에세이반 3기로 들어간 나 역시 이곳에서 작가를 향한 희미한 꿈을 가시화했다. 특히 평소에 소설이나 역사, 고전, 평론 중심의 글만 읽으면서 에세이라는 산문(수필)의 글을 다소 경시했던 내가 이제는 에세이를 쓰는 글쟁이로 변신하게 되니 세상 이치는 참으로 오묘하다.

에세이반과 인연을 맺은 지 만 2년이다. 그동안 글 저장고에 쌓인 글 꼭지가 400여개에 이른다. 의도와 목적을 가진 그런대로 읽을 만한 글도 있고 대중없이 쓴 글도 많다. 글쓰기는 50대 중년여성의 고립감과 허탈감을 해방시켜 주는 주요한 도구가 되었다.

 유례없는 코로나시대가 전 세계를 휩쓸고 있음에도 불구하고 에세이반 문우들은 오히려 새로운 세상의 문을 열었다. 소위 "지역작가 출간회" 라는 작가로서의 입문이다. 작년 2020년 3월, 배지영 작가의 기획으로 에세이반 문우 12명이 자신들의 첫 책을 냈다. 독립출판이다. 코로나로 인한 외부세계와의 감금은 오히려 자신의 내면을 들여다보고 지나온 추억을 회상하는 한편의 드라마같은 글을 담은 책을 탄생시켰다. 누구나 자신만의 인생극장이 있지 않은가.

 "요즘 돈만 있으면 누구나 다 책을 내는 시대인데, 뭐 특별한 거 있나?" 라고 독립출판의 의미를 격하시켜 말한 이도 있다. 그런데 난 이 말에 동의하지 않는다. 돈만으로 해결될 수 없는 일이 얼마나 많은가. 적어도 나에겐 글쓰기와 책 출판이 그랬다. 정말로 많은 용기와 시도가 필요했다. 에세이반 이라는 고리가 없었더라면 지금도 여전히 작가라는 꿈을 꾸지 못했을 것이다.

 올해 에세이반 문우들은 두 번째 지역작가 출간회를 위한 여정에 돌입했다. 작년에 이어 또 다른 작품을 보여줄 기성작가와 올해 처음으로 책을 내는 예비신인 작가들 20여명이 준비했다. 그러나 10월 9일 한글날 열리는 출간회까지 책을 내는 작가는 11명이다. 이 중 작년에 이어 올해도 고령의 나이가 무색하게 글을 쓰고 책까지 낸 이숙자님과 차를 마시는 시간이 있었다.

 이숙자님은 올해로 78세이다. 100세 시대를 감안한다 해도 분명 고령의 나이다. 에세이반 2기로 들어왔으니 나보다 6개월 선배이다. 내 친정엄마와 동갑이어서 나에게도 어머니 같은 존재다. 글쓰기에 정신력과 함께 반드시 필요한 것이 체력이다. 아무리 글을 쓰고 싶은 열정과 창의적인 생각이 넘쳐도 체력이 뒷받침되지 못하면 글을 쓸 수 없다. 이숙자님은 글의 주제에 적확한 문장구사와 흐름이 자연스럽게 살아있는 글을 쓴다. 2년 연속 책을 내는 작가가 되셨다. 정말 대단한 일이다.

"다도는 마음을 평화롭게 합니다." 이숙자 선생님은 30년의 다도생활과 자수가 글쓰기의 원천이 되었다고 말씀하셨다(박향숙)

다음은 그와의 일문일답.

- 글쓰기 전에는 주로 어떤 생활을 하셨어요?

"결혼해서 가정주부로만 살았어요. 딸들이 대학을 가면서 내 곁을 떠난 후 오는 빈둥지의 허전함과 외로움을 견딜 수가 없었고, 삶에 의욕이 없고 우울감이 찾아오는 날이 많았어요. 그때 지인의 권유로 다도을 시작하고 차 생활에 몰입하면서 차의 매력에 푹 빠졌지요. 그 속에 공부해야 할 역사 복식 음악 음식 등 공부해야 할 것이 많았어요. 정신없이 차의 세계에 흠뻑 취해 살아서 다른 곳에 마음을 둘 여유가 없었습니다. 다도를 하면서 차 문화 경영 학과 대학원도 수료하고 자수도 10년을 했지요. 병행해서 산수화 그림도 그리며 바쁘게 살아왔습니다."

- 처음 글을 처음 쓰게 된 동기가 있으시죠?

"나이가 더 들어가면서 내 가슴에 꿈틀거리는 별 하나가 반짝였습니다. 문학세계를 접하고 지금까지 살아온 내 삶을 정리하는 마음으로 글을 쓰는 일이었죠. 어느날 뜨개방에서 동네 한길 문고에서 글을 가르친다는 정보를 알고 찾아가 배지영 작가를 만나서 물었지요. '작가님 제가 나이가 좀 많아요. 참여할 수 있을까요?'라고 물으니 '처음부터 잘하는 사람은 아무도 없어요' 라며 미국의 작가 모지스 할머니 책 〈인생에서 너무 늦은 때란 없습니다〉을 추천해주었는데, 그걸 읽고 용기를 얻었습니다. 그동안 살아왔던 나의 삶을 정리하고 내면의 나와 삶을 통찰하며 유연하게 세상과 소통하는 삶을 사는 것이 제 작은 소망입니다. 글을 쓰는 지금 저는 행복하고 감사한 마음입니다."

- 첫 에세이집 〈77세, 머뭇거릴 시간이 없습니다〉을 낸 소감이 궁금합니다.

"이 책의 주제는 '도전' 이에요. 나이 들어서 도전한 일들, 다도, 자수, 그림, 그리고 글쓰기에 대하여 나의 마음을 썼어요. 결혼 전후 지금까지 겉보기에 편안한 삶을 살았지만, 누구나 자신만이 간직하는 내면의 세계가 있잖아요. 누구하고 수다 떠는 것보다 혼자 있길 좋아하는 성격이라, 말보다는 글이 편하고 좋아요. 학생 때 작가에 대한 꿈을 꾼 적도 있지만 꿈을 간직하고 있으니 이제라도 나만의 세계, 글쓰기 세상을 만들어 가는 행운이 온 것 같아요. 그래서 젊은이들에게 꼭 하고 싶은 말이 있어요. 혼자 되었을 때 빈 공간을 채울 수 있도록 꼭 자신만의 세상을 만들어 가라고요. '늦은 때란 없다' 는 말이 진리라고 생각합니다."

다도와 글을 대하는 이숙자님의 모습에서 숙연함이 느껴졌다. 결코 건너갈 수 없는 시간의 물결 위에서 성실하고 책임감 있게 자신의 삶을 노 저어가는 자세를 어찌 범접할 수 있으랴. 두 번째 에세이집 〈칠십대 후반 노인정 대신 나는 서점에 갑니다〉는 선생님의 도전적 삶과 재량이 서점이란 공간을 만나면서 비롯된 것들을 담았는데, 특히 빛나는 노년으로 살아가는 방법과 이치를 보여주는 작품이다. 나에게 이숙자님은 그 누구보다도 지역에서 만난 또 한 분의 스승이었다.

나도 역시 두 번째 에세이 〈오 마이 라이프 로의 초대〉를 출간했다. 코로나 발발 이후 올 8월까지 50대 중년의 내가 사는 법과 솔직한 일상을 오마이뉴스의 〈사는이야기〉에 기고했었다. 채택된 글 중 가족, 이웃, 봉사, 일터, 텃밭(취미), 글쓰기를 중심으로 내 삶의 영역을 나누어 책으로 만들었다. 내 책을 읽는 독자는 누구든지 구름 뒤에 존재하는 태양의 빛을 발견할 것이다. 세상에서 가장 소중한 존재는 바로 자신과 사람 그리고 사랑임을 알게 될 것이다.

2021 한길문고 지역작가 출간회(10.9 한글날)는 우리 둘을 포함하여 11명의 작가들의 등단을 축하하는 자리다. 지역의 동네서점이 예비 지역작가들을 위해 끊임없이 지원하고 협조하는 것은 정말 아름다운 일이다. 더불어 문학을 사랑하고 문학을 베푸는 군산시민들이 많았으면 좋겠다. 필사시화엽서나눔활동도 그 중의 하나이다. 이숙자님을 포함한 많은 에세이반 회원들이 이 활동에 참여하는데 시뿐만 아니라 에세이의 좋은 글귀도 필사해주면 좋겠다.[130][131]

찻자리(Tea Ceremony)에서 우러나오는 정갈함. 개인적 인터뷰인데도 정성스럽게 다도를 준비하신 이숙자선생님

## 카. 은퇴 이후, 시간을 디자인하라

은퇴라는 단어를 떠올리면서 생각해 보면 경제적인 면에서 여유만 있다면 시간이 넉넉하게 주어지니까 할 수 있는 게 많을 것으로 생각되지만 현실에서는 꼭 그런 것만은 아니다.

은퇴 후 넉넉한 시간이 오히려 고통이라는 사람이 많다. 시간이라는 게 부족할 때는 한없이 소중한데, 넘치게 있으면 주체하기 힘든 속성이 있다. 은퇴 전에 하고 싶었지만 시간이 부족해서 못 한 일이 꽤 많았을 텐데, 왜 이런 현상이 벌어질까. 그것은 단순히 하고 싶은 일, 희망 사항 정도에 머물렀기 때문이다.

은퇴 후 풍부한 시간에 짓눌리는 데 3가지 이유가 있다. 첫째 목표가 없기 때문이다. 은퇴한 후에 뭘 했으면 좋겠다는 생각이 잠깐 스치는 정도로는 목표가 아니다. 구체적인 도달 단계가 정해져야 한다. 둘째는 시간표가 없다. 매일 일상을 어떤 일정에 의해 움직일지에 대한 하루 일과표와 은퇴 후 첫 1년은 어떻게 보낼지, 3년차에는 무엇을 할지 등 마스터플랜이 있어야 한다. 셋째는 준비되지 않았기 때문이다. 여가나 취미, 오락이라 하더라도 꽤 준비가 돼 있어야 한다. 은퇴설계 상담을 하다 보면 많은 사람이 오해하고 있는 점 하나를 발견하게 된다. 은퇴생활자금이나 은퇴 후 직업에 대해 비전을 갖고 장기간 준비해야 한다는 점에 대해서는 대체로 동의하는 편이지만 휴식이나 여가를 미리 준비해야 한다고 이야기하면 놀고 쉬는데 무슨 준비가 필요하냐고 핀잔을 주는 사람도 있을 정도다. 하지만 실제로 전혀 그렇지 않다. 여가 생활도 미리 준비한 사람이 잘한다. 퇴직 후 시간 관리에 실패해 TV 시청과 음주, 2가지를 중심으로 은퇴 생활을 하는 사람들을 보면 안타깝다. 정신적·육체적 건강에 나쁠 뿐 아니라 서서히 자존감을 잃어 갈 수도 있다. 그래서 특별하고 의미 있는 시간계획이 필요하다. 은퇴를 인생의 두 번째 시즌으로 규정하고 의미 있는 시간계획을 디자인해 보자. 일단, 즐겁게 몰입할 수 있는 취미, 그래서 그것을 직업으로까지 발전시킬 수 있는 취미 생활이면 좋겠다. 이런 취미 생활을 부부가 함께할 수 있으면 금상첨화다. 그리고 취미를 통해 다른 사람, 다른 세대와 어울리고 소통할 수 있다면 좋다. 예술적이고 창조적인 영역의 취미나 여가 활동 역시 좋은 여가 활동이다. 취미와는 다른 영역이지만 사회봉사는 굉장히 유익하다. 사회에도 기여할 뿐 아니라 본인 삶의 의미를 높일 수 있다. 사실 분야가 중요한 것은 아니다. 본인이 간절히 원하고 즐거워하고 의미를 찾을 수 있는 게 핵심이다.

시간계획은 분명한 목표가 시작이다. 그리고 열심히 노력한다면 다소 시간이 늦어지더라도 성취에 도달할 수 있다. 지금처럼 정보량이 많고 세상이 복잡할 때는 오랜 시간 축적된 지식과 경험, 경륜과 지혜가 중요하다. 성공이 늦어지는 건 이상한 일이 아니다. 오히려 늦게 성공하는 게 더 자연스럽다고 본다. 특히 평균 수명이 늘어난 고령사회에서는 빨리 성공해야 한다는 강박감을 버리고 나이가 들어서 진정한 성공에 오른다는 계획을 세우는 게 필요하다. '0.7의 법칙'을 기억하라. 자기 나이에 0.7을 곱하면 부모님 세대에서 자신의 실질적인 나이가 된다는 이야기다. 가령 50세면 부모님 세대에서 35세인 셈이다. 필자는 직접 다양한 상담을 하면서 이 말이 허황하지 않다는 걸 알게 됐다. 실제로 은퇴하는 중장년층들이 몸과 마음이 굉장히 젊다.

주된 직장에서 정년을 맞은 후라 해도 무언가 새로 시작하기에 어려운 나이는 아니다. 오히려 인생의 새로운 시즌을 시작하기에 적합한 나이가 아닐까.[132]

## 타. 인생 최대 흑자기 '43세' …61세부터는 적자 재진입

한국인들은 평균 27세부터 소득이 소비보다 많아지는 '흑자의 삶'을 살게 되는 것으로 나타났다. 은퇴 이후 연령인 61세부터는 다시 '적자 인생'으로 접어들었다. 1인당 노동소득은 42세에 정점을 찍고 이후 하락세를 그렸다.

통계청은 이 같은 내용의 '2020년 국민이전계정'을 29일 발표했다. 국민이전계정은 소비와 노동소득의 관계를 바탕으로 연령 변화에 따라 경제적 자원의 흐름을 파악하는 통계다. 인구구조 변화에 따른 정부·가계의 재정 부담 등 미래 위험요인을 선제적으로 대비한다는 취지로 작성된다. 회계항등식에 착안해 생애주기별 적자 및 흑자 분포와 자원의 재배분 흐름 등이 분석된다.

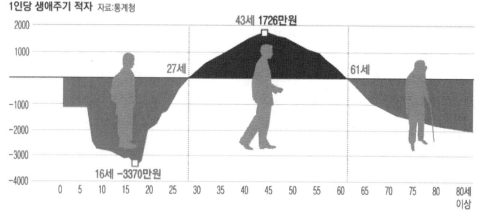

1인당 생애주기 적자  자료:통계청

통계청에 따르면 국민 1인당 생애주기적자는 만 16세에 연 3370만원으로 전체 생애주기 중 가장 컸다. 이 연령은 타 연령에 비해 교육 소비 규모가 큰 데 비해 노동소득이 없어 적자가 크게 발생하는 것으로 분석된다.

적자 규모는 연령이 오를수록 감소해 27세부터는 흑자로 전환되는 것으로 파악됐다. 대학 졸업자 등이 본격적으로 노동시장에 진입하는 연령과 맞물린다.

흑자 규모는 43세가 1726만원으로 가장 컸다. 61세부터는 은퇴 등 영향으로 다시 적자가 발생하는 것으로 나타났다.

다만 연도별로 보면 흑자 진입 연령은 27~28세로 일정한 데 반해 적자 재진입

연령은 2010년 56세에서 10년 사이 5년 정도 늦춰졌는데, 통계청은 노동자의 은퇴 연령이 높아진 데다 생계를 스스로 해결해야 하는 독거 고령층이 많아진 영향으로 분석했다.

생애주기 전체 적자 규모를 보면 2020년에는 전년 대비 26.7%(3조5425억원) 감소한 97조4700억원으로 집계됐다. 소비는 감소한 반면 노동소득은 늘어난 영향이다.

2020년 생애주기 전체 소비는 전년 대비 1.9% 감소한 1081조7930억원, 노동소득은 전년 대비 1.5% 증가한 984조3230억원으로 집계됐다. 통계청 관계자는 "코로나19 영향으로 야외 활동이 제한돼 소비도 감소한 것으로 보인다"고 말했다.

1인당 소비는 16세가 3370만원으로 최대였다. 이 연령의 경우 소득이 미미해 소비 규모가 곧 적자 규모가 된다.

1인당 노동소득은 42세(3725만원)에 고점에 도달하는 것으로 나타났다. 43세부터는 노동소득이 줄어든다는 의미다.

연령층을 유년층(0~14세)과 노동연령층(15~64세), 노년층(65세 이상)으로 나눠보면 유년층과 노년층에서 각각 141조8290억원, 122조8530억원 적자가 발생했고 노동연령층에서는 167조2110억원 흑자가 나타났다. 유년층과 노년층은 각각 교육 소비와 보건 소비 규모가 큰 데 반해 소득이 거의 없거나 적은 탓에 적자가 발생한다.

생애주기별로 발생한 적자는 이전과 자산재배분(금융소득 등을 지출하는 것)을 통해 충당됐다. 노동연령층에서 순유출된 250조5220억원은 유년층과 노년층으로 각각 141조7700억원, 105조5950억원 이전됐다. 자산을 매개로 한 자산재배분은 모든 연령층에서 순유입이 발생했다.

특히 공공저축이 줄면서 공공 자산재배분이 2020년에 처음으로 순유출에서 순유입으로 전환됐다. 국채 등을 발행해 마련한 재원으로 재정지출을 늘렸다는 의미라고 통계청은 설명했다.[133]

☞ 적자 인생

한국의 노인 상당수는 늙어서까지 일하는데도, 빈곤에서 벗어나기 어렵다.서울의 한 노인취업지원센터에서 한 어르신이 취업 상담을 받고 있다.

한국은 세계에서 가장 빠른 속도로 노인이 늘어나고 있다. 한국의 65세 이상 인구 비중은 올해 17.5%에서 2045년 37.0%로 높아진다. 일본(36.7%)을 넘어서 전 세계에서 고령인구 비중이 가장 높은 나라가 된다고 한다.

경제협력개발기구(OECD)가 집계한 66세 이상 노인 빈곤율은 한국이 40.4%로 1위였다. OECD 회원국 평균인 14.4%보다 3배 가까이 높다. 65~69세 노인 취업률은 47.6%로 역시 OECD 최상위권이다. 한국의 노인 상당수가 늙어서까지 일하는데도, 빈곤에서 벗어나기 어렵다는 뜻이다.

통계청이 29일 내놓은 '2020년 국민이전계정'을 보면 평균적 한국인의 인생은 '적자'였다. 국민이전계정은 연령대별 노동소득과 소비의 변화에 따라 흑·적자 상태를 파악하고, 정부 재정이 어떻게 재분배되는지 보여주는 지표다. 2020년 기준 한국인은 자영업을 포함한 노동소득이 12억7968만원인 데 반해 소비는 17억9608만원으로 5억1640만원 적자였다.

인생은 '공수래공수거(空手來空手去)'라고 했다. 국민이전계정의 생애주기적자를 보면 태어나서 26세까지는 소비가 소득보다 훨씬 많아 5억3072만원 적자였다. 소득이 본격적으로 늘어나는 27~60세는 3억6237만원 흑자였다. 61세 이후는 소득이 급격히 줄어들어 다시 3억4806만원 적자에 빠졌다. 적자규모가 가장 큰 연령은 소득은 전혀 없이 교육비 등 지출이 많은 16세(3370만원)였고, 흑자는 43세(1726만원) 때 최대였다. 흑자 진입 연령은 10년 전과 비슷했으나 2020년 적자에 재진입한 61세는 2010년에 비해 5년 늦춰진 것이다. 노후 대비와 자녀양육 때문에 일을 할 수밖에 없는 시간이 그만큼 늘었다는 뜻이기도 하다.

생애주기별로 발생한 적자는 이전과 자산재배분 형태로 충당된다. 정부는 노동연령층(15~64세)이 낸 세금과 부담금을 교육·보건 서비스, 아동수당, 기초연금 등의 형태로 노년층과 유년층에 배분했다. 흑자구간의 노동연령층이 번 돈을 적자구간 아동, 노인과 나눠 쓰는 셈이다.

하지만 노동연령층 인구는 2021~2030년 357만명, 2031~2040년에는 529만명 각각 감소할 것이라고 한다. 도움을 주고받으면서 살아가는 인생의 적자폭이 더 커질까 걱정이다.[134]

## 파. "제2의 인생은 아내와 함께"

"야구인 유승안, 새로운 삶의 중심은 가족이다."
1982년, 우리나라에서 프로야구 리그가 출범했다. 그 후 38년, 야구와 함께 살며 모든 행적이 한국 야구의 역사 그 자체가 된 선수가 있다. 바로 유승안 전 경찰 야구단 감독이 그 주인공이다. 포수로 선수 생활을 시작해 얼마 전 경찰 야구단 해체와 함께 감독직을 마지막으로 야구 최전선에서의 50년 인생을 마무리 짓게 된 그는 이제 제2의 새로운 인생을 준비하고 있다. 1956년생, 베이비붐 세대로서 대한민국의 격동기를 배트와 공으로 돌파한 그가 새롭게 도전하는 미래가 무엇인지 듣기 위해 그가 계룡산 자락에 마련한 휴양공간 유쓰카페로 찾아갔다.

프로야구 리그 출범 전 한일은행 야구단에서 포수로서의 생활까지 포함하면 1975년까지 거슬러 올라가는 유승안 전 경찰 야구단 감독의 가장 최근 직업은 사업가다. 계룡산 자락 입암저수지 앞에 자리한 유쓰카페의 사장이 된 것이다.

"작년 연말에 오픈했어요. 이 땅을 매입한 지는 오래됐죠. 한화 이글스 감독으로 지낼 때였어요. 경기에서 이기면 머리가 맑았지만 지면 아주 피곤했어요. 옆에서 술 마시자는 사람도 많았고…. 그래서 술도 끊고 어디 힐링할 데 없나 찾아다니다가 이곳을 알게 됐죠."

오래전부터 마음에 들어 지인들과 자주 와서 놀다 보니 땅 주인이 살살 꼬셨다고 한다. 그래서 아예 사게 됐다. 그러나 매입한 후 임대만 하고 땅을 놀렸다.

"이곳은 제 희로애락이 다 깃든 곳이에요. 시합에서 지면 찾아와 무상무념의 시간을 보내기도 했고…. 그러다 땅을 팔 건지 재건축을 할 건지 고민하다 저도 이제 은퇴할 시기가 됐고 직업을 또 가질 수 있다는 보장도 없어 무리해서 짓게 된 거죠.(웃음)"

## 가. 이제 아내에게 의지할 나이

유쓰카페는 그 이름처럼 1~2층은 카페, 3~4층은 펜션으로 운영된다. 펜션은 룸이 4개밖에 없는 소규모다. 학생들을 대상으로 한 공간이 아닌, 가족들이 와서 힐링을 할 수 있는 곳으로 만들었기 때문이다. 여러모로 신경을 많이 쓴 유쓰카페에서 진행된 인터뷰 자리에 아내 장은진 씨도 함께했다. 우리가 아는 선수이자 감독인 유승안은 카리스마 넘치는 강직한 원칙주의자다. 그렇다면 아내에게는 어떤 사람일까?

"아이들에겐 너무 좋은 아빠예요. 집에서는 단 한 번도 큰 소리를 내본 적 없고 스트레스를 표시한 적도 없어요. 아이들에게는 늘 져주는 아빠죠. 그런데 제 입장에선(웃음), 한 15년 정도는 가부장적인 사람으로 느껴졌어요. 오랫동안 지도자 생활을 해서 그런지는 몰라도 자기 결정을 일방적으로 통보하기도 했고, 또 어떤 일은 남편이 아닌 기사를 통해 알게 되는 경우도 있었죠. 그러나 60세에 가까워지면서 순화가 되더라고요. 요즘은 저와 상의도 많이 하고 말투도 엄청 부드러워졌어요."

그렇다면 그가 변화한 이유는 무엇일까? 바로 앞에서 타박 아닌 타박을 당한 그가 슬쩍 끼어들며 한마디했다.

"우선 2~3년 전부터 여성호르몬이 증가했고(웃음) 이제 살길을 찾는 거죠. 앞으로 제가 의지해야 할 사람은 자식이 아니라 마누라니까, 안 까불려고.(웃음)"

(오병돈 프리랜서)

## 나. 프러포즈도 제대로 안 한 남편과 미국에 같이 간 이유

두 사람의 주거니 받거니를 보고 있자니 자연스럽게 잘 어울리는 커플이라는 생각이 들었다. 그는 아내와의 만남을 "홈런을 쳤다"라고 표현했다. 그럴 수밖에 없었다. 그에게 두 아들을 안겨준 첫 아내를 백혈병으로 떠나보내고 힘든 시절을 보내고 있을 때 만난 귀한 인연이기 때문이다.

그렇게 결혼한 후 18년을 함께 살았다. 이제 와 다소 늦은 질문일지 모르겠지만, 아내에게 남편이 이상형이었는지 짓궂게 물어봤다.

"하나도 아녔죠.(웃음) 저는 구단 직원이어서 친분은 없지만 어쩌다 가끔 보는, 알던 분이었어요. 그런데 몹시 남자다웠어요. 그래서 결혼할 때 프러포즈도 없었어요. 비슷하게 한 말이, '네가 있어야 내가 미국으로 연수를 갈 수 있고, 네가 없으면 일본을 가야 하는데 난 미국에 가고 싶다' 였어요.(웃음) 미사여구로 꾸민 말도 아니고 그저 담백했죠. 그런데 그때는 남편도 믿음직스러웠지만 두 아이들도 좋았어요. 애들과 코드가 잘 맞았거든요. 사실 지금도 남편보다는 애들과 친해요.(웃음) 그래서 결혼을 선택하는 데 어려움이 없었죠."

두 사람은 결혼 후 두 아들과 함께 미국으로 갔다. 그곳에서 아내는 거의 두 아들하고만 지냈다. 남편은 연수를 해야 해서 늘 바빴기 때문이다. 그녀는 그랬기 때문에 아이들과 더 가까워질 수 있었다고 회고했다.

"남편이 일과를 끝내고 들어오면 밤 열두 시였어요. 그러니 저희는 저희끼리 살아남아야 했죠. 애들은 저를 의지했고 저도 애들만 바라보며 지냈어요. 말도 통하지 않는 나라였지만 타인의 시선에 연연해하지 않아도 되는 곳이라서 오히려 다행이었어요."

(오병돈 프리랜서 obdlife@gmail.com)

## 다. 야구 집안의 두 아들과 막내딸

그가 한화 이글스 감독이 되어 귀국했을 때도 상황은 비슷했다. 원래 살던 서울을 떠나 대전에서 지내야 했기에 가족끼리 똘똘 뭉쳤다. 여러모로 이러한 환경이 그들 가족을 의기투합할 수 있게 해준 계기가 된 셈이다. 그렇게 새롭게 연을 맺은 부부 사이에서 남편이 그토록 원하던 딸이 한 명 태어났다. 너무 감격스러위 이름을 은혜라고 지었을 정도다. 그리고 세월이 흘러 딸은 벌써 고등학교 2학년이 되었다. 그런 딸에 대해 얘기하는 엄마의 모습에는 믿음이 가득 담겨 있었다.

"자기가 원하는 걸 하면 좋겠는데 아직 못 찾았어요. 이상과 현실이 워낙 뚜렷한 아이라.(웃음) 어렸을 때도 스스로 잘 자랐으니, 진로도 알아서 곧 찾아낼 거라고 믿어요."

"저희 딸이 천재인 줄 알았는데 아니더라고요.(웃음) 자기가 하고 싶은 걸 하면 좋겠어요. 우리가 할 도리는 다할 테니까."

두 아들은 이미 자신의 길을 찾았다. 다름 아닌 야구다. 일찌감치 야구선수로 활동해온 첫째 아들 유민상은 KT 위즈, 둘째 아들 유원상은 기아 타이거즈 소속 선수로 뛰고 있다. 유승안 집안은 야구 패밀리로 유명하다.

### 라. 자식농사 끝내 홀가분

지금까지 젊은이들과 함께 부딪치며 살아왔고, 앞으로도 젊게 살고 싶다는 포부를 밝혔지만, 사실 유승안은 다섯 살짜리 손주를 둔 할아버지다. 두 아들이 벌써 결혼해 손주까지 안겨줬기 때문이다.

"완벽하게 자식농사 끝난 거죠. 홀가분해요."

아내는 남편과 살면서 의견이 심하게 부딪친 적은 없었다고 말했다. 소리 내어 싸워본 적은 다섯 손가락 안에 꼽을 정도라고. 아이들과도 마찬가지여서 서로 조화가 잘되는 화목한 가족이라는 게 아내의 설명이다.

"우리 가족을 겉으로만 보고 '힘들었겠다'고 말하는 사람도 있어요. 그런데 우린 정말 잘 맞아요. 애들도 잘 커서 나름의 자부심도 있고요. 당연히 그래야 하지, 안 그랬으면 일 년 정도 살다 말았겠죠.(웃음)"

그런 아내를 유승안은 고마움 가득한 시선으로 사랑스럽게 바라봤다.

"악조건인 상황에서 여태까지 잘해왔고… 그래서 너무 고맙죠. 앞으로는 이쪽에 예속돼 살아볼까 생각 중이에요."

"내가 동의를 해야지!(웃음)"

### 마. 평생 야구만 한 유승안의 새로운 도전들

유승안은 타고난 스포츠인이다. 스포츠는 일단 도전정신이 있어야 한다. 특히 야구를 '토털 인생'이라고 칭하는 그는 미션이 주어지면 강하게 밀어붙이는 타입이다. "노력 안 하고 무리 안 하면 좋은 걸 얻지 못한다"고 생각하는 사람이다. 그의 제2인생에 야구가 여전히 놓여 있는 것은 당연한 일이다.

"매니지먼트, 에이전트 회사에서 고문으로 일하는 걸 검토 중이에요. 스포츠 아카데미, 재활 프로그램 등을 아우르는 일을 해보고 싶어요. 우리나라에 프로야구가 생긴 지 30년이 넘었는데 아직 육성, 재활 쪽으로는 체계가 안 잡혀 있어요. 현재는 영리 목적으로 야구인이 아닌 사람들이 맡고 있는데 이제 우리 1세대가 해볼 만하다 싶어요. 미국이나 일본은 그런 시스템이 굉장히 활성화되어 있거든요."

그가 관심을 가지고 있는 또 하나의 분야는 교육 리그(시즌이 끝난 뒤 훈련이나 신인선수 발굴을 목적으로 펼치는 단기(短期) 리그)다. 경찰 야구단 2대 감독을 10년간 성공적으로 해내면서 육성 전문가로 거듭난 그는 교육 리그 창설을 의욕적으로 추진하고 있다.

"작년에는 우리나라 야구가 대만, 중국에 다 졌어요. 올림픽 예선도 멕시코를 이겨 겨우 올라갔죠. 동양권에서 꼴찌가 될 수도 있다는 생각이 들었는데, 그 원인은 육성에 있다고 봐요. 미국, 일본, 대만에는 교육 리그가 있어요. 한국만 없어요. 그래서 제주도에 교육 리그를 만들어볼까 해요. 우리가 만들어야 할 시기가 왔다는 거죠. 그러려면 앞으로 나서는 사람과 기업이 있어야 해요. 그래야 진행이 되니까요."

**바. 둘이서만 함께 살고 싶은 마음**

유승안이 일단 저질러놓고 결과를 보는 스타일이라면 아내는 한 번 더 생각하는 스타일이다. 그래서 남편이 막 나가려 하면 그녀가 제어를 한다. 부부가 그처럼 잘 어울리는 이유를 다시금 느끼게 해주는 부분이다.

"남편은 꿈이 커요. 반면 저는 작지만 계획을 세우면 완벽히 하는 쪽이고. 제 꿈은 뭔가 큰 게 아니라… 우리 둘만 지내본 적이 단 한 번도 없잖아요. 그래서 둘이 살면서 뭔가를 해보고 싶어요. 제주도에 가는 것도 좋고, 펜션 사업도 좋아요. 돈을 많이 벌고 싶은 목적에서 하는 게 아니라 그저 소소하게 남편과 함께하고 싶은 거예요."

인터뷰 내내 웃음이 그치질 않았다. 서로에 대한 신뢰가 즐거운 농담 속에서 피어나는 시간 속에서 이들 가족이 행복을 얼마나 소중히 여기는지 느껴졌다. 눈

이 온 창 밖 겨울 호수에 비치는 빛이 새롭게 시작된 미래를 향해 서로 의지하며
살아가게 될 부부의 앞날을 축복하는 것처럼 보였다.[135]

충남 계룡시 두마면 입암길 218에 위치한 유쓰카페&펜션 앞에서 유승안 감독 부부가 다정한
포즈를 취했다(오병돈 프리랜서)

# 9. 아프니까 선물

한때 김난도 교수의 책 '아프니까 청춘이다'가 주는 위로가 유행한 적이 있었다. 10년이 지난 지금, 아프니까 청춘이라는 말을 한다면 현실을 모르는 '꼰대' 소리를 듣게 될지 모른다. 기성세대가 살아온 과거의 환경으로 2022년 청춘을 이해하는 것이 사실 어렵기 때문이다. 지금은 청춘만 아픈 것이 아니다. '아프니까 중년이다', '여전히 아프니 노년이다'를 외치고 있다. 청춘이 쏘아 올린 아픔 시리즈가 유행처럼 번져서 여기저기서 아픈 사람투성이가 되고, 너도나도 진심 어린 위로를 받고 싶어 한다.

사실 가장 아프고 외로움에 시달리는 세대는 노년이다. 노인 자살률은 세계 1위다. 중년은 또 어떤가? 우울증 환자가 가장 많은 세대가 50대이며, 갱년기가 되면서 염문도 모르는 아픔과 고통에 시달린다. 노년의 아픔, 중년의 고통을 진심으로 공감할 수 있는 사람이 있을까? 내 상처가 가장 아픈 것이고 경험해 보지 못한 고통엔 누구나 다 무감각하다.

고통받는 우크라이나 국민들의 안타까움을 TV로 보면서 우려와 위로를 보낸다. 하지만 채널을 돌리면 금세 잊어버린다. 타인의 고통은 하나의 영상, 즉 볼거리로 전락하면서 우리는 인간의 고통을 하나의 뉴스거리로 소비하고 있을 뿐이다. 사실 고통 속에 우리가 모르는 의미가 있고 그 의미를 찾는 과정에서 불교의 자비와 기독교의 사랑이 나왔으며, 철학과 의학의 비약적 발전이 있었다. 고통을 신이 내린 형벌로 보았던 시대도 있었지만, 근대의 니체는 고통을 창조의 원천이며 평균성을 뚫는 의지로 보기도 했다. 현재의 우리는 고통을 어떻게 보는가? 타인의 고통은 힐링센터의 마케팅 재료이고 힐링토크의 주제가 되며, '용기 내요'와 같은 소셜 미디어의 댓글이 되면서 타인의 고통이 하나의 소비재로 쓰이고 있다.

프랑스 시인 앙드레 지느는 '질병은 우리에게 어떤 문을 열어주는 열쇠'라고 했다. 아파서 아무것도 할 수 없을 때 비로소 새롭게 보이는 것들이 있는데, 실제로 병원에 가게 되면 모두가 철학자가 되고 의사가 된다. 건강에 자만했던 사람들도 겸손해지고, 음주나 흡연 등 나쁜 습관도 끊게 되며, 운동도 시작한다. '왜 나에게 이런 병이 생겼지?'부터 시작해서 '인생이란 무엇인가'까지 돌아보면 타인의 아픔까지 공감할 수 있게 된다. 이것이 고통이 주는 선물이다. 경험해 보지 못한 세상을 여는 열쇠이기도 하다.

문제는 질병이 다 나았을 때다. 힐링에 취해 아팠던 기억은 없어지고 다시 자신만만해진다. 다시 과거의 습관으로 돌아가면서 질병을 달고 살게 된다. 여기가 인생의 분기점이다. 사실 질병의 고통을 어떻게 극복하는가에 따라 인생이 달라지는데, 니체는 이것을 인간만이 가지는 고유한 특권이라고 했다. 백세시대에 사는 우리는 언젠가는 아플 것이며, 또 언젠가는 즐거울 것이다. 모든 사람이 아프다고 힐링만 찾아갈 때, 아플 때 새롭게 보이는 것도 찾아보자. 이것이 100세를 건강하게 사는 힘이며 불교의 자비, 기독교의 사랑이고 니체가 말하는 창조의 원천이 될 것이다.[136]

## 가. 여전히 석연치 않은, 갱년기 호르몬 치료

나는 땀이 많은 체질이다. 누군가에게 "그렇게 땀이 많은 체질이니 갱년기가 되면 더 괴로우시겠어요" 라는 얘기를 들었다. 지금 40대 중반이니 사실 갱년기는 곧인데? 지금도 땀이 많아서 여름만 되면 땀띠로 고생인데, 땀이 더 많아진다고? 갱년기가 되면 땀이 덜 나게 호르몬 치료라도 받아야 하나? 나를 환자의 입장에 놓고서 갱년기 호르몬 치료를 처음으로 고민하기 시작했다.

내가 의대 본과에 진학하기 직전인 2002년, 갱년기 호르몬 치료에 대한 어마어마한 연구 발표가 있었다. 미국 국립보건원의 지원을 받아 여성건강연구소에서 시행한 '2002년 WHI 연구'로 잘 알려져 있다. 갱년기 여성에게 젊음을 유지시켜 주기 위해 시행한 호르몬 치료가 오히려 심뇌혈관 질환을 더 일으키고 유방암 위험도 높인다는 결과가 전 세계로 보도되었다. 의사고 환자고 가릴 것 없이 사람들은 모두 충격을 받았고, 당시 호르몬 치료를 받던 여성들의 70~80% 정도가 치료를 갑자기 중단할 정도로 사회적 파장은 컸다.

당시의 나는 속으로 '그것 봐!' 라고 외쳤다. 갱년기는 질병이 아니라 여성이라면 누구나 겪게 되는 급격한 호르몬의 변화 시기이자 인생의 한 거쳐가는 단계일 뿐인데, 그걸 질병으로 규정하고 치료하려고 하니까 이 사달이 나는 거지! 갱년기 자체가 문제가 아니라, 여성의 나이 듦을 교정해야 할 것으로 바라보는 비틀린 시각이 오히려 여성들을 더 병들게 하는 실증적 사례를 찾은 거라 생각했다.

그러면서 갱년기에 여성이 얼마나 자유롭고 건강할 수 있는지를 찾아보았다. 생리통으로부터 해방되어 살 것 같다는 얘기에서부터 여행의 자유를 마음껏 누리고 있다, 임신의 두려움이 없어 성생활을 더 즐기게 되었다는 얘기까지 다양한 긍정적인 경험이 보고되어 있었다. 그러니까 갱년기 문제라는 건, 갱년기를 이상하게 보는 사람들의 문제인 것이지, 실제로 갱년기 여성들의 문제는 아니라는 것이 20대로서의 당시 내 결론이었다.

10년쯤 지나자 2002년 충격적인 연구 결과에 대한 세부적인 분석들이 나오기 시작했다. 대규모 연구에 참여한 여성들을 여러 조건 - 나이, 호르몬 치료 시작 연령, 약제의 종류, 기저 질환 등 - 으로 나누어 분석했더니 호르몬 치료가 그렇게까지 상종 못할 치료는 아니었다는 결론이었다. 갱년기 호르몬 치료는 어떤 여성들에게 필요하기도 하고, 어떤 여성들에겐 이익보다 손해가 큰 치료이기도 하다. 그러니 누구에게 필요한지, 누구에겐 필요하지 않은지 잘 골라내야 하는 것이 임상 의사와 환자 자신의 몫이라는 결론. 지금은 누구나 당연한 듯이 인정하는 결론, '케바케'이다.

그러나 케이스 바이 케이스라고 손쉽게 인정하고 넘어가기엔 석연치 않은 게 있다. 갱년기라는 단어를 발음할 때 나는 항상 약간의 긴장을 느낀다. 갱년기라고 이름을 붙여 너무 좋았다고 하는 사람들이 있다. 형언할 수 없는 각종 증상 모둠 세트에 이름을 붙이니 비로소 인정받는 느낌이었다는 것이다. 반면 갱년기라고 불리는 게 싫다는 사람들도 있다. 너무 싸잡아 보는 것 같다는 거다. 내가 겪는 이 모든 괴로움, 불편함을 갱년기라고 한 방에 매도하는 것 같다고. 왜 각각의 몸에 더 주의를 기울이지 않고, 으레 이 나이 여자의 몸으로 일반화하기만 하냐고. 갱년기 단어에 대한 이런 느낌도 단지 사람마다 다른 것이기만 할까?

20년이 지나 이제는 첫 연구 발표의 충격은 사라지고 케바케만 남았지만, 그때의 감각을 상기하는 게 여전히 유효하다. 나이 든 여성들에게 호르몬 치료가 무분별하게 권유되던 시대적인 맥락, 이런 연구가 기획되었던 사회적인 맥락, 그런 맥락을 느끼면서 진료할 때 조심스러운 긴장이 유지되기 때문이다.[137]

## 나. 자꾸 볼륨 높이는 당신, 귀 기울여보세요 불청객 '난청'인지

인구 고령화와 시끄러운 주변 환경, 이어폰을 자주 이용하는 생활습관 등으로 난청 환자는 꾸준히 증가하고 있다. 건강보험심사평가원 자료를 보면 난청으로 진료받은 환자는 2020년 40만9000명으로 5년 전에 비해 20% 정도 늘었다. 청각에 문제가 생기면 의사소통이 어려워지고 심한 경우 어지럼증, 치매까지 일으킬 수 있어 각별한 유의가 필요하다고 전문의들은 지적한다.

서울아산병원 이비인후과 강우석 교수는 "난청의 원인은 매우 다양하지만 대개 유전적인 원인이나 소음 및 여러 약물의 섭취에 의해 서서히 발생한다"면서 "어느 순간 난청이 발생했다면 부위에 상관없이 전문의를 찾아 정확한 원인을 확인하라"고 조언했다.

소리 자극에 의한 청력 이상을 소음성 난청이라고 한다. 폭발음 등 아주 큰 소리를 들었을 때만 생기는 것으로 생각하기 쉽지만 어느 정도 충분한 강도의 소음에 일정 기간 노출되면 누구나 생길 수 있다. 휴대전화 사용이 증가하면서 지나치게 큰 소리로 음악을 듣거나 영상을 보는 경우 자기도 모르는 사이에 소음성 난청이 발생할 수 있다. 특히 지하철 등 시끄러운 장소에서 음악을 듣거나 영상물 등을 시청할 때 주변 소음을 뚫고 들릴 만큼 볼륨을 키우는 경우가 많기 때문에 소음성 난청의 발생 확률이 더 높아진다. 조용한 곳에서는 잘 들리지만 시끄러운 소음이 있으면 상대방의 말을 제대로 알아듣지 못하는 것이 대표적인 증상이다.

노화성 난청은 나이가 들어감에 따라 점차적으로 발생하는 청력의 손실이다. 보통은 60세 부근에서 노화성 난청이 시작되는 경우가 일반적이다. 60세 이상 3명 중 1명꼴로, 75세 이상에서는 40~50%의 사람들이 청력손실을 겪는 것으로 추정되고 있다. 노화성 난청이 있으면 다른 사람이 하는 말이 웅얼거리거나 얼버무리는 것 같고, 특히 주변 소음이 있을 때 대화를 알아듣기 힘들어하는 증상을 보인다.

난청은 중이에서 소리가 잘 전달되지 않아 발생하는 '전음성 난청'과 달팽이관의 청각세포로부터 뇌의 청각을 담당하는 부위까지의 신경 부위에 이상이 생겨 발생하는 '감각신경성 난청'이 있다. 위 두 가지가 섞여 있는 난청은 '혼합성 난청'으로 구분된다.

전음성 난청의 경우에는 청력개선 수술이나 뼈를 통해 소리를 전달하는 골도 보청기로 재활을 진행한다. 감각신경성 난청의 경우에는 보청기, 중이 임플란트, 인공와우 등을 통해 재활이 가능하다. 감각신경성 난청 환자가 보청기로 청각재활이 가능할 정도의 청력이 남아 있는 경우에는 보청기로 충분히 청각재활이 가능하다. 외이도 염증 등의 이유로 일반적인 보청기 착용을 하지 못하는 일부 환자는 수술로 중이 임플란트를 시행할 수 있다. 감각신경성 난청이 심하여 보청기로 청각재활이 어려운 경우에는 인공와우 수술을 시행한다. 인공와우 수술 후 언어재활을 하면 청력기능 회복에 큰 도움이 된다.

국민건강영양조사(2021)에서 난청과 인지기능의 연관성을 알아보기 위해 66세의 생애 전환기 인구를 대상으로 간이 청력 검사와 인지기능 저하 여부를 스크리닝 (검사)할 수 있는 간단한 문진을 실시한 결과, 약 180만명의 대상자 중 양측 청력 저하 대상자는 3.4%, 일측(한쪽) 청력 저하는 5.84%, 인지기능 저하 고위험군은 13%가 넘었다. 서울성모병원 이비인후과 박시내 교수는 "대부분의 사람은 초기 에 청력손실이 발생하고 10~15년이 지난 후에야 생활의 장애를 느끼기 때문에 오랫동안 청력손실을 인식하지 못하거나 치료에 관심을 가지지 못하는 경우가 많 다"고 분석했다.[138]

## 다. 불면증, 의존성 없는 치료가 중요

불면증은 만병의 원인으로 꼽힌다. 늘 낮에 졸리거나 정신이 맑지 않은 사람들 은 혹시 본인에게 불면증이 있지 않나 세심하게 체크해 보아야 한다.

밤에 잠을 자는 동안에는 첫째, 낮 동안의 학습이나 행동에 대한 기억 및 습득 된 정보의 정리, 저장 등이 이루어진다. 둘째, 소모된 체력의 회복과 성장호르몬 분비가 활발해지면서 성장촉진 및 손상된 신체조직의 회복이 이루어진다. 인터루 킨이나 종양괴사인자 등이 증가하여 바이러스 감염에 대한 면역력을 높이고 신생 종양의 억제나 염증을 없애는 기능을 발휘한다.

이런 여러 가지 신체작용이 밤에 잠을 자는 동안 일어나기 때문에 만약 장기적 인 수면장애가 있을 경우 체력이 약해지고, 기억력이나 판단력이 저하되며 업무 나 학습 능력도 떨어진다. 특히 청소년기에는 불면증이 성장호르몬 분비에도 영 향을 미쳐 키가 크는 데도 방해를 한다. 면역력이 떨어져서 감기나 폐렴 같은 감 염성질환에 걸리기 쉽고, 몸 여러 곳에서 염증이 많이 나타난다.

불면증은 첫째 잠이 들 때까지의 시간이 너무 오래 걸리는 경우, 둘째 잠은 잘 드는 것 같은데 잠자는 동안 계속 얕은 잠을 잔다든지 중간중간 계속 자다 깨다 를 반복하는 경우, 셋째 잠이 들기도 힘들고 잠이 들어서도 꿈을 계속 꾼다든지 선잠을 자고 조그마한 소리에도 잠을 깨는 경우 등 유형이 다양하다.

만성적인 수면장애가 있는 사람들이 장기적으로 약을 복용하게 되면 약에 대한 반응이 약해져서 점점 강한 약을 쓰게 되거나 복용량을 높여야 한다. 이런 과정 을 거치면서 약에 대한 의존도가 높아지면서 약 없이는 잠을 잘 수 없게 된다. 특히 불면증 환자들을 진찰하다보면 대부분 잠에 대해서 강박을 가지고 있는 경 우가 많다. 잠을 자지 못할 것에 대한 불안감 속에서 잠을 자기 위한 여러 가지 노력을 기울인다. 이러한 패턴이 오히려 더욱 잠을 잘 수 없게 만드는 원인이 되기도 한다.

흔히 잠자기 전에 따뜻한 우유나 차를 마시라고 한다. 하지만 우유를 소화시키지 못하는 사람은 속이 불편하여 잠을 설칠 수 있고, 자기 전 차를 마심으로써 소변을 보기 위해 잠을 깨는 경우도 적지 않다. 잠을 잘 자기 위해서 술을 마시는 경우도 상당한데, 술을 마시면 잠을 드는 데는 약간의 도움이 될 수 있지만 깊은 잠을 자는 것에는 오히려 방해가 되고 코골이나 수면 무호흡증이 심해져서 좋은 수면에 방해가 될 가능성이 높다. 일반적인 방법을 모두에게 적용시키기보다는 각자 자기의 신체·정신·심리적 특성에 맞는 방법을 찾는 것이 좋다.

다음은 누구에게나 공통적으로 도움이 되는 내용이다. 첫째, 너무 배가 부르거나 고프지 않게 한다. 둘째, 조명을 끄고 최대한 캄캄하게 한다. 셋째, 잠자리에 들면 가만히 누워서 머리끝에서부터 발끝까지 꼼지락꼼지락하면서 조용히 근육을 이완시킨다. 넷째, 잠이 오지 않으면 잠자기를 포기하고 조금 어려운 책을 읽거나 아주 작은 볼륨으로 TV를 보거나 음악을 듣거나 하면서 시간을 보내본다.

한방에서는 양약의 수면제 성분과는 전혀 다른, 자율신경을 안정시키고 근육과 신경을 이완시켜주는 한약과 침시술, 약침시술 등으로 만성 불면증과 여러 가지 수면장애 등을 효과적으로 치료하고 있다. 치료가 마무리되면 치료를 중단하여도 정상적인 수면을 유지할 수 있는 의존성 없는 치료가 중요하다. 불면증이나 여러 가지 수면장애는 단순히 "잠을 못 자서 피곤하다"라고만 치부할 수 없는 건강에 대한 필수적인 문제이다.[139]

제대로 잠을 자지 못하는 고통은 겪어본 사람만이 안다. 오죽하면 잠 안재우기를 고문의 유력한 방식 중 하나로 썼을 것인가. 그렇게 큰 고통을 매일 밤마다 고문당하듯 겪는 사람들이 있다. 바로 수면장애 증상의 일종인 불면증 환자들이다.

2년 전부터 불면증이 있어 수면제를 복용하던 박모씨(42세)는 머리가 멍하고, 무기력한 느낌 때문에 업무에 집중하기가 어려워 치료를 위해 한의원을 찾았다. 이전에 구미에 맞던 음식조차 식욕이 떨어져 먹으려하지 않고, 이유없이 긴장되고 초조해지면서 우울한 기분을 자주 느꼈는데, 검사상 우울증과 함께 불면증이 심해졌다는 설명을 듣고 놀랐다.

건강보험심사평가원 통계에 따르면 국내에서 2018년 한 해 수면장애로 진료를 받은 환자는 56만 2000여 명에 이르는 것으로 나타났다. 해를 거듭할수록 불면증으로 병원에 방문하는 환자들이 늘어나고 있는 것이다. 스트레스로 인한 정신적 괴로움과 과로로 인한 육체적 괴로움을 매일 느끼며 사는 현대인들이 숙면을 취하지 못하는 것은 어찌 보면 당연한 일일 수 있다.

불면증은 우리나라 성인 33%가 불면증을 경험하고 10명 중 1명이 만성불면증에 시달릴 정도로 흔한 증상이다. 일시적인 불면증은 3개월 정도 시간이 흐르면 자연스럽게 치유되는 것이 일반적이지만 이를 방치하면 심근경색이나 뇌졸중(중풍)과 같은 심혈관계 질환, 뇌혈관계 질환의 발병으로 이어질 수 있어 수면장애 조기치료가 중요하다. 불면증이 지속될 경우 자는 동안 뇌기능의 회복이 저하돼 우울증, 공황장애, 강박증, 불안장애와 같은 신경정신과 질환을 유발할 가능성이 커지기 때문에, 초기증상부터 용인해서는 안된다.

불면증은 스스로의 주관적 느낌은 물론 타인이 보았을 때에도 객관적으로 느끼는 수면의 질과 양이 저하되어 효율적인 수면을 이루지 못하는 것을 의미한다. 불면증 유형에는 크게 입면장애 유형, 수면유지장애 유형, 조기각성장애 유형 세 가지로 나눌 수 있다. 입면장애 유형은 잠자리에 누워서 잠에 들기 까지 오랜 시간이 걸리는 증상을 말하고 수면유지장애 유형은 잠은 들지만 반복적으로 자주 깨는 증상을 말하며, 조기각성장애 유형은 자다가 일찍 잠에서 깨 다시 잠에 들기 힘든 증상을 이야기한다.

세 가지 유형의 불면증 모두 숙면을 방해하므로 이로 인해 인체의 기능이 충분히 회복되기 위한 수면 시간이 확보되지 못하게 되면 인체는 낮 시간 동안 졸림, 피로감, 의욕 상실 등의 상태를 초래하게 된다. 그리고 이러한 상태는 결국 전반적인 삶의 질을 저하시키게 된다.

불면증 자가진단 후 내원하는 환자들로부터 잠이 안와 수면유도제나 수면제를 복용하고 있는데 불면증 극복하는 법, 잠 잘 오는 방법을 추천해달라는 질문을 많이 받는다. 약물로 뇌의 각성을 억지로 조절할 경우, 약을 끊고 나면 다시 통제를 제대로 하지 못해 이전에 겪었던 불면 증상이 나타날 수 있고 심한 경우 불면증이 우울증의 원인이 될 수도 있기 때문에 무턱 대구 참을 일이 아니라 치료가 필요하다.

이러한 이유로 불면증은 여러 신경정신 질환이 동반되기도 하는데, 그 중 우울증을 동반하는 경우가 아주 흔하다. 우리가 하루만 잠을 제대로 못자도 피곤하고 무기력해지는 것을 생각해보면 불면증 환자들에게 우울증이 쉽게 동반되어 발생하는 것은 충분히 납득가능하다.

우울증은 감정기복이 심하고 감정이 둔화되어 아무런 감정이 느껴지지 않는 상태를 특징으로 하는 질환이다. 아울러 주의력이나 집중력이 현저하게 떨어지고 의욕이 없어져 아무 것도 할 수 없는 양상으로 악화되는 진행 과정을 보인다. 이러한 우울증 환자들은 대개 불면증으로부터 시작되는 경우가 많으므로, 예전과 달리 수면에 이상이 생기고 있다면 곧 우울증이 올 수도 있다는 것을 명심하고 적극적으로 치료와 관리에 임해야 한다.

불면증을 치료하기 위해 한의원에 내원하는 환자들의 경우 항불안제, 항우울제, 수면유도제 등의 수면제를 처방 받아 복용 중인 경우가 많다. 그러나 이러한 종류들의 수면제는 급성적인 불면 상황에서는 어느 정도의 도움을 받을 수 있지만 불면 증상이 만성화된 경우에는 수면제에 의존하는 것은 용인되기 힘들다.

잠을 자기 위해 잠들기 전 복용한 수면제의 약효가 다음 날 낮까지 지속되어 주간의 일상 활동에 지장이 생기거나 수면제 복용을 중단한 뒤에 불면 증상이 더욱 심해져 약물 의존성으로 인해 수면제를 끊기 어려워지게 되기 때문이다.

불면증 환자의 한의학적 변증은 다양하다. 과도한 스트레스와 짜증으로 인한 간기울결(肝氣鬱結), 간기울결과 대구를 이뤄 더욱 심해진 분노의 상태인 간화상염(肝火上炎), 과긴장으로 인한 불안과 공포의 상태인 심담허겁(心膽虛怯), 불필요한 생각이 끊이지 않는 상태인 사결불수(思結不睡) 등이 있으며 환자의 상태를 변증하여 상황에 맞는 처방으로 치료를 진행하게 된다. 이처럼 한의학에서는 불면증 치료를 위해 불면증을 유발하는 각각의 원인을 파악하고 불면증을 가진 사람의 대변, 소변, 소화, 기초 체온, 분당 심박수, 감정상태 등의 인체의 신호들을 포함하여, 종합적으로 고려하게 된다.

불면증을 포함한 수면장애의 증상들은 뇌신경적 원인에 기인하므로, 덩달아 불안장애, 우울증, 강박증 등의 신경정신과적 질환들을 동반하기 쉽다. 수면과 각성에 대한 수면장애의 원인뿐만 아니라 동반되는 우울증 등의 질환도 함께 체크해 보고 환자의 체질이나 병력, 성별, 나이 등을 고려해 환자 맞춤형 치료를 병행할 필요가 있다.[140)

## 라. 올바른 수면제 복용법

불면증은 만성질환으로, 불면증 환자의 45%가 10년 이후에도 여전히 불면 증상을 경험하고 있는 것으로 보고되고 있다. 보통 불면증이 생기면 수면제를 자가 처방하거나 술을 마시고 잠드는 등 혼자 해결하려는 경향이 높다. 하지만 일시적인 불면증이 나타났을 때 올바르지 못한 방법으로 해결하려다 만성불면증으로 이어지는 사례가 적지 않다.

불면증으로 내원한 환자를 조사한 결과, 불면증 환자의 90%가 잠을 자기 위해 술을 마시거나 수면제 및 수면유도제를 오·남용한 적이 있으며, 불면증이 악화돼 다시 약을 늘리면서 어지럼증이나 낮 졸림증 같은 부작용을 경험한 것으로 나타났다.

수면제를 장기 복용해 부작용으로 건망증이 생기거나 섬망 현상을 겪고, 잠든 상태에서 걸어 다니거나 운전을 하는 등 위험한 사례도 보고되고 있다. 섬망을 피하기 위해서는 수면제 복용 후 30분 이내에 잠을 자야 하며, 섬망과 수면보행증 모두 허가용량보다 과다 복용할 때 발생할 가능성이 높기 때문에 주의해야 한다.

매일 잠을 못 이루는 사람들은 종일 피곤하고 힘이 들어 가장 손쉬운 불면증 해결 방법인 음주를 하거나 수면제 복용을 고민하게 된다. 술을 마시고 잠들 경우에 잠드는 시간은 빨라지지만, 실제 수면 중 깨는 증상이 반복적으로 나타나 결국 불면증은 해결되지 않는다.

한편 수면제 복용이 궁극적 치료법이 아닌 것은 분명하지만, 전문가 처방을 토대로 안전하게 복용한다면 효과적일 수 있다. 최근에는 수면제의 안전성이 높아져서 장기간 복용을 해도 큰 위험이 없고 부작용도 거의 없어서 의사의 처방대로 잘 사용하면 효과를 볼 수 있다. 하지만 수면제의 장기간 사용은 금단증상 및 의존의 위험이 있으므로 가능하면 단기간 복용하고 올바른 수면 습관을 생활화하는 것이 중요하다. 비록 앞으로 개발될 새로운 약물들이 남용이나 의존의 위험이 전혀 없는 약물로 개발된다고 하더라도, '약을 먹지 않으면 잠을 못 잘 것 같은 두려움'과 같은 심리적 의존을 없애지는 못하기 때문이다.

불면증이 3주 이상 계속될 땐 반드시 정확한 진단을 통해 불면증의 원인을 파악한 후 전문의 처방에 따른 약물치료와 인지행동치료를 받는 것이 필요하다. 불면증의 발생과 유지에 영향을 주는 불안장애, 우울장애와 같은 동반 질환을 치료해야 하며, 수면무호흡증, 기면증, 하지불안증후군 등 정확한 진단과 치료가 필요한 경우도 있기 때문이다.

수면을 위해 약물을 사용해야 할 경우에 의존성은 적으나 수면 효과를 가지고 있는 항우울제나 항히스타민제 등도 고려하면 좋겠다. 수면제를 사용해야 할 경우에도 가능하다면 의존성이 적은 약물을 먼저 선택해 사용하는 것이 장기간 사용했을 때 발생할 수 있는 의존과 내성의 문제를 최소화할 수 있으므로 무엇보다도 전문의의 진단과 처방에 따르는 것이 중요하다.[141]

## 마. 아픈 몸 자책 말아야 하는 이유 "질환은 당신 탓이 아닙니다"

한국 사회에서 아픈 건 '죄' 다. 가족, 친구, 혹은 회사 동료에게 미안해 아픔을 숨긴 적이, 병원 진료비와 약값이 부담스러워 진료를 미룬 일이, 혹은 '내게 왜 이런 병이 왔을까' 스스로 자책해본 적이 한 번도 없는 한국인을 찾기는 쉽지 않을 것이다.

질문을 바꿔보자. 내 몸이 아픈 이유가 내 탓이 아닐 거라고 생각해본 적이 있는가. 고혈압, 당뇨, 비만, 알레르기, 탈모, 관절염 등. 2022년을 살아가는 우리는 나이와 성별을 막론하고 만성질환 한두 개쯤 안고 있다. 아픈 곳 없이 건강하길 바라는 안부 인사를 주고받지만 '아픈 곳 하나 없는 상태' 란 이룰 수 없는 이상일 뿐이다. 하지만 우리는 건강이라는 이상적인 잣대로 스스로를 재단하고 '아픈 게 죄' 라며 자책한다. 그런데 아픈 몸은 정말 우리의 잘못일까.

건강보험심사평가원에 따르면 2020년 기준 당뇨병 환자는 333만 명에 달한다. 성인 세 명 중 한 명이 앓고 있다는 고혈압 환자도 671만 명을 기록했다. 그뿐인가. 코로나19로 인한 '집콕' 생활이 늘면서 함께 늘어나고 있는 비만 환자, 미세먼지가 일상화되며 점차 늘어나는 비염 환자만 합쳐도 그 수는 어마어마할 것이다.

### ☞ 아픈 사람 탓하는 사회

한국 사회는 유독 아픈 이들에게 박하다. 건강하지 않으면 노동 시장에서 밀려나기 일쑤다. 생명을 가진 모든 것은 나이 들고 아프며 죽는 것이 당연함에도 불구하고. '잘 아플 권리', 질병권 개념을 처음으로 주장한 조한진희는 건강 중심 사회에 대해 "모든 사람이 건강하다는 걸 전제로 건강한 시민만을 표준의 몸으로 삼아 사회를 직조하는 것" 이라고 설명했다. 건강만을 지나치게 강조하는 분위기는 아픈 사람에게 자기관리에 실패한 사람이라는 낙인을 찍는다.

인류학자 서보경은 책 '아프면 보이는 것들' 에서 우리 사회가 전염성 질환에 보이는 부조리한 대응을 지적한다. "어서 감염자를 찾아내 격리부터 하라는 요구, 감염자는 반드시 그럴 법한 문제가 있는 사람일 거라는 편견, 따라서 '비정상적' 인 사람들을 솎아내면 사회는 다시 안전해질 거라는 근거 없는 믿음, 그리고 질병과 고통의 경험을 스캔들화하는 언론의 태도는 HIV와 에이즈를 통해 우리에게 너무나 익숙해진 전염병을 다루는 방식이다."

실제로 코로나19 확진자의 동선 공개 문제는 팬데믹 내내 이슈가 됐다. 팬데믹 초기에는 확진자 정보를 공개할 때 당사자를 특정할 수 있는 정보가 포함되거나, 확진자의 시간대별 이동 동선을 그대로 공개해 사생활 침해 문제까지 제기된 바 있다. 이에 중앙방역대책본부는 '감염병의 예방 및 관리에 관한 법률'(감염병예 방법)을 개정하고 코로나19 확진자의 이동 경로 등 정보를 공개할 때 성별·연 령·국적·읍면동 이하의 거주지·직장명 등 개인정보와 관련된 사생활 침해를 최소화하기 위해 노력했다.

그러나 '깜깜이 환자'나 '무증상 감염자'에 대한 염려로 코로나19 확진자 의 자세한 동선과 정확한 거주지 주소를 공개하라는 국민청원이 올라오기 시작했 다. 질병관리청이 확진자의 거주지와 같이 방역의 목적과 관계없는 개인정보는 동선 공개 대상에서 제외하겠다고 발표한 지 얼마 지나지 않았을 때였다. 포털사 이트부터 뉴스, SNS로 퍼져버린 동선과 개인정보로 인한 사생활 침해로 정신적 피해가 막심하다며 호소하는 목소리는 불안감에 묻혀버렸다. 팬데믹이 3년째 이 어지고 있는 지금까지도 '정확한' 동선 공개의 필요성을 둘러싼 논쟁은 여전히 현재 진행형이다.

### ☞ 건강할 수 없게 만드는 사회

치료할 수 없는 만성질환을 앓는 이들의 수는 점점 늘어나고 있다. 건강보험심 사평가원과 건강보험공단이 집계한 질병 통계에 따르면 고혈압, 당뇨병, 암 등 중 장년에게 익숙한 만성질환자 수는 2020년 기준 1900만여 명으로, 전체 인구 5288 만 명의 35.5%에 해당한다. 이들 만성질환자 수 증가율은 최근 4년간 연평균 4.0%라는 높은 수치를 기록했다.

게다가 유례없이 길어진 팬데믹은 사람들로 하여금 코로나19에 언제 감염될지 알 수 없는 불안감과, 완벽한 치료제가 부재해 완치 후에도 여러 후유증을 떠안 게 만들었다. 질병을 완전히 치료해 '건강한 상태'로 돌아가는 것이 불가능한 경우가 자꾸만 생겨나고 있다. 근대화 이래 계속돼온 건강 중심 사회에 경종을 울리는 상황이 이어지고 있는 것이다.

건강한 상태로 돌아가는 데 걸림돌이 되거나, 그로부터 벗어나게 하는 일은 도 처에 널려 있다. 최근 몇 년간 꾸준히 상승해 2020년 65.3%를 기록한 건강보험보 장률은 여전히 경제협력개발기구(OECD) 평균치인 80%에 훨씬 못 미친다. 반면 건강보험 혜택이 적용되지 않아 환자가 전액 부담하는 비급여 부담률은 전년 대 비 0.9%p 감소한 15.2%를 기록했다. 게다가 의료비를 감당하지 못해 빈곤층으로 전락하는 '메디컬푸어'(Medical Poor) 비율은 2019년 기준 7.5%다. 이는 OECD

평균 5.4%를 훌쩍 넘긴 수치다.

공보험이 챙겨주지 못하는 부분을 사보험이 챙겨주면 좋겠지만, 그마저도 녹록지 않다. 미래에셋은퇴연구소 조사 결과, 5060세대는 치료비 부담을 덜기 위해 평균 2개 이상의 보험에 가입했으나 정작 보험금을 받는 사람은 평균 12%에 그쳤다. 이들의 80%가 만성질환을 앓고 있으며, 50대는 2.4개, 60대는 3.3개의 질환을 앓고 있음에도 보장 범위가 충분치 못한 것이다.

충분히 아픈 뒤 나을 시간도 갖지 못하는 것이 현실이다. 정부가 코로나19 감염 확산을 막기 위해 개인이 지켜야 할 생활방역 제1수칙으로 제시한 것은 '아프면 3~4일 집에서 쉬기'였다. 이를 포함해 총 5개 수칙이 공개됐지만 당시 가장 화제가 된 것은 제1수칙이었다. 개인적 문제 말고도 대체인력 확보나 유급휴가 부여 등 경제적 보상 문제가 겹쳐 사회·구조적으로 실천하기 어렵기 때문이다. 아파도 학교를 가고, 아파도 직장에 가는 삶을 살았지만 건강관리까지 개인의 책임으로 떠넘겨진다. 보건의료기본법 제14조에 따르면 '모든 국민은 자신과 가족의 건강을 보호·증진하기 위하여 노력하여야 하며, 관계 법령에서 정하는 바에 따라 건강을 보호·증진하는 데에 필요한 비용을 부담하여야 한다.'

## ☞ 건강관리는 개인의 의무? 그렇지 않다

사회는 '스스로 경제활동이 가능한 수준'의 건강 상태를 유지할 것을 암묵적으로 요구한다. 건강관리도 실력이라며 눈치를 주고, 빈 자리를 채워줄 대체인력이 없어 아픈 사람이 눈치를 보게 만든다. 자신이 처한 상황에 따라 활용할 수 있는 수단이 한정돼 있음에도, 개인의 노력을 강조한다.

책 '질병과 함께 춤을'의 저자 다리아(필명)는 "직장생활을 하면서 매끼 친환경 건강 밥상을 마주하고, 매일 30분씩 땀 흘려 운동하고, 몸이 원하는 만큼 충분히 쉴 수 있느냐"고 묻는다. 왕복 서너 시간의 통근을 거쳐야 하는 사람에게는 규칙적인 식습관, 충분한 수면, 적절한 운동이 중요하다는 의사의 조언은 무용지물일 수밖에 없다.

그러나 건강은 절대적인 개념이 아니며, 질병은 함수가 아니다. 사람마다 꿈꾸는 '건강한 상태'는 제각기 다를 수밖에 없고, 특정한 음식이나 습관으로 모두가 건강해질 수 없기 때문이다. 인간은 무언가에 '감염'되고 아픈 채 살아갈 수밖에 없다. 그러므로 아픈 몸은 당신의 잘못이 아니다.

또한 질병을 얻는 순간 삶이 끝나는 것이 아니기 때문에, 아픈 몸으로도 문제 없이 온전하게 세상을 살아갈 수 있는 권리에 대한 고민이 필요하다. 전대미문의 감염병을 겪으며 '잘 아플 권리'에 대한 논의가 조용히, 서서히 이뤄지는 이유다.

1. 아픔이 길이 되려면(김승섭 저): 데이터를 통해 질병의 사회적·정치적 원인을 밝히는 사회역학을 도구 삼아 혐오, 차별, 고용불안 등 사회적 상처가 어떻게 우리 몸을 아프게 하는지 말한다. 또한 사회가 개인의 몸에 어떻게 반영되는지를 사회역학의 여러 연구 사례와 함께 이야기한다.

2. 아프면 보이는 것들(제소희 외 12명 저): 이 책은 의학이 설명하거나 포괄하지 못하는 한국 사회의 '아픔'을 인류학의 시선으로 톺아본다. 저자들은 미처 알지 못했던, 아파 보지 않아서 볼 수 없었던 것들에 다가가자고 제안하며 아픔으로부터 시작될 치유와 연대를 꿈꾼다.

3. 질병과 함께 춤을(다리아 외 3명 저): 이 책은 각자 다른 질병을 가진 여성 4명이 질병과 더불어 살아가는 고유한 삶을 온몸으로 써내려간 이야기다. 동시에 건강을 최고의 덕목으로 여기는 사회에서 아픈 몸으로 산다는 것의 의미가 무엇인지 끊임없이 관찰하고 탐구해온 분투기이기도 하다.

4. 질병, 낙인(김재형 저): 조선 시대부터 일제 강점기를 거쳐 현재에 이르기까지, 한센병 등장 후 의학과 국가가 어떤 방식으로 치료와 관리에 개입했으며, 환자들이 한 사회 내에서 어떻게 살아왔는지 역사적으로 풀어낸다. 앞으로도 예고 없이 찾아올 질병과 더불어 살아가기 위한 안내서가 되어줄 것이다.[142]

## 바. 아픈 몸들이 말한다

어딜 가나 꽤나 건강한 편이라 여겼던 나는 올여름 느닷없이 이석증을 얻었다. 의사 선생님은 스트레스가 원인이라고 말했다. 마음이 몹시 괴로운 시기는 아닌데 뇌가 긴장하고 있는 것도 스트레스 반응일까요? 그 무엇도 스트레스가 될 수 있다는 원론적인 답변만 돌아왔지만 앉으나 서나 세상이 빙빙 도는 공포에 절여진 나는 정확히 알고 싶었다.

인간관계, 수면, 영양, 일 모두 문제겠지만 그중에서도 무엇이 특히 문제인가요. 원인을 모르니 치유도 아득했다. 이름을 붙이고 원인을 박멸하여 100%의 건강한 상태가 되고 싶었으나 인간의 몸이란 애초에 그럴 수가 없으며 언제나 크고 작은 질병과 장애가 달라붙어 있다는 당연한 사실만 다시 각인했다.

질병이란 원래 해명할 수 없는 것일까. 정영수의 미려한 소설 〈일몰을 걷는 일〉(릿터 35호)에서 우울증으로 시도 때도 없이 왈칵 눈물을 쏟는 '걸어다니는 눈물주머니'가 된 남자는 '왜'라는 질문 앞에 아무 말도 하지 못한다. "그가 애처롭다고 생각하는 세상 모든 존재가 울지 않고 있는데, 자신만 울고 있는 까닭을 그로서도 알 수 없었기 때문이다." 심리상담도 받아보고 유년 시절도 추적해보고 친구에게 고민도 털어놓아보고 연락이 끊긴 동창에게 긴 메일도 써보지만 속 시원히 밝혀지는 일은 없다. 눈물을 멈추지 못하는 증상을 얼마간 민망해하거나 우스워하면서, 혹시 자기연민이나 과잉된 자의식은 없는지 의심하면서, 남자는 아픔을 명확한 언어로 설명하지 못한 채 오래 헤맨다.

아픔이란 원래 언어와 호환되지 않는 것일까. 말할 수 없는 아픔에 대해 말하고자 애쓴 아름다운 기록인 김지승의 에세이 〈짐승일기〉(난다, 2022)는 그 패러독스에서 출발한다. 항암 후유증으로 인한 갱년기 증상일 뿐 갱년기가 아니라는 의사들의 말 앞에서 그나마 나에 대해서 설명할 수 있는 아픔의 이름조차 가지지 못한 막막함. 그러나 전 연인, 어머니, 동료, 처음 보는 남자, 나를 싫어하는 사람을 비롯해 아픈 몸을 둘러싼 무수한 관계들를 관찰하고 확인하며 아픔의 언어를 새롭게 발굴한다. "나는 거짓말이고, 어쩌다 남은 것들이고, 이미 들어와 있는 것의 이웃이므로 나는 나에 대해 말할 수 없음으로 말하기 시작한다." 살려고 애쓴 일들이 도무지 나를 살게 하지 않아 고통스러웠다가도, 방 청소를 하다가, 약속이 취소되어 다행스러워하다가, 무언가를 쓰려 책상 앞에 앉았다가, 아픈 몸에 대해 말하다가, 나는 문득 알게 된다. "나는 이제 겨우 내 몸에 도착한 상태다."

'치유'의 영어 단어 'cure'에는 "고치다, 교정하다, 어떤 종류의 악을 제거한다"는 뜻이 있다. 그러나 어떠한 질병과 장애도 '악'은 아니다. 장애학자 김은정이 말했듯 치유는 무언가를 가능하게도 하지만 불가능하게도 한다. 질병과 장애를 전문가의 개입으로 바로잡아야 하는 결함으로 여기며 그것과 함께 살아가는 다양한 삶의 방식을 상상하지 못하게 만들기 때문이다(〈치유라는 이름의 폭력〉).

그렇다면 아프고 늙고 의존하는 몸을 치유하는 일 못지않게 중요한 것은 몸들이 말하는 언어가 풍요로운 사회를 만드는 일이다. 언어가 생기면 세계가 만들어진다. 아픔을 명확하게 설명하고 완전하게 치유하지 못하더라도 아픈 몸과 대화하고 끊임없이 살아있는 관계 맺는 것. 이것이 자신을 이해할 수 있는 지적 능력이 아니라면 무얼까. 그리고 아름다움에 감동할 수 있는 미적 능력이 아니라면 무얼까. 무엇보다 삶을 살아갈 수 있는 능력이 아니라면 또 무얼까.[143]

## 사. 외로움이란 질병

어쩌다 보니 개와 고양이를 같이 키우게 됐다. 원래부터 이런 계획은 아니었는데 피치 못할 사정이 생겨 재작년 겨울 초입에 온몸이 광기 어린 에너지로 넘치는 깜장 시바 강아지 한 마리를 새 식구로 맞이했다. 오랫동안 같이 살아온 고양이 송이에게 괜찮겠냐고 물어보진 않았다. 당연히 안 괜찮다고, 싫다고 할 게 뻔했기 때문에. 그렇게 아슬아슬한 동거가 시작됐다.

성격이 까칠한 송이는 예상대로 느닷없이 자신의 보금자리에 쳐들어온 강아지 해피를 마땅치 않아 했다. 하나 처음에는 어른으로서 관용을 베풀어 내 주먹보다 작은 해피가 울타리 속에서 쌔근쌔근 잠을 자고 있을 때 소리 없이 다가가 미심쩍은 표정으로 냄새를 맡아 보곤 슬쩍 뒤로 물러나는 정도로만 접촉했다.

그러나 시간이 흘러 해피가 울타리 밖으로 나오는 순간 그 짧은 평화도 막을 내렸다. 새로 온 집의 모든 곳, 모든 것에 촉촉한 검정 코를 갖다 대고 냄새 맡고, 핥고, 씹고, 물어뜯어야 직성이 풀리는 강아지 해피와 지난 8년간 우아하게 자신의 왕국을 호령한 갈색 고양이 송이의 충돌은 불가피한 것이었다. 어느 날 송이가 발톱을 세운 채 날리는 펀치에 맞아 귀에서 피를 철철 흘리는 해피를 보고 결단을 내릴 수밖에 없었다. 그렇게 송이는 하루아침에 안방에 갇힌 신세가 되고 말았다.

이런 결정을 송이는 당연히 끔찍하게 여겼다. 이해한다. 어느 날 들어온 시커먼 털 뭉치 한 마리 때문에 자신의 세계가 방 한 칸으로 쪼그라들었으니. 그러나 송이에게 무엇보다 고통스러운 건 외로움이었다. 송이는 식구들이 거실에서 혹은 주방에서 다 같이 있을 때면 별안간 처절한 목소리로 울부짖었다. 처음에는 어디 아픈가, 아니면 다쳤나 싶어서 놀라 뛰어갔는데.

그때마다 송이는 울음을 그치고 할짝할짝 사료를 먹거나, 내 옆에 다가와 종아리에 작은 얼굴을 대고 부비부비하거나, 흰색과 갈색이 섞인 길고 아름다운 꼬리로 내 종아리를 휘감았다. 그때 알았다. 송이가 외롭다는 걸. 송이의 그런 마음을 짐작했을 때 미안해 고개를 들 수 없었다.

외로움이란 감정은 인간만의 전유물이 아니다. 노리나 허츠가 쓴 '고립의 시대'에는 코로나 때문에 방문객들이 올 수 없는 도쿄의 스미다 아쿠아리움에서 뱀장어들이 사육사를 보고도 모래 속으로 파고드는 이상 행동을 보였다는 이야기가 나온다.

봉쇄 기간이 길어지면서 뱀장어들이 사람들과 어울리는 법을 잊어버린 것이다.

그래서 사육사들은 시민들에게 아쿠아리움으로 화상 전화를 걸어 뱀장어들에게 손을 흔들고 인사를 해 달라는 부탁을 했다고 한다. 그게 효과적이었는지는 모르겠지만 뱀장어들도 외로움을 탄다는 사실만큼은 확실히 증명된 셈이다.

생명이 있는 모든 존재에게 외로움은 온몸에 서서히 퍼지는 독과 같다는 점은 분명하다. 고양이도 외롭고, 뱀장어도 외롭다. 식구들이 송이를 달래 주려고 안방에 들어가 있으면 강아지 해피는 두 발로 서서 안방 울타리 문을 앞발로 탁탁 치며 성질을 낸다.

나도 그 안에 같이 있고 싶다고. 나만 소외되고 싶지 않고, 좋아하는 이들과 같이 눈을 맞추고 놀고 싶은 마음은 인간이나 동물이나 다르지 않은 것이다. 그런데 요즘은 무서운 기세로 퍼지는 오미크론 바이러스 때문에 그러한 최소한의 만남조차 허락되지 않고 있다.

외로워하는 송이 옆에 가만히 있어 주고, 안방으로 들어오겠다는 해피를 쓰다듬어 주고, 모래 속으로 고개를 파묻는 뱀장어들에게 화상 전화를 걸어 주는 것처럼 외로워하는 사람들에게 혼자가 아니라고 전할 방법은 무엇일까. 어쩌면 그것이 지금 우리에게 가장 시급한 문제일지도 모른다.[144]

## 아. 노안의 관리, 삶의 질이 높아진다

검안학 박사연배가 비슷한 나이의 친구들이 식당에 앉아 메뉴판을 보면서 메뉴판에 쓰여 있는 글자가 보인다 안 보인다 하면서 이야기를 나누는 상황을 심심찮게 볼 수 있다. 이들 나이는 대게 40대 중반 이후이다. 그들 중 어떤 친구는 그 작은 글씨가 아직 잘 보인다고 하고 또 어떤 친구는 전혀 보이지 않는다고 하면서 이야기꽃을 피운다. 이처럼 나이가 들어가면서 가까운 곳에 있는 물체나 글자가 선명하게 보이 하지 않는 것을 노안이라 한다.

노안은 대게 45세 전후에서 나타나기 시작하지만, 개인에 따라 30대 후반에서 50대 중반까지 다르게 나타난다. 2017년 통계 기준으로 우리나라의 45세 이상의 인구는 전체 인구의 약 40% 정도이고 평균수명이 남성 77.7세 여성 84.4세로 알려진 사실에 비추어 보면 우리나라 노안 인구 비율은 약 40%이며 평균적으로 약 35년 동안은 노안으로 살아가고 있다. 하지만 그 높은 인구의 비율과 노안을 겪는 긴 기간에 비교해 노안에 대한 인식은 극히 낮은 수준에 있다.

일반적으로 노안이라 하면 가까운 거리에 있는 글자나 작은 물체가 흐려 보이는 것으로만 인식하고 있으며 이를 해결하기 위해 책을 볼 때 글자를 선명하게 볼 수 있는 돋보기 정도만 착용하면 된다고 인식하고 있다. 하지만 노안은 근거리에 있는 물체가 선명하게 보이지 않는 것 이외 여러 가지 불편한 증상을 동반한다. 가까운 물체를 보다가 멀리 있는 물체를 보면 바로 선명하지 않고 한동안 흐려 보이다가 서서히 선명하게 보이거나 반대로 멀리 있는 물체를 보다가 가까운 거리의 물체를 보면 흐려 보이다가 서서히 선명하게 보이는 증상이 나타나기도 한다. 또한, 가까운 거리의 물체를 오랫동안 보면 눈이 극도로 피로해지거나 그 상태로 계속 보고 있으면 흐려 보이고 심할 경우 두통도 발생한다. 노안은 사람에 따라 다르겠지만 원거리를 볼 때나 평소에도 눈의 건조증, 눈부심, 눈의 충혈, 눈물이 나는 증상을 보이기도 한다. 그 이외에도 거리 감각과 공간 감각의 저하와 더불어 눈을 중심으로 한 신체의 협응 기능도 감소한다. 이러한 증상으로 인해 집중력이 감소하고 업무의 효율이 낮아질 뿐 아니라 삶의 질적 감소와 더불어 심할 경우 안전에도 악영향을 미친다.

노안은 단지 눈의 불편한 증상뿐 아니라 눈 안쪽에 있는 수정체가 혼탁해지는 백내장이나, 물체의 상이 맺히는 눈의 끝부분인 망막에 질환이 발생하거나, 특히 망막의 중심부인 황반에 변성이 발생하는 황반변성, 눈의 압력이 비정상적으로 올라가는 녹내장 등 여러 안과 질환이 생길 확률이 높아진다. 이들 안과 질환은 당뇨나 고혈압과 같은 성인병이 있는 사람에게 더욱더 발병할 소지가 크고 치료도 어렵게 한다.

노안은 말 그대로 나이가 들어감에 따라 발생하는 자연현상으로 그 자체를 막을 수는 없으므로 적절한 관리가 최선이다. 눈은 신체 일부이므로 눈 건강을 위해서는 기본적인 건강관리가 선행되어야 하며 특히 성인병 관리가 중요하다. 안과 질환은 발병 후 회복이 어렵거나 불가능할 수 있으며 정기적인 눈 검사와 지속적인 관리가 필요하다. 이와 함께 평소 케일이나 시금치, 당근 등과 녹황색 채소나 블루베리와 같은 신선한 과일을 꾸준히 섭취하거나 건강보조식품을 복용하는 것도 노화 방지에 도움을 준다고 알려져 있다. 이들 채소나 과일은 항산화 식품이면서 망막의 중심부와 주변부를 구성하는 지아잔틴과 루테인을 다량 함유하고 있다. 또한, 외출 시나 컴퓨터를 볼 때 유해 광선 차단할 수 있는 보안경이나 선글라스 착용은 눈 보호에 도움을 준다. 특히, 전문가의 도움으로 노안에 따른 눈의 기능 저하를 정확히 진단하여 각 개인의 작업이나 생활환경에 알맞은 안경을 교정하여 착용하는 것도 노안에 따른 불편함을 줄일 수 있다.[145]

## 자. 나도 모르는 내 몸…건강에 자만은 금물

매우 단단한 박달나무도 좀이 슬 때가 있다는 뜻으로, 평소 아주 똑똑하거나 건강한 사람도 실수를 하거나 아플 때가 있다는 속담입니다. 건강한 상태에서 정기적인 건강검진을 권유하면, 다음과 같이 이야기하는 분들이 꽤 많습니다.

"나는 돌을 씹어 먹어도 소화가 될 정도이기 때문에 위내시경 검사를 받고 싶지 않다" "매일 규칙적으로 변을 건강하게 보고 있기 때문에 대장내시경 검사는 필요 없다" "나는 술과 담배는 입에도 안 대고, 오랫동안 운동을 꾸준히 해왔기 때문에 건강에는 자신이 있어서 검진을 받고 싶지 않다" "내 몸은 내가 제일 잘 아는데, 굉장히 건강해서 검사할 것이 없다."

고령화사회에 따른 만성퇴행성 질환이 증가하면서 이제는 질병이 증상을 나타내기 전 단계 또는 초기 단계에서 질병을 찾아내기 위한 검진이 의료 서비스의 중요한 부분이 되어가고 있습니다.

두 가지 예를 통해 건강검진의 유용성을 살펴보겠습니다. 첫째, 위암이나 대장암 같은 소화기 암은 초기에는 별다른 전조 증상이 없습니다. 특히 암의 전 단계에 해당하는 병변들은 증상이 전혀 없습니다. 하지만 건강검진을 통해 발견한 암전 단계나 초기 암의 경우, 일부는 내시경으로 치료가 가능하기도 하고, 적절한 수술을 받으면 장기 생존율이 매우 높습니다.

둘째, 고지혈증은 혈액 속에 지질(기름)이 증가한 것을 의미하는데, 혈중에 몸에 해가 되는 콜레스테롤이나 중성지방이 정상치보다 높아져 있는 경우랍니다. 고지혈증이 심한 상태로 방치되면 지질 혈관벽에 쌓이면서 혈관이 점점 손상됩니다. 하지만 고지혈증이 심해도 본인은 자각하는 증상이 없고, 혈액검사를 시행해야만 알 수 있습니다. 운동과 식생활 조절로 교정하고, 심한 경우는 약물치료를 통해 지질 수치를 떨어뜨림으로써 뇌나 심장이 손상되는 것을 막을 수가 있습니다.

'호미로 막을 것을 가래로 막는다.' 작은 일을 미리 처리하지 않다가 결국 일이 크게 되어 큰 힘을 쓰게 된다는 속담도 있습니다. 박달나무가 조금씩 좀이 슬어가듯 병이 조금씩 시작되다가 시기를 놓치면 자칫 질병이 매우 진행되거나 합병증이 발생합니다.

박달나무처럼 단단하고 튼튼한 분들도 정기적인 건강검진을 통해 자신의 건강이 어떤 상태인지 확인하고, 질병이 발생하기 전 또는 질병의 초기 단계에서 적극적인 관리를 함으로써 고령화시대에 건강하게 장수하실 수 있기를 바랍니다.[146]

## 차. 천식 노인들 근육 빠지면…폐기능에 빨간불

천식이란 기관지의 염증반응에 의해 기침, 천명(숨쉴 때 쌕쌕거리는 소리), 호흡 곤란, 가슴 답답함 등이 간헐적, 반복적으로 발생하는 질환이다. 점막이 부어오르고 좁아지며 기관지 근육이 경련을 일으키면서 숨이 차게 된다. 매연·미세먼지 등 대기공해, 수목류의 꽃가루, 집먼지 진드기, 담배 연기, 찬 공기 등의 자극이 주요 원인이다.

나이가 들면서 근육과 근력이 함께 줄어드는 근감소증이 노인 천식 환자의 폐기능을 저하시킨다는 연구 결과가 나왔다.

서울아산병원 알레르기내과 김태범·노년내과 장일영 교수와 중앙보훈병원 호흡기알레르기내과 원하경 과장 연구팀이 국민건강영양조사에 참여한 65세 이상 노인 4000여명의 데이터를 활용해 근감소증과 천식의 연관성을 분석한 결과다. 연구팀은 2008년부터 2011년까지 국민건강영양조사에 참여한 65세 이상 노인 중에서 천식 관련 설문에 응답했으며 근육량 및 신체활동 지표를 가지고 있는 4116명의 데이터를 추출했다.

먼저 폐 기능과 근육량의 상관관계를 알아보기 위해 천식 노인을 근육량을 기준으로 나눠 폐기능 지표를 비교했다. 그 결과 근감소증 없이 천식만 있는 그룹은 '1초 노력성 호기량'이 60% 미만인 경우가 9.07%인 데 비해 근감소증과 천식을 함께 가진 그룹은 42.88%로 약 5배 높았다. 1초 노력성 호기량은 숨을 최대한 들이마셨다가 강하게 내쉴 때 처음 1초 동안 배출되는 공기량으로, 정상 예측치의 60% 미만이면 폐활량이 매우 저하되어 있는 상태를 의미한다.

'1초율'이 0.7 미만에 해당하는 비율도 천식 그룹은 44.51%인 반면 근감소증을 동반한 천식 그룹은 83.72%로 약 2배 높았다. 1초율은 숨을 최대한 내쉴 때 나오는 총 공기량 중에서 처음 1초 동안 배출되는 공기량의 비율을 뜻한다. 0.7 미만일 경우 기도 폐쇄가 심각한 수준인 것으로 판단한다.

연구책임자인 김태범 교수는 "이번 연구는 실제 지역사회에 거주하는 65세 이상 대규모 노인 인구에 기반해 근감소증과 천식 사이의 연관성을 밝힌 점에서 의미가 있다"고 말했다.

장일영 교수는 "노인 천식 환자의 근감소를 막기 위해서는 가벼운 체조, 걷기 등의 유산소 운동과 함께 근력 운동을 꾸준히 하고 단백질 섭취를 병행할 것을 권장한다"고 설명했다. 이번 연구 결과는 천식 분야 국제학술지(천식 학회지) 최신호에 게재됐다.

근감소증은 노화의 진행에 따른 근육량 감소와 근기능 저하가 동시에 나타난 상태를 말한다. 걸음이 느려지고 앉았다 일어날 때 힘이 든다, 기운이 없고 쉽게 피곤해진다, 쉬어도 피로가 없어지지 않아 자주 눕게 된다, 어지럽고 골다공증이 잘 발생한다. 쉽게 넘어지며 낙상 시 골절·뇌출혈로 연결될 위험이 높다. 질병에 걸렸을 때 쉽게 치유되지 않고 회복 속도가 더딘 증상 등은 근감소증의 대표적인 예이다.

노년기 근감소증 예방을 위해 젊었을 때부터 근력 운동을 지속해 근육량과 힘을 많이 키워놓아야 한다. 유산소 운동만으로는 근력을 키우는 효과가 떨어지므로 근력 운동을 병행한다.

천식의 정확한 진단을 위해서는 의사의 진찰과 검사가 필수적이다. 강동경희대학교병원 호흡기알레르기내과 안진 교수는 "폐기능 검사(폐활량 검사)를 통해 기관지가 좁아져 있음을 확인하고 기관지 확장제 투여 후 폐활량이 증가하는 것을 확인하면 천식을 의심할 수 있다"면서 "천식을 확진하려면 메타콜린이라는 약물을 사용하여 기관지유발검사를 시행한다"고 설명했다. 알레르기를 일으키는 원인물질을 확인하려면 피부반응검사를 하게 되며, 피부반응검사가 번거로울 경우 혈액검사로도 확인이 가능하다.

약물치료로는 기본적으로 먹는 약보다 흡입제를 쓰는 것이 원칙이다. 흡입제는 기도 내 염증을 조절하는 흡입 스테로이드제와 기도를 확장시키는 기관지 확장제(베타2항진제)가 있다. 스테로이드제는 주로 기관지 염증을 조절하는 것을 목표로 하므로 중등증 이상의 천식에서는 매일 규칙적인 사용을 권장한다.[147]

## 카. 노안 백내장수술, 렌즈 가용 여부 확인해야

우리 눈의 수정체는 카메라의 렌즈와 같은 구조물로, 보고자 하는 물체의 상을 카메라의 필름에 해당하는 망막이라는 구조에 초점을 맺게 하는 기능을 한다. 그런데 백내장이 생기면 투명하고 깨끗해야 할 수정체에 뿌연 혼탁이 발생해 보고자 하는 물체의 상이 수정체를 잘 통과하지 못하고, 망막에 정확하게 초점을 맺지 못해 시력 장애를 유발하게 된다.

백내장의 정확한 원인은 밝혀진 바 없으나 주로 노화로 인해 발생하는 노인성 백내장이 대부분이며 이 외에 유전적인 요인, 영양 상태, 당뇨병, 자외선, 눈에 외상을 입은 경우 등이 원인으로 알려져 있다.

강남조은눈안과 김준헌 원장은 "초기 증상은 점안약과 경구복용약 등의 약물

요법을 사용한다. 약물요법의 경우 백내장이 더 진행되는 것을 막는 목적으로 시행하며 이미 진행된 백내장을 없애지는 못하므로 이미 진행된 백내장은 사실상 수술이 유일한 치료법이라고 할 수 있다"고 설명했다.

백내장 수술은 혼탁해진 수정체를 제거한 후 그 자리에 인공수정체를 삽입한다. 인공수정체는 크게 단초점과 다초점으로 나뉘는데, 단초점은 초점을 근거리와 원거리 중 하나에만 맞춘다. 단초점 렌즈로 초점을 원거리 시력에 맞추게 되면 근거리를 볼 때는 돋보기를 써야 한다. 원래 안경을 썼던 사람은 초점을 근거리에 맞추는 경우도 있는데 이 경우에는 원거리를 볼 때 안경을 써야 한다.

최근 많이 사용하는 다초점 인공수정체는 바라보는 거리에 따라 초점이 맺혀 원, 중, 근거리가 모두 잘 보이게 되므로 백내장 수술 후 안경을 착용할 필요가 없다. 또한 백내장 수술에 레이저가 도입되면서 보다 더 정밀한 수술이 가능해지고 부작용도 줄일 수 있게 됐다.

김준헌 원장은 "현재는 다양한 인공수정체가 출시돼 개개인에 가장 적합한 렌즈를 삽입할 수 있다. 원시, 근시에 적합한 인공수정체가 각각 다르고 난시 교정을 위한 인공수정체도 별도로 있다. 과거에 라식, 라섹 수술을 받은 경우에 가장 적합한 렌즈도 있다. 최근에는 빛 번짐을 크게 줄인 렌즈가 출시돼 야간 활동이 많은 환자들에게 도움이 될 수 있다"고 말했다.

이어 "기술의 발달로 정밀한 백내장 수술이 가능해졌지만 결국 수술은 의사가 하는 것이므로 집도의의 숙련도와 임상 경험이 중요하다. 환자별로 다른 눈 상태와 라이프스타일에 맞춘 렌즈를 선택해야 하므로 비용이나 할인 가격에 치중하기보다는 다양한 고성능 렌즈의 가용이 가능한지 사후관리를 꼼꼼히 진행할 수 있는지를 따져 볼 필요가 있다"고 덧붙였다.[148]

## 타. 요실금과 변실금

요실금은 고령자를 실의에 빠지게 하는 증상이면서 정신 사회적 및 신체 경제적 건강에 커다란 영향을 미치는 요인이다. 고령의 요실금은 노화 현상에 수반되는 생리적 현상이라고 잘못 받아들여져 방치되는 경우가 많다. 고령자나 신체장애인에게 요실금이 출현하면 욕창을 일으키는 원인이 되기도 한다.

노인의 3대 증후군인 실금(요실금·변실금)·치매·골절이 복잡하게 얽혀 있는 관계로 실금 대책은 간단치가 않다. 나이가 들어가는 데 따라 수반되는 방광과 요도의 생리적 기능 저하뿐 아니라 해부학적 기질 변화가 발생하기 때문에 노인에서는 실금 증세가 점점 복잡하게 된다.

실금 발생기전이 복잡해짐에 따라 치료도 더욱 어려워진다. 치매나 뇌졸중 장애가 심할수록 실금의 빈도는 증가하고 있으며, 중증 환자의 많은 수가 실금으로 고생하고 있다.

환경과 실금은 밀접한 관계가 있다. 정신적인 기능회복이 실금 개선에 강한 영향을 주기 때문에 중증 환자뿐 아니라 인식 장애가 있는 실금 환자는 비뇨 재활에 의한 기능회복을 꾀해야 할 것이다.

가정에서의 이상적인 요실금 대책을 세우기 위해서는 인력과 예산이 필요하다. 선진국의 계획 및 정책은 기반을 정비하고 지지하기 위해 인력과 예산의 육성과 보호를 제일 첫 번째로 꼽는다.

복지 용구의 개발 보급, 정보 제공의 충실, 서비스 공급의 다양화 등과 함께 '고령자와 장애인을 배려하는 도시 만들기'를 종합적으로 계획하고 있다.

실금자의 재택생활이라는 염원을 실현하기 위해서는 우리나라의 가족제도, 문화, 국민성 등을 고려하여 제도를 확립하는 것이 바람직하다. 의사와 간호사와 보호자 간의 분담 경계가 아닌 협력에 의해 실금으로 고통받고 있는 사람들에게 가장 적절한 치료를 하여야 한다. 개개의 환자에게 실용적이고 보존적인 치료법을 시행하는 것이 필요하다.

최근에 대한 비뇨의학회와 지방자치단체가 협력하는 노인배뇨 관리 및 배뇨 감염관리 방안에 대한 공청회가 열리고 대책안을 제시하는 등 초기 단계지만 적극적인 실금 관리에 대한 노력이 진행되고 있다.

신생아 때는 부모가 기저귀를 갈아주지만 고령자들의 기저귀는 국가복지로 갈아주어야 할 것이다.[149]

변실금이란 한 달 이상 자신도 모르게 변이 새거나 변을 참을 수 없는 상태를 말한다. 유병율은 약 1~24%로 보고된다. 변실금 증상이 있어도 병이라고 생각하지 않는 분들과 부끄러워서 병원 진료를 꺼리는 분들이 많아서 정확한 환자수를 파악하기가 어렵다. 그런 점을 고려한다면 실제 유병율은 이보다 훨씬 많을 것으로 생각된다.

건강보험심사평가원 자료에 따르면 최근 10년간 변실금의 유병율은 2배이상 증가하였고 55세 이상부터 늘기 시작하여 70-80세의 환자가 가장 많은 비율을 차지하는 것으로 나타났다. 변실금은 대표적인 노인성 질환이며 우리나라는 빠른 고령화로 앞으로 유병율이 급격히 증가할 것으로 예상된다.

변을 참는 기전은 대장, 직장, 항문의 복합적인 상호작용이다. 대장은 변이 내려오는 속도와 양, 굳기를 조절하고 직장은 적당한 양의 변을 받아들인다. 항문은 근육과 신경을 통해 적절한 항문압을 유지하고 괄약근을 조절하며 장 내용물이 가스인지 액체인지 고형변인지 감별하는 역할을 한다. 만약 이 중 어느 한곳 이상에서 문제가 생기면 변실금이 발생하게 된다.

관련 질환으로는 척수나 뇌신경 등의 중추신경계 이상, 당뇨로 인한 말초신경병증, 직장이나 항문 수술, 염증성 장질환을 비롯한 만성 설사, 방사선 직장염 등을 들 수 있다. 그리고 변실금은 남성보다 여성 환자 수가 2배 이상 많은데 이는 출산과 상당한 연관이 있다. 자연분만시 태아의 큰 머리가 산모의 좁은 산도를 통과하면서 항문괄약근 및 신경에 손상을 주기 때문이다. 젊었을 때는 그나마 항문 주변 근육들의 힘으로 버틸 수 있지만 나이가 들면 근력이 떨어져서 서서히 증상이 생긴다.

병원 내원시 변실금의 심한 정도와 원인을 파악하고 증상을 악화시킬 만한 질환은 없는지 살펴보게 된다. 그리고 객관적인 평가를 위해 직장항문 압력검사, 항문초음파, 배변조영술, 항문직장 근전도 검사 등을 시행한다.

가끔 변실금 증상으로 수술을 원하시는 분들이 있다. 예전엔 괄약근 손상이 확인된 경우, 다시 이어주는 항문 괄약근 성형술을 시행하기도 했다. 하지만 노인에서는 수술후 효과가 오래 지속되지 않아 괄약근 성형술이 거의 시행되지 않는다.

변실금 치료의 시작은 식이조절과 약물 치료다. 설사를 동반하는 경우가 많으므로 직장에 문제가 없다면 충분한 식이섬유를 섭취하고 설사를 유발하는 음식은 제한하도록 한다. 지사제를 규칙적으로 복용할 경우 장운동을 억제하고 직장 기능을 향상시켜 배변횟수를 줄일 수 있다. 또한 정해진 시간에 관장을 하여 직장 내 변이 남아있지 않게 함으로써 변실금을 예방할 수 있다. 바이오피드백 및 전기치료는 골반 근육 및 항문 괄약근의 수축 운동을 도와 괄약근의 긴장도와 수축력을 증가시키며 직장 감각 능력도 향상 시킨다. 대부분의 환자는 이와 같은 보존적 요법만으로도 변실금 증상의 상당 부분이 줄어들거나 해결될 수 있다.

하지만 6개월 이상의 보존적 치료에도 반응이 없는 경우, 천수신경자극술을 고려해 볼 수 있다. 천수신경자극술은 2015년부터 국민건강보험에서 급여를 인정한 신의료기술로, 천골을 통해 천수신경자극기를 삽입하여 괄약근과 골반저 근육의 움직임과 관련된 천수신경에 전기 자극을 가하는 시술이다. 1-2주 동안 증상이 50% 이상 호전을 보이면 영구적 거치술을 시행한다. 증상 개선 효과가 뛰어나 환자들의 만족도가 높은 치료법이다.

그 외 고주파치료, 인공괄약근 삽입술, 항문내 부피형성 물질을 주사하는 방법

등이 있으며 모든 치료에 실패한 난치성 변실금의 경우엔 장루 조성술이 필요할 수 있다.

변실금은 생명을 위협하는 질병은 아니지만 불편감과 수치심을 불러오고 우울, 심리적 위축, 외출자제, 대인기피로 이어져 스스로를 고립시키고 삶을 피폐하게 만든다. 100세 시대, 초고령사회를 눈앞에 두고 있는 현시점에서 급격한 환자수의 증가는 더 이상 변실금이 개인의 문제가 아니며 치매처럼 체계적인 관리 및 관심이 필요하다는 것을 말해준다. 변실금은 치료를 통해 좋아질 수 있으며, 따라서 사회적 분위기 형성을 통한 질병의 이해도를 높여 증상이 발생했을 시 신속하게 치료를 받도록 하는 것이 중요하다고 생각한다.[150]

## 파. 노년기의 건강 관리

우리나라는 2000년에 이미 65세 이상 노령 인구가 전체 인구의 7%를 넘는 고령화 사회에 도달했으며 2018년에는 15%를 넘어 고령사회로 전환하게 되었다.

머지않은 장래에 평균수명 100세 시대가 도래하면 65세 이후 경제활동을 지속해야 할 시간이 늘어나게 되고 이에 건강관리 또한 중요한 시점이 된다.

나이가 들면 들수록 늘어나는 의료비, 수입은 줄고 지출이 늘어나는 가계수입 구조를 연금이나 국가 사회보장제도만으로 대비할 수는 없다.

본인 스스로 건강관리를 하는 것만이 삶의 질을 윤택하게 하고 의료비를 줄일 수 있는 길이다. 아놀드 토인비(Arnold (Joseph) Toynbee)의 역사철학을 확립한 저서 (역사의 연구: A Study of History(12권, 1934~61))에서 문명의 순환적 발전과 쇠퇴에 대한 분석을 했는데, 의학도 특별한 것이 아니라 고인(古人)들의 건강관리법을 살펴 보면 현대인들이 어떻게 살아가야 하는지를 알려주는 지침이 될 수 있다.

한의학의 대표적 의학서인 동의보감에 보면 여러 질환들에 대한 치료법과 진단법이 상세히 나와 있는데 그 중에서도 첫 머리에 가장 중요한 양생법에 대하여 나온다. 즉 병에 대한 치료도 중요하지만 병에 걸리지 않도록 몸을 어떻게 관리하는가에 대한 방법을 제시했다. 즉 예방의학이 중요하다는 것이다. 요약 정리하자면 미병선방(未病先防)과 기병방변(既病防變)의 두 가지로 설명할 수 있다.

먼저 미병선방의 예를 몇 가지 들어 보면,

허심합도(虛心合道): 마음을 비워 도와 하나가 된다는 말인데, 요즘처럼 신경과로가 많고 스트레스가 많은 사회에 정신과 감정의 변화는 인체의 생리 및 병리와 밀접한 관계가 있으므로 나쁜 정신적 자극이나 나쁜 감정이 지속되면 인체의 음양실조, 기혈운행의 문란, 경맥의 불통이 일어나 질병이 발생할 수 있다. 또는 정기를 약화시켜 병에 대한 면역력을 떨어뜨려 질병을 유발하게 한다. 이런 이치로, 지나치게 노하면 간이 상하고, 지나치게 생각을 많이 하면 심비가 상하게 되는 것이다. 따라서 평소 낙관적이고 유쾌한 마음을 갖는 것이 질병을 예방하고 건강을 유지하는 것이다

음식선화(飮食善化): 음식섭생을 잘 해서 몸을 조화롭게 한다는 말인데, 폭음과 폭식으로 비위의 기능을 손상시키고, 편식이나 과다한 다이어트로 인한 영양결핍을 주의해야 한다.

안마도인(按摩導引): 신체를 단련한다는 말인데, 동의보감 양생 편에는 새벽에 일어나면 치아를 수회 딱딱 맞부딪히고, 혀로 입안을 마사지하면서 침을 모아 삼키고, 코와 귀를 좌우상하를 수십 번 문지르고 당겨 자극을 주며, 팔다리 스트레칭을 하여 밤새 수축된 근육과 관절을 이완하도록 한다고 상세히 나와 있다. 요가동작이나 태극권 등으로 운동하는 것도 다 여기에 해당한다.

사시절선(四時節宣): 계절에 맞춰 기후에 적응하며 사는 법을 말하는데 , 동의보감 양생 편에는 봄에는 늦게 자고 일찍 일어나며 여름과 가을에는 밤늦게 자고 일찍 일어나며 겨울에는 일찍 자고 늦게 일어나는 것이 기후 변화에 순응하여 건강을 보전할 수 있다고 한다.

부정거사(扶正祛邪): 질병에 대항하는 저항력의 근원인 정기(正氣)를 북돋워줌으로써 병의 원인인 사기(邪氣)의 침범을 예방할 수 있다는 말이다. 현대의학의 면역학과도 일맥상통하는 방법이다.

기병방변(旣病防變)이란 질병의 조기진단과 적절한 치료를 통해 병이 퍼지는 것을 방지함을 말하는데. 병이 퍼지는 것을 전변(傳變)이라 하며, 전변은 표(表, 겉)에서 리(裏, 속)로의 전변과 장부사이의 전변으로 나눠지는데. 이러한 전변을 예측하여 대응하는 것을 기병방변이라 한다. 한의생리학에서 상생상극의 원리에 따라 간, 심, 비, 폐, 신 오장의 병이 발생한 후에 더 이상 발전되지 않도록 막는 것으로서 병변이 만연되는 것을 방지하고, 정기의 손상을 감소시켜 빠른 회복을 유도하는 한의학의 중요한 원리이다.

건강 100세는 멀리 있는 게 아니라 스스로가 만들어가는 것임을 명심하고, 일상생활에서 선현들의 생활건강법을 흉내내어 하루하루 이어가다 보면 습관이 되고 건강해진 본인의 몸을 볼 수 있을 것이다.[151]

## 하. 시니어 허리 건강 지키는 '걷기 운동'의 효과

오는 11월 11일 보행자의 날은 국민 건강 증진을 위해 걷기의 중요성을 확산하고자 지정된 법정기념일이다. 걷기는 매우 단순하고 일상적인 신체활동이라 그 중요성을 간과하게 되는 경우가 많다. 하지만 걷기 운동은 건강 관리의 시작점으로 여겨질 정도로 대표적인 유산소 운동 중 하나다.

걷기 운동의 효과는 다양하다. 근력과 지구력, 심폐 기능을 고루 기를 수 있고 체중 조절에 도움을 줘 비만의 위험을 낮춘다. 심장병과 뇌졸중, 당뇨병, 치매 등 각종 질환의 발생 위험을 감소시키고 정신건강 증진과 인지기능 향상에도 기여한다.

특히 걷기 운동은 척추 질환 예방을 위해 적극 권장된다. 걷는 동작은 약해진 척추 주변 근육을 발달시키고 골질량을 늘리는 효과가 있기 때문이다. 뿐만 아니라 혈액순환을 원활히 도와 척추뼈 사이의 디스크(추간판)에 필요한 영양소가 잘 전달되도록 한다. 허리디스크(요추추간판탈출증)를 비롯한 척추 질환자들에게 치료와 병행하는 운동으로 걷기를 추천하는 이유다.

그러나 우리나라 사람들의 걷기실천율은 그리 높지 않다. 걷기실천율이란 최근 일주일 중 5일간 30분 이상 걷기를 실천한 비율을 나타낸다. 가장 최근 조사된 '2020 국민건강영양조사'에 따르면 성인 걷기실천율은 39.2%에 불과한 것으로 나타났다. 연령별 분포에서는 40대가 35.1%로 전 연령대에서 가장 낮았으며 50대 (36.3%)가 뒤를 이었다. 척추의 퇴행성 변화가 시작되고 허리가 약해지는 시기가 40·50대라는 점에서 더욱 주의가 필요한 대목이다.

보건복지부가 발간한 '한국인을 위한 걷기 가이드라인'에서도 걷기 운동이 효과를 보기 위해서는 일주일에 최소 150분, 하루 약 20여분 빠르게 걷는 것이 권장된다. 하지만 자신의 신체 능력을 무시하고 무작정 걷는 것은 되려 척추에 악영향을 미칠 수 있다. 이미 허리 통증이 느껴지는 경우라면 자의적인 판단으로 걷기 운동을 시작하기보다는 전문의를 찾아 정확한 진료를 받은 뒤에 운동을 병행하는 것이 현명하다.

허리 통증 치료에는 추나요법과 침·약침 치료, 한약 처방 등 한방 보존치료가 도움될 수 있다. 먼저 추나요법을 통해 틀어진 척추 및 주변 근육의 위치를 올바르게 교정한다. 또한 침 치료는 척추 주변 근육과 인대의 긴장 완화에 효과적이며 순수 한약재 성분으로 항염증 효과가 뛰어난 약침은 통증 해소와 신경 보호에 도움을 준다. 이와 함께 손상된 척추 조직을 강화하는 한약 처방을 병행하면 치료 효과를 높일 수 있다.

허리 통증에 대한 침 치료의 효과는 연구를 통해 과학적으로 입증된 바 있다. 자생한방병원 척추관절연구소가 SCI(E)급 국제학술지 '플로스원(PLoS ONE)'에 게재한 논문에 따르면, 허리 통증 환자가 침 치료를 받았을 때 요추 수술률이 36% 줄어드는 것으로 나타났다. 특히 허리 통증 발생 후 일주일 내 침 치료를 받은 환자는 그렇지 않은 환자보다 수술률이 45%나 낮았다.

바르게 걷는 자세를 숙지하는 것도 척추 건강을 지키기 위한 시작점이다. 올바른 걷기 자세는 어깨와 가슴을 펴 허리를 곧게 세운 상태다. 시선은 10~15m 전방을 향하고 팔은 앞뒤로 자연스럽게 흔들며 팔꿈치를 L자 모양으로 자연스럽게 살짝 구부린다. 발을 내디딜 때는 뒤꿈치, 발바닥, 발가락 순으로 땅에 닿도록 한다. 발가락을 이용해 땅을 박차고 나간다는 느낌으로 걷는 것이 좋다.

보행자의 날이 11월 11일로 지정된 이유는 숫자 11이 사람의 두 다리를 연상시키기 때문이다. 액티브 시니어라면 이날을 막대과자를 사는 날로만 여겨서는 안될 것이다. 보행자의 날을 맞아 척추 건강 관리를 위해 나만의 걷기 운동 계획을 세워 보고 실천하는 시간을 가졌으면 좋겠다.[152]

## 잠깐! 쉬었다 갑시다

### ☞ 한의학을 통한 장수 비결

스트레스가 모든 질병의 원인이 된다는 것은 최근 연구 결과에서도 많이 밝혀지고 있는 사실이다.

인생을 살펴보면, 청소년들은 사춘기에서 성인이 되는 과정에서 많은 스트레스를 받는다. 여기에 입시에 대한 스트레스까지 가중되고, 좀 더 나이가 들어서는 취직을 하고 사회에 진출할 때, 가정을 꾸릴 때 또 많은 스트레스를 받는다. 그후 좀 더 나이가 들면 자녀교육, 가족부양, 부모의 노후문제로 적지 않은 스트레스를 받는다. 이렇게 사람들은 살아가면서 수많은 스트레스를 받는데, 이런 스트레스가 나쁜 영향만 주는 것은 아니다. 적절한 스트레스는 건강을 위협하지 않고 긍정적인 효과를 극대화시켜 생활에 활력을 불어넣기도 함으로 어떤 때는 필요할 뿐만 아니라 필수적이기도 하다.

하지만 위에서 말한 스트레스를 제어하지 않으면 스트레스로 인해 정신적으로 우울하거나 쉽게 화가 나거나 울화가 치미는 등 많은 악영향을 받게 된다. 한의학에서는 스트레스를 풀어주는 치료법으로 도인안교술(導引按矯術)을 권장하는데 요즘의 스트레칭이나 요가동작 등이 이에 해당한다.

도인안교술은 정신과 육체의 발란스를 잡아주며 앉아서 생활하는 삶과 활동적인 삶 사이에 존재하는 중요한 연결고리 역할을 한다. 근육을 유연하게 유지해주고, 큰 부담 없이 매일 매일 생기있는 활동을 할 수 있도록 도와준다. 아침에 일어나서 하는 안교술은 일상 활동 전에 몸의 긴장과 경직을 풀어주고 달리기나 자전거, 테니스, 골프 등의 활동에서 일어날 수 있는 부상을 예방하는 효과가 있다. 동물들을 관찰해보면 많은 것을 배울 수 있는데, 고양이를 보면 본능적으로 척추를 쭉 늘리는 법을 알아서 결코 지나치게 스트레칭을 하지 않으면서도 자연스럽고 지속적으로 근육을 무리없이 사용한다.

도인안교술(導引按矯術)은 나이나 유연성과 상관없이 누구나 쉽게 배울 수 있다. 최상의 신체 조건을 갖추거나 특별한 운동기술을 지닐 필요도 없다. 하루 종일 책상 앞에 앉아 있는 사람, 공사 현장에서 일을 하는 사람, 집안일을 하는 사람, 공장의 생산 라인에서 하루종일 반복된 동작을 하는 사람, 트럭 운전을 하는 사람, 규칙적인 운동을 하는 사람 등등 모두 똑같은 안교(按矯) 기술이 적용된다. 도인안교술(導引按矯術)을 하는 방법은 개개인의 근육 긴장 상태나 유연성에 맞춰 하기 때문에 강도를 조절하면서 부담 없이 할 수 있다.

도인안교술을 매일 해야 하는 이유는 매 순간 쌓이는 정신적 긴장을 풀어주고 몸의 컨디션을 조절해주기 때문인데 첫째, 근육의 긴장을 완화시켜주며 몸이 좀 더 편안함을 느끼도록 해주고 둘째, 보다 자유롭고 쉬운 움직임을 통해 근육운동의 상호작용을 도와주어 행동반경을 넓혀주며 셋째, 근육의 겹질림과 같은 부상을 예방해 주고 경직과 뻣뻣함을 풀어주어 유연성과 탄력도를 올려주며 넷째, 달리기, 수영, 스키나 스케이트, 자전거 타기와 같은 운동을 쉽게 하도록 근육에 신호를 보내는 역할을 하고 다섯째, 나이가 들어도 근육의 노화를 막아주어 유연성을 향상시키며 여섯째, 몸의 다양한 부분을 굴신, 회전, 측굴 등의 동작으로 가동하면서 기혈의 흐름을 관찰하고 내면의 변화를 빨리 알아차리게 하여 긴장하고 있는 정신이 신체를 장악하고 있는 것을 느슨하게 풀어줌으로써 몸과 마음이 일체가 되도록 하는 많은 효과가 있어서이다.

한의학에서는 스트레스를 칠정내상(七情內傷: 스트레스)이라 하여 명상을 통한 관리방법을 제시하였는데 어떻게 하는지 간단히 소개하고자 한다.

자, 가부좌 자세(양반다리)로 앉아보자. 불가(佛家)에서는 결가부좌를 하는데 다리가 짧고 허벅지가 굵은 체형이라면 결가부좌가 무릎과 골반에 무리가 따르기 때문에 반가부좌, 양반다리로 가볍게 앉는다. 허리를 곧게 세우는 것이 기본이며, 꼬리뼈부터 엉덩이뼈가 끝나는 데까지 등마루를 수직으로 딱 펴고 허리 기립근에 중심을 잡는다. 졸고 있거나 근심 걱정을 하면 허리가 척 꺾이기 때문에 허리를 바로 펴려고 하는데 중심을 두면 된다. 허리를 펴면 자연히 상체가 바르게 되고 호흡도 달라지는데 사람에 따라서 왼쪽이나 오른쪽으로 기우는 경우가 발현되기도 하는데, 한쪽으로 치우치지 않게 하려면 팔을 뒤로 돌려 손을 맞잡고 이마를 바닥에 닿도록 숙였다가 골반을 정좌하고 상체를 일으키면 자세가 바로 서게 된다. 처음 앉는 분일수록 각별히 주의해서 좋은 자세가 되도록 노력해야 하는데 무리하지는 말고 편안하고 바르게 자세를 취하면서 힘이 들어가지 않도록 하는 게 중요하다.

양손은 오른손 위에 왼손을 포개어 편안하게 배꼽아래 단전에 두고 엄지손가락을 마주 닿게 한다. 그러면 몸의 균형도 잡히고 좌우의 기가 통해서 명상을 오래 할 수 있다. 바른 자세를 취했으면 자세는 그대로 둔 채 힘이 들어가거나 긴장한 곳이 없는지 살펴보고, 머리 위에서 발끝까지 내려가면서 힘을 쭉 빼고 턱을 밑으로 약간 당기고 혀는 말아서 입천장에 붙인다. 눈은 집중하려 하다 보면 힘을 주게 되어 쉽게 피로해 지는데 그때마다 힘을 빼도록 하고 눈을 반쯤 뜨고 콧등을 보면 1-2미터 전방을 사선으로 주시한다. 눈을 감게 되면 졸음이 와서 반개(半開), 즉 눈을 반쯤 뜨는 것을 권한다. 자세가 잡히면 복부가 움직이지 않도록 천천히 단전호흡을 하면서 들숨과 날숨을 관찰한다. 잡생각들이 떠오르더라도 오직 들숨과 날숨을 반복하며 호흡에 집중하다 보면 한 없이 올라오는 생각의 고리들이 끊어지며 마음의 평화를 찾을 수 있다.[153]

# Ⅲ. 아름다운 노년 생활

백세시대의 은퇴는 '반퇴' 라고 한다. 평균수면은 계속 증가하고 있으나 은퇴 시기가 빨라지면서 은퇴 후 새로운 인생 설계가 가능해졌기 때문이다. 그러나 여전히 베이비부머를 중심으로 많은 사람이 노후 생애 설계에 어려움을 겪고 있다. 노후를 어떻게 보내는 것이 잘사는 것인지에 대한 사회적 규범도 아직 확립돼 있지 않을 뿐만 아니라, 정부도 부족하기 때문이다.

경제적인 부분에 대한 준비만 필요한 것이 아니라, 건강, 대인관계 등에 대한 준비도 동반돼야 할 것이다.

나이가 들면 활동이 줄어들 수밖에 없다. 육체적으로나 정신적으로 활동영역이 좁아진다. 외출이 번거롭게 느껴지고, 집안에서만 머물게 된다. 텔레비전을 보고가 소파에 앉는 시간이 많아진다. 이런 생활이 노년의 참모습일 수는 없다.

사교모임, 문화 활동, 봉사활동, 어느 쪽이거나 적극적으로 참여하라. 그것이 노년의 삶에 활력을 갖게 한다. 먼 곳의 여행이 아닐지라도 외출은 노년의 정신과 육체에 좋은 효과를 가져 온다.

우선 생활의 변화를 느끼게 한다. 다른 사람과 교유와 타인의 삶을 보고들음으로써 정신적인 자극을 받게 된다. 또한 삶에 대한 긴장과 의욕을 북돋운다.

집안에 틀어박혀서 고독하게 지내며 오래된 마음의 상처를 키우거나 육체적 고통에 골몰하며 하루를 보낼 게 아니라 세상일에 적극적으로 참여해야 한다. 그럴싸한 행사나 모임에 초대받거나, 집회에 주도적 역할을 하는 일만이 참여하는 게 아니다.

친구를 만나 차 한 잔을 나누며 이야기를 나누고, 결혼식이나 축하연, 명절이나 제사 참여도 노인에게는 사람과의 교류라는 의미를 갖는다.

문화예술 행사에 적극 참여하는 건 더욱 멋진 일이다. 예술이다, 문화다, 알아듣기는 했지만, 사실 직접 누리며 살아온 사람은 그리 많지 않다.

돈벌이 하며 살아가야 하는 현대사회가 그리 여유자작 할 수 없기 때문이다. 그것도 은퇴한 노년이 되면 즐기 혜택이다. 은퇴 하고 노후를 보내는 이들에게 가장 중요 한 건 돈을 비롯한 삶의 여건이 아니라, 삶을 살아가는 적극적인 생활자세이다. 모아 놓은 몇 푼의 돈보다도 이러한 적극적인 생활태도가 건강을 유지시켜 주며, 삶의 질을 높이는데 더 중요한 요소이다.

한 연구 보고에 의하면 빙고 게임이나 카드놀이처럼 비활동적인 사교활동일지라도 환자의 병을 호전시키고, 수명을 연장하는 효과를 보인다 밝혔다. 활기찬 노년을 원한다면 집안에만 틀어박혀 지내지 말고, 밖으로 나가 적극적으로 참여해야한다.

## 가. 청려장(靑藜杖)과 노년의 건강한 삶

사람이 도구로 이용하는 것 중 가장 기본적인 것이 막대기다. 원숭이도 높이 달아놓은 바나나를 따는 데 막대기를 이용한다. 사람을 비롯하여 가장 손쉽게 취득하여 가장 편리하게 사용할 수 있는 연장이 막대기다. 가늘고 길면서 끝이 뾰족한 쇠(철)나 나무 따위의 물건을 꼬챙이라 한다. 막대기도 비슷한 말인데 보통 끝이 뭉툭한 것을 말한다. 막대기보다 긴 것을 작대기라 하고 작대기보다 길면 장대라 한다.

막대기와 유사한 것으로 몽둥이와 방망이란 것이 있다. 몽둥이는 단단한 정도에 따라 가치가 달라지며, 재질의 종류에 따라 달라진다. 참나무 몽둥이, 박달나무 몽둥이 등으로 불린다. 두려움을 주는 도구다. 비슷한 도구지만 모양새도 다르고 쓰임이 완전 다른 도구로 방망이가 있다. 빨래하는 방망이, 다듬이하는 방망이로 빨래와 옷감 손질의 필수 도구다. 특이하게 운동기구에 야구 방망이가 있다. 가끔 몽둥이의 구실을 하여 탈이다.

작대기와 비슷한 것으로 가장 많이 이용되고 사랑받는 것이 지팡이다. 노인을 일으켜 세우고 걷게 하는 생광스러운 도구가 지팡이다. 꼭 노인이 아니라도 자력으로 일어서고 걷는 데 어려움이 있는 사람이 지팡이를 이용한다. 사람에게 힘이 되어주는 것이 지팡이다.

지팡이 중에 가장 사랑받아온 것이 청려장(靑藜杖)이다. 명아주 지팡이다. 2m 정도까지 자란 명아주를 뿌리째 뽑아 잔뿌리는 불로 태우고 잔 줄기는 칼로 제거하고 일직선으로 곧게 편다. 다시 잘 삶은 뒤에 사포로 문지르고 칠하고 정성 들여 만든 지팡이가 청려장이다. 우리나라에서는 신라 때부터 청려장을 사용했다. 조선 시대에는 50세의 아버지에게 자식이 바치는 청려장을 가장(家杖), 60세가 되었을 때 마을에서 주는 것을 향장(鄕杖), 70세가 되어 나라에서 주는 지팡이를 국장(國杖), 80세가 되었을 때 임금이 하사한 청려장을 조장(朝杖)이라 했다. 영 여왕 엘리자베스 2세가 한국을 방문했을 때에도 청려장을 선물했다. 이처럼 청려장

은 가볍고 단단하여 많은 사랑을 받고 있으며, 전국 여러 곳에서 청려장 제작 목
적으로 명아주 재배 사업을 벌이고 있을 정도다.

행보(行補)가 육보(肉補)보다 낫다는 말이 있다. 건강을 위해서 가장 좋은 것이
걷기라고 하고 있다. 교통과 과학 문명의 발달로 신체활동이 위축됨에 따라 보편
적인 신체활동인 걷기가 당당한 운동 종목으로 자리를 잡았다. 걷기는 체력의 고
하를 막론하고 남녀노소 누구나 자신의 체력에 맞게 참여할 수 있는 운동이다.
특히 체력이 상대적으로 약한 고령자에게 걷기는 최고의 운동이다. 걷기는 심혈
관계와 지구력 관련 운동 효과뿐 아니라 기억력 향상, 집중력 향상, 치매 예방,
스트레스 해소 등 두뇌 건강에 좋은 운동 효과가 있기 때문이다.

어릴 때는 네 발, 커서는 두 발, 늙어서는 세 발로 다니는 동물이 무어냐고 스
핑크스가 물었다. 두 발이든 세 발이든 걸어야 한다. 태어나서 자라고 죽을 때까
지 움직여야 한다. 기고, 서고, 걷고, 달리고, 뛰고, 자유자재로 움직이다가 나이가
들면 반대로 걷고, 기다가 죽는다. 기면 안 된다. 걷기는 인간다운 움직임의 끝이
다. 인간다운 움직임을 도와주는 것이 지팡이다. 그중 가볍고, 단단하고, 아름다운
멋이 있어 사랑받는 것이 청려장이다. 걷는 것이 힘들면 청려장의 도움을 받아
멋있게 걷자. 청려장을 짚고 천천히 걸으며 삶을 아름답게 정리하자. 가벼운 청려
장처럼 욕심은 버리고, 단단한 청려장처럼 끝까지 올곧은 정신으로 이 세상 소풍
을 마무리하는 건강한 어른이 되자.[154]

## 나. 노년의 '가장자리' 삶

코로나19 펑계로 명절 연휴, 국경일 연휴를 조용하게 보냈다. 전 같으면 자식들
과 찾아오는 친지들이 있어서 떠들썩 분답게 시간을 보냈을 텐데, 자식들도 후딱
가고 찾아주는 친구도 많지 않았다. 체력이 뒷받침되지 않아 책장을 넘기다 말다
하품으로 시간을 보냈다. 노년에 연휴가 따로 의미 있는 건 아니지만 어딘가 김
빠진 느낌, 소외되는 느낌이다. 세상의 중심에서 점점 멀어져 가는 느낌, '가장
자리' 인생의 외로움을 타는 셈이다.

파머의 '모든 것의 가장자리에서'를 읽은 적이 있다. 가장자리는 새로운 시
야가 열리는 '자유의 자리'라 했다. 노화라는 중력에 맞서 싸우기보다 나이 듦
에 협력할 때 삶의 환희를 얻는다고 했다. 나이 듦에 대해 쇠퇴와 무기력이 아닌
발견과 참여로 프레임을 바꿀 필요가 있다고 했다.

'가장자리'를 사전에는 '어떤 사물의 바깥쪽 경계에 가까운 부분'이라 되

어 있다. 일반적으로 절벽이나 높은 지대의 끝자락, 또는 뭔가 좋거나 나쁜 일이 벌어지려는 시점으로 보고 있다. 포기하기 직전, 넋을 잃기 직전 등 부정적인 시선보다는 자유롭게 날아오르기 직전, 아름다운 것을 발견하기 직전 같은 긍정적 시선으로 보고 싶다. 긍정적인 시선일 때 모든 것의 가장자리, 끝자락은 새로운 출발점이 될 수 있다. 절벽의 끝자락인 콜로라도 고원의 아찔한 가장자리에서 그랜드캐니언의 절경을 바라보게 되는 것이다.

'가장자리'에 대한 긍정적인 시선은 '나이 듦'의 무거움을 말하지 않는다. 삶의 가장자리엔 절벽이 있다. 모든 일에 가장자리가 있게 마련이다. 노년이 문제가 아니다. 중요한 건 '나이 듦'을 좋아하는 마음이다. 삶의 끝자락에서 삶을 바라보는 시선이 중요하다. 시선에 따라 세상은 다시 열리고, 마음은 젊어진다. 마음이 자유자재로 유연해야 한다. 이 시선이 노년의 열정이다.

노년에 다가갈수록 머릿속에 자주 떠오르는 질문은 "삶에 의미가 있는가"이다. 삶의 의미에 집착하지 말아야 한다. 자신의 삶에 의미가 없다고 느끼면 살 필요가 없어진다. 많은 사람이 자신은 특별하고, 자신의 인생도 특별한 의미를 지녀야 한다고 생각한다. 뚜렷한 존재가 되고자 한다. 삶의 의미에 대한 집착으로 힘들어지게 된다.

새와 나무는 삶의 의미에 관심 없다. 아침에 우는 새는 배가 고파 울고, 저녁에 우는 새는 임 그리워 운다. 있는 그대로의 존재다. 걱정이 없다. 사람은 어떤 결과를 얻을 수 있다고 믿고, 어떤 결과를 얻어야 한다고 자신을 부추긴다. 쫓기는 삶을 산다. 사람도 만물의 한 부분일 뿐이다. 만물의 한 부분일 뿐임을 깨달을 때 '삶의 의미'에서 자유로울 수 있다. 결과에 대한 집착 없이 마음 편할 수 있다.

본 적은 없지만 '산삼' 이야기를 들었다. 100년, 200년 그 이상으로 나이를 먹어야 약효가 있다고 한다. 나이를 먹을수록 귀중해진다. 산삼이 별나게 살려고 노력하지 않았다. 주어진 대로 산의 지기(地氣)를 흡수하고, 햇빛을 받고, 산속의 공기를 숨 쉬며 살았을 뿐이다. 억지 쓰지 않고 순리대로 살았을 뿐이다. 오래 묵어 소외된 것이 아니라, 오히려 가장 진한 삶의 의미를 지니게 되었다.

노년은 삶을 과시하지 말고 자신을 내어준다는 마음으로 살아야 한다. 자신을 기꺼이 내주는 마음이어야 자유로울 수 있다. 자신을 포함해서 세상 모두가 생명과 사랑으로 성숙해 갈 수 있도록 도우면서 살아가는 삶, 만물의 한 부분으로 살아가면 저절로 삶의 의미가 담아지게 된다. 집착하지 말고 마음의 한 자리를 내어주자. 시간을 내어주고, 나누어주는 삶을 살자. 예수님도 내어주는 삶을 살지 않았는가. 내어주는 삶으로 '산삼'이 되자.[155]

## 다. 시니어들이 말하는 행복

나이가 들면 사람들은 과거에 집착하게 된다. 육신이 쇠약해지고, 후회스러운 일들도 많기 때문이다. 스스로 자신의 살아온 삶을 평가 하는 습관도 있다. 흔히 사람됨의 의미를 드러내고자 할 때 사람 '인(人)' 이란 글자를 네 번 겹쳐(人人人人) 그 뜻을 풀어내곤 한다. 그것은 곧 '사람이면 다 사람이냐, 사람다워야 사람이다' 란 뜻이다. 살다 보면 자신도 모르게 죄를 짓고, 살아가는 것이 우리의 인생사이다.

옛것과 낡은 것은 아름답다. 거기에 세월의 향기가 묻어나기 때문이다. 삶의 연륜은 참 고귀하다. 순간순간 열심히 살아온 삶, 노년의 행복은 황혼의 노을빛처럼 물들인다. 마음은 그림을 잘 그리는 능숙한 화가와 같아서, 그림을 그리듯이 갖가지 세상만사를 만들어낸다.

용서가 가장 큰 수행이다. 남을 용서함으로써 나 자신이 용서받는다. 날마다 새로운 날이다. 수렁에 갇힌 자신이 빠져나오는 것이다. 엉킨 실타래가 풀리면서 세상 문도 활짝 열린다. 누구에게나 친구가 되고, 사랑하는 마음이 생긴다. 사람은 누구나 실수를 한다. 미래를 예측할 수 없는 불확실시대에 살고 있다. 용서는 인간이 행할 수 있는 가장 아름다운 행동이다. 용서에 인색하지 말아야 한다.

진실한 믿음을 갖고 삶을 신뢰하는 사람은, 어떤 상황을 만나더라도 흔들림이 없다. 자신의 눈으로 확인하지 않고는, 근거 없이 떠도는 말에 자신을 빼앗기지 않는다. 남에게도 자기 자신에게도 믿음을 주는 것을 매우 중요시한다. 신뢰는 사람됨의 근본을 실천하는 것이기 때문이다. 진실한 믿음으로 사람을 신뢰하는 사람은 견고한 뿌리와 같다.

세상에는 영원한 것이 없다. 좋은 일도 지속되면 사람이 오만해진다. 어려운 때일수록 긍정적인 인생관을 가져야 한다. 최선을 다해서 살아가야 한다는 것이다. 스스로 자신에 대한 확실한 존재감을 심어준다. 사는 동안 행복하게 사는 것 이것이 최고의 행복이다.

우리는 모두 늙는다. 언젠가는 죽게 마련이다. 자연적인 현상이다. 죽음을 두려워하지 않아야 한다. 녹슨 삶을 두려워해야 한다. 삶이 녹슬면 꿈도 행복도 모두 물거품처럼 사라지게 된다. 삶이 녹슬면 부정적인 생각을 하게 된다. 인생에 녹이 슬면 그 삶은 죽은 삶이기 때문이다. 몸과 마음을 매일 새로운 일에 힘써야 한다.

무상의 가르침을 통해 죽음이 있으니, 삶이 더욱 소중하다는 것을 깨닫게 된다. 삶을 더욱더 능동적이고 진취적으로 살게 하는 것이다. 죽음이란, 변화하는 모습의 하나일 뿐이다. 그러므로 죽음을 싫어한다는 것은 변화를 싫어하는 것이다. 변화란 우리에게 주어진 우리의 모습일 뿐이다.

'나', '내 것' 하면서 사는 것이 우리의 모습이다. '나'라는 존재는 사실상 모든 요소가 인연으로 화합하여 이루어진 구조다. 우리가 사는 이 현상 세계는 그 어느 것도 자립적이고, 고립적인 실체로서 존재하지 않는다. 일체는 모두 자기 아닌 것들, 타자와의 관계 속에서 자기 자신으로 피어나는 상대적이다. 물, 별, 공기, 우주의 햇빛으로 피어난 한 송이 장미꽃이 그렇다.

산다는 것은 끊임없이 자기 자신을 창조하는 일이다. 그 누구도 아닌 자기 자신을 만들어 간다. 새롭게 만들어냄으로써 앞으로 나아가는 것을 배우고, 익히는 데서 온다. 산다는 것은 그 자체가 창조적 행위이며 자신을 새롭게 변화시키는 과정이다. 사람들은 이런 과정을 거치며 새롭게 거듭난다. 새롭게 자신을 거듭나게 하는 행위가 산다는 것의 의미이고, 보람 있고 가치 있는 인생이다.

내 것이 아닌 것을 모두 버릴 때, 세상을 소유할 수 있다. 버릴 것을 버릴 수 있어야 마음이 평온하다. 본래부터 '내 것'이 어디에도 없다. '나'라는 존재 또한 잠시 인연으로 따라왔다가 인연 따라가는 무상한 존재이다. 하물며 '내 것'이라고 붙잡아 두고 집착할 것이 무엇이겠는가.

내 인생에서 가장 행복한 날은, 바로 오늘이다. 내 삶에서 절정의 날도, 바로 오늘이다. 내 생애에서 가장 귀중한 날은, 바로 오늘 '지금 여기'이다 어제는 지나간 오늘이요. 내일은 다가오는 오늘이다. 그러므로 오늘 하루를 이 삶의 전부로 느끼며 살아야 한다.

영국의 사상가 토머스 칼라일은 '오늘' 이란 시에서 '우리가 사는 날은 바로 오늘/우리가 사용할 수 있는 날은 오늘/우리가 소유할 수 있는 날은 오늘뿐/오늘을 사랑하라/오늘 만나는 사람을 따뜻하게 사랑하라/오늘에 정성을 쏟아라/우리의 삶은 오늘의 연속이다.' 라고 했다.

오늘을 아낌없이 후회 없이 사랑하는 것이, 모든 사람은 물론 자기 자신에 대한 예의이다.

지난날 아름다운 삶이 있기에 노년의 멋진 삶이 있다. 시간은 아무도 기다려 주지 않으며, 기회 역시 함부로 주어지지 않는다. 준비하고 늘 깨어 있는 삶으로 내일을 만들어 가는 현명한 지혜가 필요하다. 살아온 삶이 대단하지 않더라도 과거가 있기에 오늘이라는 명사가 있지 않은가. 후회도 미련도 없이 영혼을 발가벗으며, 내려놓는 삶으로 행복한 삶이었다고 말할 수 있기를 기대한다.[156]

## 라. '아버지의 해방일지' 깊이 읽기

2013년 4월15일이었다. 정지아 소설가와 깊은 대화를 나눌 기회가 있었다. 다음 작품으로 '3일 동안의 아버지의 장례식' 이야기를 쓰고 있다고 했다. 200장쯤 썼다가 다시 지우고, 또다시 쓰기를 네 번쯤 반복하고 있다고도 했다.

<아버지의 해방일지>는 10년 넘게 궁리하고 애써 쓴 역작이다. 힘을 들이면 무거워지기 마련인데, 이 소설은 '경쾌한 깊이'로 발랄하게 빛난다. 전직 빨치산이자 뼛속까지 사회주의자였던 '고상욱'의 장례식이 소설의 중심 서사다. 대학 시간강사인 딸 '고아리'가 문상객들을 맞으면서 '몰랐던 아버지의 삶'을 하나하나 발견해나간다는 이야기다. 고상욱은 1948년에 입산한 구빨치산이고, 1952년에 위장 자수한 사회주의자였다. 1974년 즈음에 다시 투옥되어 6년여 동안 감옥살이를 한 이력도 있다. 견고한 이데올로기 중심주의자처럼 보였던, 딸 아리의 인생을 망쳤던 아버지의 행적은 하루하루 장례를 치를수록 다채로운 모습으로 바뀐다. 미스터리적 기법을 활용하면서도, 훈훈한 민중주의적 정서를 보듬은 소설의 서사가 몰입도를 높여준다.

<아버지의 해방일지>를 깊이 읽기 위해 우선 시간에 집중해 보자. 이 소설은 3일 동안의 이야기처럼 보이지만, 사실은 1948년부터 1952년, 1980년대 초중반, 그리고 21세기 초반의 시간이 공존한다. 고상욱은 곡성군당위원장이었고, 서툰 농부였다가, 구례읍내 고층아파트 관리인이기도 했다. 고아리는 어떠한가? 아빠와 엄마의 빨치산 시절 이야기를 듣는 역사의 수신자였다가, 고교 시절 '하염없이' 부모를 원망하는 반항아로 변했고, 이제는 만상제로서 아버지의 인연들을 감당해야 하는 처지에 있다. 소설 속 공간도 중요하다. '삼림조합 장례식장'이 중심 공간으로 설정되어 있지만, 이야기는 반내골과 구례읍내로 확장된다. 구례사람들이 고상욱을 추모하기 위해 모여들면서 각자가 마음속에 품고 있던 감사, 회한, 원망, 분노의 감정들이 뒤섞여 용광로처럼 들끓는다. 이 설정은 20세기 한국현대사가 여전히 조심스러워하는 '빨치산의 서사를 현재화'하기 위한 포석이다. 소설 속 다채로운 사건은 시간과 공간의 압축과 펼쳐짐이라는 설정 때문에 가능해진다.

지리산 자락 구례사람들의 다양한 사연들이 서사의 중심을 형성하고 있다는 사실도 주목할 필요가 있다. 고상욱의 '삼오동창모임'과 구례읍내에서 맺어온 인연들은 정서적 공동체의 정감 어린 풍경 묘사로 이어진다. 장례식을 치르는 데 큰 힘을 보탰던 황 사장과 떡집 언니의 사연도 인상적이다. 그들은 빨치산 후손

들이다. 소설 속 세세한 사건들도 눈길을 끈다. 큰집 길수 오빠가 육군사관학교에 합격하고도 연좌제로 삶의 궤적이 바뀐 이야기, 한국전쟁 발발 직전 스물셋의 순경이었다가 죽을 고비를 넘기고 살아난 '그'의 이야기가 그 예이다. 그리고 작은아버지의 피폐한 삶도 안타까움을 더해준다. 전 생애를 바쳐 청년 시절의 선택에 대해 책임지려 했던 고상욱의 모습도 삶의 한 풍경이라면, '가마니처럼 엎드려' 살아온 '길수 오빠나 작은아버지, 황 사장과 떡집 언니'의 삶도 소설의 색감을 다채롭게 하는 데 결정적 기여를 한다.

소설가 정지아는 "이데올로기적 상처를 그 이데올로기를 이해한 순간에 넘어섰다고 생각했는데, 살아보니까 아니더라고요. 이를테면 멀리서 바라보지 못한 거죠"라고 했다. 이해를 전제로 한 당위적 포용은 더 많은 상처를 불러올 수 있다. 오히려 불편한 마음을 감수하는 거리 두기가 더 나은 미래의 삶을 위해 꼭 거쳐야만 하는 과정일 수도 있다. 거리 두기의 감각이 살아날 때, '만남과 헤어짐, 그리고 보내기'의 과정은 보편성을 획득하게 된다. 〈아버지의 해방일지〉는 작가와 대상의 거리 두기가 가능했기에 도달할 수 있었던 빛나는 문학적 성취다. 특별한 것처럼 보이는 개인의 삶도, 거리 두기를 통해 민중의 삶으로 보편화하면 전혀 다른 모습으로 바뀐다. 멀리서 봐야, 그제야 보이기 시작하는 것들이 있다. 민중의 삶은 생각보다는 훨씬 다채롭고 풍부하다.

〈아버지의 해방일지〉에서 이데올로기적이고 정치적인 삶과는 거리를 둔, 민중의 삶의 모습을 발견하게 된다. 그 모습은 '인간의 도리'로 압축할 수 있다. 소설 속 인물들, 특히 구례사람들의 삶은 '억압적 지배권력도 훼손하지 못한 인간의 도리'를 갈무리하고 있다. 그 '인간의 도리'는 이웃을 소중히 여기고 더불어 살아가려는 '하염없는' 마음이자, '오죽하면'으로 압축되어 표현된 연민하고 공감하는 태도이다. 이 소설은 '민중의 해방일지'이기도 하기에, 더 사무치고, 애절하며, 그리고 아름답다.[157]


## 마. 노화와 성인병

노화란 사람이 태어나서 나이가 들어감에 따라 신체의 구조와 기능이 점진적으로 저하되어 사망에 대한 감수성이 증가하면서 쇠약해지는 과정이다. 나이가 들면서 암이나 동맥경화, 치매 등 각종 질병이 많아지는데, 이들 성인병이나 노인질환의 발생은 순수한 의미의 노화와는 별개의 것이다.

사람은 누구나 젊은 시절에 아무리 강건한 체력과 건강을 유지했다 하더라도 40고개를 넘어서면 몸에 변화가 찾아오기 시작한다. 예를 들어 젊었을 때처럼 빨리 걸을 수 없다든지, 계단을 올라가는 데 숨이 찬다든지, 신문의 작은 글자를 읽기가 어려울 정도로 시력이 감퇴된다. 또한 흰 머리카락이 생겨나고 음주나 잡기 등으로 밤을 새고 나면 다음날 피로가 심해져 모든 의욕이 사라지기도 한다.

엄격한 의미의 노화란 이 같은 현상과 무관하게 나이가 들어 신체의 전반적인 활력이 떨어지고 모든 생리적 기능이 저하되는 과정을 말한다. 세포의 단백질 합성능력이 감소하고, 면역기능도 저하되며, 근육은 작아지고 근력은 감소한다. 또한 체내의 지방성분은 증가하고, 골밀도가 감소하여 뼈가 약해지는 것 등이다.

나이가 들어가면 힘이 떨어지고 거동이 불편해져 혼자서 생활할 수 없고, 보호자의 도움을 필요로 하게 된다. 그 주된 원인 가운데 하나가 근력의 감소 때문으로 알려져 있다. 근육의 약화는 근육과 신경의 노화, 관절염, 또 다른 여러 가지 만성질환의 요인으로 발병할 수도 있다. 노화라는 것은 사람에게만 나타나는 것이 아니라 이 세상 모든 만물에서 노화는 일어난다. 심지어는 단세포동물에서도 노화가 관찰되기 때문에 하나의 자연현상으로 받아들이는 것이 일반적 인식이다.

이러한 노화현상은 누구도 완벽하게 방지할 수는 없지만 건강증진을 위한 생활습관의 관리와 2차적 예방을 통해 어느 정도 지연시킬 수 있고 건강한 노년기의 삶을 영위할 수 있다. 이런 이유에서 성공적인 노화를 촉진하기 위해서는 뚜렷한 삶의 목표의식과 건강한 인지기능을 유지하면서 주변 환경에 잘 적응해 주관적으로 만족스런 삶을 영위할 노력이 필수적이다.

또한 나이가 들어가면서 각종 성인병에 시달리게 되는데 결국 가장 중요한 것은 개인의 신체관리 능력에 달려있다. 신체를 최상의 상태로 유지하는 것은 이 모든 것을 극복할 수 있는 방법이라고 할 수 있다. 이를 위해 필수적으로 요구되는 것은 적당한 운동, 알맞은 영양섭취, 충분한 휴식을 들 수 있다. 그러나 노년기에 있어서 이보다 더욱 중요시되어야 하는 것은 규칙적이고 적극적인 생활 자세라고 할 수 있다.

아울러 운동을 규칙적으로 오랫동안 실시하면 운동에 대한 인체의 적응력이 생성된다. 그래서 장기간의 운동으로 인한 신체의 변화는 바로 운동의 효과로 나타난다. 이는 구체적으로 체력의 증진, 노인성 질환의 예방 및 노화의 지연, 정서적 만족을 들 수 있다. 적당한 운동이 건강에 유익한 효과를 준다는 사실은 이미 여러 연구자들에 의해 밝혀져 있지만, 지나친 운동은 도리어 건강에 해로움을 초래한다는 것을 간과해서는 안 된다. 그러나 운동부족은 노년기에 있어 심장질환을 포함한 각종 성인병들을 더욱 증가시키기 때문에 자신에게 알맞은 신체운동은 절대적인 치료방법임을 기억해야 된다.[158]

## 바. 정년 후 어떻게 보낼까, 그 방법을 찾다

◇ 정년 후 시간을 알차게 보내려면

'시간을 주체할 수가 없네' '백수가 과로사?' 등등 정년 후 '어떻게 보낼까' 많은 사람의 고민이다. 은퇴 후 출근 8시간이 1일 24시간, 365일, 갑자기 자유시간으로 굴러온다. 무엇을 해도, 또 하지 않아도 되는 상태를 계속 유지하는 것이 의외로 어렵다. 정년 후에 이상적인 삶이 바로 '탄력 있는 생활'이다. 그러기 위해서는 바로 상대적인 '양쪽 방향'의 사고방식이 꼭 필요하다. '양쪽 방향'의 생활을 준비한다. 멍 때리기 시간도 문제없다. 가슴이 철렁 내려앉거나 자극받는 시간이 있어야 '멍 때리기' 시간도 충족감을 느끼게 된다. 서로 상대적인 '양쪽 방향'을 의식하면서 정년 후 삶을 생각해 본다.

◇ 정년 후 보내는 방법 3가지

바로 양쪽 방향 사고방식 도입이다. 첫째, '일한다·놀다'이다. 즉 '일한다'와 '놀다' 두 개 스위치를 상호 전환한다면 탄력 있는 생활이 쉬워진다. 현역 시절에는 '하루 종일 빈둥빈둥 지내니 편하네'라고 생각도 했지만, 그렇게 가끔 쉬는 날이 아니라 '연중 휴일'이 되고 나면 다른 이야기다. 현역 때는 '일·휴식'이라는 2개의 스위치의 전환을 고민하지만, 정년 후에는 반대로 '전환이 필요 없는 날'이기 때문에 삶의 탄력 있는 삶이 어렵다. 따라서 정년 후에는 스스로 스위치를 바꾸는 것이 중요하다. 바로 '일하는 것'과 '노는 것'이다.

정년 후에는 일도 다양한데, 현직을 계속하는 것 외에 파견사원으로 일하거나 혹은 지금까지 인맥이나 기술을 살려 과감히 창업 또는 프리랜서로 자유도가 높은 근로 방식을 취하는 것도 가능할 것이다. 한편 '놀이'는 현역 시절에 좀처럼 쉽지 않았던 장기 여행이나 취미, 젊었을 때 해보고 싶었던 일 등에 도전할 수 있는 기회가 있다. 요즘 60대는 파워풀하고 액티브하다. 정년 후는 스스로 일과 놀이 양쪽 방향의 스위치를 자유롭게 전환하면서 보내는 방법을 찾아본다.

둘째, '혼자서, 동료들과'이다. 먼저 혼자 하는 취미나, 자신만의 시간을 소중히 할 수 있는 것을 찾아본다. 가령, 솔로 캠핑이나 조깅, 수영, 헬스장 다니기, 요리나 수예는 혼자서도 즐길 수 있는 취미 중 하나다. 혹은 실용적인 자격증 취득 등도 추천한다. 그와 동시에 취미 동아리, 자원봉사 단체의 동호회에 참가하는 기회를 갖는 것이다. 동호회가 좋은 점은 뭔가를 같이 하고, 시간을 공유하며, 또 정보교환을 하는 등 즐거움과 만족감이 크다. '혼자서도 인생을 즐길 수 있다' 와 '동호회와도 인생을 공유할 수 있다' 는 양쪽 방향 두 가지 선택지는 균형 잡힌 삶이 되고, 충족감을 얻기 쉬워지는 탄력적인 삶이 된다.

셋째, '익숙하다ㆍ새롭다'이다. 50세가 지나면 아무래도 '익숙한 가게' '옛날부터 아는 사람' '익숙한 장소' 에만 발길이 가기 쉽다. 익숙한 오랜 친구나 옛 동료와 함께 느긋하게 보내는 인생은 경험이 풍부한 세대만의 즐거움이다. 이제 정년을 경계로 하여, 이번에는 지금까지 만나지 않았던 새로운 영역의 도전을 덧붙인다면 인생은 보다 풍요로워진다. 지금부터 '언젠가 해보고 싶은 일 목록' 을 만들어 차분히 반죽을 하고, 그것을 하나씩 추진해나가기를 추천한다.

◇ 정년 후 주의할 점 2가지

충실한 2번째 인생에서 역시 중요한 것은 정년 후 인생을 지탱하는 건강과 돈이다.

첫째, 건강에 신경을 쓴다. 50~60대가 되면 '무리가 가지 않게' 라든가 '드디어 노안이 온 것 같다' 는 몸의 변화를 느끼는 경우가 많다. 몸은 당신의 소중한 자본이기 때문에 정년 후에는 자신의 몸을 관리할 필요가 있다. 예컨대, 백내장 등 의심되면 안과, 치아는 치과 검진을 받고, 장래를 위해 '체력적금' 을 쌓아 둔다.

둘째, 자산을 관리한다. 정년 후에는 그 이전과 수입이 크게 다르다. 돈은 어느 정도 목표가 정해져 있어도, 가령, 간병이나 집수리 등 노후에도 목돈이 드는 경우가 있다. 퇴직금, 연금을 포함한 노후 자금은 한 번 확실히 점검해 둔다. 자산 관리가 서투른 사람은 금융플래너나 신탁은행 창구 등에서 상담해 보는 것도 한 방법이다.

◇ 정년 후 시간에 대한 충분한 사전 준비

영국의 작가 로버트 해리스(Robert Harris, 1957.3.7.)씨가 주장하는 '인생에서 하고 싶은 일 리스트 100' 을 만드는 것도 추천한다. 어쨌든 생각나는 것을 쭉쭉 써보는 거다. 술술 생각나는 게 30개 정도고 거기서부터 100개까지가 힘들겠지만 어쨌든 목록화하고 나면, 내가 뭘 하고 싶은지 명확해진다. 그 안에서 '일하다·놀다', '혼자·동료와', '익숙하다·새로운' 등 양쪽 방향의 단짝을 점검해 본다. '정년 후 보내는 방법을 찾는 힌트'가 되길 바란다.[159]

## 사 .매실차를 좋아하나요

"혹시…. 할머니 손에 자라셨나요?" 질병 회복 모임에서 만난 K씨가 나에게 질문했다. 사람들이 '부모님이 섭취를 제한한 음식'에 대해 말하고 있을 때였다. 갑자기 왜 남의 가정사를 물으시냐고 하니 K씨가 변명하듯이 말했다. "저만의 통계일지 모르지만, 우리 세대에서 식습관에 아무런 제한을 받지 않은 사람들은 대부분 조부모님 밑에서 자랐더라고요. 저도 해당되는 이야기고." 젠장. 맞는 말이었다. 할머니의 원칙은 '굶지 않고, 거르지 않고, 남기지 않는다'가 전부였다. 끼니를 거르지만 않으면 라면을 먹어도 괜찮고, 며칠 지난 우유를 먹어도 상관없었다. 명절날 땅에 떨어진 떡을 주워 먹다가 숙모들이 소리를 지르면 할머니는 '괜찮다. 먹고 안 죽는다'고 했다.

그런 우리 할머니도 절대 못 먹게 했던 단 하나의 음식 바로 콜라와 사이다였다. 학교에서 운동회를 한 뒤 받은 작은 캔 콜라 하나를 냉장고에 넣어두면 할머니는 내가 잠시 숨을 돌리는 사이 콜라를 숨기거나 버렸다. 내가 콜라가 사라졌다고 울면 할머니는 대신 그릇에 찬 물을 받아 매실 진액 한 스푼을 태워 내주셨다. 햄버거, 피자, 핫도그…. '정크푸드'라 불리는 음식들을 전부 그냥 먹게 두셨으면서도 왜 콜라와 사이다만은 그렇게 못 먹게 하셨는지…. 모든 것이 허용되는 세상에 오직 하나만이 금기가 있다고 생각해보라. 10대인 주인공이 그것에 도전하는 것으로부터 모든 소년만화는 시작된다….

그러나 그 만화의 결말은 창대하지 않았다. 나는 할머니에게서 독립한 뒤 곧바로 탄산음료라는 금기에 도전했으나 그들의 노예가 되어버리고 말았다. '콜라서비스'가 기본인 배달 음식의 세상은 나를 더 벗어날 수 없게 만들었다. 속이 꽉 막힐 때에도, 잔뜩 폭식을 했을 때에도, 가볍게 끼니를 때웠을 때에도, 참을 수 없이 화가 나거나, 슬퍼서 눈물이 흐를 때에도…. 나는 사이다를 찾았다. '칙-'하며 부글거리는 탄산의 기포 소리만 들어도 소화가 되는 것 같았다. 식도를 타고 흐르는 따갑고 달콤한 탄산의 자극이 없으면 식사가 끝나지 않는 것 같은 기분이 들었다. 사이다를 '좋아한다'고 말할 수 없다. 나는 사이다에 중독되어

버렸다.

지난겨울엔 드라마 〈재벌집 막내아들〉의 결말을 보고 화를 냈다. 주인공 윤현우가 자신을 죽게 만든 재벌가의 막내아들로 회귀해서, 수단과 방법을 가리지 않고 부를 축적하고 성공적인 복수를 하다가 최종화에서 돌연 회귀 전의 삶으로 돌아가 자신의 과오들을 참회했기 때문이다.

이번 봄에 드라마 〈더 글로리〉를 보며 화를 냈던 것도 비슷한 이유였다. 나는 주인공 동은이 더 지독하고 악랄하게 복수하기를 바랐다. 동은이 복수를 하면서 조금도 괴롭지 않고 조금도 망설이지 않기를 바랐다. 현재 방영 중인 드라마 〈모범택시〉 시리즈를 볼 때도 같은 마음이다. '왜 저렇게밖에 못하는 건데? 그냥 죽여!' 억울한 범죄 피해자들을 대신해 사적 복수를 하는 무지개 재단 일당이 너무 곧고 바른 사람인 것이 화가 난다. 어느덧 중독이 깊어져 탄산이 두 배 강한 사이다를 찾는 것처럼 나는 한국 드라마가 당연히 내려야 하는 윤리적인 선택과 결정들 앞에서 더 큰 쾌감만을 요구하고 있는 것이다.

이런 내 자괴감의 고백이 소위 '사이다 서사'에 대한 폄하나, 복수의 윤리를 갖췄다고 해서 그 작품의 완성도를 옹호하는 것으로 읽히지 않았으면 한다. 나쁜 놈은 천벌을 받을 거라는 말이 공허하게 들릴 때, 노력한 만큼 결실이 돌아온다는 얘기가 거짓말처럼 느껴질 때, 사람들은 속이 뻥 뚫리는 '사이다' 같은 복수를 원한다. 그리고 창작물은 그 기대를 충족시키면서도 결국 사람들이 그 짜릿함에 더 깊게 중독되지 않도록 만들 의무가 있다. 탄산처럼 톡톡 튀지 않아도, 먹으면 속이 내려가는 시원한 매실차 같은 이야기를 향해.[160]

## 아. 나이들수록 호두·들기름 드세요

오메가-3 지방산에는 우리에게 잘 알려진 DHA와 EPA를 비롯해 알파-리놀렌산(ALA)과 SDA, ETA 등이 있다. 최근에는 이 중에서 알파-리놀렌산 섭취가 노인의 언어구사력(verbal fluency)을 향상시킬 수 있다는 연구가 발표돼 주목을 끌었다. 언어구사력은 건강하게 나이를 먹기 위한 중요 기능 중 하나로, 노인의 의사소통과 사회활동 참여에 필요한 능력이다.

해당 연구는 국제학술지 뉴트리언츠(Nutrients) 최신호에 실린 일본 도호쿠대학 연구진의 논문이다. 12주간 65~80세 성인 60명을 대상으로 연구를 진행한 결과, 매일 알파-리놀렌산 2.2g을 섭취한 그룹은 대조군에 비해 언어구사력 점수가 유의미하게 높아진 것이 확인됐다.

연구진은 논문에서 "나이가 들면서 우리의 뇌는 신경세포 간 연결성이 떨어져 언어구사력도 떨어진다"며 "알파-리놀렌산 섭취는 이러한 신경세포 사이의 원활한 연결을 돕는 것으로 보인다"고 말했다.

오메가-3 지방산 중 EPA, DHA는 참치, 고등어 등 기름진 생선에 많은 반면 알파-리놀렌산은 아마씨유와 같은 식물성 오일에 많다. 이 연구에서 사용된 알파-리놀렌산 또한 아마씨유다.

아마씨유는 담백한 맛 때문에 올리브오일처럼 그대로 먹기 좋은 오일이다. 샐러드를 비롯해 각종 요리에 뿌려서 먹어도 되며, 특히 발사믹식초와 섞으면 샐러드드레싱으로 사용하기 적합하다.

아마씨유의 사용에 익숙하지 않다면 우리나라 전통 기름인 들기름을 사용하면 된다. 농촌진흥청 국립식량과학원에 따르면 들기름은 우리가 사용하는 주요 식물성 기름 중 가장 많은 알파-리놀렌산을 가지고 있으며, 60% 이상이 들어 있다.

일상에서 간편하게 알파-리놀렌산을 섭취하는 방법으로는 호두를 들 수 있다. 호두는 알파-리놀렌산이 가장 많은 견과류로 손꼽힌다. 미국 농무부(USDA)에 따르면, 호두 한 줌(28g, 약 6개)에는 약 2.5g의 알파-리놀렌산이 함유돼 있다. 알파-리놀렌산의 하루 권장섭취량이 여성 1.1g, 남성 1.6g임을 고려한다면 호두 6개만 먹어도 하루 섭취량을 충분히 채울 수 있다.[161]

## 자. 걷기는 인간을 창조적으로 만든다

걷기에 참 좋은 계절이다. 수업 사이 두 시간 정도 시간이 비어서 남산을 거닐었다. 흙을 밟는 발바닥이 기뻐서 절로 리듬을 타고, 바람 타고 날아드는 꽃향기 풀냄새에 온 감각이 자지러졌다.

걷기는 참 신비한 활동이다. 무작정 걷다 보면, 어느새 우울한 마음은 잦아들고, 갑갑한 가슴은 풀어지고, 복잡한 머리는 가지런해진다. 막혀 있던 아이디어가 뚫리고, 생각지 못했던 해결책이 떠오르기도 한다. 그러고 보면 걷기는 몸을 이동하는 행위만은 아니다. 뇌를 작동하는 스위치이자 마음을 치유하는 도구이며, 나를 둘러싼 세계를 탐구해 생각의 지평을 넓혀주는 행동이다.

'걷기의 세계'(미래의창 펴냄)에서 셰인 오마라 아일랜드 더블린 트리니티대 교수는 걷기가 사고를 움직인다고 말한다. 몸을 일으키는 순간, 고요했던 심장 박동이 활성화하면서 뇌와 신체는 움직임에 대비하기 시작한다. 머리를 움직여 사방을 둘러보면서 정보를 받아들이고, 정신을 각성시켜 '인지적 활성화' 상태에 돌입한다. 따라서 마음을 바꾸려면 몸부터 움직여야 한다.

인간 정신은 움직임에 맞춰 진화했다. 엎드려 기다가 일어나 걸으려면 주변 환경을 이해하는 인지 운동이 필요하다. 걷기는 뇌의 경험을 바꾸고 사고를 움직이게 하며, 내면의 인지 지도를 다시 그리게 자극한다. 다리가 움직여야 머리가 작동하고, 머리가 작동해야 잘 걸을 수 있다. 다리와 머리의 공진화야말로 인간 능력의 비밀이다.

그러나 현대 도시인은 진화에 반하는 삶을 살아간다. 하루 대부분을 이동하는 상자(자동차, 철도 등)와 움직이지 않는 상자(건물) 안에 갇혀 사는 것이다. 앉아서 생활하면 몸과 마음은 빠르게 망가진다. 가만한 삶은 스트레스를 증가시켜 성인병을 유발하고 노화를 촉진해서 수명을 빼앗을 뿐 아니라 뇌의 근육을 소실시켜 사고를 둔화시키고 감정을 망가뜨린다. 한마디로, 움직이지 않는 사람은 멍청해진다.

걷기는 인간을 창조적으로 만든다. 앉아서 대화할 때보다 일어서 이야기할 때, 사람들은 더 빨리 과제를 해결한다. 회의실 안에서 머리를 맞대는 것보다 자판기나 탕비실 앞에서 이야기 나눌 때 더 많은 아이디어가 도출된다. 자유롭게 걸어 다니면서 마음껏 교류할 수 있는 공간이 없으면 회사는 서서히 약해진다. 저자는 말한다. "꽉 막힌 사무실에서 심오하고 창의적인 해결 방안을 기대하는 것은 합리적이지 않으며, 심지어 무력감을 준다." 자유롭게 걸을 때 우리는 얽매인 문제에서 벗어나 해결 방안이 있는 쪽으로 나아갈 수 있다.[162]

## 차. 자녀가 상속포기하면 손자녀는 공동상속인이 아니다

"피상속인의 자녀들이 모두 상속포기하였는데 손자녀가 피상속인의 배우자와 공동상속인의 지위를 유지한다고 하면 이것은 너무 억울합니다."

피상속인은 생전인 2011년에 보증보험회사로부터 구상금 소송을 당하여 패소판결을 받았고 이어 그것이 확정되었다. 그런데 그는 2015년 사망하였으며, 이에 피상속인의 배우자는 상속 한정승인을 하였고, 피상속인의 자녀들은 모두 상속포기 신고를 하였다. 여기서 상속 한정승인은 상속인이 피상속인으로부터 상속받은 재산 한도내에서 물려받은 빚을 갚겠다는 조건하에 상속을 받는 것을 의미한다.

그러자 보증보험 회사는 2020년 위 확정판결에 근거하여 피상속인의 채무가 그의 배우자와 손자녀들에게 공동 상속되었다는 이유로 위 확정판결에 대해 승계집행문부여 신청을 하여 법원으로부터 승계집행문을 부여받았다. 이에 피상속인의 손자녀들은 승계집행문부여에 대한 이의 신청을 하였지만 받아들여지지 않았다. 위 승계집행문은 판결에 표시된 채무자의 승계인에 대해 강제 집행을 하는 경우에 부여되는 집행문을 의미하므로, 위 피상속인의 손자녀들은 꼼짝없이 강제집행을 당할 위기에 직면했다. 하는 수 없이 손자녀들은 너무 억울하다면서 대법원에 특별 항고장을 제출하였다.

이와 관련하여, 민법 제1043조(포기한 상속재산의 귀속)는 '상속인이 수인인 경우에 어느 상속인이 상속을 포기한 때에는 그 상속분은 다른 상속인의 상속분의 비율로 그 상속인에게 귀속된다', 민법 제1019조는 '상속인은 상속개시 있음을 안 날로부터 3월 내에 단순승인이나 한정승인 또는 포기를 할 수 있다' 라고 규정하고 있다.

위 사안의 경우, 대법원 2015년 5월 14일 선고 2013다48852판결은 '자녀들이 모두 피상속인의 상속을 포기한 경우 피상속인의 배우자와 손자녀가 공동으로 상속인이 된다' 라고 하였다. 따라서 종래의 대법원 판례에 의하면, 자녀들이 모두 상속포기했더도 손자녀들이 위 상속개시 있음을 안 날로부터 3월이내에 별도의 상속포기 신고를 하지 않았다면 손자녀들은 피상속인의 채무를 떠안게 되어 매우 억울한 입장에 처할 수 있게 되는 것이다.

위 손자녀들의 특별항고를 심리한 대법원은 결국 2023년 3월 23일자 2020그42 전원 합의체 결정에서 원심을 파기 환송하여 항고인의 주장을 인용하였다. 즉 종전의 대법원 판례를 변경한 것이다.

위 결정 이유의 요지는 다음과 같다.

"민법 제1043조는 공동상속인 중에 어느 상속인이 상속을 포기한 경우 그 사람의 상속분이 다른 상속인에게 귀속된다고 규정하고 있는데 이때 다른 상속인에는 배우자도 포함되고, 피상속인의 배우자와 자녀 중 자녀 전부가 상속을 포기한 경우 배우자에게 단독 귀속된다고 봐야 한다. 물론 배우자와 자녀 모두가 상속을 포기하면 그때는 민법 제1043조가 적용되는 것이 아니라 상속 포기의 소급을 규정한 민법 제1042조에 따라 후순위 상속인으로서 피상속인의 손자녀가 상속인이 되고, 손자녀 이하 직계 비속이 없다면 피상속인의 직계존속이 상속인이 된다고 보아야 한다. 상속을 포기한 피상속인 자녀들은 피상속인의 채무가 자신은 물론 자신의 자녀에게도 승계되는 효과를 원천적으로 막을 목적으로 상속을 포기한 것이라고 보는 것이 자연스럽다. 그럼에도 자녀 전부가 상속을 포기했다는 이유로 손자·손녀 또는 직계존속이 공동상속인이 된다고 보는 것은 당사자들의 기대와 의사에 반하고 사회일반법 감정에도 반한다. 종래 판례에 따라 피상속인의 배우 자와 손자녀 또는 직계존속이 공동상속인이 되었더라도 그 이후 손자녀 또는 직계 존손이 다시 적법하게 상속을 포기함에 따라 결과적으로 피상속인의 배우자가 단독 상속인이 되는 실무례가 많이 발견됐다. 이는 무용한 절차에 시간과 비용을 들이는 결과가 된 것으로서 피상속인의 배우자와 자녀 중 자녀 전부가 상속을 포기한 경우 배우자가 단독 상속인이 된다고 해석함으로써 법률관계를 간명하게 확정할 수 있다."

생각건대, 이번 대법원 전원 합의체 결정은 상속인의 순위와 상속채무에 관련한 민법 제1043조 법률관계에 대하여 명확하게 해석함으로써 상속채무를 신속하게 정리할 수 있을 뿐만 아니라 절차의 간소화에 따른 비용을 절감할 수 있게 되었다. 무엇보다도 피상속인의 손자녀가 법을 잘 몰라 적법한 기한 내에 상속포기를 신고하지 못하는 바람에 예상치 못한 상속채무를 떠안게 되는 위험이 제거되었다는 데에 큰 의미가 있다.[163)]

## 카. 삶의 솔직한 고백

지인의 출판기념회에 갔다. 외국에서 오래 생활하신 분인데 늦은 나이에 글공부를 시작하셨지만 꾸준한 열정 덕분에 수필집을 내게 되셨다고 한다. 그동안 쓴 작품을 묶어 한 권의 책으로 출간하는 것이 결코 쉬운 일이 아님을 안다. 얼마나 힘들면 한 권의 책 출간을 산고의 고통에 비유하기도 하겠는가.

상기된 표정으로 자신의 출간 기념회에 와 준 손님들을 맞이하는 작가의 모습을 봤다. 겉으로 뵙기에는 조용한 성품이지만 가슴속은 뜨거운 열정이 넘치는 분이시다. 끊임없는 독서와 습작으로 자신을 담금질하며 알찬 작품집을 탄생시켰다. 그런 노력이 있기에 여든을 넘긴 연세에 첫 수필집을 출간한 것이다.

출간 기념행사를 보며 더 놀라웠던 것은 멀리에서 찾아와 준 오랜 친구들과 작가의 우정이었다. 부산에서 음성까지 와 준 고교 친구들과 넘치는 우애, 멀리 미국에서 오셨다는 작가의 벗들이 진심으로 손뼉을 치며 자기의 일처럼 기뻐해 주는 모습이 인생의 후배인 모임 회원들을 숙연하게 했다.

오늘 행사의 주인공인 작가는 젊은 나이에 외국으로 이민을 가서 사셨다고 한다. 오랫동안 살아 온 그곳은 가족들의 삶의 기반이고 터전이다. 가까운 외국도 아니고 멀리 남미에 있는 과테말라다. 현재는 거처를 음성으로 옮기셨지만 지구를 반 바퀴나 돌아야 도착하는 그곳을 지금도 일 년에 몇 번씩 오가신다고 한다. 자신의 사업체를 아들이 물려받아 운영하는 이유도 있지만 그곳은 또 다른 고향이고 자신의 인생이 응집된 곳이기 때문이다.

어려운 시기에 이민을 가서 지금 삶의 터전을 완성하기까지 사연을 글로 쓴다면 소설책 서너 권은 될 것이라고 한다. 낯선 곳에서 생활하며 풍파와 굴곡이 없을 수 없다. 그런 삶의 솔직한 고백을 한 권의 수필집에 알차게 차곡차곡 담으셨다.

작가의 지난 온 삶의 편린을 직접 또는 친구분들을 통해서 들었다. 집에 와서 다시 책을 펼쳐보니 작가의 삶이 파노라마처럼 투영된다. 이민자의 삶, 안착한 후에는 다른 이민자들을 위한 봉사의 삶, 수필 작가의 삶 등 한 권의 수필집은 살아 온 삶의 모습을 그대로 보여주고 있다.

얼마 전 소모임을 하는데 우리의 글 스승님을 통해 책을 많이 읽고 부지런히 글을 써야 한다는 따끔한 충고를 들었다. 백일장을 통해 시작된 우리 모임은 처음에는 글쓰기 모임이었는데 오랜 세월이 지나며 자연스럽게 친목 모임이 되었다. 젊은 나이에 시작됐지만 이제는 중년이나 노년에 접어든 회원들이다. 젊어서는 열정적으로 글을 쓰고 토론하며 글공부도 했지만 어느새 자연스럽게 친목 모임으로 변해버렸다.

물론 부지런히 글을 써서 작품집을 낸 회원들도 있지만 그렇지 않은 회원들도 있다. 나는 후자에 속하기에 선생님의 충고가 가시에 찔리듯 가슴이 따끔했다. 글을 쓰지 못하면 책이라도 열심히 읽어야 생각했는데 그렇지도 못한 현실이다. 책을 사도 책장에 전시하듯 꽂아만 두고 눈이 아프고 시간도 없다며 차일피일 미루다 보면 책장의 책은 내 지적 허영물이 되어 버린다.

나이가 들면서 잠을 설치는 날들이 많다. 시간적 여유가 있다는 것이다. 볼 것이 없어 텔레비전 채널을 이리저리 돌리면서도 여전히 시선은 텔레비전 속에 머문다. 이렇듯 내가 허비하는 시간을 모아야겠다는 생각이 든다. 올해는 뭔가 새로운 도전을 해봐도 좋겠다는 다짐이 든다. 살면서 꼭 해보고 싶은 버킷리스트도 늘어난다. 한 가지씩 차근 차근 해봐야겠다. 연세 지극한 회원이 살아 온 삶을 한 권의 책에 담아 내듯 나도 언젠가 내 삶의 솔직한 고백을 한 권의 책으로 묶어봐야겠다. 초로의 나이에 접어드니 인생 선배들의 모습을 통해 배우며 그분들이 살아 온 삶의 모습에 경의를 표하게 된다.[164]

## 타. 정년 후 일하는 '프리랜서' 근로방식이란?

현재 정년 후 계속 일하는 사람은 증가 추세이다. 정년퇴직을 맞이한 60세 이상이라도 3명 중 1명은 일하고 있다고 한다. 일하는 방법에는 몇 가지가 있는데, 이번에는 정년 후 근로 방식 중 하나인 '프리랜서' 라는 근로 방식을 살펴본다.

◇ 정년 후에 일하기 위한 방법이란?

첫째는 재고용, 이직, 창업이다.

일반 기업에서 일하던 사람이 정년을 맞이한 후에 일하는 방법은 주로 세 가지가 있다. ① 재고용으로 그동안 일해온 기업의 '정년 후 재고용 제도'에 의해, 계속 근무를 희망하면 일을 할 수 있는 경우다. ② 이직하는 방법이다. 그러나 일반적으로는 고령이 되면 이직 처의 폭은 줄어들고 급여도 현역 시절보다 낮아지는 단점이 있다. ③ 마지막은 창업이라는 방법이다. 회사를 일으키는 것은 장벽이 높지만, 그중에는 개인적으로 사업을 시작하는 사람도 적지 않다.

둘째, 프리랜서는 창업의 일종이다.

정년 후 일하는 방법 중 하나인 '프리랜서'로 일하는 것도 창업의 일종이다. 기업으로부터 일을 도급받아 자택에서 일을 하는 등, 또 인터넷을 사용한 일을 할 수 있는 환경이 일반적인 현재 상황이다. 프리랜서는 정년 후 일하는 방법으로 선택사항의 하나로 들 수 있다.

셋째, 엔지니어는 기술을 활용하여 프리랜서로 일하기 쉽다.

현역 시절 엔지니어로 활약했던 사람이라면 오랜 세월 쌓은 지식과 기술을 활용해 프리랜서로 일할 기회는 적지 않다. 집에서 할 수 있는 일이고 전문직이기 때문에 비교적 얻을 수 있는 수입도 높다는 장점이 있다.

◇ 정년 후 프리랜서로 일하는 장점

첫째, 자유롭게 일할 수 있다.

프리랜서는 일 장소나 시간을 어느 정도 자유롭게 정할 수 있고, 내용에 따라서는 외출 필요 없이 집 안에서 일을 할 수 있는 등 자유롭게 일을 할 수 있다.

둘째, 생활에 여유가 생긴다.

정년퇴직 후 연금만으로 생활하는 것에 불안을 느끼는 사람도 많을 것이다. 그러나 프리랜서로 일만 제대로 할 수 있다면 나이는 상관없고 정년퇴직도 없다.

◇ 정년 후에 프리랜서로 일하는 단점

회사 근무와는 달리 프리랜서는 일하는 방식의 자유도가 높은 장점이 있는 만큼, 고용계약을 맺지 않고 일하는 형식이기 때문에 얻을 수 있는 매달 정해진 수입 보장이 불안정하다는 단점이 있다.

일을 얻을 수 있는 실력이 없으면 일이 줄어들 수도 있고, 설령 정기적으로 일을 도급받고 있었다고 해도, 갑자기 그 일이 종료될 가능성도 있다. 안정적인 수입을 얻으려면 그만큼의 업무 능력이나 기업과 협상 능력도 요구된다.

◇ 정년 후 프리랜서로 일하기 위한 포인트

첫째, 자기 자신의 가치를 높여 둔다.

프리랜서로 일하려면 실력이 필요 불가결하다. 자기 스스로 일을 하청받기 위해서는 그만큼의 스킬이 필요하고, 부가가치가 있는 편이 유리하다. 정년 후에 프리랜서로 일하고 싶다면, 특기 분야나 전문 분야에서 지식이나 기술을 익히는 등 자기 자신의 가치를 높여 스킬 업에 노력하는 것이 포인트이다.

둘째, 크라우드소싱 활용도 추천한다.

크라우드소싱(crowdsourcing)이란 대중(crowd)와 아웃소싱(outsourcing)의 합성어로, 기업활동 일부에서 불특정 다수의 사람들 기여를 모아서, 필요로 하는 서비스, 아이디어 또는 콘텐츠를 취득하는 과정으로 최근 인터넷상에서 일을 수주하고 발주할 수 있는 시스템이다. 연령에 관계없이 일을 도급받을 수 있다. 초보자도 도전할 수 있는 안건도 많고 경험을 쌓으면 단가를 올릴 수 있기 때문에 우선 크라우드소싱으로 일자리를 찾아보는 것도 추천한다.

결국 프리랜서라는 직업은 지식이나 기술이 있으면 일정한 수입을 얻을 수도 있고, 크라우드소싱을 활용하면 초보자라도 경험을 쌓으면서 스킬을 올려 일을 하청받을 기회를 늘릴 수 있는 일하는 방식이다. 자유도가 높고 자택에서 일을 도급받을 수 있는 프리랜서는 정년 후에 일하기 위한 선택지로서 주목받고 있다.[165]

## 파. 내 나이가 어때서!

아름다움은 권력이다. 미인은 항상 승리한다 -서양 속담-

인간은 감각 수용의 약 80%를 시각에 의존한다. 청각 미각 후각 등 다른 감각에 대한 의존도는 20%에 불과하다. 과일이나 채소도 못생기면 값이 꽉 내려가며 식물도 못생기면 사람들이 찾지 않기 마련이니, 사람의 외모에 대해 우리 뇌가 느끼는 호감과 비 호감의 간극은 엄청날 것이다.

'아름답다는 것은 건강하다' 는 것을 의미한다. 반듯한 얼굴과 몸매는 그 사람의 건강을 나타내는 중요한 지표이다. 이처럼 외모를 숭상하는 풍조 자체는 특정한 국가, 민족, 시대, 성별, 수준, 종교에 국한되어 나타나는 현상이 아니며 인류 공통, 심지어 인류를 넘어서 지각이 발달한 고등 동물에서는 본능적으로 나타나는 현상이다. 예로부터 아름다운 것을 좋아하고 추한 것을 싫어하는 것은 기준이나 취향의 차이가 있을 뿐 인간의 사상을 이루는 근간 중의 하나였다.

인간이 이성적인 동물이며 외모의 우열이 능력의 우열이 아니라는 것을 잘 알면서도 왜 이렇게 외모를 '지상(至上)' 으로 삼고 모든 우열의 기준으로 적용되는지, 또는 왜 그 외모에 대한 기준이 정형화되며 획일화 되는지, 왜 잘생긴 외모에 대한 집단 광기 수준의 찬양과 못생긴 사람에 대한 멸시가 갈수록 심해지는 지에 대한 원인은 매우 복합적이다.

1. 현대 사회에서 경쟁이 워낙 심해지면서 옛날과는 달리 웬만한 사람들의 스펙은 더 이상 변별력을 갖기 어렵게 되었다. 따라서 좀 더 분명하게 알기 쉬운 변별점을 찾게 되었는데, 그것이 바로 외모이다. 아무리 성형수술이 어떠니 해도 원판 불변의 원칙이란 말이 괜히 나오는 게 아닌 만큼, 타고난 외모는 그야말로 '타고난 경쟁력' 이 되는 것이다.

2. 도시화와 개인주의 때문에 외모 지상 주의가 만연하게 됐다. 현대사회는 옛날만큼 공동체를 중요시하지 않으며 이웃이나 공동체 구성원의 교류도 오래 가지도 않고 상대적으로 깊이도 얕아졌다. 다시 말해 상대방의 내면을 들여다 볼 기회가 매우 적어졌다는 것을 의미하는데, 즉 상대의 가치를 즉각적으로 파악할 요소가 필요해 졌다는 것이다. 외모는 이 필요성에 매우 잘 부합하는 요소이며 도시일수록 더 강하다고 한다.

3. 서비스업의 비중과 인력 수요가 증가하면서, 소비자에게 즉각적인 신뢰감을 줄만한 외모를 지닌 구직자를 높게 평가하게 됐다.

4. 대중 매체나 미디어의 엄청난 파급력과 영향으로 인해 외모에 과도한 가치를 부여하기 시작하면서 오로지 외모만으로 하루아침에 스타가 되는 일이 비일비재하고, 그러한 과정을 거의 생중계에 가깝게 방송하며 외모를 성공과 인기의 가장 큰 원인으로 자리 잡게 만들었다.

미국의 사업가이자 시인, 사무엘 울만(Samuel Ullman)은 78세에 쓴 '청춘'이라는 시에서 "청춘이란 인생의 어떤 한 시기가 아니라 마음가짐" "두려움을 물리치는 용기, 안이함을 뿌리치는 모험심, 그 탁월한 정신력"이라며, 그것이 있다면 "때로는 스무 살 청년보다 칠 순 노인이 더 청춘일 수 있다"고 했다. 이 시는 같은 연령대 내에서도 세대 차가 나는 이유를 설명해준다.

변화하길 멈추고, 새로운 것에 눈을 돌리지 않고, 나이와 그에 맞는다고 여겨지는 역할에 삶을 가둔 채 자신을 들여다보길 멈춘다면 일찍 늙어버리는 일도 가능하다. 반대로 앞서 언급한 것을 지속한다면 몇 살이라도 청춘일 것이다. 그러니까 진짜 젊음은 첨단 문화와 동안(童顔)이 아니라, 계속해서 '현재를 도전하며 살아가는 태도'라고 지적했다. 이 시는 더글라스 맥아더가 일본에서 연합군 최고 사령관이 되었을 때 도쿄에 있는 그의 사무실 벽에 붙어 있었다.166)

# Ⅳ. 나가는 글

우리는 살아오다 어느 날 문득 노년을 보내고 있는 자신을 발견하게 된다.

머리카락은 희끗희끗 반백이 되어 있고 몸은 생각같이 움직여지지 않고, 영원히 함께 있을 것 같던 아이들은 하나 둘 품을 떠나고, 백 년을 맹세했던 부부는 오랜 세월을 살아오면서 어쩔 수 없이 늘어가는 서로를 바라보며 노년을 보낸다.

앞만 보고 달려온 지난 세월!

이젠 아름다운 황혼을 위해 지금 해야 할 일들을 실천하자. 움직일 수 있는 한 나 아닌 다른 사람을 의지하는 건 절대 금물이다.

자신의 노년은 그 어느 누구도 대신해 주지 않는다. 자신의 것은 스스로 개발하고 스스로 챙겨야 한다. 당신이 진정으로 후회 없는 노년을 보내려 거든 반드시 한 두 가지의 취미 생활을 가져라.

산이 좋으면 산에 올라 세상을 한번 호령해 보고, 물이 좋으면 강가에 앉아 낚시도 해 보고, 운동이 좋으면 어느 운동이건 땀이 나도록 하고, 책을 좋아하면 열심히 책을 읽고 글을 써 보고, 인터넷을 좋아하면 정보의 바다를 즐겁게 헤엄을 쳐라. 좋아하는 취미 때문에 식사 한 끼 정도는 걸러도 좋을 만큼 집중력을 가지고 즐겨라.

그 길이 당신의 쓸쓸한 노년을 의미 있게 보낼 수 있는 중요한 비결이요 방법이다. 자식들에게 너무 기대하지 마라. 자식에게서 받은 상처나 배신감은 쉽게 치유되지 않기 때문이다. 자식들은 그들이 살아가는 삶의 방식이 따로 있다. 도를 넘지 않는 적당한 관심과 적당한 기대가 당신의 노년을 평안과 행복의 길로 인도할 것이다.

"악 처가 효자보다 났다" 는 옛 말은 참고할만하니 식어가는 부부간의 사랑을 되찾아 뜨겁게 하라. 그리고 이 나이는 사랑보다 겹겹이 쌓인 묵은 정으로 서로의 등을 썻어주며 사는 것이 아니겠는가? 그래도 자식들을 가까이 두고 친척들을 멀리하지 말고 진정한 마음을 나누고, 함께 할 벗이 있다면 당신의 노년은 화판에 그려진 한 폭의 수채화처럼 아름다울 것이다.

노년기(old age, 老年期, senescence)는 정상적인 인간의 일생에서 마지막 단계. 'senescence' 라고도 한다. 주로 생리학적 노화에서부터 시작되며, 인구학적이나 사회학적으로도 노년기를 실감할 수 있다. 고대 로마 제국 이래로 노인을 위한 국가적 제도는 많은 변화를 거쳐 이어져왔다.

노년기에 대해 일치된 정의는 내려져 있지 않다. 따라서 생물학을 비롯해 사망률과 유병률의 상태를 말하는 인구학, 고용과 퇴직, 그리고 사회학 등 분야마다 각각 상이한 기준을 적용하고 있다. 그러나 통계 및 공공행정의 편의를 위해 대부분 60세나 65세 이상의 연령층을 노년기로 규정한다.

노년기는 2가지 개념의 정의를 갖는다. 하나는 개인의 인생과정에서 마지막 단계를 뜻하며, 또 하나는 전체인구 중에 가장 나이 많은 구성원들로 이루어진 연령집단 또는 세대를 말한다. 노화의 생태학적 영향간의 관계, 그리고 노후세대가 그들 사회의 특정조직에 대해 가지는 집합적 경험과 공유된 가치가 노년기의 사회적 측면에 영향을 미친다.

각 사회별로 또는 한 사회 내부에서도 노년층이라고 간주하는 보편적 연령기준은 정해져 있지 않다. 한 사회가 몇 살을 노령의 기준으로 보는가 하는 것과 어느정도의 연령을 늙었다고 생각하는 것 사이에는 종종 괴리가 있다.

더욱이 생물학자들간에는 노화의 고유한 생물학적 원인의 존재여부에 대해 의견이 일치하지 않는다. 비록 많은 국가나 사회가 40대 중반에서 70대까지를 노령으로 보고 있으나, 현재 대부분의 서구국가에서는 60세 또는 65세 이상의 인구를 퇴직 또는 노년사회복지제도의 대상으로 적용시키고 있다.

올해 처음으로 65세이상 고령인구가 900만명을 넘어섰다. 총인구 5162만8117명 중 65세이상 인구는 901만8412명으로 구성비는 17.5%에 이른다. 3년 후인 2025년에는 고령인구 비율이 20%를 넘어 2018년 고령사회 진입 이후 7년만에 초고령사회에 진입할 것으로 예상된다. 일본 10년, 미국 15년, 영국 50년 등 경제협력개발기구(OECD) 주요국에 비교하면 초고령사회에 도달하는 속도가 매우 빠르다.

노인인구가 크게 늘고 있지만 노후를 준비해야 할 우리 사회의 시간적 여유는 부족하다. 노년의 삶이 팍팍해질 수밖에 없다는 의미이다. 특히 우리나라는 은퇴연령층(66세 이상)의 상대적 빈곤율이 OECD 가입국 중 매우 높은 40.4%로 나타나 장기간 노인 빈곤의 늪에서 빠져나오지 못하고 있는 현실이다.

통계청은 지난 2일 제26회 '노인의 날'을 맞아 올해도 '고령자통계'를 발표했다. '지난 10년간 고령자 의식변화'를 다룬 특별기획을 보면, 지난해 노후를 준비하는 고령자는 56.7%로 10년간 16.6%p가 증가했다. 과반수에 이르는 고령자가 국민연금을 노후준비의 방법으로 선택했다. 그러나 노후준비는 단순히 경제적 변화에 대처하는 방안뿐만 아니라 신체적, 심리적, 사회적 영역 등 노년기에 예상되는 전반적인 문제들에 대한 구체적인 대응이다. 최근 OECD는 우리나라에 '더

내고 더 받는' 연금개혁 권고안을 제시했다. 현재 소득의 9%인 보험료율을 올리고 만 59세인 의무납부연령도 상향 조정해야 된다는 것이다. 정부는 연금개혁을 통한 기초연금 인상이 필요하다는 입장이다.

노후는 인생단계에서 가장 중요한 시기로 부상하고 있다. 이번 고령자통계에서 65세의 기대여명은 21.5년으로 OECD 평균보다 높게 나타났다. 평균수명이 점차 증가하는 시대에서 무엇을 어떻게 준비해 나갈 것인가를 알고 배워야 할 노년교육 프로그램도 좀 더 확산되고 정착돼야 한다. 그래야 빈곤, 질병, 무위, 고독 등 노년기 문제들에 사전 대처해 나갈 수 있지 않겠는가.[167]

노인 인구 증가 속도도 세계에서 가장 빠르다. 고령화 사회에서 고령 사회 진입까지 걸리는 기간이 17년에 불과했다. 선진 노인 국가의 경우 고령 사회 진입 기간이 프랑스가 115년, 미국 73년, 일본은 24년 등이었다.

정부는 지난 8월 27일 '2기 인구 정책 테스크포스(TF) 논의 결과'를 발표하였다. 이 발표에 의하면 노인 인구의 급격한 증가에 따라 경로 우대 기준을 현행 65세에서 70세 안팎으로 올리는 방안을 검토하고, 고령 사회의 다양한 사회적 인프라 구축을 위해 교통이나 주거 편의, 지역 사회 활동 참여 등 다양한 노인 친화적 환경 조성을 본격적으로 추진하겠다는 것이다. 이러한 정책 발표는 미래의 초고령 사회에서 노인들이 받는 사회적 혜택 기준은 상향 조정될 수 있음을 시사한다.

급속화되는 고령화는 기대 수명이 급증하고, 출산율이 하락하는 사회적 구조에서 그 원인을 찾을 수 있다. 우리 사회의 노화 속도는 점점 빨라지고, 노인이 차지하는 비율은 점점 더 증가하는 게 현실이다. 고령 사회가 되면 국가 발전과 성장에 필요한 생산 연령 인구(15세 이상 64세 이하)의 감소가 우리 사회의 지속 가능한 발전에 부정적 요인으로 부각될 수밖에 없다.

무엇보다도 중요한 것은 고령 사회에 대처할 수 있는 노인 복지 시설 인프라 확충이다. 이러한 인프라는 노인들의 여가 문화 환경 개선으로 경로당 기능 보강 사업, 은퇴자를 위한 제2의 인생 설계 프로그램 개발, 소득 지원의 일자리 사업, 장기 요양의 맞춤형 서비스 확대, 노인 체육 시설(당구장, 휴게실, 체력단련실 등)의 확충 등이 우선적으로 요구되고 있다.

따라서 정부는 노인들이 더욱 행복한 삶, 활기차고 신바람 나는 노후 생활을 영위할 수 있도록 노인 복지 시설의 조성 및 맞춤형 서비스 확충을 위해 장·단기적 계획을 세워야 한다. 이에 따라 지금부터 하나씩 촘촘하게 준비하고, 노인 복지 정책의 목표 달성을 위해 노력해야 할 것이다.[168]

# 나는 꽃

봄, 세상의 기운이 피어나는 봄
내 마음에는 예쁜 꽃망울이 피어
내 가슴에 예쁜 꽃을 피우네

여름, 뜨거운 여름
내 마음에도 솟구치는 열정 하나
그 열정 나는 뜨겁게 즐겼구나

가을, 포도나무에 매달린 가을
달콤함처럼 많은 얼굴과 사연
그 꽃들이 모여 풍요로웠구나

겨울, 하얀 눈 덮힌 포근한 겨울
세상은 이토록 아름다웠구나
눈 속 맨살들은 눈꽃송이들로 따뜻하여라

다시 봄은 시작되고
나는 또 꽃을 피우리
아름다운 나의 꽃을

https://blog.daum.net/sang7981/51?category=3990(2021. 03. 30)

# 참고문헌

강인(2003). 성공적 노화의 지각에 관한 연구. 노인복지연구. 20, 95-116.

공종원(2005). 벼랑 끝에 몰린 노인-한국 노인문제의 현황-, 서울: 나무.

김문영, 이현주(2001). 노년기 성의 중요성 인지도에 관한 연구. 전신간호학회. 10(4), 675-685.

김병수(2014). 흔들리지 않고 피어나는 마흔은 없다, 경기: 프롬북스,

김영례, 김상훈, 원영신, 이수영, 주성순(2012). 노인시설의 체육프로그램 현황 분석 및 활성화 방안. 국민체육진흥공단 체육과학연구원.

김찬호(2010). 생애의 발견, 서울: 인물과사상사,

보건사회연구원(2017). 노인실태조사. 보건복지부.

신동관(2013). 은퇴하고 어디서 어떻게 살까? 경기, 한국학술정보.

안순태, 임유진, 정순돌(2020). 건강정보행동을 통한 심리적 건강 노인의 디지털리터러시 효과. 한국노년학회지, 40)5), 833-854.

오종윤(2004). 20년 벌어 50년 먹고사는 인생설계, 서울: 더난출판.

오진주(1998). 노인의 성생활 경험에 대한 서술적 연구. 대한보건간호학회지, 12(2), 236-251.

유경(2009). 마흔에서 아흔까지, 경기: 서해문집.

유재언(2018). 미국 노인의 성생활 건강과 성적 권리 보호. 국제사회보장리뷰, 4, 71-80.

유지혜, 강창현(2019). 노인 성 건강의 유형과 특성에 관한 연구. 오토피어, 34(2), 157-197.

유지혜, 강창현(2021). WHO 성 건강에 근거한 노인 성 건강 특성과 영향 요인. 한국노년학회지, 41(1), 69-83.

이진우(2016). 삶의 기술, 죽음의 예술, 서울, 철학과 현실 109, 심경문화재단 철학문화연구소, 189-190.

이진희(2016). 지역적 건강불평등과 개인 및 지역 수준의 건강 결정 욘인,보건사회연구, 36(2), 345-358.

이현정, 김현경(2017). 서울시 노인종합복지관의 스포츠 시설 및 체육프로그램 현

황에 관한 연구. 한국체육과학회지. 22(1), 473-488.

최유호, 권천달(2017). 노인의 체육활동 참여가 생활 및 여가 만족에 미치는 영향에 대한 체계적 분석. 한국노인체육학회지. 4(1), 13-21.

최희주(2012). 고령사회대비정책현황 및 추진방향. 감사 가을호 특집(3). 서울: 감사원.

한봉주(2014). 어떻게 자신을 변화시킬 것인가, 서울: 미래지식.

홍사황(2011). 3억으로 돈 걱정 없는 노후 30년, 서울: 우즈덤하우스.

기시미 이치로(岸見一郎)/전경아 옮김(2022). 아직 긴 인생이 남았습니다, 서울, 한국경제신문.

윌리엄 새들러(William Sadler)/김경숙 옮김(2010). 서드 에이지(The third age), 마흔 이후 30년, 서울: 사이.

Hensel D.J., et al(2016). The Association Between Sexual Health and Physical, Mental, and

R. Kurzwell/T. Grossmann, Fantastic Voyang. Live Long Enough to Live Forever(York, 2005).

Social Health in Adolescent Women. Journal of Adolesecent Health, 59(4), 416-421.

(주석)

1) 유경. 「생활능력 선택이 아닌 필수」, 『마흔에서 아흔까지』, 경기, 서해문집, 2009: 41.
2) 유경. 「건강한 자만이 노년에 이를 수 있다」, 『마흔에서 아흔까지』, 경기, 서해문집, 2009: 32.
3) 손성진. 「노인을 춤추게 하자」, 『서울신문』, 2013년 11월 28일, 31면.
4) R. Kurzwell/T. Grossmann, Fantastic Voyang. Live Long Enough to Live Forever(York, 2005).
5) 이진우. 「삶의 기술, 죽음의 예술」, 서울, 철학과 현실 109, 심경문화재단 철학문화연구소, 2016: 189-190.
6) 키보드 워리어(keyboard warrior) 또는 키보드 전사, 인터넷 전사는 인터넷 공간에서 말을 거침없이 하는 사람들을 일컫는 말이다. 이는 인터넷 세계의 익명성을 이용해 온라인상에서 직설적인 말을 하는 사람들을 일컫는데, 현실에서 원래 성격이 직설적인 사람들도 있겠지만 인터넷의 '익명성'이라는 특수성을 이용해서 현실에서는 자기 의견 하나 내세우지 못하고 싫은 소리 한번 하지 못하는 '예스맨'이 이같은 키보드 워리어가 되는 경우도 많다. 아무도 누가 썼는지 모르는 화장실 낙서에 음담패설이나 가십이 적혀있는 것과 같은 원리인 것이다.
7) 유경. 마흔에서 아흔까지, 「노인 준비, 당장 시작하자!」서울, 서해문집, 2009: 94-95.
8) 유경. 마흔에서 아흔까지, 「노인 준비, 당장 시작하자!」서울, 서해문집, 2009: 100-101.
9) 박종국. https://jongkuk600.tistory.com/13789958, 「박종국의 세상사는이야기:티스토리」.
10) 안영선. 「노인의 기준은 몇 살부터인가?」, 『시니어 每日』, 2021. 12. 30.
11) 본 글은 하나금융연구소의 행복노하우 (2017. 2) 에서 발행한 내용입니다.
12) 덴마크의 휘게라이프. 「덴마크는 왜 가장 행복한 나라가 되었을까?」, 『하나은행』, 2017년 3월 23일.
13) 안현미. 「성장하는 5060은 늙지 않는다」, 『제주도민일보』, 2021년 10월 11일.
14) 허정옥. 『제주일보』, 「뉴노멀 시대의 장수 신화-일과 배움의 제주사회」, 2021년 10월 31일.
15) 윤성관. 「귀농·귀촌 정책 인식전환이 필요하다」, 『경남일보』, 2022년 11월 28일.
16) 신현국. 「노인을 위한 미래, 결국 나의 미래다」, 『경남일보』, 2022년11월 24일.
17) 백승대. 「농촌에 드리워진 고령화 사회의 어두운 그림자」, 『경북일보』, 2022년 11월 25일, 18면.
18) 김종한. 「곱게 늙으세요」, 『경북일보』, 2022년 10월 28일, 18면.
19) 김성하. 「건강한 인간관계를 위해」, 『광주일보』, 2022년 10월 11일.
20) 정종민. 「'마음의 평안'이 충실한 삶보다 우선이다」, 『기호일보』, 2022년11월 30일, 18면.
21) 최준영. 「어르신 인문학, 우리들의 행복한 시간」, 『경향신문』, 2022년 11월 30일.
22) 천영애. 「김장하는 할머니」, 『대구일보』, 2022년 11월 24일.
23) 이영훈. 「"나 때는 말이야~"」, 『울산매일』, 2022년 11월 21일.
24) 이동구, 이유나. 「나이 들수록 '빠삐따'를 지키자!」, 『중도일보』, 2022년11월 22일, 19면.
25) 신정란. 「가치 지향적인 삶을 추구하면서 느리게 사는 즐거움도 맛보자」, 『시니어 每日』, 2022년 11월 30일.
26) 차재구. 「나에게 주는 선물 같은 하루, 건강검진」, 『경향신문』, 2022년 12월 19일.
27) 이창준. 「한국, 초고령사회로 초고속 진입」, 『경향신문』, 2022년 9월 29일.
28) 유경. 마흔에서 아흔까지, 「노인 준비, 당장 시작하자!」서울, 서해문집, 2009: 108-113.
29) 유경. 마흔에서 아흔까지, 「노인 준비, 당장 시작하자!」서울, 서해문집, 2009: 114-116.
30) 장석주. 「아버지 노릇 하기의 어려움」, 『강원일보』, 2022년 7월 7일. 25면.
31) 코메디닷컴. 「노년의 삶을 행복하게 해주는 생활습관은?」, 2022년 9월 18일.
32) 유경. 마흔에서 아흔까지, 「노인 준비, 당장 시작하자!」서울, 서해문집, 2009: 117-128.
33) 김찬호. 「정정하다는 것」, 『경향신문』, 2022년 8월 11일.
34) 정연권. 「노인의 품격-젊은 노인시대 주역으로 살자」, 『전남일보』, 2022년 9월 21일.
35) 유경. 마흔에서 아흔까지, 「노인 준비, 당장 시작하자!」, 서울, 서해문집, 2009: 146-156.
36) 한국은퇴설계연구소 대표. 「경력 단절 연결 커리어 전략」, 『강원일보』, 2022년 11월 14일, 19면.
37) 허정옥. 「100세 시대의 행복-장수와 복지의 두 날개 효과」, 『제주일보』, 2022년 10월 10일.

38) 유경. 마흔에서 아흔까지, 「노인 준비, 당장 시작하자!」서울, 서해문집, 2009: 130.
39) 오마이뉴스의 모토는 '모든 시민은 기자다'입니다. 시민 개인의 일상을 소재로 한 '사는 이야기' 도 뉴스로 싣고 있습니다. 당신의 살아가는 이야기가 오마이뉴스에 오면 뉴스가 됩니다. 당신의 이야기를 들려주세요.
40) 오안라. 「아버지 구순기념 가족문집을 만들며 생각해 본 부부의 의미」『오마이뉴스』, 2022년 5월 20일.
41) 김찬호. 「손주는 누구인가」, 『경향신문』, 2022년 5월 19일.
42) 이재욱. 「건강한 성생활」, 『시니어每日』, 2019년 10월 2일.
43) 김인겸. 「황혼이혼」, 『매일경제』, 2022년 2월 25일.
44) 김만률. 「건강한 고령화 사회를 위한 제언」, 『파이낸셜뉴스』, 2021년 1월 14일.
45) 김영권. 「늙어서도 자꾸 젊다고 우기지 마라」, 『미니투데이』, 2014년 2월 17일.
46) 성웅. 「행복한 삶은 지혜로부터」, 『제민일보』, 2022년 11월 23일.
47) 안상윤. 「지도계층의 꼰대문화 극복해야」, 『충청일보』, 2022년 11월 28일.
48) 최인아. 「선배가 없다는 당신에게!」, 『동아광장』, 2022년 10월 29일.
49) 김태훈. 「 "노년 환자들 황반변성 진단받으면 우울증 위험도 커진다" 」, 『경향신문』, 2023년 5월 12일.
50) 이정철. 「노년에 필요한 10가지」, 『경향신문』, 2022년 9월 8일.
51) 다래골 著(복사골아저씨 정리).
52) 이명균. 「유병장수(有病長壽), 무병장수, 무병단수(短壽)」, 『경북매일』, 2022년 10월 4일, 18면.
53) 서병진. 「 노년의 '가장자리' 삶」, 『경북일보』, 2022년 10월 6일.
54) 서병진. 「점점 높아지는 노인들의 울컥 병」, 『경북일보』, 2022년 10월 3일.
55) 김찬호. 「 '귀가 순하다' 는 것」, 『경향신문』, 2022년 1월 27일.
56) 장용택. 「부모 심정」, 『영남일보』, 2022년 1월 29일.
57) 김성현, 손정아. 「 '우리 할머니들'을 만나기 위해」, 『중도일보』, 2022년 2월 4일, 19면.
58) 전소연. 「50대에도 치매에 걸릴 수 있나요? 초로기 치매란?」, 『대전일보』, 2022년 11월 16일, 18면.
59) 황인술. 「새로운 시대에 살아가기」, 『충북일보』, 2022년 2월 23일.
60) 박정현. 「하루에 얼마나 걷고 계신가요」『충청일보』, 2022년 3월 1일.
61) 고영직. 「 '시대의 우울' 을 건너는 법」, 『경향신문』, 2022년 3월 17일.
62) 김은형. 「만국의 노인이여 단결하라!」, 『한겨레』, 2022년 4월 14일.
63) 김교환. 「매미의 오덕(五德)을 배우자」, 『시니어매일』, 2021년 9월 6일.
64) 김진웅. 「가을 숲속에서」, 『충청일보』, 2022년 10월 6일.
65) 조민정. 「나이 들어간다는 것은」, 『강원도민일보』, 2022년 10월 28일, 19면.
66) 이기호. 「하인의 삶」, 『경향신문』, 2020년 10월 23일.
67) 김선영. 「암이 유전이 되나요」, 『서울신문』, 2022년 8월 26일, 25면.
68) 허봉조. 「나만의 버킷리스트」, 『시니어매일』, 2022년 1월 3일.
69) 최린아, 정바름. 「자식에게 재산을 다 준 후 쫓겨났다?!… '현대판 고려장' 당하지 않으려면」, 『중도일보』, 2022년 9월 7일.
70) 김교환. 「노년의 자존심」, 『시니어매일』, 2021년 9월 13일.
71) http://well.hani.co.kr/619049. https://blog.naver.com/mgblsori/220741014902. 죽음 앞둔 환자들이 후회하는 25가지 잘못, 『맑은바람소리』, 2016년 6월 20일.
72) 김찬호. 「지성의 상속」, 『경향신문』, 2021년 12월 2일.
73) 차준철. 「사전연명의료의향서」, 『경향신문』, 2021년 8월 11일.
74) 이규철. 「제2의 인생 첫출발은 '버킷리스트' 작성부터」, 『충청일보』, 2022년 5월 9일.
75) 최영미. 「외롭지 않게 살 권리」, 『경북일보』, 2022년 11월 30일, 18면.
76) 윤진용. 「시대 변화에 따른 상속이야기」, 『대전일보』, 2022년 11월 28일, 19면.
77) 제주일보. 「자서전과 유언장을 써보자」, 2022년 11월 23일.
78) 권현경. 「 "이혼 안 하려고 버텼다? 이제 세상이 바뀌었어요" 」, 『베이비뉴스』, 2020년 9월 8일.
79) 홍석기. 「죽음의 기술 또는 예술(Ars Moriendi)」, 『뉴스뷰』, 2020년 6월 1일.
80) 배소일. 「요양원 단상(斷想)」, 『시니어매일』, 2021년 8월 2일.
81) 백승종. 「동래 할머니」『경향신문』, 2021년 12월 16일.
82) 김규철. 「이제 하늘의 뜻을 알았다고?」, 『대한경제』, 2019년 8월 26일.
83) 정지연. 「웰다잉, 죽음을 준비할 때」, 『국민일보』, 2021년 10월 8일.
84) 이인영. 「죽음을 선택할 권리」, 「맑은바람」, 2023년 4월 16일.
85) 웰다잉 플래너. 「죽음 이후의 삶, 과연 존재할까요?」, 2016년 6월 22일.
86) 오현주. 「 "어떻게 늙어가고, 어떻게 죽을 것인가" 」, 『백세시대』, 2015년 10월 12일.
87) 김민정. 「죽음도 삶의 일부…슬퍼할 시간이 없다」, 『경향신문』, 2020년 11월27일.

88) 맑은바람. 「죽음 앞둔 환자들이 후회하는 25가지 잘못」, 2023년 4월 12일.
89) 김이경 작가는 대학과 대학원에서 역사학을 공부하고 대학 강사를 하다 학계를 떠난 뒤 도서관에서 혼자 '죽음, 시간, 여성' 등을 주제로 공부했다. 우연히 인연이 닿은 글두레 독서회에서 26년째 강사를 하고 있다. 뒤늦게 출판사에 취직해 다양한 책을 만들었으며, 책을 주제로 한 소설집 '살아 있는 도서관'을 내면서 작가로 전향했다. 이후 '마녀의 독서처방', '마녀의 연쇄 독서', '책 먹는 법', '시의 문장들', '시 읽는 법' 외 다수를 펴냈다.
90) 김이경, 이지혜. 「죽음을 생각한다는 건, 인생에 겸손해지는 것"」, 『브라보마이라이프』, 2020년 11월 23일.
91) 임창연. 「죽음과 책」, 『경남신문』, 2021년 7월 29일.
92) 김용식. 「100세 시대를 좋아만 해야 할 것인가?」, 『기호일보』, 2021년 6월 23일, 11면.
93) 강윤중, 이해인. 「어떤 죽은 이의 말」, 『경향신문』, 2021년 8월 12일, A25면.
94) 유화웅. 「죽음의 등급」, 『중부일보』, 2020년 9월 2일.
95) 장기성. 「죽음의 격차」, 『시니어매일』, 2021년 3월 2일.
96) 이현근. 「회자정리(會者定離)」, 『경남신문』, 2022년 5월 12일.
97) 이한청. 「세월이 너를 속일지라도」, 『시니어매일』, 2021년 12월 9일.
98) 남경아. 「함께 적당히 벌고 잘 살기」, 『경향신문』, 2022년 10월 20일.
99) 정신교. 「올여름 탁구가···」, 『시니어매일』, 2021년 9월 14일.
100) 김수영. 「두 원로 배우가 남긴 것」, 『영남일보』, 2022년 1월 25일, 27면.
101) 김혜식. 「파랑새를 찾아간 남자」, 『충북일보』, 2022년 1월 26일.
102) 김현아. 「생애사 프로젝트」, 『한겨레』, 2022년 3월 1일.
103) 젠더기획 특별취재팀, 장은교(젠더데스크) 이아름·심윤지(플랫) 조형국·이수민(데이터저널리즘팀 다이브) 이하늬(정책사회부) 이준헌(사진부) 최유진(뉴콘텐츠팀) 김윤숙(교열부). 「오늘도 출근하는 언니들 "나는 내가 명함이에요. 내 자신이"」, 『경향신문』, 2022년 3월 2일.
104) 홍경석 작가의 칼럼 '홍키호테 世窓密視(세창밀시)' 를 매주 중도일보 인터넷판에 연재한다. '世窓密視(세창밀시)' 는 '세상을 세밀하게 본다' 는 뜻을 담고 있다.
105) 김의화. 「홍키호태 世窓密視-유지경화 단상-, 그게 바로 무릉도원」, 『중도일보』, 2022년 3월 5일.
106) 이규철. 「50대부터 여성의 즐거운 생활방식과 해야 할 일」, 『충청일보』, 2022년 9월 5일.
107) 이호재. 「"걸어서 5분···동네 작은도서관 만나서 시인 됐어요"」, 『동아일보』, 2022년 10월 12일.
108) 정여울, 이수련. http://weekly.khan.co.kr/khnm.html?mode=view&artid=202001171823441&cod··· 「떠나지 않고 남으면 '꼰대' 가 된다」, 『교육나눔터』, 2020년 2월 3일.
109) 김정학. 「연리지' 부부로 살아가는 법」, 『경향신문』, 2021년 5월 21일.
110) 박석준. 「노후 연금만큼 든든한 '근육 저축'」, 『경향신문』, 2021년 5월 21일.
111) 김남중. 「노년의 주제」, 『국민일보』, 2021년 6월 1일.
112) 윤지원. 「국내 65세 이상 고령인구 처음으로 800만명 넘었다」, 『경향신문』, 2021년 7월 29일.
113) 곽노필. 「누구에게나 통하는 장수 비결이 있다···바로 이거다」, 『한겨레』, 2022년 9월 9일.
114) 김황태. 「'극단적 선택' 미화 문제 있다」, 『시니어매일』, 2021년 9월 29일.
115) 안희곤. 「죽음의 권리를 돌려달라」, 『경향신문』, 2022년 10월 20일.
116) 이명희. 「삶과 죽음의 경계」, 『국민일보』, 2022년 7월 5일.
117) 김은형. 「오래 살고 싶다는, 밝힐 수 없는 바람」, 『한겨레』, 2022년 7월 7일.
118) 천정환. 「존엄한, 의식적이고 자발적인 결정」, 『경향신문』, 2022년 6월 23일.
119) 이덕수. 「노인의 삶, 우리 사회의 과제」, 『경향신문』, 2022년 8월 12일, 18면.
120) 변용도. 「'내리사랑' 방식도 바뀌어야」, 『BRAVO』, 2019년 12월 17일.
121) 변용도. 「은퇴를 앞둔 50대 남성들의 고민」, 『BRAVO』, 2020년 2월 7일.
122) 진영탁. 「지혜로운 아버지가 되기 위한 비결」, 『중부일보』, 2022년 9월 28일.
123) 권도형. 「은퇴설계를 위한 합리적 소비」, 『강원일보』, 2022년 10월 31일, 19면.
124) 이상규. 「은퇴 후 50년 어떻게 살 것인가」, 『경남신문』, 2021년 7월 26일.
125) 신성진. 「노후에 '경제적 자유' 누리려면 얼마 모아야 할까」, 『중앙일보』, 2020년 10월 16일.
126) 조재우. 「"은퇴는 이동하는 과정일 뿐, 은퇴라는 단어를 죽여라"」, 『한국일보』, 2020년 6월 27일.
127) 송화선, 홍중식. 생물학자 최재천의 고령화 위기 돌파법, 「"복지혜택 젊은이 주고 노인은 싸게 일하자"」, 『신동아 2019년 4월호』, 2019년 4월 2일.
128) 신한라이프는 자산가 고객에게 상속과 증여에 대한 전문적 WM(Wealth Management) 서비스를 제공하기 위해 지난해 8월 11일 '상속증여연구소' 를 업계 최초로 오픈했다. 상속증여연구소는 기존 부유층은 물론, 최근 부동산과 주식 등의 자산 가치 상승으로 상속과 증여에 대해 관심을

가지는 고객까지 확대하여 전문적인 상속증여 콘텐츠를 연구개발하고 있다.
129) 서울경제.「현금으로 바꿔 상속?” 국세청 칼날 피할 수 있을까」, 2022년 1월 15일.
130) 오마이뉴스의 모토는 '모든 시민은 기자다' 입니다. 시민 개인의 일상을 소재로 한 '사는 이야기'도 뉴스로 싣고 있습니다. 당신의 살아가는 이야기가 오마이뉴스에 오면 뉴스가 됩니다. 당신의 이야기를 들려주세요.
131) 박향숙.「 '인생에서 너무 늦은 때란 없습니다' 를 보여준 그녀」,『오마이뉴스』, 2021년 9월 27일.
132) 권도형.「은퇴 이후, 시간을 디자인하라」,『강원일보』, 2022년 1월 10일, 19면.
133) 이창준.「인생 최대 흑자기 '43세'…61세부터는 적자 재진입」,『경향신문』, 2022년 11월 29일.
134) 안호기「적자 인생」,『경향신문』, 2022년 11월 29일.
135) 김영순.「 "제2의 인생은 아내와 함께” 」,『BRAVO』, 2020년 3월 13일.
136) 양윤석.「아프니까 선물」,『충청투데이』, 2022년 3월 7일, 19면.
137) 추혜인.「여전히 석연치 않은, 갱년기 호르몬 치료」,『경향신문』, 2022년 3월 9일.
138) 박효순.「자꾸 볼륨 높이는 당신, 귀 기울여보세요 불청객 '난청' 인지」,『경향신문』, 2022년 3월 11일.
139) 변희승.「불면증, 의존성 없는 치료가 중요」,『경향신문』, 2022년 3월 11일.
140) 윤태임.「수면장애·불면증 치료, 동반된 우울증 등 신경정신과 질환도 고려해야」,『법보신문』, 2021년 10월 26일.
141) 강지언, 김도영.「올바른 수면제 복용법」,『한라일보』, 2021년 11월 3일.
142) 이희원.「아픈 몸 자책 말아야 하는 이유」,『브라보마이라이프』, 2022년 3월 4일.
143) 인아영.「아픈 몸들이 말한다」,『경향신문』, 2022년 9월 15일.
144) 박산호.「외로움이란 질병」,『서울신문』, 2022년 1월 4일, 29면.
145) 김재도, 이재명.「노안의 관리, 삶의 질이 높아진다」,『경상일보』, 2022년 1월 24일, 15면.
146) 최은경.「나도 모르는 내 몸…건강에 자만은 금물」,『경향신문』, 2022년 3월 25일.
147) 박효순.「천식 노인들 근육 빠지면…폐기능에 빨간불」,『경향신문』, 2022년 5월 13일.:
148) 김준수, 김준헌.「노안 백내장수술, 렌즈 가용 여부 확인해야」,『메디컬투데이』, 2022년 4월 8일.
149) 권헌영.「 '노화 현상' 치부되는 고령자 요실금…정신적 회복 동반한 비뇨 재활 필요」,『경향신문』, 2022년 12월 2일.
150) 조민정.「변실금」,『시니어每日』, 2021년 5월 10일.
151) 이재욱.「노년기의 건강 관리」,『시니어每日』, 2019년 2월 1일.
152) 김창연, 이용권.「시니어 허리 건강 지키는 '걷기 운동' 의 효과」『문화일보』, 2022년 11월 9일.
153) 이재욱.「한의학을 통한 장수 비결」『시니어每日』, 2022년 1월 25일.
154) 서병진.「청려장(靑藜杖)과 노년의 건강한 삶」,『경북일보』, 2022년 11월 8일.
155) 서병진.「노년의 '가장자리' 삶」,『경북일보』, 2022년 10월 6일.
156) 장명희.「시니어들이 말하는 행복」,『시니어매일』, 2022년 10월 13일.
157) 오창은.「 '아버지의 해방일지' 깊이 읽기」,『경향신문』, 2022년 12월 30일.
158) 김종탁.「노화와 성인병」,『충청일보』, 2023년 3월 6일.
159) 이규철.「정년 후 어떻게 보낼까, 그 방법을 찾다」,『충청일보』, 2023년 3월 6일.
160) 복길.「매실차를 좋아하나요」,『경향신문』, 2023년 4월 6일.
161) 유성연.「나이들수록 호두·들기름 드세요」,『헤럴드경제』, 2023년 4월 10일.
162) 장은수.「걷기는 인간을 창조적으로 만든다」,『매일경제』, 2023년 4월 7일.
163) 위철환.「자녀가 상속포기하면 손자녀는 공동상속인이 아니다」,『중부일보』, 2023년 4월 12일.
164) 이명순.「삶의 솔직한 고백」,『충북일보』, 2023년 4월 4일.
165) 충청일보.「정년 후 일하는 '프리랜서' 근로방식이란?」, 2023년 4월 10일.
166) 배소일.「내 나이가 어때서!」,『시니어매일』, 2023년 3월 15일.
167) 인천일보.「노인의 날, 다시 생각하는 노후준비」, 2022년 10월 6일, 19면.
168) 이정서.「초고령 사회 대비 노인 복지 인프라 확충을」,『광주일보』, 2020년 9월 2일.

# 춘매(春梅)가 꽃을 피웠다

내가 사랑한 것은
빙산이었다

얼음덩어리
뒤덮인
빙산이었다

내가 사랑한 것은
사막이었다

바람도
불꽃이 되는
사막이었다

내가 기다린 것은
빙산과 사막 속에서
아름답게 피어난
춘매(春梅) 꽃이었다